중 · 고등학생용

365일
기도하는 다윗

저 / 자 / 소 / 개

손승락 목사는

10여년의 교회사역 후에

16년 째 고등학교에서 교목실장으로

청소년 선교 사역을 감당하고 있다.

한국교회의 미래를 위해서

'한국 중·고등학생 선교회'를 조직하여

디렉터를 담당하면서

'기도하는 십대 운동'을 전개하며

중·고등학생들에 대한 선교와

꿈을 가진 크리스천 리더 양육에 힘쓰고 있다.

작가로서 지금까지 총 46권의 책을 써서

문서선교에도 힘을 쏟고 있다.

저서로는 중·고등학생용 성경공부 교재들,

청소년 365일 묵상·기도집들,

청년부 성경공부 교재들,

그리고 단행본들이 있다.

중 · 고등학생용

365일 기도하는 다윗

손 승 락 지음

도서출판 요셉의 꿈

중·고등학생을 위한 365일 기도하는 다윗

초판 1쇄 발행일 / 2012년 2월 29일

출판기획　한국중고등학생선교회
지 은 이　손승락
발 행 처　도서출판 요셉의 꿈
발 행 인　전미라

등록번호　제25100-2010-000003호
등록일자　2010년 1월 27일

저자연락처 010-5252-7467 gm9900@hanmail.net
편집디자인 박현주

총　　판　하늘유통
전　　화　031)974-7777
주　　소　413-853 경기도 파주시 광탄면 분수리 335-3

값 6,800원
ISBN 978-89-963966-6-6 / 04230

받는 이 _________________ 님!

매일 기도함으로

하나님께 가장 사랑받고

인정받았던 다윗처럼

마음·영혼·생활

모든 영역에서

승리하는 사람이 되기를

소망하며

이 책을 드립니다.

드리는 이 _______________ 님!

기도만 하면
당신도 다윗처럼 승리의 사람이 될 수 있다 !

다윗은 하나님께 최고의 사람으로 인정받은 사람이다.

하나님은 들에서 양을 치던 목동 다윗을 이스라엘의 왕이 되게 하셨다.

처음의 다윗은 사람들에게 사랑과 인정을 받지 못한 사람이었다. 심지어 다윗의 아버지조차도 다윗을 인정해주지 않았다. 다윗은 평생 아버지로부터 버림을 받았었다는 한을 가지고 살았다.

다윗을 알아준 것은 사람이 아니라 하나님이었다.

사람들은 다윗을 버리려 했지만 하나님은 다윗에게 기름을 부어 왕으로 예정해주셨다.

사람들은 다윗을 죽이려고 했지만 하나님은 다윗을 지켜주셨다.

사람들은 다윗을 무너트리려고 했지만 하나님은 다윗을 세워주셨다.

하나님은 다윗을 이스라엘 최고의 왕이 되게 하셨다.

다윗의 후손들에게 왕위가 이어지게 해주셨다.

그리고 구세주 예수 그리스도를 다윗의 후손으로 태어나게 하셨다.

하나님은 다윗을 승리자로 세워주셨다.

하나님은 다윗을 가장 영광스러운 존재로 만들어주셨다.

하나님께서 다윗에게 최고의 은혜를 베풀어주신 이유는 무엇일까?

그것은 다윗이 누구보다도 하나님을 더 사랑했기 때문이다.

늘 하나님을 찬송하는 삶을 살았기 때문이다.

매일 매순간 하나님께 기도하고 묵상하는 생활을 했기 때문이다.

다윗처럼 깊이 하나님을 사랑하고, 하나님을 가까이 하며, 매일 기도하면서 살아간다면 누구라도 다윗과 같은 은혜를 받을 수 있다.

다윗과 같이 승리자가 될 수 있다.

다윗과 같이 영광스런 존재가 될 수 있다.

이제 우리나라의 기독청소년들이 매일 기도하는 것으로 다윗처럼 승리자가 되고, 영광스러운 존재가 되는데 도움이 되기를 바라며 이 책을 내놓는다.

2012년 2월

한국중고등학생선교회 Director 손승락 목사

기독 학생의 일 년 다이어리

3월 / March

학교일정표 : 입학(고1, 중1), 새 학년의 시작, 새 담임 및 학과 선생님과의 만남, 새 친구들과의 만남, 학급 임원 선정, 동아리 활동반 선택, 보충수업 및 야간자율학습 선택

교회일정표 : 새 학년 진급 및 새 반 편성(일부 교회)

특별한 날 : 3.1절, 화이트 데이(White-Day, 14일)

4월 / April

학교일정표 : 중간고사 시간표 발표(중간고사의 준비), 교생선생님과의 만남(중학생, 고교1년생)

교회일정표 : 고난주간, 부활절,

특별한 날 : 만우절(1일), 4.19혁명기념일, 블랙 데이(Black-Day, 14일)

5월 / May

학교일정표 : 중간고사, 소풍(백일장, 사생대회), 수련회, 수학여행, 스승의 날

교회일정표 : 어린이 주일, 어버이 주일, 스승의 주일

특별한 날 : 가정의 달, 어린이날, 어버이날, 스승의 날, 근로자의 날(1일), 성년의 날(매년 5월 셋째 주 월요일), 로즈 데이(Rose-Day, 14일)

6월 / June

학교일정표 : 1학기말고사 시간표 발표(기말고사 준비), 환경의 날(5일)

특별한 날 : 키스 데이(Kiss-Day, 14일), 한국전쟁(25일)

7월 / July

학교일정표 : 기말고사, 여름방학 시작, 동아리 수련회(일부 상설 동아리)

교회일정표 : 맥추감사절, 교회 학생부 수련회(일부)

특별한 날 : 실버 데이(Silver-Day, 14일), 제헌절(17일)

8월 / August

학교일정표 : 방학, 방학보충수업 및 자율학습(고교생), 1학기 학습 내용 정리, 2학기 학습 내용 예습, 개

학 및 1학기 마무리, 대입
수시전형 준비(고3)
교회일정표 : 학생부 수련회,
특별한 날 : 그린 데이 or
뮤직 데이(Green-Day,
Music-Day, 14일), 광복절
(15일)

9월 / September

학교일정표 : 2학기 시작,
수능 원서 작성(고3), 대입
1차 수시전형 준비, 중간고
사(인문계고3), 보충수업 및
야간자율학습 시작
특별한 날 : 포토 데이
(Photo-Day, 14일)

10월 / October

학교일정표 : 중간고사, 수
련회, 수학여행(역사탐방),
소풍(백일장, 사생대회), 대
입 수시 전형 1차(고3), 특
목고, 자사고, 자율고 입시
시작(중3), 직업교육박람회
(특성화 및 전문계고, 중3),
특별한 날 : 개천절(3일),
한글날(9일), 와인 데이(
Wine-Day, 14일)

11월 / November

학교일정표 : 대입 수시 2
차 전형, 대입수학능력시
험, 고교 입시 상담(중3, 특
성화고 및 전문계고 진학
생 학교 선택), 기말고사 시
간표 발표, 기말고사의 준
비, 졸업고사(중3, 고3),
교회일정표 : 추수감사절
특별한 날 : 학생의 날(3
일), 빼빼로 데이(11일), 무
비 &오렌지 데이(Movie &
Orange-Day, 14일)

12월 / December

학교일정표 : 기말고사, 고
교 입시(특성화고, 전문계
고, 인문계고는 선발 및 배
정), 대입 수시 전형 계속,
수능 점수 발표, 대입 정시
모집 시작(고3), 겨울방학
시작
교회일정표 : 대강절, 성탄
절, 송구영신예배
특별한 날 : 연말(일년의 마
무리), 허그 데이(Hug-
Day, 14일)

1월 / January

학교일정표 : 새해맞이와
새로운 결심, 일 년의 계획,
겨울방학, 방학보충 및 자
율학습(고교생), 대학입시
(정시모집, 고3생), 인문계
고 입시준비(중3),
교회일정표 : 새 학년 진급,
초등부에서 중등부로(예비
중1), 중등부에서 고등부로
(중3), 겨울수련회(일부교회)
특별한 날 : 신정(새해 첫
날), 다이어리 데이(Diary-
Day, 14일)

2월/ February

학교일정표 : 졸업식(고3,
중3, 예비 중1), 종업식(학
년의 마침, 1, 2학년), 새 학
년 진급, 새 반 편성, 새 학
년의 준비, 인문계고 학교
배정 및 신입생 배치고사,
새 학년의 준비, 겨울방학
& 봄방학, 대학입시 계속
(고 3)
교회일정표 : 겨울수련회
(일부교회)
특별한 날 : 설날(음력 1월
1일), 밸 런 타 인 데 이
(Valentine's Day, (14일)

●3월을 성공적으로 보내는 방법

고등학교, 중학교에 입학하는 신입생은 이전보다 한 단계 더 높은 수준의 공부를 해야 한다.

더 실력 있고, 더 열심히 공부하는 학생들이 많다.

성적을 올리려면 이전보다 더 많이 노력해야 한다는 것을 기억하자.

2, 3학년은 한 학년 씩 진급을 했다.

마라톤 선수들은 마지막 1/30이 남은 지점 어디서부터는 골인지점에서 쓰러질 정도로 혼신의 힘을 다해서 전력질주를 한다. 고3 시절이 그렇게 전력질주 할 때라는 것을 알고 마음의 준비를 단단히 하자.

특성화고 학생 중에서 취업에 뜻을 둔 학생이라면, 필요한 자격증을 가급적 많이 따되, 남들이 쉽게 따지 못하는 특별하고 높은 수준의 자격증 한 두 개 정도 따놓으라. 대학을 졸업하고도 들어가기 어려운 대기업 공기업 등 좋은 회사에 입사할 수 있는 기회가 많다.

새 담임선생님, 새 학과담당선생님, 새 친구들과 잘 사귀자.

선생님과 같은 반 친구 중 한 사람이라도 불편해지면 학교생활이 불편해진다. 성실한 학교생활과 남을 배려하는 넉넉한 마음만 있으면 선생님과도 잘 지낼 수 있고 친구들과도도 잘 지낼 수 있다.

●학교공부, 시험, 내신성적에 대한 중요한 이야기

교과서를 철저히 공부하는 것이 내신성적을 올리는 지름길이다.

학기를 시작하면서, 교과서들을 처음부터 끝까지 읽자. 부분적인 것을 암기하려고 애쓰지 말고 그냥 소설을 읽듯이 재미있게 읽어서, 교과서 전체에 있는 내용을 파악해 놓으라. 두 번 정도 교과서를 정독하고 수업을 들으면 수업도 재미있고 성적도 향상된다.

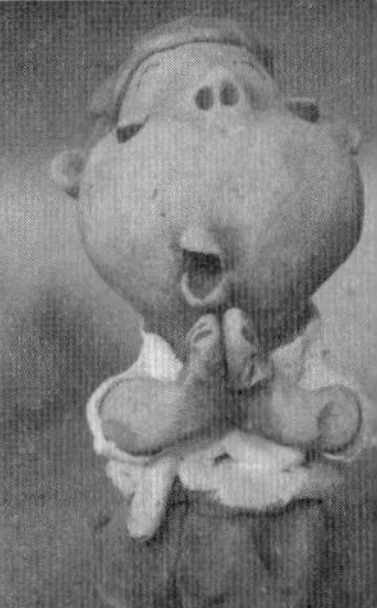

3월

승리하는 일 년을 위한 기도

 **오늘의 말씀** 시편 20 : 4, 5

네 마음의 소원대로 허락하시고 네 모든 계획을 이루어 주시기를 원하노라. 우리가 너의 승리로 말미암아 개가를 부르며, 우리 하나님의 이름으로 우리의 깃발을 세우리니, 여호와께서 네 모든 기도를 이루어 주시기를 원하노라.

 **오늘의 묵상 주제**

◉ '소원'(이루고 싶은 꿈)을 갖고 사는 사람이 되자!
◉ 공부, 학교생활, 재능계발과 자아발전에서 승리자가 되자!

 **오늘의 기도**

하나님 아버지! 이제 새 학년이 시작 됩니다. 오늘부터는 소원을 두고 사는 제가 되도록 노력하겠습니다. 인생에 대한 꿈, 일년에 대한 계획도 없이 그럭저럭 '개념 없이' 살지 않게 도와주세요. 한 학년 동안 하고 싶은 것, 이루고 싶은 것에 대한 계획을 잘 세우게 해주세요.

그리고 그것을 끝내 이루어내는 제가 되게 도와주세요. 그렇게 해서 금년 일년 동안에 모든 면에서 저를 한 단계 높일 수 있게 이끌어주세요. 이전과는 완전히 다른 성공적인 저를 만드는 일 년이 되게 해주세요. 승리하고 패배하지 않는 일 년이 되게 도와주세요.

먼저 자신과의 싸움에서 승리하게 도와주세요. 게으르고 불성실한 모습을 완전히 버리고 성실하게 노력하는 제가 되겠습니다. 공부하기와 성적 올리기에서도 승리하는 제가 되겠습니다. 친구관계에서 실패하지 않고 좋은 친구들과 좋은 관계를 만들어가게 도와주세요. 실력을 겨루는 경쟁에서도 뒤떨어지지 않고 승리하게 해주세요. 모든 면에서 승리하는 제가 되게 도와주세요.

'여호와 닛시'의 하나님을 믿습니다. 여호아 닛시는 승리하게 하시는 하나님을 뜻합니다. 하나님께서는 승리를 주시는 분이신 줄 믿습니다. 하나님께서 제가 승리의 깃발을 높이 들 수 있도록 해주실 것을 믿습니다. 새 학년 1년 동안 제가 승리하는 사람이 되게 이끌어주세요.

저의 '승리'로 말미암아 저 자신과 부모님, 선생님, 친구들 모두 개가(凱歌, 승리의 노래, a triumphal song)를 부를 수 있게 해주세요. 예수님 이름으로 기도합니다. – 아멘.

 **오늘의 말씀** 역대상 17 : 16, 17

다윗왕이 여호와 앞에 들어가 앉아서 이르되 "여호와 하나님이여! 나는 누구이오며 내 집은 무엇이기에 나에게 이에 이르게 하셨나이까? 하나님이여! 주께서 이것을 오히려 작게 여기시고, 또 종의 집에 대하여 먼 장래까지 말씀하셨사오니, 여호와 하나님이여! 나를 존귀한 자들 같이 여기셨나이다.

 **오늘의 묵상 주제**

⊙ 하나님께서 나를 존귀한 자로 여기시는 것을 깨닫자!
⊙ 가정과 학교, 그리고 세상에서 존귀하게 여김 받는 사람이 되자!

 **오늘의 기도**

　하나님 아버지! 하나님께서 사람을 높이기도 하고 낮추기도 하시는 것을 믿습니다.

　낮고 천한 다윗을 왕으로 만드시고, 가장 존귀한 사람이 되게 하셨습니다. 그래서 다윗왕은 하나님 전에 들어가 앉아서 하나님의 은총을 생각하면서 감개무량해 했습니다. 어릴 때의 다윗은 아버지에게서조차 기대를 받지 못했던 사람이었습니다. 다른 사람보다 키가 크지도 않았습니다. 용모가 엄청나게 준수한 것도 아니었습니다. 누구도 다윗을 주목해보지 않았습니다. 그런데 하나님께서는 다윗을 주목하셨습니다. 그리고 다윗을 존귀한 자로 여기셨습니다. 하나님께서는 다윗을 영웅의 자리에 앉히셨고, 온갖 역경을 극복하고 이스라엘의 왕의 자리에 오를 수 있도록 이끌어주셨습니다.

　다윗에 대한 하나님의 은혜는 그것에 그치지 않았습니다. 하나님께서는 다윗의 집의 먼 장래까지 말씀해주셨습니다. 다윗의 집을 왕의 홀(지휘봉)이 떠나지 않는 가문이 되게 하셨습니다. 그리고 메시야(구세주, 그리스도)가 태어날 가문으로 삼으셨습니다.

　하나님 아버지! 저도 지금까지는 세상 사람들의 주목과 기대를 그다지 받지 못하고 있습니다. 그러나 하나님께서는 존귀한 자 같이 여겨주시는 줄 믿습니다. 저를 존귀한 자가 되게 해주셔서 하나님의 은혜에 감격하는 제가 되도록 이끌어주세요. 다윗을 목자의 자리에서 왕의 자리로 옮겨서 존귀하게 해주신 것처럼 저도 지금의 낮은 자리에서 존귀한 자리로 올라갈 수 있게 도와주세요. 예수님 이름으로 기도합니다. – 아멘.

 **오늘의 말씀**) 사무엘상 16 : 7

여호와께서 사무엘에게 이르시되 "그의 용모와 키를 보지 말라. 내가 이미 그를 버렸노라. 내가 보는 것은 사람과 같지 아니하니, 사람은 외모를 보거니와 나 여호와는 중심을 보느니라." 하시더라.

 **오늘의 묵상 주제**

◉ 외모보다 마음을 아름답게 가꾸자!
◉ 외모가 아니라 사람의 마음과 성품을 보는 사람이 되자!

 **오늘의 기도**

하나님은 '중심'을 보시는 분이시라고 하셨습니다. 사람들은 큰 키, 예쁘고 잘 생긴 얼굴을 가진 사람들을 인정해줍니다. 그래서 화장하는 것으로는 모자라서 성형수술로 외모를 아름답게 바꾸는 사람들도 많습니다. 게다가 좋은 옷과 명품으로 자신을 꾸미려고 합니다. 마음의 아름다움과 고상한 인품을 보려하기보다는 외모를 가지고 사람을 평가하는 사람들이 많기 때문입니다.

하나님은 겉모양, 키가 크고 작은 것, 얼굴이 어떻게 생긴 것,을 보지 않으십니다. 성형수술을 했다고 더 예쁘게 보시는 분도 아니십니다. 하나님은 오직 중심, 속사람, 마음, 성품과 영혼의 상태를 보시는 줄 믿고 감사를 드립니다. 그런 하나님께 인정받는 제가 되게 해주세요.

다윗의 맏형 엘리압은 큰 키와 준수한 용모를 가지고 있었지만 하나님께 버림을 받았습니다. 그러나 다윗은 외모로는 그만 못하지만 믿음과 마음을 하나님께 인정받아서 왕으로 선택되었습니다.

하나님! 이것을 잘 알면서도 저는 속사람으로 인정받으려 하기 보다는 외모를 꾸미는데 더 신경을 썼습니다. 정직한 마음을 구하기보다는 유명 상표 신발을 더 원했습니다. 아름답고 고운 말을 하는 사람이 되려고 하기보다는 오똑한 코와 쌍꺼풀 눈을 갖기를 더 원했습니다. 성실하고 바른 삶을 사는 것 보다는 남에게 뭔가를 보여주려고 애를 썼습니다. 마음과 영혼을 가꾸지 않고 외모를 가꿔온 저를 용서해 주세요.

하나님! 이제부터는 하나님과 사람들에게 속사람, 맑고 깨끗한 영혼, 고상한 믿음으로 인정받는 사람이 되게 해주세요. 예수님 이름으로 기도합니다. – 아멘.

 **오늘의 말씀**　사무엘하 23 : 3~4

이스라엘의 하나님이 말씀하시며, 이스라엘의 반석이 내게 이르시기를 "사람을 공의로 다스리는 자, 하나님을 경외함으로 다스리는 자여! 그는 돋는 해의 아침빛 같고, 구름 없는 아침 같고, 비 내린 후의 광선으로 땅에서 움이 돋는 새 풀 같으니라." 하시도다.

 **오늘의 묵상 주제**

⊙ 세상 사람들에게 신선함을 주는 존재가 되자!
⊙ 하나님께서 소원을 이루어주지 않을 수 없는 그런 사람이 되자!

 **오늘의 기도**

　이스라엘(하나님의 백성들)의 반석이 되시는 하나님! 저도 다윗왕 처럼 신선한 존재가 되기를 원합니다. 하나님과 세상 사람들에게 신선함을 주는 삶을 살기를 소망합니다. 남들 보기에 답답하고 안타까운 사람이 되지 않고 신선함을 주는 사람이 되기를 원합니다. 하나님 아버지! 세상에는 사람들에게 감동을 주지 못하는 사람들이 많습니다. 누구에게도 기쁨과 즐거움, 그리고 행복을 전해주지 못하는 사람들이 많습니다. 그런데 다윗은 사람들 뿐만 아니라 하나님께도 감동을 주는 사람이었습니다. 다윗은 하나님께 늘 신선함을 주는 남다른 사람이었습니다. 그래서 하나님께서는 다윗왕의 인생을 '돋는 해의 아침빛', '구름 없는 아침', '비 내린 후의 광선으로 땅에서 움이 돋는 새 풀' 같이 신선하다고 평가하셨습니다. 그래서 하나님께서는 다윗과 영원한 언약을 세우시고, 모든 일에 부족함이 없게 하셨습니다. 다윗의 삶과 모든 하는 일을 든든하게 지켜주셨습니다. 모든 역경에서 다윗을 구원해주셨고, 다윗의 모든 소원을 이루어주셨습니다.

　하나님! 저도 다윗과 같이 신선함을 주는 사람이 되기를 소원합니다. 생각, 말, 행동 그리고 삶 전체를 통해서 신선함을 주는 사람이 되게 도와주세요. 가족들, 선생님들, 친구들, 그리고 많은 사람들과 하나님께 감동을 주는 사람이 되게 도와주세요. 다른 사람에게 고통과 불행을 주는 사람이 되지 않게 해주시고, 기쁨과 행복을 전해주는 삶을 살 수 있게 도와주세요. 그래서 하나님께서 다윗의 모든 소원들을 이루어주셨던 것처럼, 저의 모든 소원을 기쁨으로 이루어주시는 그런 신선한 존재로 살게 도와주세요. 예수님 이름으로 기도합니다. – 아멘.

 **오늘의 말씀**) 시편 89 : 19~21

그 때에 주께서 환상 중에 주의 성도들에게 말씀하여 이르시기를 "내가 능력 있는 용사에게는 돕는 힘을 더하며, 백성 중에서 택함 받은 자를 높였으되, 내가 내 종 다윗을 찾아내어 나의 거룩한 기름을 그에게 부었도다. 내 손이 그와 함께 하여 견고하게 하고, 내 팔이 그를 힘이 있게 하리로다.

 **오늘의 묵상 주제**

⊙ 능력 있는 용사가 되자!
⊙ 하나님께서 찾아 쓰실 만한 사람이 되자!

오늘의 기도

하나님 아버지! 하나님께서는 사람을 찾아 쓰기도 하시고, 버리기도 하시는 분이십니다. 그러나 하나님께서는 기분에 따라서 사람을 쓰거나 버리는 분이 아니시라는 것을 압니다. 하나님께서 쓰는 사람은 쓸 만한 이유가 있고, 버림받는 사람은 그만한 이유가 있을 것입니다.

하나님! 어떤 사람은 '마태복음의 효과'를 이야기하기도 한답니다. 마태복음에 있는 달란트의 비유에서 자기가 받은 달란트를 땅에 묻어두었던 1달란트 받았던 종이 있었습니다. 그런데 하나님께서는 그것을 빼앗아 이미 10달란트를 가지고 있는 사람에게 주라고 하셨습니다. 있는 자는 더 받아 풍성하게 되고, 없는 자는 있는 것마저 빼앗기게 된다는 법칙입니다. 그런데 하나님께서 더 보태준 10달란트 가진 사람은 5달란트로 장사해서 5달란트를 더 남겼던 사람이었습니다. 하나님께서 더 보태주실 만한 사람이요, 찾아 쓰실 만한 사람이었던 것입니다.

하나님! 저도 하나님께서 찾아 쓰실 만한 사람이 되게 해주세요. 오늘의 말씀을 통해서 하나님께서도 능력 있는 용사에게 돕는 힘을 더하시는 분이심을 알았습니다. 다윗이 바로 그런 사람이었다고 생각합니다. 그렇기 때문에 하나님께서 다윗을 찾아내어 거룩한 기름을 부어 왕으로 삼으신 것입니다. 하나님께서 힘을 더해주면 더 큰 일을 할 수 있는 용사였기 때문입니다.

하나님! 제가 하나님께서 지혜를 더할 만한 지혜자, 실력을 더할 만한 실력자, 능력을 더 할 만한 능력자가 되게 해주세요. 제게 돕는 힘을 더해 주셔서 더 큰 일에 쓰임 받게 해주세요. 예수님 이름으로 기도합니다. – 아멘.

 **오늘의 말씀**) 사무엘상 17 : 45, 47

다윗이 블레셋 사람에게 이르되 "너는 칼과 창과 단창으로 내게 나아오거니와 나는 만군의 여호와의 이름 곧 네가 모욕하는 이스라엘 군대의 하나님의 이름으로 네게 나아가노라. …… 또 여호와의 구원하심이 칼과 창에 있지 아니함을 이 무리에게 알게 하리라. 전쟁은 여호와께 속한 것인즉 그가 너희를 우리 손에 넘기시리라.".

 **오늘의 묵상 주제**

⊙ 모든 전쟁의 승패는 하나님께 속한 것임을 알자!
⊙ 하나님의 이름으로 모든 전쟁에서 승리하는 사람이 되자!

 **오늘의 기도**

　하나님 아버지! 세상에는 많은 전쟁이 있습니다. 부족과 부족이 전쟁을 합니다. 나라와 나라가 전쟁을 합니다. 민족과 민족이 전쟁을 합니다. 이념과 사상이 달라서 전쟁을 하기도 하고, 종교가 달라서 전쟁을 하기도 합니다. 인간적인 탐욕 때문에 전쟁을 하기도 하고, 정의를 위해서 전쟁을 하기도 합니다.

　역사 이래도 세상에 있었던 수많은 전쟁에서 승리한 사람도 있고 패배한 사람도 있습니다. 사람들은 힘으로 승리한다고 생각합니다. 그래서 강한 군대를 만들기 위해서 많은 군사와 강력한 무기들을 만들고 이에 의지하려고 합니다. 그러나 성경은 전쟁의 승리는 군사력에 있는 것이 아니라 하나님께 있다고 말씀하십니다. 오늘의 말씀에서, 전쟁의 승리가 오직 하나님께 있음을 통해서 깨닫게 됩니다. 목동 다윗은 물매와 작은 돌멩이로 블레셋의 270~300cm의 거인 장수 골리앗을 쓰러뜨리고 전쟁에서 승리를 거두었습니다. 다윗은 전쟁이 여호와께 속한 것인 줄 알았고, 하나님의 이름으로 싸움에 나갔습니다. 다윗이 물매돌을 던져 골리앗을 죽였지만 다윗은 자기가 골리앗을 이겼다고 생각하지 않았습니다. 하나님께서 도와주셔서 보잘 것 없는 무기로 도저히 이길 수 없는 장수를 이기게 해주셨음을 알았기 때문입니다.

　하나님 아버지! 제게도 다윗과 같은 믿음과 담대함을 주세요. 인생의 승리는 성적, 점수, 등수, 학벌 등이 아니라 하나님의 이름이 가져다주는 능력임을 알게 해주세요. 하나님의 이름으로 인생의 전장에 담대하게 나갈 수 있는 제가 되게 해주세요. 그리고 하나님의 도움으로 모든 종류의 싸움에서 승리하는 인생을 살게 도와주세요. 예수님 이름으로 기도합니다. – 아멘.

 **오늘의 말씀**) 로마서 4 : 6~8

일한 것이 없이 하나님께 의로 여기심을 받는 사람의 복에 대하여 다윗이 말한바 "불법이 사함을 받고, 죄가 가리어짐을 받는 사람들은 복이 있고, 주께서 그 죄를 인정하지 아니하실 사람은 복이 있도다." 함과 같으니라.

 **오늘의 묵상 주제**

⊙ 모든 불법과 죄를 용서해주시는 하나님을 알자!
⊙ 하나님께서나의 모든 죄를 용서해주신 것을 알자!

 **오늘의 기도**

의로우신 하나님! 하나님께서는 완전히 의로우신 분이시기 때문에 불의한 죄인들이 가까이 할 수 없는 분이십니다. 그래서 죄인으로 태어나고, 죄를 범하면서 살아온 사람들은 하나님께 가까이 갈 수가 없다고 합니다. 사람들이 아무리 많은 선을 행하고, 좋은 일을 해도 그것으로는 죄를 씻어 의롭게 될 수가 없다고 합니다. 그런데도 하나님께서 불러주시는 죄인들이 있습니다. 하나님께서 죄를 씻어주신 사람들입니다. 죄를 씻어 죄가 없는 것처럼 여겨주시는 사람들입니다.

하나님 아버지! 하나님께서는 예수님의 십자가의 죽음을 통해서 사람들의 죄를 모두 사하여 주셨습니다. 예수님을 믿기만 하면 모든 불법이 사함을 받고, 죄가 가려지게 해주셨습니다. 예수님을 믿는 사람이 되면 하나님께서 그 사람의 죄를 인정하지 않고, 의로운 사람이라고 인정받을 수 있도록 해주셨습니다. 오직 하나님의 은혜로, 아무 일한 것도 없이, 하나님께 의로 여기심을 받는 사람이 된 것입니다.

오늘 말씀에서 다윗은 하나님께서 죄를 인정하지 않는 사람이 세상에서 가장 행복한 사람이라고 말했습니다. 자기 또한 죄가 있음에도 하나님께서 의로운 사람으로 인정해주신 행복한 사람인 것을 감사했습니다.

하나님! 저는 죄도 많고 허물도 많은 사람입니다. 그럼에도 불구하고 하나님께서 죄 없는 사람으로 인정해주시는 사람이 된 것을 감사드립니다. 이 복이 그 어떤 복보다도 더 귀한 복임을 알고 행복해 하며 살게 도와주세요. 예수님 이름으로 기도합니다. – 아멘.

✝ 오늘의 말씀　열왕기상 2 : 1~3

다윗이 죽을 날이 임박하매 그의 아들 솔로몬에게 명령하여 이르되, 내가 이제 세상 모든 사람이 가는 길로 가게 되었노니, 너는 힘써 대장부가 되고, 네 하나님 여호와의 명령을 지켜 그 길로 행하여, 그 법률과 계명과 율례와 증거를 모세의 율법에 기록된 대로 지키라. 그리하면 네가 무엇을 하든지 어디로 가든지 형통할지라.

🌱 오늘의 묵상 주제

⊙ 대장부(大丈夫, 큰 사람)가 되기를 힘쓰자!
⊙ 무엇을 하든지 형통하는 사람이 되자!

 오늘의 기도

　하나님 아버지! 세상에는 소인배(小人輩;생각과 의지와 포부가 작은 사람)도 있고 대장부(大丈夫;생각과 의지와 포부가 큰 사람)도 있습니다. 작은 사람은 작은 일에도 크게 흥분하고 분노하고 복수를 하려고 합니다. 반면에 큰 사람은 넉넉한 아량으로 이해하고 품어주고 용서하면서 삽니다. 소인배는 어려운 일을 만나면 낙심하고 절망하고 자포자기를 합니다. 그러나 대장부는 어려운 일을 만나도 절망하거나 포기하지 않고 끝까지 인내하며 끝내 극복하는 인생을 삽니다.

　하나님 아버지! 세상에는 하는 일마다 잘 안 되는 사람이 있고 하는 일마다 잘 되는 사람이 있습니다. 이것은 능력의 차이 때문만도 아니고, 운이 있고 없고의 문제도 아니고, 오직 하나님께 달린 문제인 것을 고백합니다. 형통하는 인생을 만들어주시는 분이 하나님이라는 것을 알기 때문입니다. 오늘의 말씀은 하나님께서는 말씀을 힘써 지키는 자를 형통하게 해주신다고 하셨습니다.

　다윗은 이 사실을 알았기 때문에 하나님의 명령과, 모세의 율법책에 기록된 법률과 계명과 율례와 증거를 힘써 지켰습니다. 그래서 하나님께서 다윗의 인생을 형통하게 하셨습니다.

　하나님 아버지! 그러나 하나님의 명령과 말씀을 지켜 행하는 것이 쉬운 일만은 아닌 것을 압니다. 때로는 위험을 무릅쓰고, 때로는 세상과 맞서야만 가능한 일이기 때문입니다. 대장부가 되어야만 가능합니다. 그래서 다윗은 임종을 앞두고 왕위를 계승하는 솔로몬에게 힘써 대장부가 되고, 하나님의 계명을 모두 지키라는 유언을 남겼습니다.

　하나님! 소인배 같고 졸장부(拙丈夫)같은 저를 대장부로 만들어주세요. 어떤 어려움이 있더라도 하나님의 말씀을 지켜 행하는 자가 되어, 무엇을 하든지 어디로 가든지 형통하게 하는 자가 되게 해주세요. 예수님 이름으로 기도합니다. – 아멘.

 **오늘의 말씀**   사무엘하 7 : 27~29

만군의 여호와 이스라엘의 하나님이여! 주의 종의 귀를 여시고 이르시기를 "내가 너를 위하여 집을 세우리라." 하셨으므로 주의 종이 이 기도로 주께 간구할 마음이 생겼나이다. 주 여호와여! 오직 주는 하나님이시며, 주의 말씀들이 참되시니이다. 주께서 이 좋은 것을 주의 종에게 말씀하셨사오니, 이제 청하건대 종의 집에 복을 주사 주 앞에 영원히 있게 하옵소서. 주 여호와께서 말씀하셨사오니 주의 종의 집이 영원히 복을 받게 하옵소서! 하니라.

 **오늘의 묵상 주제**

⊙ 우리 집이 영원히 복을 받는 집이 되게 하자!
⊙ 하나님께서 나를 위해서 '집'을 세워주실 것을 믿자!

 **오늘의 기도**

집을 세워주시는 하나님!

세상에는 명문가도 있고 보잘 것 없는 가문도 있습니다. 어떤 집은 재산으로, 어떤 집은 명예로, 어떤 집은 학문으로, 어떤 집은 관직으로, 어떤 집은 인물로 존경을 받는 집안이 됩니다. 한 사람만 잘 돼도 온 가문이 세워집니다. 그런데 어떤 사람은 집을 세우는데, 어떤 사람은 집을 허물기도 합니다. 재산을 탕진하여 집안을 가난뱅이로 만드는 사람이 있습니다. 큰 범죄를 저질러서 집안 모든 사람들이 얼굴을 들고 살 수 없게 만드는 사람도 있습니다. 하나님, 저는 집을 허무는 사람이 아니라 집을 세우는 사람이 되게 도와주세요. 그리고 하나님께서 도와주시면 저도 잘 되고, 우리 집도 세워질 줄 압니다.

하나님께서는 다윗 왕에게 "내가 너를 위하여 집을 세우리라."는 약속의 말씀을 주셨습니다. 그리고 그 약속대로 다윗의 가문 대대로 왕이 되게 하셨고, 그리스도가 탄생하는 가문으로 삼아주셨습니다. 하나님의 세워주심으로 베들레헴에서 별볼일없던 다윗의 집이 세상에서 가장 크고 빛나는 영광스러운 가문이 되었습니다.

집을 세우시기도 하시고 무너뜨리기도 하시는 하나님! 저의 집을 세워주세요. 지금은 보잘 것 없는 가문이지만, 저를 위해서, 하나님의 영광을 위해서, 세상에 우뚝 세워지는 가문이 되게 해주세요. 저뿐 아니라 우리 집이 하나님 앞에서 큰 복을 받고 세워지게 해주세요. 예수님 이름으로 기도합니다. – 아멘.

 **오늘의 말씀**　시편 119 : 97, 98

내가 주의 법을 어찌 그리 사랑하는지요? 내가 그것을 종일 작은 소리로 읊조리나이다! 주의 계명들이 항상 나와 함께 하므로, 그것들이 나를 원수보다 지혜롭게 하나이다.

 **오늘의 묵상 주제**

⦿ 주의 말씀을 틈틈이 작은 소리로 읊조리자!
⦿ 주의 말씀으로 지혜롭게 되자!

 **오늘의 기도**

하나님 아버지!

주의 계명은 마음의 등불이요, 인생의 등불이 됩니다.

주의 계명을 지키면 지혜롭고 의로운 삶을 살게 되고, 생명을 얻게 됨을 압니다. 하나님! 저도 다윗처럼 주의 법(계명, 말씀)을 정말로 사랑하게 해주세요. 저도 모르게 제 입으로 주의 말씀을 종일 작은 소리로 읊조리는 사람이 되게 해주세요.

하나님! 지금까지 제가 하나님의 말씀을 읽는 데 게을렀음을 고백합니다. 하나님의 말씀을 묵상하지 않고 산 것을 고백합니다. 하나님의 말씀을 듣는 데 정성을 기울이지 못했음을 고백합니다.

그렇기 때문에 말씀이 주는 기쁨과 행복을 제대로 맛보지 못하며 살았습니다.

그렇기 때문에 하나님의 살아 있는 말씀이 주는 능력을 제대로 체험하지 못하며 살았습니다.

그렇기 때문에 하나님의 말씀을 깊이 사랑하지 못하며 살아왔습니다.

이런 저의 어리석음은 목이 마르다고 하면서 옆에 샘물을 두고도 마시지 않은 사람과 같습니다. 배고파 죽겠다고 하면서 잘 차려진 밥상을 외면한 사람과도 같은 어리석음이었습니다. 이 어리석음을 벗어버리게 해주세요. 그리고 이제부터는 주의 말씀을 즐거워하도록 이끌어주세요. 주의 말씀을 귀하게 간직하고 사랑하게 해주세요. 말씀을 통해서 지혜를 얻게 해주세요. 매일 하나님의 말씀을 읊조리며 말씀과 더불어 행복하게 살아가게 도와주세요. 예수님 이름으로 기도합니다. – 아멘.

 **오늘의 말씀** 예레미야 9 : 23, 24

여호와께서 이와 같이 말씀하시되, "지혜로운 자는 그의 지혜를 자랑하지 말라. 용사는 그의 용맹을 자랑하지 말라. 부자는 그의 부함을 자랑하지 말라. 자랑하는 자는 이것으로 자랑할지니 곧 명철하여 나를 아는 것과, 나 여호와는 사랑과 정의와 공의를 땅에 행하는 자인 줄 깨닫는 것이라. 나는 이 일을 기뻐하노라." 여호와의 말씀이니라.

 **오늘의 묵상 주제**

◉ 나의 가진 것을 자랑하지 말자!
◉ 오직 하나님과, 그 분이 어떤 분이신지를 아는 것을 자랑하자.

 **오늘의 기도**

나의 자랑이 되시는 하나님!

사람들은 자랑하기를 좋아합니다. 자기가 가진 것을 자랑합니다. 머리 좋은 것과 공부 잘하는 것을 자랑합니다. 좋은 대학에 들어간 것과 좋은 학벌을 자랑합니다. 돈 많은 것과 재산 많은 것을 자랑합니다. 전문 지식이 있는 것과 능력이 있는 것을 자랑합니다. 좋은 직업과 직장이 있는 것을 자랑합니다. 잘 생긴 것을 자랑하는 사람도 있고, 키가 큰 것을 자랑 삼는 사람도 있습니다. 자식 자랑하는 사람도 있고 부모 자랑과 집안 자랑을 하는 사람도 있습니다.

하나님 아버지! 오늘 말씀은 지혜 있는 자도 지혜 있음을 자랑하지 말고, 용사는 용맹을 자랑하지 말고, 부자는 그 부함을 자랑하지 말라고 하셨습니다. 인간이 가지고 있는 최고의 지혜도 하나님 앞에서는 어리석음일 뿐이고, 용사의 용맹도 하나님께는 하룻강아지의 만용일 뿐이고, 세상의 부자도 하나님 앞에서는 걸인 주머니의 푼돈에 불과하기 때문입니다.

하나님 아버지! 우리가 자랑할 것은 오직 하나님을 아는 명철과 하나님이 어떤 분이신가를 아는 지식뿐이라고 하셨습니다. 하나님 아버지! 제가 세상 것에 대해서 자랑하지 않게 해주세요. 성적이 남보다 좋은 것, 재능이 남보다 뛰어난 것, 부모님이 남들보다 부자인 것 등을 가지고 교만하거나 자랑거리로 삼지 않도록 해주세요. 성적이 남만 못한 것, 재능이 뛰어나지 않은 것, 집이 남들보다 가난한 것 등에 대해서 비굴해 하거나 자신감을 상실하지 않게 해주세요.

하나님 아버지! 제가 하나님을 알게 된 것, 하나님께서 사랑과 의를 행하시는 분이신줄 깨닫게 된 것, 그리고 하나님을 믿어 하나님의 은총의 대상이 된 것에 대해서 진정으로 자부심을 가지고, 온 세상에 자랑하며 살게 해주세요. 예수님의 이름으로 기도합니다. – 아멘.

 **오늘의 말씀**　사무엘하 6:10, 11

다윗이 여호와의 궤를 옮겨 다윗 성 자기에게로 메어 가기를 즐겨하지 아니하고 가드 사람 오벧에돔의 집으로 메어 간지라, 여호와의 궤가 가드 사람 오벧에돔의 집에 석 달을 있었는데, 여호와께서 오벧에돔과 그의 온 집에 복을 주시니라.

 **오늘의 묵상 주제**

⊙ 하나님을 잘 모신 사람이 복을 받았다는 것을 기억하자!
⊙ 하나님을 믿고 잘 섬겨 복을 받는 사람이 되자!

 **오늘의 기도**

　섬기는 자에게 복을 주시는 하나님! 하나님께서는 진심으로 하나님을 섬기는 사람들에게 복을 주셨던 것을 기억합니다. 그런데도 때로 하나님을 섬기는 것이 내키지 않을 때도 있습니다. 일주일에 한 번, 주일에 교회에 나가서 예배드리는 것조차도 제대로 하지 못하는 저였습니다. 평일에 학교와 학원에 다니며 공부하여 피곤하다고 예배에 빠지는 사람도 있습니다. 시험 때라고 예배에 빠지기도 합니다. 고3이라서 공부하는 시기라며 아예 1년 동안 교회 예배에 나오지 않는 학생도 있습니다. 학원 주말반에 다녀야 한다며 교회에 나가지 않는 아이들도 있습니다. 하나님을 제대로 섬기지 못하고 있는 것이지요.

　하나님! 하나님께서는 하나님을 잘 섬기는 사람에게 복을 주신다고 했는데, 제가 하나님을 잘 섬기지 못하여, 하나님께서 복을 주시지 않는 사람이 될까 두렵습니다. 제가 하나님이라도 역시 잘 섬기는 사람에게 복을 줄 것 같습니다. 이제부터 하나님을 잘 섬기는 제가 되게 도와주세요.

　하나님 아버지! 다윗처럼 믿음이 좋았던 사람도, 하나님의 궤를 옮기다가 사람이 죽는 일이 발생하자 그 궤를 자기의 성으로 모시기를 꺼려했습니다. 오벧에돔은 다윗 왕 때문에 법궤를 모시게 되었지만, 정성을 다해 하나님과 하나님의 궤를 모셨습니다. 그 결과 그는 세 달 만에 하나님으로부터 많은 복을 받았습니다.

　하나님! 저도 하나님을 믿는 것을 즐겨하지 않았을 때도 있었습니다. 용서해 주세요. 이제부터는 즐거운 마음으로 하나님을 섬기는 신앙생활을 통해서 복 받는 사람이 되게 도와주세요. 예수님의 이름으로 기도합니다. – 아멘.

 **오늘의 말씀** 고린도전서 3 : 10, 11

내게 주신 하나님의 은혜를 따라 내가 지혜로운 건축자와 같이 터를 닦아 두매 다른 이가 그 위에 세우나 그러나 각각 어떻게 그 위에 세울까를 조심할지니라. 이 닦아 둔 것 외에 능히 다른 터를 닦아 둘 자가 없으니, 이 터는 곧 예수 그리스도라.

 **오늘의 묵상 주제**

◉ 지혜로운 믿음의 건축자가 되자!
◉ 내 인생의 집을 잘 세우자!

 **오늘의 기도**

　주님! 아기 돼지 삼형제의 이야기가 생각납니다. 첫째 형은 자기가 살 집을 지푸라기로 엉성하게 빨리 짓고 놀았습니다. 둘째 형은 나무로 집을 지었습니다. 그러나 막내 동생은 벽돌로 정성을 다해서 튼튼하게 자기 집을 지었습니다. 돼지를 잡아먹으려고 늑대가 왔을 때 첫째 네 집은 입김 한 번에 날아가 버렸습니다. 둘째 네 집도 입으로 세게 몇 차례 부는 것으로 무너져 버렸습니다. 그러나 막내 동생 네 집은 아무리 불어도 무너지지 않아서 결국 세 돼지들이 목숨을 건질 수 있었다는 이야기입니다.

　주님! 인생은 각자 자기 집을 짓는 건축자와 같다고 하셨습니다. 어떤 사람은 대충대충 인생을 사는데, 그렇게 해서는 크고 튼튼한 집을 지을 수가 없습니다. 많이 힘들어도 정성을 다하고 노력하면서 인생을 잘 사는 사람만이 훌륭한 인생을 만들어 갈 수가 있습니다. 제가 공부에 있어서나, 어떤 일을 하는데 있어서 쉽게 살려는 자세를 버리게 도와주세요. 지금 어렵고 힘들더라도 미래의 더 좋은 인생을 위해서 정성을 다하며 살아가는 사람이 되게 도와주세요.

　주님! 믿음의 선조들을 통해서 믿음과 복음의 터를 닦아주신 것을 감사드립니다. 특히 주님의 십자가의 사역을 통해서, 사도들의 헌신과 순교를 통해서, 수많은 믿음의 선배들의 피와 희생과 기도를 통해서 주님의 복음과 교회의 든든한 터가 닦아졌습니다. 그 귀한 터 위에 제 믿음을 세워가게 도와주세요. 이단이나 사이비나 다른 종교의 터를 찾지 않고, 오직 주님의 온전하신 터 위에 아름답고 튼튼하게 제 믿음을 건축하게 해주세요. 예수님의 이름으로 기도합니다. – 아멘.

좋은 친구를 구하는 기도

 **오늘의 말씀** 잠언 27:9

기름과 향이 사람의 마음을 즐겁게 하나니, 친구의 충성된 권고가 이와 같이 아름다우니라.

 **오늘의 묵상 주제**

⊙ 신실하고 충성된 친구를 사귀자!
⊙ 친구의 나를 위한 충고를 기쁨으로 받을 수 있는 사람이 되자!

 **오늘의 기도**

나의 가장 좋은 친구가 되어주시는 주님!

오늘은 화이트 데이라고 해서 사람들은 좋아하는 친구와, 또는 사랑하는 연인과 사탕을 주고받는 사람들이 많습니다. 그러나 제게는 뭔가 선물을 주고받기보다는 마음이 충성스런 친구, 참 마음과 순수한 마음으로 저를 대하며 평생 진정한 우정을 나눌 수 있는 좋은 친구를 허락해주세요. 입에만 단 사탕을 주고받는 인간관계가 아니라 영혼에 단 맛을 주고받는 인간관계를 맺으며 살게 도와주세요.

주님! 교회와 학교에서 다윗과 요나단과 같은 우정을 나눌 수 있는 친구를 만나게 해주세요. 요나단은 사울왕의 아들로 왕위를 물려받을 왕자였습니다. 그러나 자기가 왕이 되는 것을 중요하게 생각하지 않았습니다. 도리어 하나님께 쓰임 받는 다윗이 이스라엘의 왕이 되어야 한다고 생각했습니다. 그래서 위험에 처한 다윗을 적극적으로 도와주었습니다. 저도 이런 진정한 친구를 만날 수 있게 도와주세요. 그리고 저를 위해서 충고하는 친구의 말에 자존심 상해하거나 기분 나빠 하지 않는 사람, 신실한 친구가 있음을 기뻐할 수 있는 사람이 되게 해주세요. 친구가 바라는 대로 훌륭한 삶을 사는 사람이 되어 복된 삶을 살게 도와주세요. 저와 친구가 서로를 잘 되게 해주는 좋은 친구가 될 수 있게 해주세요.

예수님 이름으로 기도합니다. – 아멘.

여호와의 등불을 구하는 기도

 **오늘의 말씀** 열왕기상 15 : 4, 5

그의 하나님 여호와께서 다윗을 위하여 예루살렘에서 그에게 등불을 주시되, 그의 아들을 세워 뒤를 잇게 하사 예루살렘을 견고하게 하셨으니, 이는 다윗이 헷 사람 우리아의 일 외에는 평생에 여호와 보시기에 정직하게 행하고, 자기에게 명령하신 모든 일을 어기지 아니하였음이라.

 **오늘의 묵상 주제**

⊙ 하나님께서 등불을 주실만한 사람이 되자!
⊙ 하나님 보시기에 정직하게 행하자!
⊙ 하나님께서 내게 명령하신 모든 일을 어기지 말자!

 **오늘의 기도**

하나님 아버지! 하나님께서는 다윗에게 등불을 주시었다고 하셨습니다. 하나님께서 다윗에게 주신 등불은 먼저는 다윗 자신이 갈 길을 환하게 비춰주는 역할을 했습니다. 인생을 살면서 길을 찾지 못해서 방황하고 헤매는 사람들이 많은데, 다윗은 하나님께서 주신 등불 때문에 자기가 갈 길을 밝히 볼 수 있었습니다. 확신을 가지고 용감하게 자신의 길을 갈 수 있었습니다.

하나님께서 다윗에게 주신 등불은 다음으로, 다른 사람들의 길을 밝혀주는 역할을 했습니다. 많은 사람들이 다윗이 든 등불의 빛을 따라 하나님이 원하시는 삶을 살 수 있게 되었습니다.

하나님 아버지! 저에게도 다윗에게 주셨던 등불을 주세요. 제가 가야할 길을 볼 수 있게 도와주세요. 세상을 밝히는 빛을 내는 사람이 되게 도와주세요.

하나님께서는 목동 다윗을 이스라엘의 왕으로 세우시되, 이스라엘의 역사에서 가장 위대한 왕이 되게 하셨습니다. 다윗을 생각하셔서 그의 후손들을 왕위에 세워주셨습니다. 하나님께서 다윗을 그렇게도 생각해주신 것은 그가 하나님께 합당한 마음을 가졌기 때문임을 압니다. 비록 실수를 하기는 했어도, 평생 하나님 보시기에 정직하게 행하였고, 하나님께서 명령하신 모든 일을 어기지 않았기 때문입니다.

하나님 아버지! 저도 다윗처럼 하나님께서 등불을 주실 수 있는 사람이 되게 해주세요. 그러기 위해서는 다윗처럼 정직하고, 하나님이 명하시는 말씀을 잘 지키는 사람이 되게 도와주세요. 예수님 이름으로 기도합니다. – 아멘.

 **오늘의 말씀** 사무엘하 7:27-29

만군의 여호와 이스라엘의 하나님이여! 주의 종의 귀를 여시고 이르시기를 "내가 너를 위하여 집을 세우리라." 하셨으므로 주의 종이 이 기도로 주께 간구할 마음이 생겼나이다. 주 여호와여! …… 주께서 이 좋은 것을 주의 종에게 말씀하셨사오니, 이제 청하건대 종의 집에 복을 주사 주 앞에 영원히 있게 하옵소서. ……

 **오늘의 묵상 주제**

⊙ 하나님께서 집을 세워주시는 사람이 되자!
⊙ 하나님께서 복을 주시는 집이 되자!

 **오늘의 기도**

복을 주시는 하나님!

하나님께서는 다윗의 귀를 여시고 "내가 너를 위하여 집을 세우리라."고 약속하셨습니다.

하나님께서 다윗의 귀를 여시고 약속을 해주셨다는 말씀은, 처음에는 다윗이 하나님의 약속을 들을 수 있는 귀가 닫혀있었다는 뉘앙스를 풍깁니다. 하나님께서 오히려 답답하시니까 다윗의 귀를 여시고 "내가 너를 위하여 집을 세우리라."고 약속해주시는 말씀을 해 주신 것 아닐까요? 귀가 열려 이 하나님의 약속을 듣게 되었을 때 다윗은 몹시 기뻤을 것 같습니다.

하나님! 어쩌면 지금 제 귀가 하나님의 음성과 약속에 대하여 닫혀있을 수 있다는 생각이 듭니다. 제가 아직 하나님께서 저를 위해서 집을 세우시겠다는 약속을 받았음을 확신하지 못하고 있는 것이 그 증거입니다. 하나님, 이제 제 귀를 열어주시고 "내가 너를 위하여 집을 세우리라."고 하시는 하나님의 약속을 들을 수 있게 도와주세요.

이 약속의 말씀을 들었던 다윗은 자신의 집에 복을 주시기를 간구하는 기도를 드렸고, 하나님께서는 약속대로 다윗의 집을 세상에서 가장 복된 집으로 세워주셨습니다.

하나님 아버지! 제 귀에도 다윗에게와 같이 복된 약속의 말씀을 들려주세요. 다윗과 같이 하나님의 약속을 들을 수 있는 제가 되도록 제 귀를 열어주세요. 이제 하나님께서 간구할 마음을 주셨으므로 기도하오니, 저와 저희 집에 복을 주사 주 앞에 영원히 있게 해주세요. 예수님 이름으로 기도합니다. – 아멘.

 **오늘의 말씀**   이사야 32 : 8, 사무엘하 7 : 7, 8

존귀한 자는 존귀한 일을 계획하나니, 그는 항상 존귀한 일에 서리라.
그러므로 이제 내 종 다윗에게 이와 같이 말하라. 만군의 여호와께서 이와 같이 말씀하시기를 "내가 너를 목장 곧 양을 따르는 데에서 데려다가 내 백성 이스라엘의 주권자로 삼고, 네가 가는 모든 곳에서 내가 너와 함께 있어 네 모든 원수를 네 앞에서 멸하였은즉 땅에서 위대한 자들의 이름 같이 네 이름을 위대하게 만들어 주리라.".

 **오늘의 묵상 주제**

◉ 존귀한 자가 되자!
◉ 존귀한 일을 계획하는 사람이 되자!
◉ 존귀한 일에 서는 사람이 되자!

 **오늘의 기도**

존귀하신 하나님!

하나님께서는 보잘것없는 사람들도 위대하고 존귀하게 만들어 주시는 분이십니다. 평범한 다윗을 이스라엘의 위대한 왕으로 만드셨습니다. 주님께서 함께 하시면 누구라도 존귀하고, 위대한 인물이 될 수 있음을 믿습니다. 하나님 아버지! 하나님께서 저와 함께 해주셔서 존귀한 자가 되게 도와주세요. 제 이름을 위대한 이름으로 만들어 주세요.

하나님 아버지! 존귀한 자는 존귀한 일을 계획한다고 하셨습니다. 존귀한 자로서 비천한 일을 계획하는 것은 어울리지 않습니다. 비천한 자가 존귀한 일을 계획할 수 없는 것과 마찬가지입니다. 저로 하여금 존귀한 일을 계획하는 사람이 되게 이끌어주세요. 제 자신을 존귀하게 만드는 계획을 가지고 살게 해주세요. 존귀한 일을 계획하는 사람이 되게 해주세요. 천박한 일을 멀리하고 오직 존귀한 일에 서는 제가 되게 도와주세요.

하나님 아버지! 이제부터 저 자신도 제가 하나님 앞에서 존귀한 자요, 위대하게 될 이름인 것을 마음에 새기고 살도록 하겠습니다. 이제부터는 제가 존귀한 일을 계획하게 도와주세요. 그 생각에 함께 해주시고 지혜를 주셔서, 존귀한 일을 계획하고, 존귀한 일을 이룰 수 있게 해주세요. 예수님 이름으로 기도합니다.
– 아멘.

 **오늘의 말씀** 다니엘 1:8-9

다니엘은 뜻을 정하여 '왕의 음식과 그가 마시는 포도주로 자기를 더럽히지 아니하리라.' 하고, 자기를 더럽히지 아니하도록 환관장에게 구하니, 하나님이 다니엘로 하여금 환관장에게 은혜와 긍휼을 얻게 하신지라.

 **오늘의 묵상 주제**

⊙ 나 자신을 더럽히지 않는 삶을 살자.
⊙ 다니엘처럼 뜻을 정하고 사는 사람이 되자!

 **오늘의 기도**

하나님 아버지! 저도 다니엘처럼 뜻을 정하고 실천할 수 있는 사람이 되기를 소망합니다. 새 학년이 된 지금부터 학년의 마지막 날까지 이 결심을 실천할 수 있게 도와주세요.

하나님 아버지! 이스라엘인으로 바벨론의 포로가 되어 있는 다니엘은 왕이 내려준 음식과 포도주로 자기를 더럽히지 않겠다고 결심했습니다. 세상이 주는 부귀영화와 육체적 쾌락을 좇지 아니하고 오직 순수한 신앙을 지켜나가겠다는 결심입니다.

하나님 아버지! 지금 세상에는 신앙에 장애가 되는 비속하고 쾌락적인 문화들이 많이 있습니다. 술, 담배, 마약, 성적인 타락 등에 빠지지 않겠다고 결심하는 젊은이들이 점점 적어지고 있습니다.

하나님, 저로 하여금 지저분한 세상의 풍조와 비신앙적인 세속의 문화들로부터 몸과 마음을 더럽히지 않도록 도와주세요. 인간관계 때문에, 사람들에게 따돌림을 당하는 것이 두려워서, 타락한 세속적인 문화를 단호하게 거절하지 못하는 제가 되지 않게 도와주세요.

다니엘처럼 하나님과 사람과 저 자신에게 정직하고 성실하고 충성되게 사는 것을 통해서 하나님의 사랑을 입게 도와주세요. 신실하고 능력 있는 삶을 보여줌으로써 사람들에게 인정 받고 사랑 받는 사람이 되게 도와주세요. 다니엘처럼 매일 기도하며 살 것을 결심합니다. 저의 이 결심이 견고하게 해주시고, 이 결심을 지킬 수 있는 의지와 실천력을 허락해주세요. 기도의 삶을 통해서 하나님의 은혜와 사랑을 얻게 해주세요. 예수님 이름으로 기도합니다. – 아멘.

 **오늘의 말씀**) 이사야 43 : 18-21

너희는 이전 일을 기억하지 말며 옛날 일을 생각하지 말라. 보라! 내가 새 일을 행하리니 이제 나타낼 것이라. 너희가 그것을 알지 못하겠느냐? 반드시 내가 광야에 길을, 사막에 강을 내리니, 장차 들짐승 곧 승냥이와 타조도 나를 존경할 것은 내가 광야에 물을, 사막에 강들을 내어 내 백성, 내가 택한 자에게 마시게 할 것임이라. 이 백성은 내가 나를 위하여 지었나니 나를 찬송하게 하려 함이니라.

 **오늘의 묵상 주제**

⊙ 지나간 일과 과거에 대한 기억에 얽매이지 말자!
⊙ 하나님께서 베푸시는 새 일을 기대하며 살자!

 **오늘의 기도**

주님! 주님께서는 저에 대하여 새롭고도 좋은 계획을 가지고 계신 것을 믿습니다. 주님께서 저를 통해 펼치실 새 일이 기대됩니다. 주님께서 크고 아름답게 사용하실 저의 미래를 소망 중에 바라보게 하시니 감사합니다.

주님! 이제는 긍정적이고 발전적인 저의 미래를 바라보며 살게 해주세요. 과거의 일들과 과거의 감정에 얽매이지 않도록 해주세요. 과거의 상처와 아픔, 과거의 실패, 그리고 거기에서 파생된 좌절감과 자존감의 상실로부터 벗어나게 해주세요.

주님! 주님께서는 제가 사막에 있는 것처럼 어렵고 척박한 환경을 만나게 되면 주님께서는 저를 위해서 사막에 강을 내어주시어서, 저로 그 강물을 마시게 해주시겠다고 약속하셨습니다. 제가 목마르지 않도록 제가 있는 곳 어디에라도 물을 내주시고 강을 만들어주세요. 주님께서는 제가 광야를 걷게 될 때에 길을 내주시겠다고 하셨습니다. 길도 없는 광야를 헤매는 인생이 되지 않게 도와주세요. 저를 위해서 어디에서라도 길을 만들어주세요. 제가 제 인생을 잘 살아갈 수 있도록 저를 인도해주세요.

주님! 주님께서는 주님을 위해서 저를 만드셨다고 하셨습니다. 주님께 도움이 되는 제가 되게 해주시고, 주님께 해가 되는 제가 되지 않게 도와주세요. 사막에 강을 내어 하나님의 백성으로 마시게 하면서 가나안으로 인도하셨던 하나님의 은혜가 저의 앞으로의 인생에 함께 해주실 것을 믿습니다. 예수님 이름으로 기도합니다. – 아멘.

 **오늘의 말씀**　여호수아 14 : 12

그날에 여호와께서 말씀하신 이 산지를 지금 내게 주소서. 당신도 그날에 들으셨거니와, 그곳에는 아낙 사람이 있고 그 성읍들은 크고 견고할지라도 여호와께서 나와 함께 하시면 내가 여호와께서 말씀하신 대로 그들을 쫓아 내리이다.

 **오늘의 묵상 주제**

- 크고 높은 일 년의 목표를 세우자!
- 원대한 인생의 비전을 세우자!
- 하나님께서 함께 하심을 통해서 큰 목표를 달성하자!

 **오늘의 기도**

인생으로 담대하게 하시는 주님!

오늘 말씀은 갈렙이 크고 장대한 아낙 사람들이 사는 크고 견고한 성읍 헤브론을 스스로의 힘으로 정복하겠다고 나서는 장면입니다. 그렇게 출정을 허락받은 갈렙은 나이가 많았음에도 불구하고 헤브론을 점령해서 자기의 성읍으로 삼았습니다. 갈렙은 하나님께서 자기를 위해서 그들을 쫓아내실 것을 믿었습니다. 그의 믿음으로 낸 용기 때문에 하나님께서는 헤브론 사람들을 쫓아내주셨습니다.

하나님! 저에게도 하나님께서 함께 하시면 강한 적을 쫓아내고 승리할 것을 확신하는 믿음과 담대함을 주세요. 갈렙이 결국 그 성을 정복하여 자신의 기업으로 삼았던 것을 본받게 해주세요.

하나님! 저를 담대하게 해주세요. 두려움과 소심함 때문에 크고 높은 목표(꿈, 비전)를 갖지 못했던 저를 용서해주세요. 새로 시작 된 일 년 동안에 큰 목표를 세우고, 결국 이룰 수 있도록 저와 함께 해 주세요. 예수님 이름으로 기도합니다. – 아멘.

소망의 성취를 위한 기도

 **오늘의 말씀** 잠언 13 : 20

소망이 더디 이루어지면 그것이 마음을 상하게 하거니와, 소원이 이루어지는 것은 곧 생명나무니라.

 **오늘의 묵상 주제**

◉ 소망을 가지고 살자!
◉ 소원을 최대한 빨리 이루도록 노력하자!

 **오늘의 기도**

사랑의 주님!

금년에는 이루고자 하는 소망을 가지고 살게 해주신 것을 감사드립니다. 특히 새 학년을 시작하면서 말씀과 기도 중에 목표를 정하고 믿음으로 바라볼 수 있게 해주셔서 감사합니다. 공부와 성적에 대해서도 구체적인 목표를 세우고자 합니다. 하나님 아버지, 올 해 저의 공부에 대한 목표,각 과목의 내신등급의 목표를 세우려고 합니다. (여기에서 자신의 내신과 수능 목표 등급을 정하고, 이루어 주시기를 기도하자.)

주님! 열심히 노력했는데도 성적이 오르지 않고, 제가 목표한 것이 이루어지지 않으면 참 속상합니다. 저를 속상하게 하지 말아주세요. 제가 지금 소망을 담아 목표를 세운 것을 이루어지게 도와주세요. 물론 감나무 아래 누워서 감이 떨어지기를 바라는 사람처럼 노력 없이 좋은 성적을 바라지는 않겠습니다. 주님께서 제 마음을 붙들어주셔서 공부에 대한 결심이 굳게 도와주세요. 실제로 열심히 공부할 수 있게 도와주세요. 실제로 목표를 이룰 수 있게 도와주세요.

주님! 노력하다가 실망하지 않도록, 1학기 중간고사부터 목표를 위한 진전이 있게 해주세요. 그래서 신바람 내면서 더 열심히 공부하고, 더 좋은 결과를 얻는 선순환의 생활이 되게 해주세요. 예수님의 이름으로 기도합니다. - 아멘.

 **오늘의 말씀** 　마태복음 11 : 16, 17

이 세대를 무엇으로 비유할까? 비유하건대 아이들이 장터에 앉아 제 동무를 불러 이르되, "우리가 너희를 향하여 피리를 불어도 너희가 춤추지 않고, 우리가 슬피 울어도 너희가 가슴을 치지 아니하였다." 함과 같도다.

 **오늘의 묵상 주제**

⊙ 기뻐할 줄도 알고 슬퍼할 줄도 아는 사람이 되자!
⊙ 주님 또는 친구들의 감정을 정서적으로 공유할 수 있는 사람이 되자!

 **오늘의 기도**

　사랑의 주님!

　성경에 나타난 주님의 자비로운 성품을 되새겨 봅니다. 주님께서는 가난한 자, 병든 자, 소외된 자, 비난 받는 자들을 불쌍히 여기시고, 함께 아파하며 슬퍼하며 울며 그들의 마음을 어루만져 주시고, 문제를 해결해 주셨습니다. 즐거워하는 자들의 기쁨을 함께 나누면서 축복해주셨습니다.

　주님께서는 사람들의 마음을 온전히 공유해주셨습니다. 그런데 저를 포함한 오늘날의 사람들은 정서적으로 너무 메말라 있어서, 함께 기뻐하는 것도, 함께 슬퍼하는 것도 못하고 있습니다. 도리어 상처에 소금을 뿌리듯이 사람들의 아픈 상처를 건드리는 사람이 있습니다. 고통스러운 이들을 조롱거리로 삼기도 합니다. 다른 사라의 약한 것을 배려하기보다는 짓밟으려고 합니다. 다른 사람의 기쁨을 시기하고 슬픔을 외면합니다.

　주님! 주님 당시의 사라들은 주님께서 복음을 전해도 감동받지 못했습니다. 주님께서 병자를 쳐주셔도 귀신의 힘으로 능력을 행한다고 비난했습니다. 주님께서 죄인들과 외로운 사람들의 친구가 되어주시는 것에 감동받지 않았습니다. 주님께서 어떤 선한 일을 해도 비판만하는 사람들이 있었습니다. 그들은 다른 사람들과 감정을 공유할 줄 모르는 굳은 마음의 사람들이었습니다.

　주님! 저의 이굳은 마음을 치료해주세요. 이제는 함께 울고 함께 웃는 사람이 되게 해주세요. 예수님 이름으로 기도합니다. – 아멘.

 **오늘의 말씀**   시편 85 : 8, 9

내가 하나님 여호와께서 하실 말씀을 들으리니 무릇 그의 백성, 그의 성도들에게 화평을 말씀하실 것이라. 그들은 다시 어리석은 데로 돌아가지 말지로다. 진실로 그의 구원이 그를 경외하는 자에게 가까우니, 영광이 우리 땅에 머무르리이다.

 **오늘의 묵상 주제**

⊙ 하나님께서 내게 하실 화평의 말씀을 듣자!
⊙ 내 삶의 자리에 하나님의 영광이 머물도록 하자!

 **오늘의 기도**

하나님!

다윗왕은 하나님의 하실 말씀을 듣고자 했습니다. 하나님께서 자신에게 어떤 말씀을 하실지 들으려 했습니다. 자신이 처한 상황에서 하나님께서 무슨 말씀을 하실지 들으려고 했습니다. 그것은 다윗이 하나님께서 그의 백성과 그의 성도들에게 화평을 말씀하실 것을 알고 있었기 때문입니다. 하나님께서는 당신의 사람들이 어떤 어려움에 처해 있더라도 평화로운 상황으로 만들어주실 것을 믿었기 때문입니다.

하나님 아버지! 저도 다윗과 같은 믿음을 가질 수 있게 도와주세요. 언제나 어디서나 하나님께서 저에게 해주실 말씀이 무엇일까에 대해서 귀를 기울이게 해주세요. 하나님께서는 결국 저에게 평안을 주실 것을 믿게 해주세요. 그리고 하나님께서 하시는 말씀을 들을 수 있는 귀와 마음의 자세를 가지고 살도록 도와주세요.

하나님께서 자신의 성도들에게 하실 화평의 말씀을 저도 들을 수 있게 해주세요. 그리고 하나님의 말씀대로 제 마음과 생활에 평화가 깃들게 해주세요. 정리되지 않은 어지러운 생각들, 마음 속의 어지러움들, 질서 잡히지 않은 생활들, 해결되지 않은 문제들 등을 잘 정리할 수 있게 해주세요. 하나님을 경외하는 자에게 베풀어주시는 구원과 주님의 평화를 제게도 주셔서 차분하면서도 미래를 준비하게 해주세요. 제 삶의 자리에 하나님의 영광이 머물 수 있게 해주세요. 예수님 이름으로 기도합니다. – 아멘.

 **오늘의 말씀** 요한복음 4 : 23, 24

아버지께 참되게 예배하는 자들은 영과 진리로 예배할 때가 오나니 곧 이 때라. 아버지께서는 자기에게 이렇게 예배하는 자들을 찾으시느니라. 하나님은 영이시니 예배하는 자가 영과 진리로 예배할지니라.

 **오늘의 묵상 주제**

◉ 하나님께서 찾으시는 참되게 예배하는 예배자가 되자!
◉ 영과 진리로 예배하는 예배자가 되자!

 **오늘의 기도**

경배와 찬양을 받으시기에 합당하신 하나님!

제가 하나님께 예배드리는 예배자가 되게 해주신 것을 감사드립니다. 그러나 생각해 보면 예배자로서의 저의 모습은 회개할 것이 많음을 고백합니다. 하나님께서는 영으로 예배하는 사람, 진리로 예배하는 사람을 찾으신다고 하셨습니다. 하나님께 예배드릴 때는 당연히 온 마음과 온 몸으로 예배해야 하는데 그렇지 못한 저를 용서해 주세요. 설교 말씀을 들을 때도, 찬양할 때도, 기도할 때도 머리로는 다른 생각을 할 때가 있었습니다. 예배 시간에도 휴대폰을 만지면서 예배드리기도 했습니다. 친구들과 잡담하면서 진정성이 적은 예배를 드릴 때도 있었습니다.

하나님 아버지! 내가 이야기 할 때 다른 사람이 집중해서 듣지 않고 딴청을 하면 기분이 좋지 않습니다. 하나님께 예배하는 자가 하나님의 말씀에 집중하지 않으면 하나님께서도 기분이 좋지 않을 것이 분명합니다. 지금까지 예배에서 하나님께 집중하지 못했던 저를 용서해 주세요. 이제부터는 정성을 다해서 예배드리도록 최선을 다할 것을 약속드립니다.

하나님 아버지! 저를 하나님께서 원하시고 찾으시는 예배자가 되게 해주세요. 예배를 통해서 하나님과 영적인 교제를 할 수 있는 예배자가 되게 도와주세요.

진리에 바탕을 둔 예배를 사모하게 해주시고, 재미있는 예배가 아니라고 불평하지 않게 도와주세요. 이제부터는 정말 하나님께서 찾기를 원하시는 그런 예배자로 예배드릴 것을 약속드립니다. 예수님 이름으로 기도합니다. – 아멘.

 오늘의 말씀   요엘 2 : 23

시온의 자녀들아! 너희는 너희 하나님 여호와로 말미암아 기뻐하며 즐거워할지어다. 그가 너희를 위하여 비를 내리시되 이른 비를 너희에게 적당하게 주시리니, 이른 비와 늦은 비가 예전과 같을 것이라.

 오늘의 묵상 주제

⊙ 하나님으로 말미암아 기뻐하며 즐거워하는 시온의 자녀가 되자!
⊙ 하나님께서 베풀어주시는 은혜로 복된 삶을 살자!

오늘의 기도

은혜로우시고 은혜를 내려주시는 하나님!

하나님께서는 '시온의 자녀'에게 '이른 비'와 '늦은 비'를 적당하게 주시는 분이십니다. 시온의 자녀는 예루살렘 백성을 가리키는 말입니다. 이 말은 또한 이스라엘 백성을 가리키는 말인데, 하나님께 선택받은 사람들 즉 하나님의 자녀들을 뜻하는 말입니다. 하나님을 믿는 모든 사람은 시온의 자녀가 됩니다. 당연히 하나님을 믿는 저도 시온의 자녀임을 믿습니다.

하나님 아버지! 하나님께서는 시온의 자녀에게 적당한 이른 비와 늦은 비를 내려주시기를 기뻐하십니다. 이른 비와 늦은 비는 농부들이 쉽게 농사를 지으면서도 풍성하게 추수할 수 있도록 하시는 하나님의 은혜의 비인 것을 압니다.

하나님 아버지! 저의 삶에도 적당한 이른 비와 늦은 비를 내려주세요. 저의 삶과 생활에 필요한 은혜들을 때에 맞도록 적당하게 내려주세요. 그래서 고달픈 인생이 아니라, 평화롭게 살면서도 풍족하게 되는 형통한 인생이 되게 해주세요. 하나님으로 말미암아 기뻐하고 즐거워하는 인생이 되게 해주실 줄 믿습니다. 예수님 이름으로 기도합니다. – 아멘.

 **오늘의 말씀**　마태복음 10 : 42

"또 누구든지 제자의 이름으로 이 작은 자 중 하나에게 냉수 한 그릇이라도 주는 자는, 내가 진실로 너희에게 이르노니, 그 사람이 결단코 상을 잃지 아니하리라." 하시니라.

 **오늘의 묵상 주제**

⊙ 주님의 제자의 이름으로 사람을 대접하는 사람이 되자!
⊙ 내 이름이 아니라 주님의 이름을 드러내는 사람이 되자!

 **오늘의 기도**

　주님! 주님의 이름이 얼마나 존귀하신지요! 귀하신 주님의 이름에 영광을 올립니다.

　귀하신 주님의 이름은 주님의 이름을 가진 사람들조차도 귀하게 만듭니다. 이제부터 주님의 이름을 가진 사람들을 정말 귀하게 대접하는 제가 되도록 노력하겠습니다.

　주님! 주님의 제자라는 이름을 가지고 행한 모든 행동에 대하여 상을 주시겠다고 주님께서 약속하셨습니다. 아주 작은 사람에게 냉수 한 그릇을 주는 것조차도 주님의 상을 받도록 해주시겠다고 하셨습니다. 주님의 이름으로 베푼 것은 주님의 사랑과 자비와 은혜를 나누어준 것이기 때문입니다. 주님의 이름을 드러낸 것이기 때문입니다. '내'가 아닌 '주님'이 영광을 받도록 한 것이기 때문입니다.

　주님! 저 또한 귀하신 주님의 이름을 가진 자가 된 것을 감사드립니다. 금은보화를 가득 담은 질그릇 같이, 비천한 제가 주님의 이름을 가짐으로써 존귀한 사람이 되었습니다. 주님께 존귀한 사람이 되었다는 자부심을 가지고 살게 도와주세요. 그리고 주님의 이름으로 사람들을 대할 수 있는 제가 되게 해주세요.

　주님! 때로는 인간적으로는 냉수 한 그릇이라도 주고 싶지 않은 사람이 있습니다. 그렇더라도 이제부터는 주님의 이름으로 그런 사람까지도 대접하는 사람이 되게 해주세요. 주님의 이름으로 선을 행하여 천국의 상을 많이 얻을 수 있는 믿음의 사람이 되게 해주세요.

　예수님 이름으로 기도합니다. – 아멘.

영화롭게 되기를 구하는 기도

 **오늘의 말씀** 시편 91 : 4, 5

하나님이 이르시되 "그가 나를 사랑한즉 내가 그를 건지리라. 그가 내 이름을 안즉 내가 그를 높이리라. 그가 내게 간구하리니 내가 그에게 응답하리라. 그들이 환난 당할 때에 내가 그와 함께 하여 그를 건지고 영화롭게 하리라.".

 **오늘의 묵상 주제**

⊙ 하나님을 사랑하자!
⊙ 하나님의 함께 하심으로 영화롭게 되자.

오늘의 기도

하나님 아버지!

하나님께서는 능력의 주이십니다. 하나님께서는 능력으로 환난 당하는 자를 건져주시고 영화로운 모습으로 높여주실 수 있으십니다. 그 하나님께 간구합니다.

하나님 아버지! 제 간절히 구하는 기도에 응답해주세요. 저를 구해주세요(이 부분에서는, 자신이 간절히 원하는 바와 하나님께서 꼭 해결해주셔야 할 문제들을 말씀드린다).

하나님 아버지! 하나님께서는 하나님을 사랑하는 자, 하나님의 이름을 아는 자, 하나님께 간구하는 자의 기도에 응답하셔서, 건지시고 높여주신다고 했습니다. 저도 그런 사람으로 살겠습니다.

하나님 아버지! 이제부터는 하나님을 더욱 사랑하겠습니다. 하나님의 이름을 아는 사람으로 살겠습니다. 하나님께 기도하는 사람으로 살겠습니다. 이제 저를 어려움에서 건져주시고, 높여주시고, 영화롭게 만들어주세요. 저로 하여금 하나님께 영광이 되게 도와주세요. 예수님의 이름으로 기도합니다. 아멘.

 **오늘의 말씀**　다니엘 9 : 21-23

곧 내가 기도할 때에 이전에 환상 중에 본 그 사람 가브리엘이 빨리 날아서 저녁 제사를 드릴 때 즈음에 내게 이르더니, 내게 가르치며 내게 말하여 이르되 "다니엘아! 내가 이제 네게 지혜와 총명을 주려고 왔느니라." 하니라. 곧 네가 기도를 시작할 즈음에 명령이 내렸으므로 이제 네게 고하러 왔느니라. 너는 크게 은총을 입은 자라. 그런즉 너는 이 일을 생각하고 그 이상을 깨달을찌니라.

 **오늘의 묵상 주제**

⦿ 다니엘처럼 기도하며 응답받는 사람이 되자!
⦿ 하나님께로부터 오는 지혜와 총명을 받는 사람이 되자!

 **오늘의 기도**

　하나님!

　금년 일 년은 기도하며 살려고 결심하게 해주셔서 감사합니다. 새해 들어서 지금까지 매일 기도하며 살게 해주신 것을 감사드립니다. 저도 다니엘처럼 매일 정해놓고 기도하려고 합니다. 제가 기도하며 살고자 하는 결심을 잘 지키게 해주세요. 그리고 기도하는 것마다 응답해주세요.

　하나님께서는 다니엘이 기도를 시작할 즈음에 가브리엘 천사(하나님의 좋은 소식을 사람들에게 전해주는 역할을 하는 천사장)를 다니엘에게 보내주셨습니다. 그리고 지혜와 총명을 주셨습니다. 다니엘은 하나님께서 주신 이 지혜와 총명으로 꿈과 이상을 보기도 하고 해석하기도 했습니다. 왕이 바뀌어도 계속 총애를 받으며 존귀한 사람으로 살았고, 제국이 바뀌어도 높이 쓰임을 받는 사람이 되었습니다.

　하나님 아버지! 제가 기도할 때에도 좋은 소식으로 응답해주세요. 저에게도 다니엘에게 주셨던 지혜와 총명을 주셔서, 새 학년에는 공부도 잘하게 해주시고, 성적도 월등히 향상되게 해주세요. 학교생활, 입시에서만 성공하는 것이 아니라 인생 전체를 두고 어디에서나 귀하고 크게 쓰임받는 존재가 되게 도와주세요. 예수님 이름으로 기도합니다. – 아멘.

 **오늘의 말씀** · 로마서 14 : 18, 19

이로써 그리스도를 섬기는 자는 하나님을 기쁘시게 하며, 사람에게도 칭찬을 받느니라. 그러므로 우리가 화평의 일과 서로 덕을 세우는 일을 힘쓰나니

 **오늘의 묵상 주제**

⊙ 하나님을 기쁘시게 하며 사람에게도 칭찬을 받는 자가 되자!
⊙ 화평의 일과 덕을 세우는 일에 힘쓰자!

 **오늘의 기도**

사람을 통해서 기쁨을 얻으시는 하나님!

아벨, 에녹, 노아, 아브라함, 요셉, 모세, 다윗, 사무엘, 엘리야, 다니엘 등은 하나님을 기쁘게 해드렸습니다. 그들은 절대 믿음과 제사와 섬김을 통해서 하나님을 기쁘시게 해드렸습니다.

하나님! 저도 하나님을 기쁘게 해드리는 사람이 되기를 소망합니다. 저에게도 믿음의 위인들이 가졌던 믿음과 지혜와 능력을 주세요.

하나님 아버지! 하나님을 기쁘시게 하는 삶을 산 사람들은 사람들에게도 칭찬을 받게 됩니다. 그들은 당대의 사람들에게 많은 칭찬을 받았습니다. 저도 하나님에게 뿐만아니라 사람들에게도 칭찬을 받는 사람이 되게 도와주세요.

하나님! 오늘 말씀은 그리스도를 섬기는 자는 하나님을 기쁘시게 하며 사람에게도 칭찬을 받는다고 하십니다. 그런데 지금 우리나라의 그리스도인들은 하나님을 기쁘시게 해드리지 못하고 있습니다. 세상 사람들에게도 비난을 받고 조롱을 받게 하는 그리스도인들도 많습니다.

하나님! 저도 그리스도를 섬기는 자이므로 하나님을 기쁘시게 하고, 사람에게도 칭찬을 받을 수 있는 삶을 살게 해주세요. 그러기 위해서 화평(和平; 평화의 옛 표현)의 일과 덕(德;어진 일)을 세우는 일에 힘쓰는 제가 되도록 도와주세요. 예수님 이름으로 기도합니다. – 아멘.

 **오늘의 말씀** 마태복음 9 : 16, 17

생베 조각을 낡은 옷에 붙이는 자가 없나니 이는 기운 것이 그 옷을 당기어 해어짐이 더하게 됨이요, 새 포도주를 낡은 가죽 부대에 넣지 아니하나니 그렇게 하면 부대가 터져 포도주도 쏟아지고 부대도 버리게 됨이라, 새 포도주는 새 부대에 넣어야 둘이 다 보전되느니라.

 **오늘의 묵상 주제**

⊙ 새로운 생각, 새로운 습관, 새로운 방식으로 살자.
⊙ 지난 학년과는 다르게 성공적인 일 년을 살자!

 **오늘의 기도**

주님! 저를 정말로 새롭게 해주세요.

저도 때로는 새로운 사람이 되고 싶어서 변하려고 노력도 해보았지만, 제대로 변하지 못해 다시 옛날의 모습으로 돌아가곤 했습니다. 변하려는 의지도 부족하고, 변화의 필요성을 절감하지 못하기 때문인지도 모르겠습니다.

주님! 저, 이대로는 훌륭한 삶을 살며 성공하기 어려울 것 같습니다. 저, 정말로 새롭게 변해야 됩니다. 크고 아름다운 인생을 이루고 살 수 있도록, 생각과 생활을 새롭게 해주세요.

주님! 조지 부시 전 미국 대통령은 젊었을 때 술을 너무 좋아했다고 합니다. 그런데 40세 때의 어느날 '텍사스만한 잔'에다 짐빔(부시가 가장 좋아하던 위스키)을 마시다가 그의 아내 로라 부시에게 걸렸답니다. 로라는 부시에게 "짐 빔이냐, 나냐?" 라고 하면서 둘 중에 하나를 선택하라고 요청했고, 부시는 그날로 술을 딱 끊었답니다. 그 결심으로 그는 새사람이 되었고, 대통령이 되수 있었답니다.

주님! 저도 게으름을 벗어버리고 부지런하게 살게 도와주세요. 불성실을 버리고 성실하게 살게 도와주세요. 거짓을 버리고 정직하게 살게 도와주세요. 보다 더 진취적이고, 적극적이고, 열정적이고, 신실하고, 지혜로운 저로 새롭게 바꿔주세요. 인정받지 못하는 사람이 아니라 인정받는 사람으로 완전히 바꾸어주세요. 무시당하는 사람이 아니라 무시할 수 없는 사람으로 새롭게 변화되게 이끌어주세요. 예수님 이름으로 기도합니다. – 아멘.

창대한 미래를 위한 기도

 **오늘의 말씀** 욥기 8:7

네 시작은 미약하였으나 네 나중은 심히 창대하리라.

 **오늘의 묵상 주제**

⦿ 지금 나의 미약함(작고 약한 모습)을 한탄하지 말재
⦿ 심히 창대한 미래의 나의 모습을 꿈꾸며 이루도록 노력하재

 **오늘의 기도**

하나님! 지금 저는 작고 약한 존재입니다.

보잘 것 없고, 내 세울 것도 없습니다. 공부를 잘하는 것도 아니고, 재주가 뛰어나지도 못합니다(공부 잘하고 뛰어난 재주를 가진 학생은 감사하며 더 노력할 것을 기도하라). 내신 성적을 걱정해야 하고, 수능 시험을 걱정해야 합니다. 지금 같아서는 좋은 학교(고등학교, 또는 대학교)에 진학하기도 어렵고, 성공한 미래를 기대하기도 어렵습니다.

하나님 아버지! 지금은 대단하지 않은 저이지만 그렇더라도 지금이 제 인생의 전부가 아님을 압니다. 에디슨은 초등학교에 다닐 때 저능아라는 판정을 받고 초등학교 조차 졸업하지 못했습니다. 그러나 인류에게 꼭 필요한 수많은 발명품들을 만들어내는 위대한 발명가가 되었습니다. 그의 시작은 미약했지만 나중은 너무나 창대했습니다. 유아교육의 선구자인 프뢰벨도 어릴 때에는 머리가 둔하다고 계모에게 늘 꾸중을 들었다고 합니다. 그러나 어릴 때의 교육이 인간성을 형성하고 인지발달에 절대적으로 중요하다는 것을 깨닫고 유치원 교육을 처음으로 하여 위대한 교육자가 되었습니다.

하나님! 저를 크게 만들어 주세요. 하나님을 위해서, 세상을 위해서 큰 일을 감당하는 창대(昌大;크게 번성한)한 사람이 되게 해주세요. 지금은 작고 약하지만 미래에는 크고 강한 사람이 되게 도와주세요. 예수님 이름으로 기도합니다. – 아멘.

●4월을 성공적으로 보내는 방법

 4월은 만우절로 시작된다. 추억이 될 만한 연출은 좋지만 지나친 거짓으로 감정을 상하게 하지는 말자.
4월 말 ~ 5월 초에는 중간고사를 본다.
새 학년이 되고 첫 번째 시험을 보게 되는 달이다.
중간고사 일정표가 발표되고 나서 준비하면 이미 늦다.
4월을 시작하면서 시험 준비를 본격적으로 시작하자.

●시험을 잘 치르고 성적을 많이 올리는 방법

시험은 교과서의 진도를 나간 만큼만 본다. : 시험 범위의 교과서 내용을 큰 주제들과 중요한 개념들, 그리고 중요한 주제와 개념들을 중심으로 내용들을 파악하라. 자연스럽게 머리에 기억되지 않은 것들은 반복학습을 통해 잊어버리지 않을 정도로 기억에 새겨놓자.

교과서를 읽지 않고 참고서에 요약해 놓은 것만 보면서 암기하려고 하지 말자. : 이것은 가장 어리석은 공부 방식이다. 전체에 대한 이해 없이 기억력에 의존하는 이런 암기식 공부는 시간은 많이 투자해도 성적이 오르지 않는다. 외웠다고 생각했는데 시험 때는 생각나지 않게 된다. 교과서를 여러 번 읽고, 자기가 중요한 내용을 간추릴 수 있어야 한다.

문제집은 교과서 공부를 마친 후에 활용해야 효과가 있다. 교과서는 읽어보지도 않고, 처음부터 문제집만 푸는 것은 실력 향상에 도움이 되지 않는다. 교과서에 나오는 모든 내용을 모든 방식으로 다룰 수 있는 문제집은 없기 때문이다.

중요한 부분만 골라서 공부하는 것은 어리석은 방법이다. 선생님들의 시험출제 방식을 이해할 필요가 있다. 시험 출제자는 상, 중, 하로 난이도를 조절하게 되어 있다. 별표하고 밑줄쳐가면서 강조한 부분은 출제될 확률도 높지만 누구나 맞을 가능성도 높다. 난이도를 조절하는 방법은 고차원적인 문제를 출제하는 것과 교과서 구석에서 찾아낸 의표를 찌르는 문제이다. 이 것 까지 맞아야 고득점자 대열에 낄 수 있다.

거짓말 하지 않기를 다짐하는 기도

 **오늘의 말씀** 잠언 17 : 7

지나친 말을 하는 것도 미련한 자에게 합당하지 아니하거든, 하물며 거짓말을 하는 것이 존귀한 자에게 합당하겠느냐?

 **오늘의 묵상 주제**

⦿ 거짓말과 지나친 말을 하지 않는 사람이 되자!
⦿ 존귀한 자에게 합당하게 말하고 행동하자!

 **오늘의 기도**

진실하신 하나님!

요즘 사람들은 거짓말을 많이 하는 것 같습니다. 돈을 더 많이 벌기 위해서 거짓말을 하는 사람들도 있습니다. 다단계에 빠진 사람들은 거짓말로 사람들을 끌어들이고, 싼 물건을 비싸게 구입하게 하여 큰 손해를 끼치면서, 많은 사람들을 망하게 합니다. 학생들 중에도 거짓말을 쉽게 하는 아이들이 있습니다. 거짓말로 부모님을 속이고, 선생님을 속이고, 친구를 속이기도 합니다. 거짓말은 하나님께서 십계명의 제8계명으로 금해 놓으실 만큼 죄되는 행위임을 깨닫고, 이제부터는 거짓말을 하지 않도록 도와주세요.

하나님 아버지! 오늘의 말씀으로 거짓말 뿐 만 아니라 지나친 말도 하지 말아야 하겠다는 것을 깨달았습니다. 지나친 말은 미련한 자에게도 합당하지 않다고 하는데, 저는 그동안 지나친 말을 많이 하며 살았습니다. 제가 때로는 상황을 잘 몰라서, 때로는 감정이 지나쳐서, 심지어는 저의 감정을 숨기기 위해서 오히려 더 지나친 말을 한 적도 있습니다. 특히 요즘은 작은 것에도 지나치게 큰 개념을 가진 말을 사용하는 경향이 있습니다. 작은 일에도 '실망' 또는 '대박' 이라는 말을 씁니다. 하나님 아버지! 이 모든 것이 허물이며 죄가 된다는 사실을 철저히 깨닫게 해주세요.

오늘은 만우절이라서 재미삼아서 가볍게 거짓말을 하기도 합니다. 그러나 그 어떤 거짓말도 존귀한 자에게는 합당하지 않음을 깨닫고, 이제 진실하고 품격 있는 말을 하면서 살 수 있게 해주세요. 예수님 이름으로 기도합니다. – 아멘.

 **오늘의 말씀** 사도행전 7 : 55, 56

스데반이 성령 충만하여 하늘을 우러러 주목하여 하나님의 영광과 및 예수께서 하나님 우편에 서신 것을 보고 말하되, "보래! 하늘이 열리고, 인자가 하나님 우편에 서신 것을 보노라" 한 대

 **오늘의 묵상 주제**

⊙ 성령 충만하여 하늘을 우러러 주목하는 사람이 되자!
⊙ 하나님과 천국의 실재를 확신하는 사람이 되자!

 **오늘의 기도**

언제나 어디에나 계시는 하나님!

하나님께서는 천지와 인간을 창조하고, 우주와 역사를 섭리하고 실재하는 신이심을 믿습니다. 하나님께서는 모든 사람들의 주인이시고, 생사화복(生死禍福, 삶 죽음 재앙 복)의 주관자이심도 믿습니다.

스데반 집사는 ①성령이 충만하여 ②하늘을 우러러 ③주목하였기에 하나님의 영광과 주님과 천국을 볼 수 있었습니다. 그가 하나님과 하늘의 영광을 보면서, 자기가 보고 있는 것을 말하는 데도 아무도 믿지 않았습니다.

하나님 아버지! 안 계신 곳 없이 계신 하나님은 어디에나 계시다는 뜻이지요? 세상에도 계시고, 내 곁에도 계시고, 내 안에도 계시는 하나님을 발견할 수 있게 도와주세요. 실제로 계시고, 살아 역사하시는 하나님을 분명히 믿는 제가 될 수 있게 도와주세요.

하나님! 카니자의 삼각형이라는 것이 있습니다. 카니자라는 사람은 삼각형을 전혀 그리지 않고도 실제로 삼각형을 볼 수 있게 했습니다. 카니자는 팩맨(pac-man, 아케이드 게임의 몬스터, 그림에 있는 원형에 입만 있는 캐릭터)들만 잘 활용하면 누구나 마음의 눈으로 삼각형의 실재를 볼 수 있다는 것입니다.

카니자의 삼각형

하나님! 예수님은 백합화나 공중의 새를 보면서도 하나님이 계시는 것을 가르쳐 주셨습니다. 세상의 모든 사물을 하나님을 볼 수 있는 팩맨으로 활용하신 것 같다는 생각이 듭니다.

하나님! 제가 하나님의 실재를 믿을 수 있게 해주셔서 감사합니다. 하나님의 실재를 아는 것에 그치지 않게 하시고, 하나님의 실재를 느끼며, 하나님의 은혜 속에 사는 제가 되게 해주세요. 예수님 이름으로 기도합니다. – 아멘.

 **오늘의 말씀**　마태복음 5 : 13-16

너희는 세상의 소금이니 소금이 만일 그 맛을 잃으면 무엇으로 짜게 하리요? 후에는 아무 쓸 데 없어 다만 밖에 버려져 사람에게 밟힐 뿐이니라. 너희는 세상의 빛이라. 산 위에 있는 동네가 숨겨지지 못할 것이요, 사람이 등불을 켜서 말 아래에 두지 아니하고 등경 위에 두나니, 이러므로 집 안 모든 사람에게 비치느니라.

 **오늘의 묵상 주제**

⊙ 내가 세상의 소금과 빛이라는 사실을 잊지 말자!
⊙ 사람들이 바라보며 본받을 수 있는 바람직한 사람이 되도록 노력하자!

 **오늘의 기도**

　빛과 소금이 되시는 주님!

　옛날에는 소금도 귀하고 빛도 귀했습니다. 지금은 소금도 흔해졌고 도시에는 밤도 어둡지 않을 만큼 빛이 흔해졌습니다. 어쩌면 그래서 소금과 빛의 가치와 그 역할의 귀중함도 잃어버린 것은 아닐까요? 주님께서는 저희에게 세상의 소금이요 빛이라고 하셨습니다. 소금처럼 세상이 썩지 않도록 하고, 어둠을 밝히는 빛을 비춰주라는 말씀입니다. 그런데 지금 그리스도인들은 예수님의 말씀을 지키지 못하고 있는 것 같습니다. 다른 사람을 썩지 않도록 도와주는 역할을 하지 못하는 것에 그치지 않고, 그리스도인들 중에도 부패한 사람들이 있습니다. 교회조차도 어둠에 감추어야 할 부분들이 있습니다. 그래서 세상 사람들의 비난을 받기도 합니다.

　주님! 저도 아직 다른 친구들에게 학업에서나 생활에서 모범이 되지는 못하고 있습니다. 주님을 믿는 기독학생으로서, 세상의 소금과 빛이 되는 삶을 살도록 인도해 주세요. 저의 좋지 않은 말과 행동이 다른 사람의 본이 되지 못했던 것을 용서해주세요. 이제부터는 좋은 생각, 좋은 말, 좋은 행동을 통해서 살맛나고 밝은 세상(우리 집, 우리 교실, 우리 학교, 우리 나라, 세상)을 만들도록 노력하겠습니다. 저를 도와주셔서 세상에 대해서 소금과 빛의 역할을 하며 살게 도와주세요. 예수님 이름으로 기도합니다. 아멘.

 **오늘의 말씀**　전도서 4 : 9-12

두 사람이 한 사람보다 나음은 그들이 수고함으로 좋은 상을 얻을 것임이라. 혹시 그들이 넘어지면 하나가 그 동무를 붙들어 일으키려니와, 홀로 있어 넘어지고 붙들어 일으킬 자가 없는 자에게는 화가 있으리라. 또 두 사람이 함께 누우면 따뜻하거니와 한 사람이면 어찌 따뜻하랴? 한 사람이면 패하겠거니와 두 사람이면 맞설 수 있나니, 세 겹 줄은 쉽게 끊어지지 아니하느니라.

 **오늘의 묵상 주제**

◉ 좋은 친구, 좋은 선후배를 갖도록 하자!
◉ 넘어지면 붙들어 일으켜 줄 좋은 친구가 되자!

 **오늘의 기도**

　주님! 혼자라는 것은 참 외롭습니다. 어려울 때 손잡아 일으켜 주는 이 없고, 넘어졌을 때 붙들어 일으켜 주는 사람이 없는 삶은 참 어렵습니다.

　주님! 얼마 전에는 참 마음 아픈 일이 있었습니다. 어떤 중학생이 같은 반 친구 몇 명으로부터 괴롭힘을 당하는 것을 견디지 못하고 스스로 목숨을 끊은 일입니다. 그 아이들은 학교에서도 괴롭히고, 낮에 친구 혼자서 집에 있는 것을 알고 매일 집에까지 찾아와서 괴롭혔다고 합니다. 집안의 물건도 돈도 수시로 가져가고, 공부도 하지 못하게 해서 아이만 부모님께 못된 아들로 꾸지람을 듣곤 했답니다. 같은 반 친구들도 모두 이런 일을 알고 있었답니다. 그러나 누구하나 그 아이를 도와주지 못했습니다. 그들 중에 두 세 명이라도 그 친구를 도와주었더라면 어려움을 극복할 수 있고, 그런 극단적인 상황까지 가지 않을 수도 있었을 것입니다. 힘이 약한 사람이라도 두 세 명이 힘을 합치면 끊어지지 않는 삼겹줄이 될 수 있을 것입니다.

　주님! 제게 좋은 친구들을 허락해주세요. 못된 친구들과 엮이지 않게 도와주세요. 학교에서, 교회에서 좋은 친구, 좋은 선후배를 만들 수 있게 해주세요. 고민도 아픔도 함께 나누고, 기쁨도 즐거움도 함께 나누는 좋은 친구들을 가질 수 있게 도와주세요. 서로 붙들어주고 일으켜 세워주고, 고난에 함께 맞서주고, 싸움을 함께 싸워줄 그런 인생의 친구를 만나게 해주세요. 교회 학생부에서, 학교의 반에서, 동아리에서 쉽게 끊어지지 않는 '세 겹 줄'을 만나게 해주세요. 예수님 이름으로 기도합니다. – 아멘.

 **오늘의 말씀**) 시편 1 : 1-3

복 있는 사람은 악인들의 꾀를 따르지 아니하며, 죄인들의 길에 서지 아니하며, 오만한 자의 자리에 앉지 아니하고, 오직 여호와의 율법을 즐거워하여 그 율법을 주야로 묵상하는도다. 그는 시냇가에 심은 나무가 철을 따라 열매를 맺으며 그 잎사귀가 마르지 아니함 같으니, 그가 하는 모든 일이 다 형통하리로다.

 **오늘의 묵상 주제**

⊙ 복 있는 사람으로 살자!
⊙ 시냇가에 심겨진 나무처럼 되자!

 **오늘의 기도**

복의 근원이 되시는 하나님! 저에게도 복을 주세요. 저를 복 있는 사람이 되게 해주세요. 저를 하나님께서 복 주실만한 사람이 되게 해주세요.

하나님 아버지! 오늘의 말씀에서 복 있는 사람의 네 가지 요소를 가르쳐 주셨습니다. 이 다섯 가지 복 있는 사람의 요소를 다 갖춘 제가 되게 도와주세요.

첫째, 복 있는 사람은 악인의 꾀를 따르지 않는다고 하셨습니다. 하나님, 절대로 악한 사람의 얕은꾀나 교활한 유혹에 넘어가지 않는 제가 되게 도와주세요.

둘째, 복 있는 사람은 죄인의 길에 서지 않는다고 하셨습니다. 하나님, 세상을 살면서 절대로 '죄인'이라는 말을 듣는 사람이 되지 않게 저를 도와주세요.

셋째, 복 있는 사람은 오만한 자의 자리에 앉지 않는다고 하셨습니다. 돈이든 권력이든 명예든 학벌이든 뭔가 있다고 교만하고 오만방자한 사람들이 있습니다. 그러나 저는 무엇이 있든지 겸손하고 온유한 사람으로 살게 도와주세요.

넷째, 복 있는 사람은 오직 하나님의 말씀을 즐거워하고 밤낮으로 말씀을 묵상하는 사람이라고 하셨습니다. 저도 하나님 말씀인 성경을 읽고 묵상하기를 좋아하게 해주시고, 설교 말씀 듣는 것을 좋아하게 도와주세요. 하나님 앞에서 정말 복 있는 사람으로 살게 도와주세요.

하나님! 오늘은 우리나라의 식목일인데, 저를 시냇가에 심은 나무처럼 되게 해주세요. 철 따라 잎사귀를 내고 꽃을 피우며, 열매를 맺는 형통한 사람으로 살게 해주세요. 예수님 이름으로 기도합니다. – 아멘.

 **오늘의 말씀**　잠언 12 : 18, 19

칼로 찌름 같이 함부로 말하는 자가 있거니와 지혜로운 자의 혀는 양약과 같으니라. 진실한 입술은 영원히 보존되거니와 거짓 혀는 잠시 동안만 있을 뿐이니라.

 **오늘의 묵상 주제**

⊙ 다른 사람에게 상처를 주지 않도록 함부로 말하지 말자!
⊙ 좋은 약처럼 지혜롭게 좋은 말을 하는 사람이 되자!

 **오늘의 기도**

　주님! 저의 입술과 혀를 주장해 주세요. 입술과 혀는 다른 사람을 찌르는 칼이 될 수도 있고, 다른 사람을 고치는 양약이 될 수도 있다고 했습니다.

　주님, 먼저 제가 말을 함부로 하지 않도록 지켜주세요. 제가 간혹 함부로 말해서 다른 사람에게 상처를 준 일이 있는데 저를 용서해 주시고, 그들의 상처도 낫게 해주세요. 앞으로는 절대로 함부로 말하지 않게 해주세요. 부모님, 형제자매, 친구들, 선후배 등 어떤 사람에게도 상처를 주는 말을 하지 않도록 해주세요.

　주님! 한 번 뱉은 말은 쏟아진 물처럼 다시 주워 담을 수 없다고 했습니다. 그래서 참 조심스럽게 말을 해야 하는데, 너무 함부로 말하는 사람들이 있습니다. 홧김에 욕하고, 저주를 퍼붓는 사람도 있습니다. 비웃고 조롱하는 말을 하는 사람도 있습니다. 그리고 진실을 담지 않은 말을 하는 사람들도 있습니다. 모두 미련하고 진실하지 못한 혀를 가졌기 때문입니다.

　주님, 좋은 약과 같이 사람들에게 기쁨이 되는 지혜로운 말을 할 수 있게 도와주세요. 사람들에게 상처를 주는 말을 하지 않고 위로하고 감싸주는 말을 하게 도와주세요. 사람들을 실망시키고 좌절하게 하는 말을 하지 않고, 도리어 용기를 북돋아주는 말을 하게 도와주세요. 사람들에게 소망을 주는 말을 하며 살도록 저를 도와주세요. 독이 되는 말이 아니라 좋은 약이 되는 선하고 적절한 말을 하며 사는 제가 되게 해주세요. 거짓 혀를 놀리지 않게 해주시고 진실한 입술이 되게 해주세요. 예수님 이름으로 기도합니다. – 아멘.

오늘의 말씀) 다니엘 9:3,4

내가 금식하며 베옷을 입고, 재를 무릅쓰고, 주 하나님께 기도하며 간구하기를 결심하고, 내 하나님 여호와께 기도하며 자복하여 이르기를, 크시고 두려워할 주 하나님, 주를 사랑하고 주의 계명을 지키는 자를 위하여 언약을 지키시고 그에게 인자를 베푸시는 자시여!

 오늘의 묵상 주제

⊙ 기도하는 사람으로 살 것을 결심하자!
⊙ 하나님이 인자하심을 베푸시는 사람이 되자!

 오늘의 기도

크고 위대하신 하나님!

사람들은 크기를 수로 나태냅니다. 〈일, 십, 백, 천, 만, 억, 조, 경, 해, 자, 양, 구, 간, 정, 재, 극, 항하사, 아승기, 나유타, 불가사의, 무량대수, 겁, 훈공, 그래함의 수, 구골, 아산키야, 센틸리온, 스큐스수, 구골플렉스〉라는 이름을 붙여놓았습니다. 한동안 10의 68승인 무량대수를 가장 큰 수라고 생각했지만, 구골은 10의 100승이고, 구골플렉스는 10의 10,000승의 수라고 합니다. 전세계의 인터넷 검색의 70%를 점령하고 있는 구글이, 전 세계의 인터넷 정보를 모두 검색하는 엔진을 만들겠다며 붙인 이름이 '구골 googol'이었는데, 상표등록을 하면서 스펠링을 잘못써서 '구글 google'이 되었다고 합니다. 세상의 모든 존재를 분자로 만들어 세어도 '해' 나 '자' 정도의 수라고 하니 얼마나 큰 수겠습니까? 그런데 구골플렉스의 구골플렉스승의 수라고 해도 하나님께는 작은 수에 불과하겠지요?

하나님 아버지! 하나님은 무한히 크신 존재이십니다. 하나님은 크시고 두려워할 존재이십니다. 그런데 사람들은 하나님도 모르고, 하나님의 크심도 모르고 삽니다. "하룻강아지 범 무서운 줄 모릅니다."는 말처럼 하나님의 크심을 모르기 때문에 두려워하지도 않는 것 같습니다. 사실은 두려우신 분이신 하나님이신데, 하나님께서는 하나님을 사랑하는 사람, 하나님의 계명을 지키는 사람을 위하여 언약을 지키시고, 인자를 베풀기를 기뻐하십니다.

하나님! 저에게도 아브라함과 다니엘에게처럼 하나님께서 언약을 지켜주시고, 인자를 베풀어주시는 사람이 되게 해주세요. 하나님의 언약과 인자의 대상이 되기 위해서, 저도 다니엘처럼 저 자신을 위해서, 저의 꿈과 비전을 위해서, 우리 집을 위해서, 우리 교회와 나라를 위해서 기도하며 살기를 결심합니다. 우선 금년 일 년 동안 기도를 잘 실천할 수 있게 성령님을 통해서 도와주시고, 평생을 기도하는 사람으로 살게 도와주세요. 예수님 이름으로 기도합니다. – 아멘.

 **오늘의 말씀**　스가랴 12 : 8

그 날에 여호와가 예루살렘 주민을 보호하리니, 그 중에 약한 자가 그 날에는 다윗 같겠고, 다윗의 족속은 하나님 같고 무리 앞에 있는 여호와의 사자 같을 것이라.

 **오늘의 묵상 주제**

⊙ 여호와 하나님의 보호를 받는 '예루살렘 주민' 이 되자!
⊙ 다윗 같이 하나님께 인정받고 쓰임 받는 사람이 되자!

 **오늘의 기도**

　보호자 되시는 하나님!

　세상에는 제대로 보호를 받지 못하는 사람들이 많이 있습니다. 부모의 보호를 받지 못하고 버림을 받는 아기들도 있습니다. 가정의 따뜻한 보호를 받지 못하고 거리를 떠도는 가출 청소년들도 있습니다. 국가와 사회의 보호를 제대로 받지 못하는 약자들이 많이 있습니다. 장애를 가진 사람들, 직장이 없는 사람들, 힘 없고 돈 없는 어려운 사람들이 많이 있습니다.

　하나님 아버지! 하나님께서는 사랑과 능력으로 하나님의 백성들을 보호하시는 것을 믿습니다. 오늘 말씀에 하나님께서 '예루살렘 주민' 을 보호해주시겠다고 약속하셨습니다. '예루살렘 주민' 은 하나님께서 선택한 사람들이고, 하나님을 믿고 섬기는 사람들을 가리키는 줄 압니다. 저도 하나님을 믿으므로 '예루살렘 주민' 인 것을 확신합니다. 하나님, 저를 보호해 주세요. 하나님의 보호를 받는 사람들은 약한 자가 다윗과 같이 된다고 하셨습니다. 다윗은 골리앗을 이긴 사람이고, 전쟁마다 승리한 장수이고, 이스라엘 최고의 왕이 된 인물입니다.

　하나님, 저도 약하지만 다윗처럼 하나님의 보호를 받으면서 크고 강한 인물로 성장할 수 있게 도와주세요. 다윗의 족속은 하나님과 같고 천사와 같을 것이라고 말씀하셨습니다. 저 또한 다윗의 족속이 되게 도와주세요. 하나님의 사람을 세상 사람들에게 하나님 같이 또는 하나님의 천사 같이 존귀한 존재가 되도록 이끌어주세요. 하나님께 보호받고 크게 쓰임 받는 하나님의 사람이 되게 해주세요. 예수님 이름으로 기도합니다. – 아멘.

오늘의 말씀   데살로니가후서 3 : 1-3

끝으로, 형제들아! 너희는 우리를 위하여 기도하기를 "주의 말씀이 너희 가운데서와 같이 퍼져 나가 영광스럽게 되고, 또한 우리를 부당하고 악한 사람들에게서 건지시옵소서!" 하라. 믿음은 모든 사람의 것이 아니니라. 주는 미쁘사 너희를 굳건하게 하시고, 악한 자에게서 지키시리라.

오늘의 묵상 주제

◉ 주님의 말씀이 나로부터 영광스럽게 되도록 하자!
◉ 부당하고 악한 사람들에게 빠지지 말자!
◉ 믿음을 가진 것을 특권으로 알자!

오늘의 기도

　주님! 저를 통해서 주님의 말씀이 영광스럽게 되기를 원합니다. 제가 주님께 영광이 되도록 살아야 주님의 말씀이 제게서 영광을 얻을 줄 압니다. 제가 주님과 복음에 영광을 돌리는 삶을 살도록 도와주세요.

　주님! 세상에는 사람을 부당하게 대하는 사람들이 많이 있습니다. 부당한 대우로 상처받는 사람과 분노와 원한을 갖는 사람들이 있습니다. 자존감에 상처를 입고 좌절하는 사람도 있습니다. 특정한 사람과 불특정 다수에게 복수를 하는 사람도 있습니다. 주님, 저를 지켜주셔서 저를 부당하게 대하는 사람이 없게 해주세요. 가족은 말할 것도 없고, 선생님과 학교 친구들, 교회 친구들, 선후배들, 제가 만나게 되는 모든 사람들이 저를 부당하게 대하지 않도록 저를 지켜주세요.

　주님! 또한 세상에는 악한 생각을 가진 사람들도 많고, 악을 행하는 사람들도 많습니다. 악한 사람의 악한 행위로 피해를 입는 사람들이 많습니다. 주님, 누구라도 저에게 악념을 품거나 악행을 하지 않도록 도와주세요.

　주님! 믿음은 모든 사람의 것이 아니라고 하셨습니다. 특별한 사람만이 가질 수 있는 것이 믿음이라는 뜻입니다. 돈이 많다고 가질 수 있는 것이 아니고, 잘나고 성공했다고 가질 수 있는 것이 아닙니다. 오직 하나님께서 사랑하시는 사람들에게만 허락해 주시는 특별한 은총입니다. 주님! 제가 믿음을 가진 사람이 된 것을 감사드립니다. 하나님께서 저를 특별히 사랑해주신 결과인줄 믿습니다. 제가 이 믿음을 아주 소중한 것으로 간직하게 도와주세요. 예수님 이름으로 기도합니다. - 아멘.

 **오늘의 말씀**　시편 127 : 1, 2

여호와께서 집을 세우지 아니하시면 세우는 자의 수고가 헛되며, 여호와께서 성을 지키지 아니하시면 파수꾼의 깨어 있음이 헛되도다. 너희가 일찍이 일어나고 늦게 누우며 수고의 떡을 먹음이 헛되도다. 그러므로 여호와께서 그의 사랑하시는 자에게는 잠을 주시는도다.

 **오늘의 묵상 주제**

⊙ 하나님께 세움을 받는 자가 되자!
⊙ 수고한 것들이 헛되지 않고 다 아름다운 열매가 되는 사람이 되자!

 **오늘의 기도**

　집을 세워주시는 하나님!

　사람들은 저마다 뭔가를 이루기 위해서 땀을 흘리며 수고를 아끼지 않습니다. 잠도 제대로 자지 못하고 새벽부터 밤늦도록 일하는 사람들도 있습니다. 3~4시간 밖에 자지 않고 좋은 대학에 가려고 공부하는 학생들도 있습니다. 그러나 수고한다고 목표한 것을 다 이루는 것도 아닙니다. 어떤 사람은 수고는 많이 하는데 아무것도 이루지 못해서 허탈해하는 사람도 있습니다.

　하나님 아버지! 오늘 말씀은 하나님께서 집을 세워주지 아니하시면 세우는 자의 수고가 헛되다고 하셨습니다. 하나님께서 지켜주지 않으시면 사람의 지키려는 수고가 헛되다고 하셨습니다. 결국 자신의 인생을 세우는 것도 지키는 것도 하나님께 달려 있다는 말씀입니다. 하나님께서는 창조주가 되시고, 인생의 주관자가 되시기에, 제 인생도 하나님의 주권 안에 있음을 인정합니다. 하나님께서 세워주셔야 제 인생도 설 수 있고, 저의 수고가 헛되지 않게 될 것을 압니다. 하나님 아버지! 저를 붙들어 주시고 저의 집, 제 인생을 세워주세요.

　하나님 아버지! 제가 일찍 일어나고 늦게 누우면서 수고한 것들이 헛된 것이 되면 제게도 하나님께도 모두 손해가 될 뿐입니다. 사람들이 제가 하나님의 사람임을 알고 있기 때문입니다. 저의 수고가 기쁨의 열매가 될 수 있게 해주시고, 근심 걱정으로 잠 못 이루는 삶이 아니라, 늘 평안하게 잠을 잘 수 있는 평화로운 삶이 되게 해주세요. 예수님 이름으로 기도합니다. – 아멘.

 **오늘의 말씀** 시편 119 : 73, 74

주의 손이 나를 만들고 세우셨사오니 내가 깨달아 주의 계명들을 배우게 하소서. 주를 경외하는 자들이 나를 보고 기뻐하는 것은 내가 주의 말씀을 바라는 까닭이니이다.

 **오늘의 묵상 주제**

◉ 주의 계명(성경 말씀) 배우기를 힘쓰자!
◉ 믿음이 좋은 사람들이 나를 보고 기뻐할 수 있는 사람이 되자!

 **오늘의 기도**

하나님 아버지!

하나님을 알기 전에는 제가 태어난 것은 오직 저의 부모님 덕인 줄로만 알았습니다. 그러나 하나님을 알고 나서는 하나님께서 아빠와 엄마를 통해서 저를 세상에 보내주셨다는 것을 믿게 되었습니다. 제가 엄마의 태 중에서 자라났지만, 제가 엄마의 태 중에서 생명으로 잉태되도록 해주신 분이 하나님이심을 믿습니다. 결국 하나님의 손이 저를 만들고 세워주셨던 것입니다.

하나님! 제가 하나님을 제대로 알도록 깨달음을 주세요. 주님을 잘 알기 위해서 주의 말씀을 배우기를 힘쓰는 제가 되도록 도와주세요.

하나님! 사실 지금까지 저는 주님의 말씀을 배우는 일, 성경 말씀을 읽고 묵상하는 일에 힘쓰지 못했습니다. 이것이 주님을 제대로 깨닫지 못한 이유인 것 같습니다. 이제부터는 주님의 말씀을 배우는 일에 힘쓰겠습니다. 설교 말씀이나 성경 공부 시간에 더 많이 깨달을 수 있게 해주세요. 성경 말씀을 매일 매일 빠짐없이 읽게 해주시고, 매일 새로운 깨달음을 주세요.

하나님! 사람들에게 기쁨을 주는 제가 되게 해주세요. 사람들이 저를 보면서 싫어 하거나 불쾌해 하지 않게 도와주세요. 부모님께 기쁨이 되는 제가 되게 해주세요. 친구들에게 기쁨을 주는 제가 되게 해주세요. 선생님들과 나를 아는 사람들에게 기쁨을 주는 사람이 되게 해주세요. 특히 주님과 믿음의 사람들에게 기쁨을 주는 제가 되게 해주세요. 결코 사탄이나 악한 자들에게 기쁨이 되는 사람이 되지 않게 도와주세요. 예수님 이름으로 기도합니다. – 아멘.

 **오늘의 말씀**　로마서 6 : 10, 11

그가 죽으심은 죄에 대하여 단번에 죽으심이요, 그가 살아 계심은 하나님께 대하여 살아 계심이니, 이와 같이 너희도 너희 자신을 죄에 대하여는 죽은 자요, 그리스도 예수 안에서 하나님께 대하여는 살아 있는 자로 여길지어다.

 **오늘의 묵상 주제**

◉ 죄에 대하여 죽은 자가 되자!
◉ 하나님께 대해서만 살아 있는 자로 여기자!

오늘의 기도

죄가 없으신 주님!

주님께서는 죄에 대하여 죽으시고 하나님께 대하여 살아계시는 분이십니다. 주님께서는 죄를 지을 생각조차도 하실 수 없는 분이시고, 오직 하나님의 뜻을 행하기 위해서만 사셨음을 압니다.

주님! 그런데 세상에는 죄를 짓는 사람들이 많습니다. 악한 사람들이 많습니다. 죄에 대해서는 살아 있고, 하나님께 대해서는 죽어 있는 사람들이 많습니다. 젊은 사람들이 싫어하는 기성세대만 그런 것이 아니라, 아직 어린 청소년들 중에도 악을 행하는 아이들이 많이 있습니다.

주님! 학교폭력이 문제가 되고 있습니다. 소위 일진이라고 해서 주먹으로 다른 아이들을 괴롭히는 학생들이 있습니다. 빵 셔틀이다 담배 셔틀이다 해서 약한 아이들을 괴롭히는 학생들도 있습니다. 그보다 더 심한 악을 저지르는 학생들도 있다고 합니다.

주님! 저는 악한 행동을 하지 않는 사람이 되게 도와주세요. 죄가 되는 것은 생각조차도 할 수 없는 사람이 되게 도와주세요. 주님과 같이 저도 죄에 대해서는 죽은 자가 되게 해주세요. 죄에 대한 생각도, 죄가 되는 행동도 하지 않게 해주세요. 반면에 예수님 안에서 하나님께 대하여 살아 있는 자가 되기를 원합니다. 하나님을 사랑하고, 하나님께서 원하시는 바를 잘 알고 행하는 사람이 되게 해주세요. 선하고 의로운 생각과 행동을 하면서 살게 도와주세요. 예수님 이름으로 기도합니다. – 아멘.

 **오늘의 말씀** 이사야 53 : 5, 6

그가 찔림은 우리의 허물 때문이요, 그가 상함은 우리의 죄악 때문이라. 그가 징계를 받으므로 우리는 평화를 누리고, 그가 채찍에 맞으므로 우리는 나음을 받았도다. 우리는 다 양 같아서 그릇 행하여 각기 제 길로 갔거늘 여호와께서는 우리 모두의 죄악을 그에게 담당시키셨도다.

 **오늘의 묵상 주제**

⊙ 내가 죽을 수밖에 없는 죄된 존재였음을 인정하자!
⊙ 주님께서 나를 대신해서 징계를 받고 십자가에서 죽으셨음에 감사하자!

오늘의 기도

나를 대신하여 십자가에 달리신 주님! 성경은 세상에는 의인(완전한 의인)은 한 사람도 없다고 하셨습니다. 타락한 이후로 사람은 죄 속에 살다가 멸망을 당할 수밖에 없는 운명이었다고 합니다. 주님께서 대신 징계를 받고 죽지 않았다면 저 또한 지옥형벌을 면하지 못할 사람이 되었을 것입니다.

주님! 저도 제가 악한 존재라는 것, 죄 많은 사람이라는 것을 인정합니다. 사실 저의 생각과 속마음에는 악한 생각도 많고, 죄된 것도 많습니다. 누군가를 싫어하고 미워하며, 나보다 잘난 사람에 대해서 시기도 하고 질투도 하고, 누군가는 망했으면 좋겠다고 생각하기도 합니다. 욕도 하고 저주를 하기도 합니다.

주님! 아주 작은 죄라도 죄가 있으면 하나님께로부터 끊어지게 되고 구원과 영생을 얻지 못하게 된다고 했습니다. 죄의 문제를 해결하지 못하면 육체가 죽으면서 영혼도 지옥에 가서 영원한 고통을 받게 된다고 했습니다. 그렇다면 저도 당연히 지옥의 고통에 던져질 죄인의 운명을 가진 존재였습니다. 그런데 주님께서 저를 대신하여 죄값을 치러주셨습니다.

저 대신에 예수님께서 채찍에 맞으셨고, 십자가에 못 박히면서 고통에 신음하며 돌아가셨습니다. 그 주님의 대속의 죽음으로 저에게 영원한 생명을 주셨습니다. 하나님께서 주님께 저의 죄악을 담당시키셨고, 주님께서는 저의 죄를 담당해주셨습니다. 고난주간을 지내면서 주님의 고난에 동참하는 마음이 되게 해주세요. 그리고 주님께 감사하는 마음으로 살게 이끌어주세요. 예수님의 이름으로 기도합니다. – 아멘.

 **오늘의 말씀** 　고린도전서 15 : 13, 14, 22

만일 죽은 자의 부활이 없으면 그리스도도 다시 살아나지 못하였으리라. 그리스도께서 만일 다시 살아나지 못하셨으면 우리가 전파하는 것도 헛것이요, 또 너희 믿음도 헛것이며…… 아담 안에서 모든 사람이 죽은 것 같이 그리스도 안에서 모든 사람이 삶을 얻으리라.

 **오늘의 묵상 주제**

⊙ 예수님의 부활을 확실하게 믿는 사람으로 살자!
⊙ 주님의 부활 안에서 얻은 생명으로 새 삶을 살자!

 **오늘의 기도**

할렐루야!
부활의 주님을 찬송합니다!
부활을 통해서 얻으신 주님의 영광과 승리를 찬양합니다. 부활하신 영광의 주님께 경배를 드립니다.

주님! 부활의 계절이 돌아왔습니다. 부활절을 맞아서 주님의 부활 생명이 온 세상에 충만하기를 원합니다.

주님! 많은 사람들이 인생은 한 번 살다가 죽으면 그것으로 끝이라고 생각하고 있습니다. 그래서 죽음 이후에 대한 소망 없이 살고, 살아 있을 때 마음껏 즐기려는 생각을 가지고 살기도 합니다. 그러나 성경에서는 사람은 부활의 존재라는 것을 가르쳐주고 있습니다. 세상에 태어난 사람들은 결국은 죽게 되지만, 그것으로 끝나는 존재가 아니라고 합니다. 주님께서 재림하실 때에 죽었던 사람들이 부활하게 된다고 합니다. 첫 번째로 부활하는 사람들은 주님과 더불어 영광을 얻게 될 성도들의 부활이고, 이것은 영원한 생명을 얻게 되는 부활이라서 생명의 부활이라고 부른답니다. 두 번째로 부활하는 사람들은 악인들의 부활인데, 영원히 지옥의 형벌을 받고 멸망을 받게 될 부활이라고 합니다.

주님! 주님께서 재림하실 때에 생명의 부활에 참여하는 제가 되게 해주세요. 그 때뿐아니라 지금도 주님의 부활의 생명과 능력을 가지고 사는 제가 되게 해주세요. 제 마음과 제 삶에 주님의 부활을 통해 얻은 참 되고 새로운 생명이 가득하길 소망합니다. 죽음의 그림자도 얼씬거리지 못할 정도로 생명력이 넘치는 제 생명이 되게 해주세요.

주님! 주님의 부활을 부인하면 헛된 믿음이듯이, 새 삶을 살지 못하면 주님의 부활을 헛되게 합니다. 저를 통해서 주님의 부활이 보람을 얻을 수 있도록 새 생명과 새 삶을 살게 해주세요. 예수님 이름으로 기도합니다. – 아멘.

4월 15일 — 부활의 소망을 구하는 기도

 **오늘의 말씀**) 사도행전 24 : 15, 16

그들이 기다리는 바 하나님께 향한 소망을 나도 가졌으니, 곧 '의인과 악인의 부활이 있으리라.' 함이니이다. 이것으로 말미암아 나도 하나님과 사람에 대하여 항상 양심에 거리낌이 없기를 힘쓰나이다.

 **오늘의 묵상 주제**

◉ 하나님께 향한 부활을 소망으로 가지고 사는 자가 되자!
◉ 하나님과 사람에 대하여 항상 양심에 거리낌이 없도록 노력하자!

 **오늘의 기도**

소망이 되시는 주님!

주님께서는 하나님께 향한 소망을 갖게 해주셨습니다. 천국의 소망, 영원한 생명에 대한 소망, 생명을 위한 부활의 소망, 그리스도와 더불어 왕 노릇 할 영광에 대한 소망을 갖게 해주신 것을 감사드립니다.

주님! 이 엄청난 소망을 가지고 있으면서도, 저는 그 소망을 피부로 느끼지도 못했음을 고백합니다. 그 참되고 영원한 소망을 마음의 기대감으로도, 현실 생활의 활력으로도 활용하지도 못하고 있음을 고백합니다. 주님의 부활의 소망을 가지고 사는 제가 되게 도와주세요. 죽음에서 부활하신 능력의 소망을 가지고 어떤 상황에서도 절망을 이겨내는 소망을 가지고 살게 도와주세요. 주님의 부활이 나의 존재와 나의 모든 상황에 생명력을 공급해 주시는 것을 느끼며 살게 도와주세요.

주님! 하나님을 향한 이 소망을 분명히 갖고 사는 제가 되게 해주세요. 그리고 이 소망으로 말미암아 믿음 안에서 신실하게 살아가는 제가 되게 해주세요. 바울 사도처럼 이 소망 때문에 하나님과 사람에 대하여 항상 양심에 거리낌이 없도록 힘쓰는 제가 되게 해주세요. 주님 앞에서 부활할 때 부끄러워할 일이 없게 바르고 진실하게 살도록 이끌어주세요. 예수님 이름으로 기도합니다. – 아멘.

 **오늘의 말씀**　고린도전서 1 : 18, 21

십자가의 도가 멸망하는 자들에게는 미련한 것이요, 구원을 받는 우리에게는 하나님의 능력이라.... 하나님의 지혜에 있어서는, 이 세상이 자기 지혜로 하나님을 알지 못하므로, 하나님께서 전도의 미련한 것으로 믿는 자들을 구원하시기를 기뻐하셨도다.

 **오늘의 묵상 주제**

⊙ 십자가의 도가 하나님의 능력이 되는 사람이 되자!
⊙ 하나님께서는 세상의 지혜가 아니라 미련해 보이는 전도로 구원하시는 것을 알자!

 **오늘의 기도**

십자가를 지신 주님!

주님께서는 원래 삼위일체 하나님의 성자 하나님이셨는데, 죄 중에 죽어가는 사람들의 죄의 문제를 해결하고 영원한 생명을 얻게 해주시기 위해서 사람으로 태어나셨습니다. 세상에 오신 주님께서는 우리에게 천국을 가르쳐주셨습니다. 주님을 통해서 천국에 갈 수 있는 길을 만들어주셨습니다. 주님께서 사람들의 죄를 대신 지시고, 죄인들이 받아야 할 형벌을 대신 받으시는 대속의 죽음을 통해서 죄인들의 죄를 없애주셨습니다. 예수님이 하나님 아들이심을 믿기만 하면, 예수님께서 나의 죄 때문에 십자가의 형벌을 대신 받으시고 죽으셨음을 믿기만 하면 모든 죄를 용서받고 구원을 받게 된다고 가르쳐주셨습니다. 주님을 위해서 아무런 공로가 없어도 의인으로 인정해주시고 영생을 주시는 참 좋은 소식이기에 이것을 복음이라고 하셨습니다.

주님! 세상 사람들은 이 십자가의 도가 어리석다고 생각합니다. 그래서 그리스도인을 비웃고 조롱하기도 합니다. 그러나 이 십자가의 도는 믿는 사람들에게 하나님의 능력이 된다고 말씀하셨습니다.

주님! 저는 사람의 죄를 대신하여 예수님께서 형벌을 받고, 제가 죽어야 할 죽음을 예수님께서 대신 죽으심으로 복된 천국에서 영생을 누릴 수 있게 되었다는 '십자가의 진리'를 믿습니다. 이 진리는 세상의 지혜자들에게는 어리석게 보여서, 스스로 똑똑하다는 사람들은 잘 믿지를 않습니다. 그것은 성령님께서 마음을 감동해주셔야만 믿을 수 있기 때문입니다. 세상 사람들의 눈에 미련하게 보이는 전도를 통한 구원이 오히려 하나님의 지혜의 산물이요, 저희에게는 큰 은총입니다. 그렇게 받은 구원이 하나님의 능력으로 저에게 역사하실 것을 믿으며, 감사드립니다. 예수님 이름으로 기도합니다. – 아멘.

 **오늘의 말씀** 골로새서 1 : 28, 29

우리가 그를 전파하여 각 사람을 권하고, 모든 지혜로 각 사람을 가르침은 각 사람을 그리스도 안에서 완전한 자로 세우려 함이니, 이를 위하여 나도 내 속에서 능력으로 역사하시는 이의 역사를 따라 힘을 다하여 수고하노라.

 **오늘의 묵상 주제**

◉ 그리스도 안에서 완전한 자로 세워져 가자!
◉ 영적인 지도자들의 가르침을 잘 받아들이자!
◉ 성령님께서 내 속에서 능력으로 역사하시도록 하자!

 **오늘의 기도**

우리를 완전한 사람으로 세워주시는 주님!

세상에는 예수 그리스도를 열심히 전파하는 사람들이 많습니다. 예수님을 전파하기 위해서 고난을 무릅쓴 사람들도 많고, 핍박을 당하고 순교를 당한 사람들도 많이 있습니다. 오늘의 말씀은 전도자들이 주님을 그렇게 열심히 전파하여 사람들을 권면하고 가르치는 이유에 대해서 가르쳐주고 있습니다. 그것은 각 사람을 그리스도 안에서 완전한 자로 세우려 하기 위함이라고 했습니다.

주님! 세상에는 완전한 사람은 없습니다. 다만 주님 안에 있을 때에만 완전한 자로 세움을 받을 뿐입니다. 주님 밖에서는 죄인이었던 사람들이 주님 안에서는 의인이 되는 것과 마찬가지라고 생각됩니다. 주님 밖에서는 불완전한 사람들이 주님 안에서는 완전한 사람으로 세워지는 것입니다.

주님! 주님께서는 저를 주님 안에서 완전한 사람으로 세워주시려는 계획을 가지고 계신 것을 깨달았습니다. 교회의 목사님(혹은 전도사님, 선생님들)께서 설교말씀을 통해서 가르쳐 주시고 권면해주시는 것을 잘 받아들이는 것이 정말 중요하다는 것도 깨닫게 됩니다. 그동안 그 가르침과 권면이 저를 완전한 자로 세우시려는 주님을 대신한다는 것을 알지 못했습니다. 이제부터는 그 가르침에 순종하도록 노력하겠습니다. 저 또한 그리스도 안에서 완전한 자로 세워지기 위해서, 제 속에서 역사하시는 성령님의 능력을 힘입는 자가 되도록 애쓰겠습니다. 제게 힘을 주세요. 예수님의 이름으로 기도합니다. – 아멘.

✝ 오늘의 말씀　신명기 28 : 12~14

여호와께서 너를 위하여 하늘의 아름다운 보고를 여시사 네 땅에 때를 따라 비를 내리시고, 네 손으로 하는 모든 일에 복을 주시리니, 네가 많은 민족에게 꾸어줄지라도 너는 꾸지 아니할 것이요, 여호와께서 너를 머리가 되고 꼬리가 되지 않게 하시며, 위에만 있고 아래에 있지 않게 하시리니, 오직 너는 내가 오늘 네게 명령하는 네 하나님 여호와의 명령을 듣고 지켜 행하며, 내가 오늘 너희에게 명령하는 그 말씀을 떠나 좌로나 우로나 치우치지 아니하고 다른 신을 따라 섬기지 아니하면 이와 같으리라.

오늘의 묵상 주제

⊙ 하늘의 아름다운 보고의 보물들을 받는 사람이 되자!
⊙ 손으로 하는 모든 일에 복을 받는 사람이 되자!

오늘의 기도

복의 주관자가 되시는 하나님!

오늘의 말씀을 통해서 하나님께서 저에게 많은 복을 주실 것을 믿고 바라게 해주심을 감사드립니다. 오늘 말씀의 약속을 믿고 기도하오니 저에게도 많은 복을 내려주세요.

하나님 아버지! 저를 위해서 하늘의 아름다운 보고를 열어주세요. 하늘의 창고에는 저를 위해서 준비된 아름다운 것들이 많이 있는 줄 압니다. 그 창고의 문을 여시고 저를 위해서 좋은 복된 것들을 많이 베풀어주세요.

하나님 아버지! 제가 사는 땅에, 제가 생활하는 모든 곳에 때를 따라 비를 내려주세요. 농사 짓는 사람의 땅에 때를 따라 알맞은 비를 내려주시는 것처럼, 제가 살아가는 상황에 맞는 복들을 시시때때로 베풀어주실 것을 믿습니다.

하나님 아버지! 제 손으로 하는 모든 일에 복을 주신다고 약속하시니 감사합니다. 저에게 은혜를 베풀어주시고 도와주셔서 제 손으로 하는 모든 일에 복을 주세요. 요셉의 손으로 하는 모든 일을 복되게 해주셨던 것처럼 제 손이 닿는 모든 일이 형통하게 만들어주세요. 공부하는 일과 입시와 취업, 그리고 미래를 준비하는 일에 복을 주세요. 물질적으로 풍족하게 하시고, 공부에 있어서나 믿음에 있어서나 복된 사람이 되게 해주세요.

하나님 아버지! 머리가 되고 꼬리가 되지 않게 하시고, 위에만 있고 아래에 있지 않는 복된 사람으로 살게 해주세요.

하나님 아버지! 이런 모든 복을 받기 위해서 하나님의 말씀을 듣고 지켜 행하게 도와주세요. 말씀을 떠나 좌로나 우로나 치우치지 않고, 다른 신을 섬기지 않게 해주세요. 하나님께서 복을 주시는 것에 대하여 제시해주신 전제 조건을 다 충족시킬 수 있는 사람이 되게 해주세요. 예수님 이름으로 기도합니다. – 아멘.

 **오늘의 말씀**　요한1서 4 : 20

누구든지 하나님을 사랑하노라 하고 그 형제를 미워하면 이는 거짓말하는 자니, 보는 바 그 형제를 사랑하지 아니하는 자는 보지 못하는바 하나님을 사랑할 수 없느니라.

 **오늘의 묵상 주제**

⊙ 하나님을 사랑하는 사람이 되자!
⊙ 형제(모든 형태의 이웃)를 사랑하는 사람이 되자!

 **오늘의 기도**

하나님 아버지!

저는 하나님 아버지를 사랑합니다. 그런데 어쩌면 생각으로만 하나님을 사랑하고 마음으로 깊고 친밀하게 사랑하지 못한 것은 아닐까 하는 생각도 듭니다. 하나님을 사랑한다고 생각은 하지만 하나님을 가까이 느끼지 못할 때도 많습니다. 하나님을 우선적으로 생각하지 못할 때도 많습니다. 기쁜 일도 슬픈 일도 하나님과 먼저 나누지 못할 때도 있습니다. 예배를 게을리 할 때도 있습니다. 기도와 묵상을 게을리 할 때로 있습니다. 하나님을 찬양하는 노래보다 세상의 노래를 더 많이 듣고 부르고 있습니다. 좋아하는 친구에게는 아낌없이 돈을 쓰면서도 하나님께 드리는 헌금조차 정성을 다해 드리지 못하고 있습니다.

하나님 아버지! 정말 하나님을 뜨겁게 사랑하는 마음을 제게 주세요. 늘 하나님을 찬양하며, 항상 기도하며 하나님과 가깝게 교제하는 제가 되게 해주세요.

하나님! 그런데 형제(여기에서의 ‘형제’ 는 가족과 이웃을 다 포함한다)를 미워하면 하나님에 대한 사랑이 거짓이라고 하시니 참 걱정됩니다. 누군가를 미워하는 것 자체가 하나님을 사랑하지 않는 증거라고 하시니 걱정입니다. 눈에 보이는 형제를 사랑하지 못하면서 눈에 보이지 않는 하나님을 제대로 사랑할 수 없다는 말씀을 생각해봅니다. 하나님 아버지, 이제 누구라도 미워하지 않고 사랑할 수 있게 해주셔서, 하나님을 사랑하는 사람으로 인정받는 사람이 되게 해주세요. 아무도 미워하지 않게 도와주세요. 특히 제 가까이에 있는 모든 사람을 사랑하게 도와주세요. 예수님 이름으로 기도합니다. – 아멘.

 **오늘의 말씀**　시편 118 : 6, 7

여호와는 내 편이시라. 내가 두려워하지 아니하리니 사람이 내게 어찌할까? 여호와께서 내 편이 되사 나를 돕는 자들 중에 계시니, 그러므로 나를 미워하는 자들에게 보응하시는 것을 내가 보리로다.

 **오늘의 묵상 주제**

⊙ 하나님께서 내 편이심을 분명히 믿자!
⊙ 하나님께서 나를 돕는다는 사실을 잊지 말자!
⊙ 사람들이 나를 어찌할까봐 두려워하지 말자!

 **오늘의 기도**

　편을 들어주시는 하나님!

　참 감사합니다. 전능하신 하나님께서 내 편이 되어주시니 얼마나 든든한지 모릅니다. 지금까지 하나님께서 내 편이시고, 내 편을 들어주신다는 생각을 하지 못했습니다.

　하나님 아버지! 저도 때로는 사람들이 나를 어떻게 할까 봐 두려워하기도 했습니다. "누가 나를 도와줄까?" 고독해 하기도 했습니다. 그런데 하나님께서 내 편이 되어주셔서 나를 도와주신다는 말씀을 들려주시니 힘과 용기가 납니다. 하나님께서 내 편이시고 나를 도와주시면 누가 저를 이기겠습니까?

　하나님 아버지! 혹 나를 미워하거나 나를 쓰러뜨리려는 자들이 있으면, 하나님께서 그들에게 보응해주실 것을 믿습니다. 나를 해치려는 사람들을 하나님께서 제압해 주실 것을 믿습니다. 세상의 어떤 사람이 내 편이 되어 나를 도와주는 것보다 하나님께서 내 편이 되어주시고, 나를 도와주시는 것이 가장 든든한 일입니다. 앞으로는 하나님께서 내 편이 되시는 것을 믿고 씩씩하게 살겠습니다. 예수님 이름으로 기도합니다. – 아멘.

 **오늘의 말씀**   고린도전서 3 : 12~14

만일 누구든지 금이나 은이나 보석이나 나무나 풀이나 짚으로 이 터 위에 세우면, 각 사람의 공적이 나타날 터인데 그 날이 공적을 밝히리니, 이는 불로 나타내고, 그 불이 각 사람의 공적이 어떠한 것을 시험할 것임이라. 만일 누구든지 그 위에 세운 공적이 그대로 있으면 상을 받고, 누구든지 그 공적이 불타면 해를 받으리니, 그러나 자신은 구원을 받되 불 가운데서 받은 것 같으리라.

 **오늘의 묵상 주제**

◉ 인생의 집을 귀한 재료로 잘 짓는 사람이 되자!
◉ 하나님의 불시험을 통과할 수 있는 영적인 집을 잘 짓는 삶을 살자!

 **오늘의 기도**

하나님 아버지!

인생은 집을 짓는 것과 같다고 합니다. 사람들은 각기 금, 은, 보석, 나무, 풀, 짚 등 다른 재료로 집을 짓습니다. 어떤 집은 불에 타버리고, 어떤 집은 불이 나도 그대로 남아 있게 됩니다.

마찬가지로 어떤 사람은 뭔가 큰 것을 이룬 것 같은데 한 순간에 잃어버립니다. 어떤 사람은 혹독한 시련이 와도 잘 견디고 오히려 더 빛을 발하는 인생을 살기도 합니다. 진실하고 정성을 다해 이룬 인생은 불시험이라도 견디는 견고한 인생이 되는 것을 믿습니다.

하나님 아버지! 저도 하나님께서 주신 생명으로 하나님께서 원하시는 훌륭한 인생을 살 수 있기를 원합니다. 세상적인 인생을 위해서나, 영적인 생명을 위해서나 든든한 복음의 터를 주신 것을 감사드립니다. 이 복음의 터 위에 좋은 집을 지을 수 있도록 최대한 노력하겠습니다.

하나님 아버지! 금, 은, 보석 등 귀한 재료로 집을 짓도록 도와주세요. 어느 한 순간 불에 타버리고 무너져 내리는 그런 집을 짓지 않도록 저를 지켜주세요. 하나님의 시험을 통과하지 못할 엉터리 인생집을 짓지 않도록 도와주세요. 구원을 받되 영광스런 생명으로 하나님 나라에서 살 수 있도록 인도해주세요. 예수님 이름으로 기도합니다. – 아멘.

 **오늘의 말씀** 디모데전서 4 : 14, 15

네 속에 있는 은사 (곧 장로의 회에서 안수 받을 때에 예언을 통하여 받은 것)을 가볍게 여기지 말며, 이 모든 일에 전심전력하여 너의 성숙함을 모든 사람에게 나타나게 하라.

 **오늘의 묵상 주제**

⊙ 내 속에 있는 하나님께서 주신 은사(달란트)를 발견하자!
⊙ 공부하는 일과 재능을 계발하는 일에 전심전력하자!

 **오늘의 기도**

은사를 주시는 하나님!
은사(恩賜)은 하나님께서 우리들에게 값없이 선물로 주시는 특별한 능력을 가리키는 말입니다. 하나님은 우리에게 은사를 주시는 분이십니다. 우리가 가지고 있는 달란트는 하나님이 주신 은사(선물)입니다.
사도 바울 선생님의 제자인 디모데 목사님은 목사안수를 받을 때에 예언을 통해서 특별한 은사를 받았다고 합니다. 바울 사도는 디모데 목사님에게 하나님께 받은 그 은사를 가볍게 여기지 말라고 당부하셨습니다. 그리고 모든 일에 전심전력하여, 마음을 다하고 힘을 다하여 성숙해지고, 그 성숙함을 모든 사람에게 나타나게 하라고 당부하셨습니다.
하나님 아버지! 제게 주신 달란트가 무엇인지요? 제대로 발견할 수 있게 해주시고 (이 부분에서, 이미 자신의 재능을 발견한 사람은 감사하고, 그 재능을 발전시킬 것을 약속하자), 그 재능을 최고로 발전시킬 수 있게 해주세요. 하나님께서 제게 주신 재능을 가볍게 여기거나 스스로 무시하는 사람이 되지 않게 도와주세요. 제가 가지고 있는 재능을 하나님께서 귀하게 쓰실 재능으로 알고, 하나님께서 쓰실만한 재목이 되게끔 전심전력할 수 있게 해주세요. 무엇이나 대충대충하는 제가 되지 않게 도와주세요. 공부도 대충하고, 학교생활과 학원생활도 대충하고, 재능을 발전시키는 훈련도 대충하는 제가 되지 않도록 도와주세요. 무엇에나 마음을 다하고 힘을 다해서 노력하고, 그래서 성숙한 사람이 되게 도와주세요.
하나님! 새 학년이 되고 첫 번 째 중간고사가 다가옵니다. 제가 공부의 재능도 발견하고 발전시킬 수 있게 해주세요. 공부하는 방법과 습관과 지혜를 깨닫게 해주세요. 공부를 통해서 저의 성장과 발전을 세상 사람들에게 나타낼 수 있게 해주세요. 예수님 이름으로 기도합니다. – 아멘.

천국을 소유하기 위한 기도

 **오늘의 말씀** 마태복음 13 : 44

천국은 마치 밭에 감추인 보화와 같으니, 사람이 이를 발견한 후 숨겨 두고 기뻐하며 돌아가서 자기의 소유를 다 팔아 그 밭을 사느니라.

 **오늘의 묵상 주제**

⊙ 천국을 발견한 사람의 기쁨을 누리며 살자!
⊙ 천국을 내 것으로 만들기 위해서 세상 것을 아까워하지 말자!

 **오늘의 기도**

주님! 사람들은 보물을 참 좋아합니다.

금, 은, 보석, 그리고 값진 골동품이나 명화를 소유하는 것을 좋아합니다. 값비싼 것이기 때문이고, 인생이 바뀌고 운명이 바뀔 수 있기 때문입니다.

주님! 옛날이야기 속에 보물을 얻게 되어서 인생이 바뀐 사람들의 이야기가 많이 나옵니다. 흥부놀부의 이야기에서 흥부는 박 속에서 나온 금은보화로 가난뱅이에서 금방 부자가 되었습니다. 알리바바와 40인의 도둑에서 알리바바는 우연히 발견한 도둑의 소굴에서 보물들을 들고 나와서 큰 부자가 되었습니다. 이런 이야기들은 가난뱅이를 부자로 만들어주고, 밑바닥 인생을 고귀한 인생으로 만들어주는 뭔가를 바라는 사람들의 소망을 담고 있습니다.

주님! 오늘 말씀은 천국이 마치 밭에 감추어져 있는 보화와 같다고 하셨습니다. 그 보물만 갖게 되면 운명이 바뀌고 인생이 바뀌는 아주 중요한 보물입니다. 세상 사람을 천국의 사람으로 만들어주는 보물입니다. 낮고 천한 인생을 천사처럼 고귀한 존재로 만들어주는 보물입니다. 소유할 수만 있다면 세상의 모든 것을 포기해도 좋을 만큼 천국은 정말로 귀한 것입니다. 주님! 제가 그렇게 귀하고 값진 천국을 발견한 사람이 되게 해주신 것을 감사드립니다. 그 귀한 천국이라는 보화를 제 자신의 것으로 만들기 위해서 세상의 것을 포기할 수도 있는 사람이 되게 도와주세요. 절대로 천국을 놓치는 사람이 되지 않게 도와주세요. 자기의 모든 것을 팔아 보물이 감추어진 밭을 산 사람처럼 저도 세상 것 중에 어떤 것을 희생해서라도 결국 천국을 소유할 수 있는 사람이 되겠습니다. 천국을 소유하기 위해서 희생하는 것을 주저하거나 아까워하지 않도록 제 마음을 붙잡아주세요.

주님! 저는 이제까지는 세상의 모든 것보다도 더 귀한 천국을 발견하고도, 그 기쁨과 감격을 제대로 느끼지 못하고 살았습니다. 이제부터는 그 기쁨을 가지고 살게 해주세요. 예수님 이름으로 기도합니다. – 아멘.

 **오늘의 말씀**   신명기 33 : 29

이스라엘이여! 너는 행복한 사람이로다. 여호와의 구원을 너 같이 얻은 백성이 누구냐? 그는 너를 돕는 방패시요, 네 영광의 칼이시로다. 네 대적이 네게 복종하리니 네가 그들의 높은 곳을 밟으리로다.

 **오늘의 묵상 주제**

⊙ 지극히 행복한 사람으로 살자!
⊙ 하나님께서 나를 돕는 방패와 내 영광의 칼로 삼자!

 **오늘의 기도**

행복의 주인이 되시는 하나님 아버지!

사람들은 행복하기 위해서 살고 있습니다. 누구라도 불행하기 위해서 사는 사람은 없습니다. 보다 더 행복하게 살기 위해서 일도 하고, 돈도 벌고, 뭔가를 이루려고 합니다. 보다 더 행복한 인생을 만들기 위해서 공부도 하고, 진학도 하고, 취업도 합니다. 보다 더 행복한 인생을 기대하면서 결혼도 하고, 자녀도 낳습니다. 친구를 사귀는 것도 연애를 하는 것도 보다 더 행복한 인생을 바라기 때문일 것입니다.

이스라엘의 하나님! 오늘 말씀은 이스라엘이라고 불리는 사람들에게 "너는 행복한 사람이다"라고 가르쳐주십니다. '이스라엘'은 하나님의 선택을 받은 특별한 사람들을 가리킵니다. 하나님의 선택을 받고, 믿음으로 부르심을 받아 하나님을 믿는 사람은 모두 이스라엘입니다. 그러므로 저 또한 이스라엘로 불리는 사람이 되었습니다. 하나님, 이제 제가 이스라엘 되었음을 늘 기억하고 살게 해주세요. 하나님께서 행복한 사람이 되게 해주신 것을 믿으며, 그 행복을 누리며 살 수 있게 도와주세요.

하나님 아버지! 이스라엘이 행복자가 된 것은 여호와의 구원을 받은 사람이 되었기 때문이라고 했습니다. 여호와 하나님께서 나를 돕는 방패가 되고, 내 영광의 칼이 되시기 때문이라고 했습니다. 하나님의 보호하심과 싸워주심을 통해서 대적이 나에게 복종하고, 높은 곳에 설 수 있는 삶을 살게 해주실 것을 믿습니다. 여호와 하나님을 든든한 배경으로 삼고 사는 행복한 삶을 사는 제가 되게 도와주세요. 예수님 이름으로 기도합니다. – 아멘.

잠 줄이기를 구하는 기도

 **오늘의 말씀** 잠언 20 : 13

너는 잠자기를 좋아하지 말라. 네가 빈궁하게 될까 두려우니라. 네 눈을 뜨라. 그리하면 양식이 족하리라.

 **오늘의 묵상 주제**

⊙ 잠자는 것을 좋아하지 말자!
⊙ 눈을 뜨고 공부에 집중하는 시간을 늘리자!

 **오늘의 기도**

하나님 아버지!

참 열심히 공부하는 아이들도 있습니다. 똑같이 열심히 공부한다면 더 많은 시간을 공부하는 아이들이 앞서는 것은 당연한 결과라고 할 수 있습니다.

하나님! 4당5락이라는 말이 있습니다. 고등학교 다닐 때 4시간을 자면서 공부하면 대학에 합격하지만 5시간을 자면 좋은 대학에 합격하기 어렵다는 말입니다. 그리고 정말로 잠을 줄여 공부해서 성공한 사람들이 많이 있다고 합니다.

하나님! 미국의 20대 대통령은 제임스 에이브러햄 가필드(James A. Garfield)인데요, 그가 히람대학에서 공부할 때 아무리 공부를 해도 늘 2등을 했다고 합니다. 늘 1등을 하는 학생이 있었는데, 가필드는 그 학생이 공부하는 습관을 관찰해 보았답니다. 그랬더니 기숙사의 모든 방에서 불이 꺼진 뒤 한참 후에야 그의 방에 불이 꺼지더랍니다. 그래서 가필드는 그 학생의 방에 불이 꺼진 후 1시간 더 공부한 후에야 잠을 자기로 결심을 했답니다. 그랬더니 정말로 자기가 1등을 했고, 그래서 졸업할 때에는 1등으로 졸업할 수 있었다고 합니다.

하나님! 그런데 저는 잠이 좀 많은 편입니다. 잠 때문에 공부를 더 많이 못하고, 잠 조금 더 자려고 주일예배에 빠지고 지각을 하기도 합니다. 어떤 친구들은 하루 세 시간이나 네 시간만 자면서 공부한다고도 하는데, 저는 일곱 시간 여덟 시간을 잡니다. 지금처럼 잠이 많아서는 성적을 올리기가 쉽지 않습니다.

하나님! 몸을 건강하게 해주셔서 잠을 덜 자도 견딜 수 있게 해주세. 잠이 많아서 공부와 삶과 신앙생활에 장애를 받지 않도록 도와주세. 예수님 이름으로 기도합니다. - 아멘.

 **오늘의 말씀**　시편 146 : 3-5

귀인들을 의지하지 말며, 도울 힘이 없는 인생도 의지하지 말지니, 그의 호흡이 끊어지면 흙으로 돌아가서 그 날에 그의 생각이 소멸하리로다. 야곱의 하나님을 자기의 도움으로 삼으며, 여호와 자기 하나님에게 자기의 소망을 두는 자는 복이 있도다.

 **오늘의 묵상 주제**

◉ 사람을 의지하지 말고 오직 하나님을 의지하자!
◉ 나의 소망을 하나님께 두자!

오늘의 기도

하나님 아버지!

세상에는 사람을 의지하는 사람들이 많습니다. 백 그라운드(back-ground)가 있고 없고를 많이 따집니다. 때로는 돈과 권력을 의지하는 사람들도 많습니다. 돈과 권력을 내세우며 거만하게 구는 사람도 있고, 돈과 권력 앞에서 공연히 비굴해지는 사람들도 있습니다. 사람 자체보다 그의 백 그라운드를 의식하기 때문입니다. 그러나 실제로 재력과 권력이 있는 사람의 도움을 받는 사람은 그렇게 많지 않습니다. 게다가 아무리 힘 있는 사람이라고 해도 도와줄 수 없는 것들이 많이 있습니다. 더구나 죽은 후의 생명에 대해서는 세상의 어떤 사람도 티끌만한 도움도 줄 수 없습니다.

인생의 도움이 되시는 하나님 아버지! 하나님께서는 '야곱의 하나님'이라고 하셨습니다. 야곱의 하나님은 아브라함의 시대에는 아브라함의 하나님이셨고, 이삭의 시대에는 이삭의 하나님이셨듯이, 지금 제가 사는 시대에는 저의 하나님이 되어주시는 분이십니다. 저의 하나님은 제가 의지할 분이십니다. 제가 도움을 받을 분이십니다. 그리고 기꺼이 저를 도와주시는 하나님 이십니다.

하나님! 제가 사람을 의지하거나, 사람의 도움에 의존하는 사람이 되지 않게 해주세요. 사람의 눈치나 보고, 사람의 비위나 맞추는 사람이 되지 않게 해주세요. 오직 하나님께 소망을 두고, 하나님의 도움을 받으며, 하나님께서 원하시는 삶을 당당하게 살아가게 해주세요. 예수님 이름으로 기도합니다. - 아멘.

 **오늘의 말씀**　잠언 9 : 8, 9

거만한 자를 책망하지 말라. 그가 너를 미워할까 두려우니라. 지혜 있는 자를 책망하라. 그가 너를 사랑하리라. 지혜 있는 자에게 교훈을 더하라. 그가 더욱 지혜로워질 것이요, 의로운 사람을 가르치라. 그의 학식이 더하리라.

 **오늘의 묵상 주제**

◉ 나를 책망해주는 사람을 사랑할 수 있는 사람이 되자!
◉ 모든 교훈과 가르침에서 학식을 더하는 지혜자가 되자!

 **오늘의 기도**

　꾸짖어 주시는 하나님!

　하나님께서도 때로는 하나님의 사람들을 꾸짖어주셨던 것을 기억합니다. 선악과를 따먹은 아담과 하와를 꾸짖어주셨습니다. 하나님께서 사랑하시던 다윗 왕이 밧세바의 일로 범죄했을 때에는 나단 선지자를 보내 꾸짖어주심으로 회개하고 하나님께 바로 서도록 해주셨습니다.

　하나님 아버지! 하나님의 꾸중을 듣는다는 것은 하나님께서 아직도 그를 사랑하고 계시다는 증거이기도 한 것을 생각해봅니다. 아예 꾸짖을 필요도 없는 사람은 하나님께 버림받은 사람이 된 것이기 때문입니다. 새로운 인생을 살 기회조차 줄 필요가 없는 사람이기 때문입니다.

　하나님 아버지! 사람들도 아직 사랑하고 있는 사람을 꾸짖습니다. 사랑도 관심도 없는 사람, 더 이상 아무 기대도 할 수 없는 사람에 대해서는 꾸짖는 것조차 하지 않습니다. 그런데도 꾸짖음을 받는 사람들은 꾸짖는다는 것 자체로 꾸짖는 사람을 싫어하고 미워하는 경향이 있습니다. 꾸짖음 받는 것 자체를 견디지 못하고 반항하는 경우도 있습니다. 오늘 말씀은 이런 사람을 거만하고 어리석은 사람이라고 하면서, 아예 훈계조차 하지 말라고 말씀하십니다.

　하나님 아버지! 저를 지혜롭고도 의로운 사람이 되도록 도와주세요. 저를 책망해주는 사람을 오히려 사랑하게 도와주세요. 모든 형태의 가르침을 통해서 학식을 더하는 사람이 되게 해주세요. 누군가가 책망조차도 할 수 없는 그런 버림받는 사람이 되지 않고, 기쁨으로 나를 권면해주는 사람이 많은 그런 사람이 되게 해주세요. 예수님 이름으로 기도합니다. – 아멘.

 **오늘의 말씀** 시편 126 : 5, 6

눈물을 흘리며 씨를 뿌리는 자는 기쁨으로 거두리로다. 울며 씨를 뿌리러 나가는 자는 반드시 기쁨으로 그 곡식 단을 가지고 돌아오리로다.

 **오늘의 묵상 주제**

⊙ 어떤 어려움이 있더라도 공부와 나의 발전을 위해서 노력하는 한 해로 삼자!
⊙ 기쁨으로 거둘 수 있는 성과물을 만들자!

오늘의 기도

하나님 아버지!
농부는 때에 맞추어 씨앗을 뿌리고, 정성껏 길러서, 추수 때에 수 십 배 수 백 배의 곡식을 거두어들입니다. 마찬가지로 사람들은 때에 맞게 씨앗을 뿌려야, 때가 되었을 때에 거두어들일 것이 있게 됨을 압니다.
학생 때에 공부의 씨앗을 뿌려야 입시 때에 좋은 열매를 얻을 수 있고, 시험이나 중요한 인생의 관문에서 크고 중요한 결과를 얻을 수 있게 됩니다. 그것을 모르는 사람은 없는데 학생 때에 정말로 열심히 공부하는 사람은 그렇게 많지 않습니다. 공부해야 하는 자리에 앉아 있는 시간이 많은 학생들 중에도, 실제로 열매를 딸 수 있는 공부를 하는 시간은 많지 않은 학생들도 있습니다.
하나님 아버지! 눈물을 흘리면서 씨를 뿌리는 사람은 어떤 사람일까요? 씨를 뿌리기조차 힘든 사람들이겠지요. 남들처럼 풍족한 생활 가운데 염려 없이 학교에 다니며 공부하지 못하는 학생, 가난한 집안 형편 때문에 눈물을 머금고 학교에 다니며 공부하는 아이들, 또는 몸에 장애가 있거나 지병이 있어서 공부하고 일하는 것이 참으로 힘든 사람들일 것입니다. 그렇더라도 어려운 환경에도 눈물을 흘리면서 공부의 씨앗, 일의 씨앗을 뿌리는 사람은 추수 때가 되면 웃음으로 기쁨의 열매를 거두어들일 수 있게 된다는 것을 압니다.
하나님 아버지! 저로 하여금 정말로 공부할 수 있는 사람이 되게 해주세요. 이번 일 년 동안, 눈물을 흘리며 씨를 뿌리는 농부의 심정으로, 공부하며 저의 소질 계발을 위해서 피땀을 흘리며 노력하게 해주세요. 이 결심이 약해지지 않도록 해주시고, 이 결심을 잊어버리지 않도록 해주세요. 실천력도 허락해 주세요. 일 년을 보내고 2학기 기말고사가 끝나는 때에는, 그리고 입시와 졸업 때에는 하나님께서 기뻐하실 수 있는 성과를 얻을 수 있도록 저를 붙들어 주세요. 예수님 이름으로 기도합니다.

 **오늘의 말씀** 고린도전서 8 : 2, 3

만일 누구든지 무엇을 아는 줄로 생각하면 아직도 마땅히 알 것을 알지 못하는 것이요, 또 누구든지 하나님을 사랑하면 그 사람은 하나님도 알아주시느니라.

 **오늘의 묵상 주제**

⊙ 짧은 지식을 가지고 뭔가 많이 아는 것 같이 착각하지 말자!
⊙ 하나님께서도 알아주시는 사람이 되자!

 **오늘의 기도**

하나님 아버지!

사람들은 다른 사람의 인정을 받고 싶어합니다. 부모님, 선생님, 친구들의 인정을 받는 사람이 되고 싶어합니다. 어른들은 직장에서 인정받는 사람이 되고 싶어합니다. 어떤 심리학자는 인정을 받고 싶어하는 것은 사람들의 기본적인 욕구라고도 했습니다.

하나님 아버지! 그런데 가정에서도 학교에서도 1등만 알아주는 경향이 있습니다. 능력이 뛰어난 사람만 알아주는 경향이 있습니다. 성품이 좋다거나, 믿음이 좋다거나, 인간관계가 좋은 것을 알아주는 사람은 그리 많지 않은 것 같습니다.

하나님 아버지! 성경에는 세상 사람은 알아주지 않았어도 하나님께서 알아준 사람들이 많이 있습니다. 다윗은 자기 아버지조차 인정해주지 않았지만 하나님께서는 알아주시고 왕이 되게 해주셨습니다. 아모스는 뽕나무를 기르는 농부로 귀족들의 무시를 받았지만 하나님께서는 선지자로 사용해주셨습니다. 예수님의 제자들은 대체로 세상 사람들이 무시하는 사람들이었지만 주님께서는 최고의 사도로 세워주셨습니다.

하나님 아버지! 저는 세상 사람들이 알아주는 사람이 되기보다는 하나님께서 알아주는 사람이 되기를 원합니다. 사람들의 인정을 받아 우쭐대기보다는 하나님의 인정을 받으면서도 겸손하고 성실하게 믿음으로 사는 사람이 되기를 원합니다. 저로 경박한(輕薄 ; 가볍고 얄팍한) 사람이 되지 말고, 후덕한 사람(厚德 ; 두터운 덕을 가진 사람)이 되게 도와주세요. 작은 지식으로 우쭐대거나, 적은 소유로 거만을 떨거나, 잔머리에서 나온 생각을 지혜로 여기는 천박한 사람이 되지 않게 해주세요. 크고 깊은 학식을 가지고도 겸손하고, 많은 소유를 가지고도 남을 존중하고, 깊은 데서 나온 지혜로 덕을 끼치는 사람이 되게 해주세요. 다행히도 하나님께서는 누구든지 하나님을 사랑하면 알아주신다고 하셨습니다. 하나님을 사랑하는 사랑으로 하나님의 인정을 받는 제가 되게 해주세요. 예수님의 이름으로 기도합니다. – 아멘.

 **오늘의 말씀**   전도서 6:6

그가 비록 천 년의 갑절을 산다 할지라도 행복을 보지 못하면 마침내 다 한 곳으로 돌아가는 것뿐이 아니냐?

 **오늘의 묵상 주제**

⊙ 행복하게 살자!
⊙ 작은 것에서도 행복을 찾을 수 있는 눈을 갖자!

 **오늘의 기도**

행복의 주인이신 하나님!

사람들은 저마다 행복하기 위해서 살고 있습니다. 그러나 모든 사람이 행복한 삶을 살게 되는 것은 아닙니다. 많은 사람들이 행복을 추구하지만 불행을 벗어나지 못하고 행복하지 못하게 살아가고 있습니다. 행복하지 못하고 불행하게 산 인생은 천 년을 살아도, 이천 년을 살아도 결국 헛된 것 뿐이라고 말씀하셨습니다.

하나님 아버지! 하나님께서는 사람들을 세상에 보내주시는 분이심을 믿습니다. 그리고 하나님께서 사람을 세상에 보내주신 것은 행복하게 살도록 하기 위해서인 것을 믿습니다. 하나님께서는 저에게도 행복한 인생을 만들어 주고 싶어 하시는 것을 믿습니다.

하나님 아버지! 저도 행복한 인생을 살기를 원합니다. 가정에서는 부모님과 형제들과 함께 행복하게 살게 해주세요. 학교에서는 선생님들과 친구들과 함께 행복하게 지낼 수 있게 도와주세요. 교회에서는 목사님(전도사님), 선생님, 친구들과 선후배들과 행복하게 지낼 수 있게 해주세요. 특히 공부하면서도 행복해 할 수 있는 학생이 되게 해주세요. 일하면서도 행복을 누리는 삶을 살게 도와주세요.

하나님 아버지! 또한 저의 행복지수를 높여주세요. 행복에 대해 예민한 사람이 되게 해주세요. 큰 것이 아니면 행복을 느끼지 못하는 저의 둔해진 감각을 고쳐주세요. 하나님께서 주신 것 모두를 아주 작은 것에서까지 행복을 느낄 수 있는 제가 되게 도와주세요. 예수님 이름으로 기도합니다. - 아멘.

나의 기도 제목들

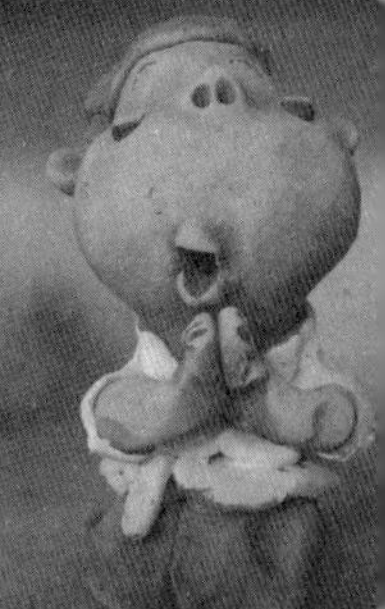

●5월을 성공적으로 보내는 방법

5월 초순까지는 중간고사가 끝난다.

시험이 끝나고는 행사가 많은 달이다.

1일 근로자의 날, 5일 어린이 날, 8일 어버이 날, 15일 스승의 날이 있다.

대부분의 학교에서 백일장, 사생대회가 있고 많은 학교들이 1학년 수련회, 2학년 수학여행을 가게 된다.

행사가 많다는 것은 교실에서 수업하는 시간이 적다는 것이고 수업의 진도가 느슨해지는 것과 정비례해서 스스로 공부하는 것도 느슨해지기 쉽다는 뜻이다.

공부는 시험 때만 하는 것이 아니다.

공부는 학교 시험을 잘 보기 위해서만 하는 것이 아니다.

공부는 학교시험범위 만큼만 알면 되는 것이 아니다.

공부는 실력을 쌓기 위해서 하는 것이다.

그래서 시험 때가 아니라도 꾸준히 공부해야 한다. 시험 범위만의 공부가 아니라 교과서 전체를 잘 알아야 한다.

지금 공부하는 교과서는 3학년 때 수능을 공부할 때 다시 공부해야 하는 내용이다.

지금 대부분의 중요한 교과목은 수능, 공무원 임용시험에 공통적으로 보아야 하는 시험과목이다. 지금 완벽하게 공부해 두면 그때 높은 점수를 얻지만, 지금 제대로 해놓지 않으면 고3때 다시 공부해야 한다.

남들이 다 열심히 공부할 때 열심히 공부하는 것으로는 앞서기 어렵다.

남들이 느슨해져 있을 때 열심히 공부하면 그만큼 앞서 갈 수 있게 된다.

토끼가 달릴 때는 거북이가 추월하지 못하다가 토끼가 잠잘 때 추월했다는 사실을 기억하자!

복된 가정을 위한 기도

 **오늘의 말씀** 시편 133 : 1~3

보라! 형제가 연합하여 동거함이 어찌 그리 선하고 아름다운고! 머리에 있는 보배로운 기름이 수염 곧 아론의 수염에 흘러서 그의 옷깃까지 내림 같고, 헐몬의 이슬이 시온의 산들에 내림 같도다. 거기서 여호와께서 복을 명령하셨나니 곧 영생이로다.

 **오늘의 묵상 주제**

◉ 우리 집을 온 가족이 화목하고 사랑이 넘치는 가정으로 만들자!
◉ 우리 집이 하나님께서 복을 명하신 가정임을 기억하자!

 **오늘의 기도**

가정을 만들어주시는 하나님!

하나님께서는 사람을 창조하시되 남자와 여자를 창조하셨습니다. 남자 혼자 사는 것이 좋아 보이지 않아서 여자를 만들어 짝이 되게 해주셨습니다. 남자와 여자가 결혼해서 가정을 이루고, 자녀들을 낳고 행복하게 살도록 해주셨습니다. 가정은 사람들에게 가장 따뜻한 곳이고, 가장 편안한 곳입니다. 가족이기 때문에 그냥 좋고 사랑하는, 무조건적 사랑의 공동체가 가정입니다.

하나님 아버지! 5월은 가정의 달입니다. 제게 가정을 주신 것을 감사드립니다. 우리 집이 더욱 좋은 가정이 되게 해주세요. 제가 우리 집과 가족을 더욱 사랑하게 해주세요. 아버지, 어머니, 형제자매 온 식구가 서로를 아끼고 사랑하여 모두가 행복해 하는 가정이 되게 해주세요.

하나님 아버지! 형제가 연합하여 함께 사는 것이 선하고 아름답다고 하셨습니다. 우리 가족 모두가 사랑하게 하시고, 한 마음이 되게 해주시고, 미워하거나 다투지 않게 도와주세요. 가족 간의 갈등과 우리 집을 어렵게 하는 문제들을 해결해주세요. 우리 가족 모두가 건강하게 해주시고, 우리 집이 경제적으로 넉넉하게 해주세요. 하나님께서 우리 집을 위해서 복을 명령해주세요. 예수님 이름으로 기도합니다. – 아멘.

 **오늘의 말씀**　시16 : 6, 7

여호와는 나의 산업과 나의 잔의 소득이시니 나의 분깃을 지키시나이다. 내게 줄로 재어준 구역은 아름다운 곳에 있음이여, 나의 기업이 실로 아름답도다.

 **오늘의 묵상 주제**

⊙ 하나님을 나의 산업으로 삼자!
⊙ 나의 삶이 하나님의 선물임을 깨닫고, 아름다운 것들을 찾아 누리며 살자!

 **오늘의 기도**

　하나님 아버지!

　인생을 행복하게 사는 사람도 있고, 불행하게 사는 사람도 있습니다. 매일 매일을 즐겁게 사는 사람도 있고, 불평과 불만 속에 사는 사람도 있습니다.

　하나님 아버지! 나의 가정, 나의 가족, 나의 나라, 나의 학교, 나의 친구들, 나의 교회... 내가 살아가는 모든 삶의 자리들은 하나님께서 제게 베풀어주신 것이라고 했습니다. 내 삶의 모든 것을 하나님께서 내게 주신 '나의 기업' 으로 받아들이게 해주세요. '나의 기업' 을 참으로 아름답게 바라보고 느낄 수 있게 도와주세요. 내 삶의 모든 것이 하나님의 선물임을 깨닫게 도와주세요.

　하나님 아버지! 하나님께 감사를 드립니다. 나를 사랑하는 부모님과 형제자매, 온전하지 못한 나를 언제나 용납하고 나를 위해 기도해 주는 가정이 있게 해주신 것을 감사드립니다. 나를 위로하고 격려해주는 친구들이 있는 것도 감사합니다. 학교에 다니게 해주신 것도, 열정을 가지고 나를 지도해 주시는 선생님들을 주신 것도 감사합니다. 앞으로는 나의 모든 환경에서 불만거리를 찾지 않게 해주시고, 오직 아름다운 것들을 보고 누리는 생활이 되게 해주세요. 예수님 이름으로 기도합니다. – 아멘.

형제를 사랑하기 위한 기도

 **오늘의 말씀** 요한1서 2 : 10, 11

그의 형제를 사랑하는 자는 빛 가운데 거하여 자기 속에 거리낌이 없으나, 그의 형제를 미워하는 자는 어둠에 있고 또 어둠에 행하며 갈 곳을 알지 못하나니, 이는 그 어둠이 그의 눈을 멀게 하였음이라.

 **오늘의 묵상 주제**

⊙ 형제를 사랑하는 사람이 되자!
⊙ 빛 가운데 거하고 어둠에 살지 말자!

 **오늘의 기도**

사랑의 주님! 주님은 사랑 그 자체였음을 생각해 봅니다. 주님께서 하늘의 '성자 하나님'의 자리를 버리고 아기 예수로 이 땅에 오셨던 것은 세상의 모든 사람들을 사랑하셨기 때문입니다. 병든 자를 고치시고, 소외된 사람들에게 새 삶을 주시고, 죄인들의 친구가 되어주신 것은 그들을 사랑하셨기 때문입니다. 조롱당하고 채찍에 맞고 가시관을 쓴 채로 십자가에 달려 죽으신 것도 죄인들을 구원하시기 위한 사랑이셨습니다.

주님! 사랑의 주님께서는 '이웃'을 사랑하라고 명령하셨습니다. 그런데 저는 제 주변의 가까운 사람들조차도 사랑하지 못하며 살았습니다. 오늘의 말씀은 '형제'에 대한 사랑에 대하여 가르쳐주고 있습니다.

주님! 성경은 자기 형제를 사랑하면 빛 가운데 있는 것이고, 자신의 형제를 미워하면 어둠에 있다고 하십니다. 그 어둠이 눈을 멀게 하면 갈 곳을 알지 못하게 되고, 결국 어둠 속을 헤매는 사람이 된다고 하셨습니다. 주님, 제가 모든 '형제'를 사랑하며 빛 가운데서 살도록 도와주세요.

주님! 형제를 사랑하는 제가 되게 하여주세요. 먼저는 우리 가정의 형제자매(언니, 오빠, 누나, 형, 동생)와 사랑을 나누며 살게 해주세요. 절대로 형제를 미워하거나 시기 질투 하지 않게 도와주세요. 주님, 그리고 '형제'라고 부를 수 있는 모든 사람을 사랑하며 사는 제가 되게 해주세요. 우리 교회와 학교의 '형제들'인 친구들, 선배와 후배들을 사랑하게 해주세요. 온 민족과 인류 전체를 '형제'로 사랑할 수 있는 사람이 되게 해주세요. 예수님의 이름으로 기도합니다. – 아멘.

가족들의 한 마음 & 새 영을 구하는 기도 5월 4일

 **오늘의 말씀** 에스겔 11 : 19, 20

내가 그들에게 한 마음을 주고, 그 속에 새 영을 주며, 그 몸에서 돌 같은 마음을 제거하고 살처럼 부드러운 마음을 주어, 내 율례를 따르며 내 규례를 지켜 행하게 하리니, 그들은 내 백성이 되고 나는 그들의 하나님이 되리라.

 **오늘의 묵상 주제**

⊙ 우리 가족 모두가 한 마음, 새 영, 부드러운 마음의 소유자가 되게 하자!
⊙ 우리 가족 모두가 하나님의 백성이 되게 하자!

 **오늘의 기도**

마음이 하나 되게 만들어 주시는 하나님!

하나님께서는 사람들의 마음이 하나가 될 수 있도록 도와주시는 분이십니다. 그런데도 세상 사람들은 한 마음이 되지 못하고 있습니다. 나라와 나라가 갈등하고 싸우는 이유도 한 마음이 되지 못하기 때문입니다. 한 나라 안에서도 민족과 민족이 미워하고 다투는 것도 한 마음이 되지 못하기 때문입니다. 오늘 날에는 한 가정에서도 가족들 간에 미워하고 무시하고 상처를 입히고 입는 일들이 있습니다.

하나님 아버지! 우리 집은 부모님과 형제, 모든 가족이 한 마음이 되게 도와주세요. 돌 같은 마음을 제거해주시고 아기의 살처럼 부드러운 마음이 되게 해주세요. 한 마음이 되게 도와주세요. 서로 사랑하며 감싸주는 가족이 되게 도와주세요.

하나님 아버지! 하나님은 저의 아버지이면서 동시에 우리 가정의 아버지가 되십니다. 우리 가족 모두가 하나님을 아버지로 섬기게 해주세요(아직 온 가정이 하나님을 믿지 않는 사람은 온 가족이 하나님을 믿을 수 있게 해달라고 기도하자). 하나님을 우리 집의 가장으로 모시고, 하나님께서 주시는 한 마음으로, 그리고 새로운 영으로 하나님의 율례를 따르게 해주세요. 하나님께서 우리 가족들 모두가 하나님을 믿고 하나님의 백성으로 살게 도와주세요. 예수님 이름으로 기도합니다. – 아멘.

 **오늘의 말씀** 마태복음 18 : 3, 4

이르시되 "진실로 너희에게 이르노니, 너희가 돌이켜 어린 아이들과 같이 되지 아니하면 결단코 천국에 들어가지 못하리라. 그러므로 누구든지 이 어린 아이와 같이 자기를 낮추는 사람이 천국에서 큰 자니라."

 **오늘의 묵상 주제**

◉ 어린 아이와 같은 마음을 갖자!
◉ 나를 낮추는 사람이 되자!

 **오늘의 기도**

어린 아이의 심령을 사랑하시는 주님!

오늘은 어린이 날입니다. 어린이들을 위한 날입니다. 그러나 어린이 마음을 되새기는 날이 될 수도 있을 것 같습니다.

주님! 제 나이 또래들은 '청소년' 이라는 이름으로 불립니다. 그러나 생각해 보면 저도 몇 년 전까지 '어린이' 로 불렸던 것을 기억합니다. 저도 나이를 그렇게 많이 먹은 것도 아닌데 벌써 어린이의 순수성과 겸손함을 많이 잃어버리고 세상에 오염된 것을 느낍니다.

아직 어린데도 이미 성인이 된 것처럼 음주와 흡연에 중독된 아이들이 많습니다. 속고 속이는 어른들처럼 친구를 속이고, 선생님과 가족을 속이는 아이들도 있습니다. 순수한 마음으로 사람을 대하지 못하고 자기의 이익을 위해서 계산적으로 친구를 대하는 아이들도 있습니다. 겸손한 아이의 마음을 잃어버리고 교만하게 남을 무시하면서 거만을 떠는 아이들도 있습니다.

주님! 맑고 깨끗한 어린 아이와 같은 마음과 삶의 자세를 회복할 수 있는 제가 되게 도와주세요. 세상에 오염되지 않게 해주세요. 언제나 누구에게나 겸손하게 저 자신을 낮추는 사람이 되게 해주세요. 세상에서 큰 자가 되기보다는 천국에서 큰 자로 인정받게 해주세요. 예수님 이름으로 기도합니다. – 아멘.

오늘의 말씀　잠언 17 : 1

마른 떡 한 조각만 있고도 화목하는 것이 제육이 집에 가득하고도 다투는 것보다 나으니라.

오늘의 묵상 주제

◉ 우리 집을 정말 화목한 가정이 되게 하자!
◉ 절대로 다투지 않는 가정이 되게 하자!

오늘의 기도

화목의 제물이 되신 주님!

주님께서는 하나님과 사람을 화목하게 하신 분인 줄 압니다. 죄 때문에 하나님과 원수가 되었던 사람들을 하나님과 화목하게 만들어주셨습니다. 주님께서 사람들의 죄를 대신 지고 십자가에 죽으심으로 죄인을 의인이 되게 하셨기 때문에 화목의 제물이 되셨던 것을 믿습니다.

주님! 주님께서는 세상 사람들이 서로 사랑하며 화목하게 살기를 바라십니다. 그런데 사람들은 서로 미워하고 다투며 살아가고 있습니다. 원수 맺는 것조차 두려워하지 않고 속이고 빼앗고 상처를 입히고 죽이기까지 합니다.

주님! 다른 사람에게 뿐만 아니라 가정 안에서도 미워하고 원수처럼 사는 사람들이 있습니다. 서로 무시하고 상처 주면서 아픔과 슬픔 속에 살아가는 가정들이 있습니다. 그러다가 가정이 깨지는 경우도 있습니다.

주님! 저희 집은 주님 안에서 화목(和睦 ; 온순한 눈길로 서로 마음이 합해지는 것)한 가정이 되게 해주세요. 엄마와 아빠가 믿음 안에서 서로 사랑하고 존중하며 사이좋은 부부가 되게 해주세요. 제가 형제자매와 의좋게 서로 감싸주고 격려하며 잘 지내게 해주세요. 부모님과 제가, 그리고 부모님과 모든 자녀들이 서로 사랑하고 공경하며 친밀하게 지낼 수 있게 해주세요.

가난해도 화목하게 사는 것이 부자이면서 싸우면서 사는 것보다 낫다고 하셨습니다. 저희 집이 부유할 수 있도록 해주시되, 그보다 먼저 화목한 가정이 되어 가족 모두가 행복한 가정이 되게 해주세요. 예수님 이름으로 기도합니다. - 아멘.

자발적인 사람이 되기 위한 기도

 **오늘의 말씀** 시 32 : 8, 9

내가 네 갈 길을 가르쳐 보이고 너를 주목하여 훈계하리로다. 너희는 무지한 말이나 노새 같이 되지 말지어다. 그것들은 재갈과 굴레로 단속하지 아니하면 너희에게 가까이 가지 아니하리로다.

 **오늘의 묵상 주제**

⊙ 나를 위한 가르침과 훈계를 잘 받아들이자!
⊙ 재갈과 굴레로 억지로 단속 받는 말이나 노새같이 되지 말자!

 **오늘의 기도**

좋은 선생님이 되시는 주님!

주님께서 나의 갈 길을 가르쳐 보이신다는 말씀, 참 감사합니다. 사실, 무엇이 나의 갈 길인지 알려고 고민을 한 적도 있습니다. 무엇이 나의 길인지 몰라서 답답한 적도 있습니다. 아직도 저의 진로를 분명하게 정하지 못해서 어려워하고 있습니다. 이런 저에게 제가 갈 길을 가르쳐 보여주세요.

주님! 주님께서는 "너를 주목하여 훈계하리라"고 말씀하셨습니다. 저를 주목해 주심을 믿고 감사드립니다. 주님께서 저를 주목해 주시고 좋은 말씀으로 훈계하여 주세요. 그리고 주님의 훈계를 잘 받아들일 수 있도록 인도해 주세요.

주님! 주님의 가르침이 때로는 저의 생각과 양심을 통해서, 때로는 부모님, 선생님, 친구들을 통해서 온다는 것을 압니다. 저를 위한 주님의 훈계나 가르침을 잘 깨닫고 받아들일 수 있게 해주세요. 혹 제 고집대로만 하지 않게 해주세요.

주님! 말이나 노새는 재갈과 굴레로 구속을 받고서야 주인의 말을 듣습니다. 아이들 중에도 스스로 좋은 길을 가지 못하고, 강력한 억압이 있어야 겨우 말을 듣는 아이들도 있습니다. 주님, 공부하는 문제나, 교복이나 옷차림과 외모를 가꾸는 문제에서 지적받고 단속받는 사람이 되지 않게, 선(線, guide-line)을 지킬 수 있는 사람이 되게 해주세요. 제 자신의 삶을 스스로 잘 가꿔가며 발전하는 제가 되게 해주세요. 가정에서나 학교에서, 그리고 인생을 살아가는데 있어서 재갈과 굴레가 필요 없는 사람으로 살아가게 도와주세요. 예수님 이름으로 기도합니다. – 아멘.

 **오늘의 말씀**　에베소서 6 : 1-3

자녀들아! 주 안에서 너희 부모에게 순종하라. 이것이 옳으니라. 네 아버지와 어머니를 공경하라. 이 것은 약속이 있는 첫 계명이니, 이로써 네가 잘되고 땅에서 장수하리라.

 **오늘의 묵상 주제**

⊙ 부모님께 순종하는 자녀가 되자!
⊙ 아버지와 어머니를 공경하자!

 **오늘의 기도**

　하나님 아버지!

　저를 세상에 태어나게 해주신 것을 감사드립니다. 저를 세상에 보내주실 때에 아빠와 엄마를 통해서 보내주셨습니다. 저를 가장 사랑하고 아껴주시는 부모님을 통해서 보내주신 것을 감사드립니다. 우리 엄마와 아빠를 통해서 저를 지금까지 길러 주신 것을 감사드립니다.

　하나님! 오늘은 어버이 날입니다. 부모님께 감사한 마음을 가지고 살게 해주세요. (혹 낳아 주신 부모님과 양육하는 부모님이 다를 경우의 학생이라면, 양 쪽 부모님 모두에게 감사한 마음을 가지고 친밀하게 지낼 수 있기를 기도하자. 낳아주신 부모님 때문에 인생을 살게 된 것이므로 그것을 감사하자. 낳지도 않았는데 잘 기르기 위해서 애쓰고 있는 부모님이라면 그 자체만으로도 감사하자.).

　하나님 아버지! 제가 때로는 부모님을 원망하기도 하고, 섭섭하게 해드려서 속상하게 만들기도 했습니다. 이제부터는 부모님께 진심으로 감사한 마음을 가지고 살게 도와주세요. 저를 위해 애쓰는 부모님께 보답할 수 있는 자녀가 되게 해주세요. 부모님의 기대보다 더 나은 제가 되어 부모님께 기쁨과 보람을 드리는 자녀가 되게 해주세요. 불순종하고 어긋나가는 제가 되지 않게 도와주세요. 나를 위해 걱정하는 부모님의 마음을 받아들일 줄 알고 부모님을 공경하는 마음을 갖고 살도록 도와주세요. 예수님 이름으로 기도합니다. – 아멘.

 **오늘의 말씀**   잠언 23 : 24, 25

의인의 아비는 크게 즐거울 것이요, 지혜로운 자식을 낳은 자는 그로 말미암아 즐거울 것이니라. 네 부모를 즐겁게 하며 너를 낳은 어미를 기쁘게 하라.

 **오늘의 묵상 주제**

- ⊙ 내 부모님께 즐거움을 드리는 자녀가 되자!
- ⊙ 내 부모님께 의롭고 지혜로운 자식으로 인정받자!

 **오늘의 기도**

하나님 아버지! 아버지들 중에서 자식을 자랑할 수 있는 아버지는 참 복 받은 아버지라는 생각이 듭니다. 공부를 잘하는 자녀를 둔 아버지, 좋은 대학을 간 자녀를 둔 아버지, 좋은 회사에 취직한 자녀를 둔 아버지, 국가고시에 합격한 자녀를 둔 아버지, 돈도 많이 벌고 성공한 자녀를 둔 아버지들은 얼마나 자식 자랑을 많이 할 수 있을까요? 하나님, 반대로 자식 이야기만 나오면 할 말이 없는 아버지는 얼마나 슬플까요? 매일 말썽이나 부리고 사고치는 자녀들 둔 아버지, 공부는 안 하고 가출을 밥먹듯하는 자식을 둔 아버지, 대학을 가지도 못하고 취직도 못하는 자녀를 둔 아버지, 비싼 등록금 내고 대학을 졸업하고도 빈둥거리는 자녀를 둔 아버지, 남들에게 자랑할만한 것이 하나도 없는 자녀를 둔 아버지는 얼마나 서글플까요? 게다가 사고 치고 감옥에라도 들락거리는 자녀를 둔 아버지는 얼마나 고통스러울까요?

하나님 아버지! 의인의 아버지는 크게 즐거울 것이요, 지혜로운 자식을 낳은 사람은 자식으로 말미암아 즐겁게 된다고 했습니다. 그런 의미에서 저는 아직 제 부모님께 큰 즐거움을 드리지 못한 불효하는 자식입니다. 이제부터는 제가 불의한 자가 되지 않고 의로운 자가 되게 해주세요. 어리석은 자가 되지 않고 지혜로운 사람이 되게 해주세요. 그래서 저를 낳으신 우리 부모님이 즐겁고 기뻐하게 해주세요. 저 때문에 자식 낳은 보람을 가질 수 있게 해주세요. 부모님의 걱정거리나 골칫덩어리가 되지 않고 자랑 거리가 될 수 있게 해주세요. 예수님 이름으로 기도합니다. – 아멘.

하나님의 보호하심을 구하는 기도

 **오늘의 말씀** 이사야 31 : 5

새가 날개 치며 그 새끼를 보호함 같이 나 만군의 여호와가 예루살렘을 보호할 것이라. 그것을 호위하며 건지며 뛰어넘어 구원하리라 하셨느니라.

 **오늘의 묵상 주제**

⊙ 내가 하나님의 보호함을 받는 존재임을 기억하자!
⊙ 하나님께서 보호해주시는 예루살렘의 백성(믿는 자)이 되자!

 **오늘의 기도**

　보호해주시는 하나님! 새의 새끼들은 어미새가 따뜻한 품으로 여러 날을 정성껏 품어서 알에서 깨어나게 됩니다. 새의 새끼들은 부화하자마자 먹이를 달라고 목을 길게 뽑고 입을 크게 벌려 짹짹 거립니다. 어미새는 쉬지 않고 새의 둥지를 오가며 벌레를 잡아다가 새끼들을 먹여 기릅니다. 혹시 새끼들이 위험에 처할 경우에는 날개를 치며 자기의 새끼를 보호해줍니다. 때로는 위협하기도 하고, 약한 새들은 새끼를 보호해주기 위해서 위험을 무릅쓰고 적을 다른 곳으로 유인하기도 합니다. 어미새의 보호가 없으면 새끼새들은 한 마리도 살아남을 수가 없을 것입니다.

　하나님 아버지! 오늘 말씀은 하나님께서 어미새가 새끼새를 보호하듯이 예루살렘을 보호해주신다고 했습니다. '예루살렘'은 아브라함의 후손인 유다족속이 세운 나라의 수도로 하나님의 성전이 있던 곳입니다. 그곳은 '시온의 백성들'이 사는 곳이고, 하나님의 은총을 입은 백성들이 사는 곳을 상징합니다. 하나님을 믿는 사람들 모두를 가리키는 말입니다.

　하나님 아버지! 하나님의 보호하심이 없으면 한 시도 살아남을 수 없는 것이 사람의 운명입니다. 그런데도 하나님의 보호하심 없이 자신의 힘으로 살아간다고 생각하는 사람들이 많이 있습니다. 우리가 호흡하는 것, 건강을 유지하는 것, 사건 사고를 당하지 않는 것, 악인의 손이 닿지 않는 삶을 사는 것, 생명을 유지하는 것 자체가 하나님의 보호하심인 줄 믿습니다. 예수님께서는 들의 백합화도 공중의 새도 다 하나님께서 보호하시고 기르시는데, 사람은 더욱 그렇다고 말씀하셨습니다.

　하나님 아버지! 저는 하나님을 믿는 하나님의 백성이요, 하나님께서 보호하시는 예루살렘인줄 믿습니다. 예루살렘을 보호하시는 하나님! 저를 보호해 주세요. 저를 모든 적으로부터 호위하시고, 모든 위험으로부터 건지시며, 모든 어려움을 뛰어넘게 하여 구원해주세요. 예수님 이름으로 기도합니다. － 아멘.

미련한 자녀가 되지 않기 위한 기도

 **오늘의 말씀**) 잠언 17 : 21, 25

미련한 자를 낳는 자는 근심을 당하나니 미련한 자의 아비는 낙이 없느니라. 미련한 아들은 그 아비의 근심이 되고 그 어미의 고통이 되느니라.

 **오늘의 묵상 주제**

⊙ 미련한 사람이 되지 말자!
⊙ 아버지와 어머니에게 고통을 주는 자녀가 되지 말자!

 **오늘의 기도**

하나님 아버지!

세상의 아버지들을 생각해 봅니다. 아버지들은 가족들을 위해서 열심히 일합니다. 때로는 힘에 부치도록 힘든 일도 마다하지 않습니다. 때로는 위험한 일도 무릅씁니다. 때로는 자존심을 굽혀가면서 생계를 책임지려고 합니다. 가족들을 더 평안하고 풍요롭게 해주기 위해서라면 어떤 희생이라도 감내하면서 사는 것이 아버지들입니다.

하나님 아버지! 그런데도 아버지의 마음을 서글프게 하고 아프게 하는 자녀들이 많이 있습니다. 특히 지혜롭게 자신의 인생을 살아가지 못하고, 어리석음과 미련하게 사는 자녀들은 아버지의 근심이 되고, 어머니의 고통이 됩니다. 미련한 자를 자식으로 둔 부모는 즐거움이 없는 인생을 살아가게 됩니다. 자식에게 두었던 모든 소망을 잃어버리게 되기 때문입니다.

하나님 아버지! 미련한 사람은 자신의 인생을 망치게 됩니다. 그것은 자기만 어렵게 되는 것이 아니라, 그것을 지켜보는 부모님에게는 더 큰 고통을 주게 됩니다. 제가 그렇게 미련한 자가 될까 두렵습니다. 부모에게 근심과 고통만 주면서 낙이 없는 인생을 살게 하는 불효막심한 자식이 되지 않게 해주세요. 지혜롭고 성실한 삶을 통해서 부모를 즐겁게 하는 삶을 살게 해주세요. 신실하면서도 영민한 자녀가 되고, 부모님이 보람을 얻을 수 있는 자녀가 될 수 있게 도와주세요. 예수님 이름으로 기도합니다. – 아멘.

 **오늘의 말씀**　디모데전서 4 : 12, 13

누구든지 네 연소함을 업신여기지 못하게 하고, 오직 말과 행실과 사랑과 믿음과 정절에 있어서 믿는 자에게 본이 되어, 내가 이를 때까지 읽는 것과 권하는 것과 가르치는 것에 전념하라.

 **오늘의 묵상 주제**

◉ 어린 나이와 어린 생각 때문에 업신여김을 받는 자가 되지 말자!
◉ 말과 행실과 사랑과 믿음과 정절에 있어서 믿는 자의 본이 되자!

 **오늘의 기도**

　세상 만민의 존경을 받으시는 주님!

　주님께서는 세상에 33년밖에 살지 않으셨는데, 빈부귀천의 사람들과 남녀노소 모든 사람들을 가르치셨고 존경을 받으셨습니다. 주님께서는 열두 살 때 이미 예루살렘 성전의 지도자들을 놀라게 하셨습니다. 어렸을 때나 젊었을 때나 아무도 주님을 업신여기지 못했습니다. 말과 행실과 사랑과 믿음과 정절에 있어서 세상 사람들에게 본이 되셨기 때문입니다.

　주님! 그런데 오늘날의 그리스도인들은 세상 사람들로부터 존경을 받지 못합니다. 도리어 그리스도인들을 무시하고 비난합니다. 그리스도인들이 세상 사람들로부터 업신여김을 받게 되었기 때문입니다. 많은 교회에 침투해 있는 물질만능주의, 있는 자는 대접받고 없는 자는 무시 되는 풍조, 복음의 전도와 구제보다는 교인의 수와 교회당의 크기와 헌금의 액수의 많음으로 평가하는 천박한 자본주의 때문입니다. 교회 지도자들의 부패 때문이기도 합니다. 그리스도인들의 빛과 소금 되지 못한 삶 때문입니다.

　주님! 제가 업신여김을 받지 않는 사람이 되도록 도와해주세요. 나이가 어리다고 업신여김을 받지도 않게 해주세요. 못된 인간성이나 무능력함, 불성실함, 무책임함, 타락함 등으로 업신여김을 받지 않게 도와주세요. 도리어 저를 모든 사람의 모범이 될 만하여 인정받는 사람이 되게 해주세요. 그러기 위해서 성경 말씀의 가르침을 따라 말과 행동과 사랑과 믿음과 정절에 있어서 본을 보이며 살게 해주세요. 예수님 이름으로 기도합니다. – 아멘.

 **오늘의 말씀**) 에스겔 18 : 2

너희가 이스라엘 땅에 관한 속담에 이르기를 '아버지가 신 포도를 먹었으므로 그의 아들의 이가 시다'고 함은 어찌 됨이냐?

 **오늘의 묵상 주제**

◉ 부모를 탓하거나 원망하는 자가 되지 말자!
◉ 환경을 탓하지 않고, 내 인생을 스스로 개척하는 책임 있는 인생을 살자!

 **오늘의 기도**

하나님 아버지! 하나님께서는 모든 면에서 책임을 지는 분이심을 압니다. 하나님께서 창조하신 사람들이 죄에 물들어 있을 때, 하나님께서는 사람을 탓하지 않으시고, 성자 하나님 스스로 인간이 되어 사람들의 죄를 대신 지는 방식으로 책임져 주셨습니다. 한번 선택한 아브라함의 후손 이스라엘을 끝까지 책임지셨습니다. 수시로 원망하고 배반하는 이스라엘에 대하여 참고 인내하며 선지자들을 보내 돌아올 것을 촉구하셨습니다. 그리고 우리 주님께서도 당신이 선택한 사람들을 사랑하시되 끝까지 사랑해주셨습니다.

하나님 아버지! 세상에는 스스로 자신의 인생을 망쳐놓고서 환경을 탓하거나, 부모를 원망하는 사람들이 많습니다. 그들은 자신의 실패에 대한 책임을 지지 않고 다른 사람에게 책임을 전가하면서 핑계 대는 사람들입니다. 비겁한 사람들이고, 책임감이 없는 사람들입니다. 자기의 이가 신 것을 아버지 때문이라고 책임을 전가하는 사람들입니다. 우리나라 속담처럼 "잘 된 것은 내 탓이고, 잘못된 것은 조상 탓이다."라고 하는 사람들입니다.

하나님 아버지! 오늘 말씀처럼, 아들의 이가 신 것은 아들 자신이 신포도를 먹었기 때문이지, 결코 아버지가 신포도를 먹었기 때문이 아닙니다. 그런데 저도 때로는 책임이 제게 있는데 그것을 인정하기 싫어서 가정과 환경을 탓하기도 했습니다. 이제는 어떤 이유로도 부모님을 원망하지 않게 해주세요. 하나님을 원망하지 않는 사람이 되게 도와주세요. 핑계 대는 삶을 살지 않고 스스로의 인생에 책임을 지는 사람으로 살게 해주세요. 예수님 이름으로 기도합니다. – 아멘.

 **오늘의 말씀**　베드로전서 1 : 24, 25

그러므로 "모든 육체는 풀과 같고, 그 모든 영광은 풀의 꽃과 같으니, 풀은 마르고 꽃은 떨어지되, 오직 주의 말씀은 세세토록 있도다." 하였으니, 너희에게 전한 복음이 곧 이 말씀이니라.

 **오늘의 묵상 주제**

⊙ 인생과 인생의 영광은 일시적이라는 것을 생각하자!
⊙ 내게 있는 복음의 말씀이 내게 영원한 영광이 될 것을 알자!

 **오늘의 기도**

　주님! 세상에는 영광을 얻으려는 사람들이 많습니다. 높은 자리가 주는 영광, 권력이 주는 영광, 재력이 주는 영광, 명예가 주는 영광, 최고 또는 일등이라는 순서가 주는 영광을 얻으려고 추구합니다. 심지어는 주먹의 힘이 주는 영광까지도 좋아하는 사람들이 있습니다. 하나님께 돌려져야 할 영광을 가로채는 사이비 교주들도 있습니다. 그러나 주님께서는 모든 사람은 풀처럼 시들 수밖에 없는 존재라고 하셨습니다. 사람이 세상에서 받는 영광은 풀의 꽃과 같다고 하셨습니다. "열흘 붉은 꽃 없다."는 격언처럼 인간이 받는 영광은 오래가지 않은 것을 지적해주신 것입니다.

　주님! 주님께서는 영원한 영광을 가져다 줄 주님의 말씀에 관심을 가지라고 권면하셨습니다. 주님께서 세상에 전해주신 복음으로 말미암아 영원한 하늘의 영광을 얻으라고 깨우쳐주셨습니다.

　주님! 5월 14일인 오늘을 사람들은 로즈 데이라고 합니다. 좋아하는 사람에게 장미꽃을 주며 서로의 마음을 확인하는 날입니다. 주님! 사람에게 꽃을 주며 환심을 사려고 하기보다는 꽃을 드리는 마음으로 주님과 교제할 수 있는 제가 되게 해주세요. 사람에게 꽃을 받았다고 좋아하기보다는 주님께 은총 받기를 더 좋아하고, 주님이 주시는 은총을 소중하게 간직할 수 있는 사람이 되게 해주세요.

　주님! 꽃도 인간의 사랑도 영원하기 어렵습니다. 90년 인생이 영원에 비추어 보면 결코 긴 것이 아님을 깨닫습니다. 영원 세세토록 있는 말씀, 나를 영원으로 인도할 주님의 말씀을 소중하게 받아 간직하며 살게 도와주세요. 예수님 이름으로 기도합니다. – 아멘.

 **오늘의 말씀**　잠언 5 : 11-14

두렵건대 마지막에 이르러 네 몸, 네 육체가 쇠약할 때에 네가 한탄하여, 말하기를 "내가 어찌하여 훈계를 싫어하며, 내 마음이 꾸지람을 가벼이 여기고, 내 선생의 목소리를 청종하지 아니하며, 나를 가르치는 이에게 귀를 기울이지 아니하였던고? 많은 무리들이 모인 중에서 큰 악에 빠지게 되었노라." 하게 될까 염려하노라.

 **오늘의 묵상 주제**

⊙ 나를 가르치는 이에게 귀를 기울이는 사람이 되자!
⊙ 훈계와 꾸지람을 중히 여기며 선생의 목소리를 청종하자!

 **오늘의 기도**

인류의 스승 되시는 주님!

사람들은 훈계를 싫어하는 본성을 가지고 있는 것 같습니다. 꾸지람을 싫어하는 것은 말할 필요도 없습니다. 부모님의 훈계도, 선생님의 꾸지람도 듣기 싫어하고 잔소리로 생각하는 아이들이 많습니다.

주님! 주님께서는 참된 선생님이셨습니다. 주님께서도 '선생님' 이라고 불리는 것을 좋아하셨습니다. 저도 주님을 온전히 스승으로 모시며 따를 수 있기를 원합니다. 주님의 목소리를 청종하며, 주님의 가르침에 귀를 기울이며, 주님의 훈계와 꾸지람을 마음 깊이 새겨들으며 주님이 원하시는 제자가 되게 해주세요.

주님! 주님의 제자들은 3년밖에 배우지 않았지만 위대한 사도가 되었습니다. 주님의 가르침을 잘 배웠기 때문입니다. 시력 장애와 청각 장애와 언어 장애가 있었던 헬렌켈러는 셜리반 선생님으로부터 글을 배워 세상을 이해하고, 어려운 사람들을 위해서 많은 일을 할 수 있게 되었습니다. 많은 사람들이 선생님의 가르침을 받아 이해한 인생을 살게 되었습니다.

주님! 오늘은 스승의 날입니다. 저도 지금까지 유치원, 초, 중, 고등학교, 그리고 교회와 학원에서까지 많은 선생님들에게 배웠습니다. 저를 위해서 마음으로 교훈하고 꾸짖으신 선생님들도 계셨는데 제가 제대로 듣고 따르지 못했습니다. 이제부터는 세상의 선생님들의 가르침도 잘 따를 수 있는 제자, 선생님들이 가르치고 싶어 하는 제자가 되게 해주세요. 예수님 이름으로 기도합니다. – 아멘.

 **오늘의 말씀**　누가복음 6 : 40, 디모데전서 5 : 17

제자가 그 선생보다 높지 못하나 무릇 온전하게 된 자는 그 선생과 같으리라.
잘 다스리는 장로들은 배나 존경할 자로 알되, 말씀과 가르침에 수고하는 이들에게는 더욱 그리할 것이니라.

 **오늘의 묵상 주제**

⊙ 선생님을 높이고 존경하는 제자로서의 학생이 되자!
⊙ 주님의 말씀을 가르치는 선생님(목사님)을 배나 존경하자!

 **오늘의 기도**

　주님!
　요즘 학생들은 선생님을 존경하거나, 선생님의 권위를 존중하는 학생들이 많지 않습니다. 선생님을 크고 높으신 분으로 생각하는 학생들이 그리 많지 않습니다. 선생님의 훈계나 꾸지람을 싫어하는 것은 말할 것도 없고, 선생님을 놀려먹고 비웃는 학생들도 있고, 선생님에게 폭력을 사용하는 학생이 생기기도 합니다. 자신을 훈계하는 선생님에게 반항하거나 경찰에 신고하는 학생도 있다는 뉴스도 있습니다.
　주님! 저 또한 크게 다르지 않았음을 고백합니다. 저의 교만하고 겸손하지 못함을 회개합니다. 용서해주세요. 특히 잘 알지도 못하면서 선생님들을 무시하고 존경하지 않았습니다. 사실, 요즘 학생들은 선생님들을 별로 존경하지 않습니다. 학벌, 실력, 외모, 성격 등 어떤 부분에서 모자란 것 같으면 무시합니다. 선생님의 훈계도 잘 안 듣고, 들어도 마음에 새기지 않습니다. 그래서 요즘 교권이 땅에 떨어졌다고들 합니다. 모두 선생을 무시하기 때문입니다.
　주님! 주님께서는 제자가 잘났어도 선생님보다 못하다고 했습니다. 온전하게 된 사람이라야 선생님만큼 된다고 했습니다. 주님, 모든 선생님들을 존경하는 제가 되게 도와주세요. 특히 교회에서 말씀을 가르치는 선생님들을 배나 존경하는 제자가 되게 해주세요. 예수님 이름으로 기도합니다. ― 아멘.

하나님의 위로를 구하는 기도

 **오늘의 말씀** 이사야 66 : 13

어머니가 자식을 위로함 같이 내가 너희를 위로할 것인즉 너희가 예루살렘에서 위로를 받으리니, 너희가 이를 보고 마음이 기뻐서 너희 뼈가 연한 풀의 무성함 같으리라. 여호와의 손은 그의 종들에게 나타나겠고, 그의 진노는 그의 원수에게 더하리라.

 **오늘의 묵상 주제**

⊙ 하나님의 위로를 받는 사람이 되자!
⊙ 여호와의 손의 도움을 받는 사람이 되자!

 **오늘의 기도**

위로하시는 하나님! 세상의 엄마들은 자식을 위로해줍니다. 아이가 넘어지면 일으켜 세우고 감싸안고 아이보다 더 아파하며 위로해줍니다. 자녀가 약할수록 엄마들은 더욱 자녀를 위로해주고 북돋아줍니다. 못나고 실패한 자녀라도 엄마는 감싸주고 책임져줍니다. 자녀들은 엄마의 위로에 위로받고 삶에의 용기를 얻습니다.

하나님 아버지! 어떤 사이비 교회에서는 하나님을 '어머니 하나님'이라고 부른다고 합니다. 성경에 나오는 어머니의 특성을 보여주는 하나님의 성품을 과장하고 왜곡해서 '아버지 하나님'을 버리고 '어머니 하나님'으로 부르는 것이지요. 그들을 사이비라고 규정했다고 해서 하나님의 어머니와 같은 성품 자체를 부정하는 것은 아닐 것입니다. 오늘 말씀을 통해서 하나님께서는 '아버지'도 되시면서 '어머니' 같이 부드럽고 섬세하신 분이심을 깨닫습니다. 하나님께서는 어머니가 자식을 위로함 같이 저희를 위로해주신다고 하셨습니다. 제가 못날수록, 약할수록, 실패할수록, 세상에서 상처를 받을수록 하나님께서는 어머니와 같이 더 큰 위로를 저에게 주실 것을 믿습니다.

하나님 아버지! 필요할 때마다 저를 그렇게 위로해주실 줄 믿습니다. 하나님의 위로를 통해서 제 마음이 큰 기쁨으로 기뻐하는 인생이 되게 해주세요. '예루살렘'에서 이런 하나님의 위로를 받을 수 있다고 하셨습니다. 제가 언제나 믿음에, 주님 안에, 예루살렘에 머물게 해주셔서 하나님의 위로와 도움의 손길을 받을 수 있는 사람이 되게 해주세요. 예수님 이름으로 기도합니다. – 아멘.

오늘의 말씀　잠언 23 : 20, 21

술을 즐겨 하는 자들과 고기를 탐하는 자들과도 더불어 사귀지 말라. 술 취하고 음식을 탐하는 자는 가난하여질 것이요, 잠 자기를 즐겨 하는 자는 해어진 옷을 입을 것임이니라.

오늘의 묵상 주제

◉ 술을 마시지 말자!
◉ 술을 즐기는 사람들과 어울리지 말자!

오늘의 기도

　하나님 아버지! 세상에는 술을 좋아하는 사람들이 많은 것 같습니다. 아주 오래 전 그리스 로마 사람들은 바카스라는 주신을 생각했습니다. 성경 속 아주 옛날 인물인 노아도 방주로 구원을 받은 후에 포도농사를 지은 후에, 포도주를 만들어 먹고는 인사불성으로 취했다는 이야기도 있습니다.

　하나님 아버지! 세상의 대부분의 잔치에는 술이 있습니다. 즐거움을 더하기 위해서 일 것입니다. 과거 우리나라의 초상집에도 술이 넘쳐났습니다. 슬픔을 잊기 위해서 일 것 같습니다. 사람들은 때로는 술로 즐거움을 더하려고 하고, 때로는 술로써 슬픔과 고통을 잊으려고도 합니다. 그러나 술이 그렇게 좋은 영향만 주고 끝나지 않는 때가 많았습니다. 술에 취한 사람들로 잔치가 엉망이 되기도 하고, 초상집이 난장판이 되기도 합니다. 더구나 알코올에 중독된 사람들은 인생을 망치고, 가정을 고통과 비극으로 밀어 넣기도 합니다. 하나님 아버지! 술은 성인들의 문제만은 아닌 것 같습니다. 청소년들 중에서도 술 마시기를 좋아하는 아이들이 꽤 있습니다. 특히 학교의 수련회나 수학여행 때는 공공연하게 술을 마시기도 합니다. 술 때문에 병들고 고생하는 사람들이 많습니다. 더구나 믿는 사람의 경건생활에는 술이 전혀 도움이 되지 않음을 압니다.

　하나님 아버지! 저는 술을 마시지 않게 해주세요. 술을 마시지 않음으로써 사회생활에서나 인간관계에서 어떤 불이익도 받지 않게 해주시고, 오히려 술을 마시지 않는 것 때문에 유익을 얻을 수 있도록 저를 지켜주세요. 그리고 평생 술을 좋아하는 사람들과 어울리지 않도록 해주세요. 예수님 이름으로 기도합니다. ─ 아멘.

 **오늘의 말씀** 요엘 2 : 28, 29, 32

그 후에 내가 내 영을 만민에게 부어 주리니, 너희 자녀들이 장래 일을 말할 것이며, 너희 늙은이는 꿈을 꾸며, 너희 젊은이는 이상을 볼 것이며, 그 때에 내가 또 내 영을 남종과 여종에게 부어 줄 것이며

 **오늘의 묵상 주제**

◉ 하나님께서 부어주시는 영을 받자!
◉ 미래에 대한 꿈과 이상을 가지고 살자!

 **오늘의 기도**

꿈을 꾸게 해주시는 하나님!

하나님은 꿈을 꾸게 해주시는 분이십니다. 하나님께서는 사람들에게 영(하나님의 영, 성령)을 주어서 꿈을 꿀 수 있도록 해주는 분이십니다. 하나님께서 꿈을 꿀 수 있도록 해주시는 대상은 남녀노소와 빈부귀천의 구별이 없습니다. 나이에 상관없이, 배움과 소유에 상관없이 모든 사람으로 하여금 소망을 갖게 해주시는 하나님이십니다. 하나님께서 하나님의 영을 주시어서 이상을 갖고 꿈을 꾸며 살 수 있도록 해준 사람들이 성경의 위인으로 기록되어 있습니다. 어떤 이들은 노인이었고, 어떤 이들은 소년이었습니다. 어떤 이들은 귀족이었고, 어떤 이들은 천한 사람이었습니다. 누구라도 하나님의 영을 받으면 위대한 꿈을 가지고 살았습니다. 그들의 위대한 꿈은 그들의 삶을 위대한 삶으로 이끌어주었습니다.

하나님 아버지! 하나님께서는 옛날과 마찬가지로 오늘날에도 하나님의 영을 모든 사람에게 부어 주십니다. 하나님의 영을 받은 사람들은 장래의 일을 말하기도 하고, 꿈을 꾸며 이상을 보기도 합니다.

하나님! 저도 하나님의 영을 받아 크고 아름다운 미래를 꿈꾸며, 이상을 가꾸며 살기를 원합니다. 미래에 대한 소망 없이 사는 제가 되지 않게 도와주세요. 미래의 제 자신에 대한 큰 소망을 가질 수 있도록 해주세요. 위대한 꿈을 이룰 수 있도록 하나님의 성령을 저에게도 부어주세요.

하나님 아버지! 저의 미래가 하나님의 손에 있사오니 복되고 좋은 미래로 인도해주세요. 그리고 인간의 영과 세상의 영을 받지 않고 오직 하나님의 영을 받아 위대한 꿈을 가지고 살아가게 해주세요. 예수님 이름으로 기도합니다. – 아멘.

 **오늘의 말씀**　에베소서 4 : 31, 32

너희는 모든 악독과 노함과 분냄과 떠드는 것과 비방하는 것을 모든 악의와 함께 버리고, 서로 친절하게 하며, 불쌍히 여기며, 서로 용서하기를 하나님이 그리스도 안에서 너희를 용서하심과 같이 하라.

 **오늘의 묵상 주제**

- 모든 악의와 함께 모든 악독, 노함, 분냄, 비방을 버리자!
- 친절하고, 불쌍히 여기며, 용서하면서 살자!

 **오늘의 기도**

　선의의 하나님!

　하나님께서는 어둠은 없고 빛만 있는 것처럼, 조금의 악의(惡意;악한 뜻)도 없이 온전히 선의(善意;선한 뜻)만 있는 분이십니다. 하나님의 성품을 닮기를 원하시는 하나님께서는 우리도 모든 악의를 버리고 선의를 가지고 살라고 말씀하십니다.

　하나님 아버지! 세상 사람들 중에는 악의를 가지고 살아가는 사람들이 많이 있습니다. 다른 사람이 잘 되기를 바라기보다는 잘 안 되기를 바라는 사람도 있습니다. 자신보다 잘난 사람을 존경하기보다는 시기하고 질투하고 심지어는 모함하는 사람들까지 있습니다. 세상에는 악독한 사람, 분노하는 사람, 헐뜯고 비방하는 사람들이 많이 있습니다.

　하나님 아버지! 가만히 생각해 보니 다른 사람들만 그런 것이 아니라 저 자신도 그런 적이 있었음을 고백합니다. 이제는 저로 하나님의 성품을 닮게 하셔서 선한 생각만 가지고 살게 해주세요. 악한 생각은 조금도 남김없이 다 버리게 해주세요. 악독함, 노함, 분냄, 떠드는 것(의미 없이 수다나 떠는 것, 큰 소리로 투덜대고 시비하고 다투는 것), 그리고 다른 사람을 비방하고 흉보는 것을 하지 않도록 노력하겠습니다. 이제부터는 선의로 생각하고, 선의로 모든 사람을 대하도록 노력하겠습니다. 모든 사람을 친절하게 대하게 해주시고, 불쌍히 여기며, 용서할 수 있는 사람이 되게 해주세요. 하나님께서 저를 도와주세요. 예수님 이름으로 기도합니다. – 아멘.

아름다운 열매를 맺기 위한 기도

 **오늘의 말씀** 잠언 20 : 11, 마태복음 7 : 18, 20

비록 아이라도 자기의 동작으로 자기 품행이 청결한 여부와 정직한 여부를 나타내느니라.
좋은 나무가 나쁜 열매를 맺을 수 없고, 못된 나무가 아름다운 열매를 맺을 수 없느니라…. 이러므로
그들의 열매로 그들을 알리라.

 **오늘의 묵상 주제**

⊙ 나의 드러나는 행동이 나를 말해준다는 사실을 기억하자!
⊙ 나의 좋은 행동으로 나의 좋은 품성을 인정받도록 하자!

 **오늘의 기도**

주님! 열매로 그 나무의 종류도 알 수 있고, 그 나무의 좋고 나쁜 상태도 알 수 있다는 것은 아주 당연한 진리입니다. 사람도 그의 행동거지로 그 사람의 품성을 알 수 있다는 것도 너무 당연한 진리일 것입니다. 그런데도 사람들 중에는 자기 자신에 대해서 착각하고 과대평가 하는 사람들이 많이 있습니다. 성품도 좋지 않고, 행동도 반듯하지 못한데 스스로는 자기가 굉장히 괜찮은 사람인 것처럼 생각합니다. 거짓말도 잘하고 깨끗하지 못한 삶을 살아가면서도 스스로는 매우 괜찮은 사람으로 말하고 다닙니다. 아이라도 알 수 있는 것을 자기만 모르는 것은 스스로의 어리석음에 빠져있기 때문입니다.

주님! 저 또한 행동은 옳고 바르고 성실하지 못하면서도, '나' 라는 사람이 좋은 사람이라고 생각하며 살아 왔습니다. 삶에 대한 저의 태도와 스스로에 대한 평가에 있어서 모순을 가지고 살아왔음을 인정합니다. 이제부터는 정말 좋은 사람이 될 수 있게 도와주세요.

주님! 좋은 사람이 되기 위해서는 스스로의 생각 속에서 꾸며진 '나' 가 아니라 실제로 좋은 성품과 선하고 정직한 행동을 통해서 검증되는 좋은 '나' 가 되어야 하겠습니다. 주님, 이제부터는 좋은 성품의 사람, 선하고 정직하고 성실하고 지혜로운 사람이 되도록 노력하겠습니다. 그 좋은 속사람으로부터 좋은 말과 행동과 삶이 나와서 좋은 열매를 맺을 수 있도록 도와주세요. 나쁜 열매를 맺는 나무가 되지 않게 도와주세요. 나쁜 열매를 맺으려고 해고 맺을 수 없는 그런 좋은 나무가 되게 도와주세요. 예수님 이름으로 기도합니다. – 아멘.

 **오늘의 말씀**　잠언 17 : 10

한 마디 말로 총명한 자에게 충고하는 것이 매 백 대로 미련한 자를 때리는 것보다 더욱 깊이 박히느니라.

 **오늘의 묵상 주제**

⊙ 매를 맞아도 깨닫지 못하는 미련한 자가 되지 말자!
⊙ 한 마디 말의 충고를 인생의 지침으로 삼을 수 있는 총명한 자가 되자!

 **오늘의 기도**

　하나님 아버지! 요즘은 '매'를 용납하지 못하는 세대가 되었습니다. 예전에는 '사랑의 매'라는 개념이 보편적으로 용인되었습니다. 부모님이 잘못한 자식에 대해서 잘 되라고 훈계하기 위해서 종아리에 회초리를 대던 것을 나무라던 사람들은 없었습니다. 잘못을 저지르고도 반항하는 제자를 바르게 하고자 매를 들던 선생님을 비난하던 사람들도 없었습니다. 그러나 이제는 법과 규례로 매를 규제하는 시대가 되었습니다. 부모가 자식에게 대는 매도, 선생님이 제자에게 대는 매도 법적인 규제를 받습니다. "미운 자식 떡 하나 더 주고, 고운 자식 매 하나 더 주라."는 격언도 받아들여지기 어려운 세대입니다. "차마 초달은 하지 못하는 것은 자식을 버리는 것"이라는 성경의 말씀도 실현되기 어려운 세대가 되었습니다.

　하나님 아버지! 그러나 분명한 것은 미련한 자라면 매 백 대를 때린다고 해도 바른 성품과 행동으로 인도할 수 없다는 사실입니다. 미련한 자를 매 백 대로 훈계하는 것보다 총명한 자를 한 마디의 말로 충고하는 것이 더 효과적이라는 사실입니다. 백 대를 때려서라도 바르게 될 수 있다면 그렇게 하겠지만, 백 대를 맞아도 효과를 볼 수 없는 사람이라면 단 한 대라도 때릴 필요가 없을 것입니다.

　하나님 아버지! 제가 미련한 자가 되지 않고 총명한 자가 되게 도와주세요. 매를 맞아도 훈계를 받지 못하는 미련한 자가 아니라 한 마디 말로도 충분히 마음 속 깊은 교훈을 얻을 수 있는 총명한 사람이 되게 도와주세요.

　하나님 아버지! 오늘의 말씀에 비추어보면 지금까지의 저는 미련한 사람이었습니다. 부모님, 선생님들, 친구들의 나를 위한 충고들이 많았지만, 그 말들을 마음 속 깊이 새기고, 인생의 도움으로 삼지 못했습니다. 몇 대의 매를 두려워하면서도 좋은 말을 중요하게 대접하지 않았습니다. 이제부터는 미련함을 벗어버리고 총명함을 덧입으려 애쓰겠습니다. 제 주변의 사람들이 저를 위해서 좋은 충고를 아끼지 않도록, 그리고 그 말들을 제 인생을 가꾸는데 좋은 씨앗으로 삼을 수 있는 제가 되게 해주세요. 예수님 이름으로 기도합니다. – 아멘.

지혜 & 순결을 구하는 기도

 **오늘의 말씀**) 마태복음 10 : 16

보래 내가 너희를 보냄이 양을 이리 가운데로 보냄과 같도다. 그러므로 너희는 뱀 같이 지혜롭고 비둘기 같이 순결하라.

 **오늘의 묵상 주제**

⊙ 뱀 같이 지혜로운 사람이 되자!
⊙ 비둘기 같이 순결한 사람이 되자!

 **오늘의 기도**

좋은 삶을 살기를 원하시는 주님! 주님은 그리스도인들로 하여금 세상에서 잘 살기를 원하십니다. 그런데 세상을 잘 산다는 것이 그리 쉽지는 않은 것 같습니다. 신실하고 의로우면서도 성공적으로 살아간다는 것이 참 어렵기 때문입니다. 세상이 이리의 소굴처럼 험악하기 때문입니다. 양 같은 그리스도인의 모습만으로는 승리하는 인생을 살기가 어렵기 때문입니다.

주님께서는 제자들을 세상에 보내시면서 이리 가운데로 양을 보내는 것과 같은 심정이라고 말씀하셨습니다. 주님께서는 지금도 우리 그리스도인들을 그와 같은 심정으로 바라보고 계시는 줄 압니다. 양을 이리 가운데로 보내는 것 같은데, 그래도 주님께서는 이리들에게 잡혀 먹히는 양이 아니라 이리 가운데서도 생존하는 양을 기대하고 계십니다. 그리고 주님께서 이리들 가운데서 양이 살아남기 위해서 가져야 하는 두 가지의 비결을 가르쳐주셨습니다. 그 하나가 뱀 같이 지혜로운 것이고, 다른 하나는 비둘기 같이 순결한 것이라고 하셨습니다. 지혜롭지 못하면 살아남지 못하고, 순결하지 못해도 살아남지 못하는 것이 세상이라는 말씀입니다. 반면에 지혜롭기도 하고 순결하기도 하면 그래도 살아남을 수 있을 뿐아니라 성공적인 인생을 살 수 있는 것이 세상이라고 가르쳐주시는 것입니다.

주님! 저를 지혜롭게 해주세요. 공부하는 데도 지혜가 필요하지만, 사람을 잘 대하고, 혼탁한 세상에서 자신을 지키며 잘 살 수 있는 지혜가 있어야 하겠습니다. 좋은 사람 나쁜 사람을 분별할 수 있는 지혜를 주셔서 좋은 사람과 사귀게 해주세요. 또한 좋지 않은 사람을 멀리하게 해주시되, 그들의 미움을 받거나 그들과 원수를 맺게 되는 일 없이 잘 피하며 살 수 있는 지혜도 주세요. 혼탁한 세상을 살면서 악에 물들기 쉬운데, 제가 순결할 수 있도록 저를 지켜주세요. 악하고 죄 된 세상과 그 세상의 문화에 물들지 않는 순결한 영혼이 되게 해주시고, 특히 타락한 세상에서 몸의 순결도 지켜갈 수 있게 해주세요. 예수님 이름으로 기도합니다. – 아멘.

 **오늘의 말씀** 로마서 12:2

너희는 이 세대를 본받지 말고, 오직 마음을 새롭게 함으로 변화를 받아, 하나님의 선하시고 기뻐하시고 온전하신 뜻이 무엇인지 분별하도록 하라.

 **오늘의 묵상 주제**

⦿ 마음을 새롭게 하자!
⦿ 하나님의 선하시고 기뻐하시고 온전하신 뜻이 무엇인지 분별하도록 하자!

 **오늘의 기도**

하나님의 뜻대로 살기를 원하시는 하나님!

하나님께서는 그리스도인들에게 이 세대를 본받지 말라고 말씀하셨습니다. 이 세대가 악하기 때문입니다. 이 세대가 타락했기 때문입니다.

하나님 아버지! 세상은 약육강식(弱肉强食; 약한 자는 먹히고 강한 자는 먹는 정글의 생존법칙)을 당연하게 생각합니다. 세상은 도덕적 타락이 점점 더해가고 있습니다. 소돔과 고모라가 도덕적 타락과 성적인 타락으로 하나님의 심판을 당했다고 하는데, 그보다 더 타락한 곳들도 없지 않습니다. 구약의 하나님께서 가장 싫어하시던 것이 풍요와 농산의 신 바알의 숭배였는데, 지금도 그 못지않게 돈과 재물을 신처럼 숭배하는 물신숭배와 맘몬숭배가 만연해 있습니다.

하나님 아버지! 하나님께서는 이런 세상의 풍조를 본받지 말라고 하셨습니다. 하나님, 저 혼자만의 생각과 의지만 가지고는 세상 풍조를 이겨내기가 힘듭니다. 저의 마음과 생각을 붙잡아 주세요. 제 마음도 세상을 본받는데 빨랐던 것을 고백합니다. 세속의 문화, 또래들의 저질스런 삶의 방식, 유행하는 말과 행동과 옷과 기기들을 쉽게 받아들였습니다. 그러나 이제부터는 하나님의 가치를 가지고 이 세대와 그 문화와 삶의 방식을 판단하고 분별할 수 있는 능력을 가질 수 있게 도와주세요. 무조건 받아들이고 따르는 것이 아니라, 하나님과 하나님의 사람에게 가치 있는 것인지 아닌지를 분별해서, 받아들일 것은 받아들이고, 버릴 것은 버릴 수 있게 해주세요. 하나님의 선하시고 기뻐하시고 온전하신 뜻이 무엇인지를 분별할 수 있는 새로운 마음을 가지고 하나님이 원하시는 삶을 살 수 있게 도와주세요. 예수님 이름으로 기도합니다. – 아멘.

충직한 친구를 구하는 기도

 **오늘의 말씀**) 잠언 27 : 6

친구의 아픈 책망은 충직으로 말미암는 것이나, 원수의 잦은 입맞춤은 거짓에서 난 것이니라.

 **오늘의 묵상 주제**

⊙ 충직한 친구와 거짓 친구를 분별할 줄 아는 사람이 되자!
⊙ 친구의 아픈 책망을 충직으로 받아 고마워할 줄 아는 사람이 되자!

 **오늘의 기도**

입맞춤의 배신을 경험하셨던 주님!

오늘 잠언의 말씀을 보니 주님께서 경험하셨던 원수의 입맞춤이 생각납니다. 주님을 배반하고 팔아넘긴 가룟 유다는 주님을 잡아 갈 제사장들과 그 하수인들을 이끌고 와서는 주님께 나아와서 입맞춤으로 원수들에게 주님을 넘겨주었습니다. 가룟 유다의 입맞춤은 거짓에서 난 것이었습니다.

주님! 세상에는 가룟 유다와 같이 거짓으로 입 맞추는 사람들이 많습니다. 자신의 유익을 위해서 거짓으로 친한 척 합니다. 경쟁자에게 영업 비밀을 팔아넘기기 위해서 같은 편인 척 위장하기도 합니다. 자신의 이익을 위해서라면 스승도 친구도 팔아넘기는 사람들이 있습니다. 많은 사람들이 결정적인 순간이 되기까지 자기의 정체를 숨기면서 사랑의 입맞춤을 가장하고 찾아옵니다.

주님! 제가 살아가는 동안에도 저를 속이기 위해서 거짓 입맞춤을 하는 원수들(위장된 친구들)이 있을 수도 있습니다. 저를 통해 이익을 얻으려고 달콤한 칭찬과 거짓말로 나의 마음을 빼앗으려는 그들의 위선과 거짓을 알 수 있는 지혜를 갖게 해주세요. 거짓 친구를 진정한 친구로 오인하는 어리석은 제가 되지 않도록 도와주세요.

주님! 반면에 제가 아프도록 책망하는 진실한 친구가 있게 해주세요. 그 충직함에 기뻐하고 감사하며 자신을 바로 세울 수 있는 제가 되게 해주세요. 나를 위해서 충심으로 해주는 충고에 기분 상해하거나, 그것 때문에 참된 친구를 멀리하는 어리석은 사람이 되지 않게 도와주세요. 예수님 이름으로 기도합니다. – 아멘.

 **오늘의 말씀**　로마서 13 : 12-14

밤이 깊고 낮이 가까웠으니, 그러므로 우리가 어둠의 일을 벗고 빛의 갑옷을 입자. 낮에와 같이 단정히 행하고, 방탕하거나 술 취하지 말며, 음란하거나 호색하지 말며, 다투거나 시기하지 말고, 오직 주 예수 그리스도로 옷 입고, 정욕을 위하여 육신의 일을 도모하지 말라.

 **오늘의 묵상 주제**

⊙ 어둠의 일을 벗고 빛의 갑옷을 입자!
⊙ 방탕하지 말고 단정히 행하자!

 **오늘의 기도**

　빛 되시는 주님!

　죄는 어둠의 속성을 가지고 있습니다. 죄는 어둠 속에 묻혀서 세상에 모습을 드러내려고 하지 않습니다. 일단 세상에 드러난 죄는 비난을 받고 정죄를 받게 됩니다. 그런데도 죄를 짓는 사람들이 많습니다. 그들은 결사적으로 죄가 드러나지 않게 숨기려고 애를 씁니다. 그러나 결국에는 세상에 드러나서 공직에서 물러나는 공직자들이 있습니다. 방송에서 퇴출되는 연예인들도 있습니다. 사회에서 매장되는 명사들도 있습니다. 어둠은 빛을 감당하지 못하기 때문입니다.

　주님! 주님께서는 주님의 사람들에게 세상의 빛과 소금이라고 말씀하셨습니다. 세상을 밝히는 빛이 되고, 세상의 부패를 막고 살맛을 내주는 소금의 역할을 하라는 주님의 기대를 담은 말씀입니다. 그런데 그리스도인들 중에도 빛의 삶을 살지 못하고 어둠의 일을 행하는 이들이 있습니다. 그래서 우리나라의 그리스도인들이 비난을 받기도 합니다. 이제 먼저 우리 그리스도인들이 어둠의 일을 벗고 빛의 갑옷을 입게 인도해주세요. 그리고 우리나라 사람들과 온 세상 사람들이 어둠의 일을 벗고 빛을 입게 도와주세요.

　주님! 어릴 때부터 저를 지켜주시고 인도해주시는 것을 감사드립니다. 제가 어둠의 일에 발을 들여놓지 않게 도와주세요. 언제나 낮과 같이, 사람들의 눈과 하나님의 눈 앞에서 생활하는 것 같이, 그리스도로 옷 입고 단정하게 행하게 해주세요. 방탕, 술 취함, 음란, 호색, 다툼, 시기와 상관없는 삶을 살게 도와주세요. 예수님 이름으로 기도합니다. – 아멘.

 **오늘의 말씀** 이사야 49 : 15, 16

여인이 어찌 그 젖 먹는 자식을 잊겠으며, 자기 태에서 난 아들을 긍휼히 여기지 않겠느냐? 그들은 혹시 잊을지라도 나는 너를 잊지 아니할 것이라. 내가 너를 내 손바닥에 새겼고, 너의 성벽이 항상 내 앞에 있나니……

 **오늘의 묵상 주제**

◉ 하나님께서 내 이름을 손바닥에 새겨 놓으셨음을 잊지 말자!
◉ 하나님께서 절대로 나를 잊지 않으실 것을 기억하자!

 **오늘의 기도**

엄마의 마음도 가지고 계시는 하나님!

아가에 대한 엄마의 마음은 세상에서 가장 고귀한 사랑을 담고 있습니다. 세상에서 가장 거룩한 마음도 아가에 대한 엄마의 마음입니다. 젖먹이 아가의 엄마는 아기에게서 관심과 시선을 떼어놓지 못합니다. 아가의 요구가 있기 전에 이미 아기가 무엇을 바라는지, 무엇을 해주어야 하는지를 알고 있습니다. 자기가 낳은 아들이 아파하면 더 큰 아픔으로 아파하며 불쌍하게 여기는 마음으로 최선을 다해 도와줍니다. 엄마가 젖먹이 아기를 잊는 것은 거의 불가능한 일입니다. 그럴 일은 없지만, 혹 아기의 엄마가 아기를 잊을 수 있을지라도 하나님께서는 '나'를 잊지 아니할 것이라고 약속해주셨습니다. 하나님께서 나를 하나님의 손바닥에 새겨놓으셨다고 하셨습니다.

하나님 아버지! 참 감사합니다. 저 같은 사람이 무엇이기에 하나님께서 그렇게도 귀하게 여겨주시는지요? 오직 감사 감격할 뿐입니다. 저는 오늘 말씀을 통해서, 제가 하나님께 얼마나 귀한 존재인지, 하나님께서 저를 얼마나 귀하게 여기시는지를 새롭게 깨달았습니다. 젖먹이 엄마가 젖먹이 아이를 잊을지언정 하나님께서 저를 잊는 일은 절대 없을 것이라는 약속을 소중하게 간직하겠습니다. 하나님의 손바닥에 제 이름을 새겨두셨듯이 저도 제 손바닥에 하나님의 이름을 새기고 살 것을 약속드립니다. 예수님 이름으로 기도합니다. - 아멘.

 **오늘의 말씀**　고린도후서 13:5

너희는 '믿음 안에 있는가? 너희 자신을 시험하고, 너희 자신을 확증하라. 예수 그리스도께서 너희 안에 계신 줄을 너희가 스스로 알지 못하느냐? 그렇지 않으면 너희는 버림 받은 자니라.

오늘의 묵상 주제

⊙ 예수님께서 내 안에 계신 것을 늘 인식하며 살자!
⊙ 내가 믿음 안에 있는 것을 확증하며 살자!

 **오늘의 기도**

　하나님 아버지! "너 자신을 알라!"는 말은 철학자 소크라테스가 사용한 철학적 명제입니다. 당시의 소피스트들은 자기가 최고의 진리를 알고 있는 것처럼 말을 하고 있었습니다. 그러나 소크라테스가 볼 때는 자기 자신 조차도 모르는 사람들이었습니다. 소크라테스가 다른 사람들이 얼마나 무지한가를 파헤쳤을 때 사람들은 그에게 물었습니다. "그럼 당신은 무엇을 알고 있는가?" 이 말에 소크라테스는 "나는 내가 아무것도 모른다는 것을 안다."고 말했습니다. "너 자신을 알라!"는 소크라테스의 명제는 그가 죽은 지 2400여년이 지난 오늘날까지도 가장 유명한 명제로 활용되고 있습니다.

　하나님 아버지! 오늘 말씀을 통해서 하나님께서도 저희들에게 "너 자신을 알라!"고 말씀하시는 것 같은 느낌을 받습니다. 그러나 하나님께서 물으시는 동기는 소크라테스가 묻는 동기와 다릅니다. 소크라테스는 무지함을 드러내기 위해서 이 말을 사용했지만, 하나님께서는 우리를 세워주시기 위해서 묻고 계시는 것입니다. 오늘의 말씀을 통해서 하나님께서 '너 자신을 시험하라', '너 자신을 확증하라' 고 요구하시는 것은 '나는 믿음 안에 있다' 는 것과 '내 안에 예수 그리스도께서 계시다' 라는 것을 확인시켜주시기 위함입니다.

　하나님 아버지! 저는 주님을 믿습니다. 그러므로 나는 믿음 안에 있습니다. 그러므로 주님께서 내 안에 계십니다. 주님께서는 저를 위해서, 제 삶을 위해서, 제 믿음을 위해서, 저의 행복한 인생을 위해서, 저의 영원한 생명을 위해서 제 안에 계시고, 저를 인도해 주시는 것을 믿습니다. 주님의 인도하심과 도우심과 구원하심을 힘입고, 복되고 성공적인 인생을 살 수 있는 제가 될 수 있게 해주세요. 주님께서 자기 안에 계시지 않으면 버림받은 자라고 하셨습니다. 혹 주님께 버림받고 사탄에게 주어진 자가 될까 두렵습니다. 주님! 제 안에 늘 계셔 주세요. 그러기 위해서 항상 '내가 믿음 안에 있는가?' 를 묻고, 믿음 안에 있음을 확실하게 증명할 수 있는 제가 되게 해주세요. 예수님 이름으로 기도합니다. - 아멘.

미련한 자 피하기를 구하는 기도

 **오늘의 말씀**) 잠언 29 : 9

지혜로운 자와 미련한 자가 다투면, 지혜로운 자가 노하든지 웃든지 그 다툼은 그침이 없느니라.

 **오늘의 묵상 주제**

⊙ 미련한 자가 아니라 지혜로운 자로 살재!
⊙ 미련한 사람과는 절대 다투지 말재!

 **오늘의 기도**

지혜의 주이신 하나님!

솔로몬 왕에게 지혜를 주셨던 일을 기억합니다. 하나님께서는 솔로몬 왕이 간절한 마음으로 일천번제를 드렸을 때에 꿈에 나타나셨습니다. 소원이 무엇이냐고 물으시는 하나님께 솔로몬은 왕의 직분을 잘 감당하기 위해서 지혜를 달라고 요청했습니다. 지혜를 사모하는 것이 마음에 드신 하나님은 솔로몬 왕에게 세상에서 가장 큰 지혜를 주셨습니다. 그 지혜로 솔로몬 왕은 지혜로운 재판을 하고, 정책을 시행하여, 평화로우면서도 강대한 나라를 만들었습니다. 하나님 아버지! 제게도 솔로몬 같은 지혜를 주세요. 저도 지혜로운 자가 되게 해주세요.

하나님 아버지! 지혜로운 사람과 미련한 사람이 다투면 그 싸움은 끝이 없다고 했습니다. 지혜로운 사람이 노하면 미련한 사람은 그가 화를 냈다고 싸우려고 합니다. 지혜로운 사람이 웃으면 미련한 사람은 그가 웃었다고 또 싸우려고 덤비기 때문입니다. 화른 내도 싸움이 끝나지 않고, 웃어도 끝나지 않을 싸움은 어떻게 해도 끝나지 않는 싸움이 됩니다. 그러므로 가장 현명한 것은 미련한 사람과는 싸우지 않는 것입니다.

하나님 아버지! 저에게 미련한 자까지도 잘 대하며 다툼을 피할 수 있는 지혜를 주셔서, 평화롭게 잘 살 수 있게 해주세요. 미련한 사람과의 다툼에 끌려들지 않게 도와주세요. 미련한 사람을 알아보고 멀리하는 지혜를 주세요. 또한 어떤 사람이 화를 내도 싸우려고 하고 웃어도 싸우려고 하는그런 미련한 사람이 되지 않게 도와주세요. 예수님 이름으로 기도합니다. – 아멘.

 **오늘의 말씀**　갈라디아서 5 : 22, 23

오직 성령의 열매는 사랑과 희락과 화평과 오래 참음과 자비와 양선과 충성과 온유와 절제니, 이 같은 것을 금지할 법이 없느니라.

 **오늘의 묵상 주제**

◉ 성령의 사람이 되자!
◉ 성령의 인도하심을 따라서 성령의 열매를 맺으며 살자!

 **오늘의 기도**

　선한 열매를 맺게 하시는 성령님! 사람들의 삶은 농사짓는 것에 비유됩니다. 사람들의 매일 매일의 생활이 미래를 위한 씨를 뿌리는 것인 동시에, 자신이 뿌린 씨앗에 대한 열매를 거두어들이는 것입니다. 한 마디의 말은 어딘가에 뿌려진 씨앗입니다. 언젠가는 그 열매를 맺어 거두어들입니다. 행동 하나 하나도 미래의 언젠가에 그 열매를 거두어들일 씨앗을 뿌리는 행위입니다. 좋은 말, 좋은 행동은 좋은 열매를 맺어 좋은 것을 추수하게 될 것입니다. 이렇게 좋은 열매를 많이 거두어들일 수 있는 사람이 좋은 삶, 성공적인 삶, 아름다운 삶을 살 수 있게 됩니다. 반면에 나쁜 말, 나쁜 행동은 나쁜 열매를 맺어 나쁜 것을 추수할 수밖에 없게 됩니다. 이렇게 나쁜 열매를 많이 거두어들이는 사람은 나쁜 삶, 실패하는 삶, 누추한 삶을 살 수밖에 없게 됩니다.

　좋은 열매를 맺게 도와주시는 성령님! 성령님께서는 하나님의 영이시고 주의 영이십니다. 주님의 보내주심으로 제게 오신 보혜사 성령님이십니다. 저의 삶이 성령임께서 인도하시는 선하고 아름다운 열매들을 많이 맺는 삶이 되도록 도와주세요. 사랑, 희락(기쁨과 즐거움), 화평(조화되고 평화로움), 오래 참음, 자비(자애로움), 양선(좋고 선함), 충성, 온유(따뜻하고 부드러움), 절제 등의 미덕을 갖추고, 이것들을 통해서 좋은 결과를 얻는 생활이 되게 해주세요. 저를 은혜로 지켜주시고, 제가 받은 주님의 은혜를 잘 가꾸도록 인도해 주실 줄 믿습니다. 제 안에서 때를 따라 깨닫게 하시고 절제하게 하시며 열심을 내게 해주시는 성령님의 인도하심을 잘 따르는 제가 되게 해주세요. 예수님 이름으로 기도합니다. ─ 아멘.

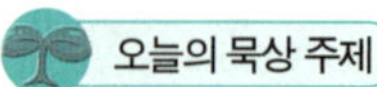 **오늘의 말씀**) 잠언 8 : 13

여호와를 경외하는 것은 악을 미워하는 것이라. 나는 교만과 거만과 악한 행실과 패역한 입을 미워하느니라.

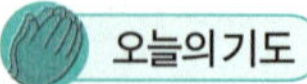 **오늘의 묵상 주제**

⊙ 악을 미워하고 선을 사랑하자!
⊙ 교만, 거만, 악한 행실, 패역한 말을 버리자!

오늘의 기도

악을 미워하시는 하나님!

세상에는 악한 것들이 참 많이 있습니다. 악한 사람들이 있기 때문입니다. 악의 주관자인 사탄에 이끌리는 사람들이 많기 때문입니다. 악한 생각을 하고, 악한 행동을 하고, 악한 일을 하는 것은 모두 사탄에게 이끌리고 있기 때문입니다. 그러므로 악을 가지고 있으면서 하나님을 경외하는 것은 불가능한 일이 됩니다.

선하고 의로우 하나님! 하나님께서는 악을 미워하십니다. 하나님을 경외하는 사람은 하나님처럼 악을 미워해야 한다는 것을 압니다.

하나님께서는 교만을 미워하십니다. 저도 교만을 미워하게 해주세요. 하나님은 거만을 미워하십니다. 저도 거만을 미워하게 해주세요. 하나님은 악한 행실을 미워하십니다. 저도 악한 행실을 미워하게 해주세요. 하나님은 패역(悖逆; 어그러질 패, 거스릴 역)한 입과 어그러지고 거스리는 말을 미워하십니다. 저도 패역한 말을 미워하고, 바르고 순한 말을 사랑하게 도와주세요.

하나님 아버지! 악한 중에 있으면서도 하나님을 경외한다고 말하는 것은 하나님을 속이고, 자기 자신을 속이는 것에 불과합니다. 악을 미워하고 선을 사랑함으로써 하나님을 경외하는 것을 삶으로 증명할 수 있는 제가 되게 해주세요. 교만, 거만, 악한 행실, 못된 말을 버리게 해주세요. 겸손하고, 온유하며, 선한 행실과 좋은 말을 함으로써 하나님을 믿는 사람인 것을 삶으로 보여주는 사람이 되게 해주세요. 그리스도인으로서 좋은 모습을 보여 하나님께 영광을 돌리는 삶을 살게 해주세요. 예수님 이름으로 기도합니다. – 아멘.

●6월을 성공적으로 보내는 방법

여름이 시작되는 6월이 되었다.새학기가 시작된 것이 엊그제 같은데 어느새 학기말로 접어들고 있다.해놓은 공부는 많지 않은데, 기말고사 시간표가 발표되고, 이르면 6월 말, 늦어도 7월초에 기말고사 시험을 보게 된다.조금이라도 앞서기를 원한다면 지금부터 기말고사를 철저히 준비하자.

영어 시험 잘 보는 방법

영어공부를 어려워하는 학생들이 많다. 그러나 영어공부는 생각보다 그리 어렵지 않다.특히 학교 시험을 잘 보고 영어 내신성적을 높이는 것은 그다지 어렵지 않다.

공부하는 방식만 조금 바꾸어도 학교 영어시험 100점 어렵지 않다. 많은 학생들이 단어를 외우고, 숙어를 외우고, 해석하는데 시간을 많이 소비한다.이렇게 공부하는 학생은 시간은 시간대로 투자했는데 영어성적이 오르지 않는다.

절대로 단어 따로, 숙어 따로 외우지 말자.해석하기 위해서 애쓰지도 말자. 해석이 잘 안 되면 그냥 자습서 번역을 한 번 읽어서 내용만 파악해두라. 진짜 해야 할 일은 이것이다.

영어 교과서, 그냥 읽으라. 꼭 입으로 소리를 내면서!

한 과 단위로 처음부터 끝까지 소리 내면서 쭉 읽어가라. 발음과 액센트가 어려우면 교과서 원어민 낭독 CD를 1, 2회 정도 들으면서 따라 읽으라.한 번 읽을 때마다 한 획 씩 그으면서 '正' 자로 표시해 두고, '正' 자 4개가 완성될 때까지 반복해서 읽으라. 즉 20번을 읽으라.소리 내지 않고 속으로만 읽는 것은 절대로 도움이 되지 않는다. 10번 쯤 읽었을 때부터는 생각보다 말이 먼저 나오는 것을 경험하게 될 것이다.그리고 20번을 읽으면 교과서 내용이 다 외워진다. 그렇게 외워진 것은 잘 잊어먹지 않는다. 학교를 졸업해도 기억이 날 정도로.학교 영어시험문제는 반드시 교과서 안에서 나오게 되어 있다.교과서를 다 외운 사람은 다 맞출 수 있는 문제가 나온다는 뜻이다.그렇게 교과서를 외워 가면 수능준비도 자연스럽게 되는 것이고 대학에 들어갔을 때 원서 강독 능력도 자연스럽게 갖추어진다.

사랑의 삶을 위한 기도

 **오늘의 말씀** 고린도전서 13 : 4-7

사랑은 오래 참고, 사랑은 온유하며, 시기하지 아니하며, 사랑은 자랑하지 아니하며, 교만하지 아니하며, 무례히 행하지 아니하며, 자기의 유익을 구하지 아니하며, 성내지 아니하며, 악한 것을 생각하지 아니하며, 불의를 기뻐하지 아니하며, 진리와 함께 기뻐하고, 모든 것을 참으며, 모든 것을 믿으며, 모든 것을 바라며, 모든 것을 견디느니라.

 **오늘의 묵상 주제**

⊙ 마음에 사랑을 담고 살자!
⊙ 사람을 사랑으로 대하며 살자!

 **오늘의 기도**

　사랑의 하나님! 하나님은 사랑이라고 말씀하셨습니다. 그리고 우리에게는 하나님의 성품을 닮으라고 말씀하셨습니다. 또한 예수님께서도 이웃을 사랑하라고 가르쳐주셨습니다. 심지어는 원수까지도 사랑하라고 말씀하셨습니다. 하나님께서는 이렇게 사랑의 사람이 되라고 말씀하시는데, 저는 사랑의 사람이 되지 못하고 있음을 고백합니다. 제 마음 속에 사랑을 넣어주시고, 제가 사랑의 사람이 될 수 있게 이끌어주세요. 제가 부모님을 사랑하고, 친구들을 사랑하고, 선생님들을 사랑하고, 저와 연관된 모든 사람을 사랑하게 해주세요. 그들을 모두 사랑으로 대하게 해주세요. 오늘 성경말씀에 있는 사랑의 사람이 가지고 있는 특징을 다 갖출 수 있도록 저를 도와주세요. 저를 사랑으로 오래 참는 사람이 되게 해주세요. 사랑으로 온유한 사람이 되게 도와주세요. 사랑으로 시기하지 않는 사람이 되게 해주세요. 사랑으로 자랑하지 않는 사람이 되게 도와주세요. 교만하지도 않고, 무례하게 행하지도 않는 사랑의 사람이 되게 도와주세요. 자기의 유익만을 추구하지 않는 사랑의 사람이 되게 해주세요. 성내지 않는 사람이 되게 도와주세요. 악한 것을 생각하지 않고, 불의를 기뻐하지 아니하며, 진리와 함께 기뻐하는 사랑의 사람이 되게 도와주세요. 사랑으로 모든 것을 참으며, 모든 것을 믿으며, 모든 것을 바라며, 모든 것을 견디는 사람이 되게 도와주세요.

　하나님 아버지! 저로 하여금 사람을 선의로 대하고 악의로 대하지 않게 도와주세요. 하나님께서 원하시는 사랑의 사람이 되어 온전한 사람으로 살게 해주세요. 예수님 이름으로 기도합니다. – 아멘.

 **오늘의 말씀**　디모데후서 3 : 14~17

그러나 너는 배우고 확신한 일에 거하라. 너는 네가 누구에게서 배운 것을 알며, 또 어려서부터 성경을 알았나니, 성경은 능히 너로 하여금 그리스도 예수 안에 있는 믿음으로 말미암아 구원에 이르는 지혜가 있게 하느니라. 모든 성경은 하나님의 감동으로 된 것으로 교훈과 책망과 바르게 함과 의로 교육하기에 유익하니, 이는 하나님의 사람으로 온전하게 하며, 모든 선한 일을 행할 능력을 갖추게 하려 함이라.

 **오늘의 묵상 주제**

⊙ 성경을 배우고 알기 위해 노력하자!
⊙ 성경을 통해서 온전한 하나님의 사람이 되자!

 **오늘의 기도**

확실한 것을 원하시는 하나님!

바울 사도는 자기의 제자인 디모데 목사에게 "너는 배우고 확신한 일에 거하라."고 권면했습니다. 확신이 서지 않는 일이라면 차라리 하지 않는 것이 나을 수도 있습니다. 확신하지 못하는 일을 하면서 사는 것은 인생을 낭비하는 일이 될 수도 있기 때문입니다. 그래서 무슨 일을 할 때에는 확신을 갖는 것이 중요합니다. 특히 하나님의 일을 하기 위해서는 성경말씀을 배우고, 성경의 내용에 대한 확신, 믿음에 대한 확신, 하나님에 대한 확신, 예수 그리스도에 대한 확신, 복음에 대한 확신이 필요합니다.

하나님 아버지! 많은 사람들이 인생을 살아감에 있어서 뭔가에 대한 확신도 없이 일하면서 살아가고 있습니다. 이런 사람은 나중에 후회할 수밖에 없는 인생을 살게 됩니다. 하나님을 믿는 사람들 중에도 하나님과 예수 그리스도와 그의 복음에 대한 확신 없이 믿고 있는 사람들도 있습니다. 이런 사람에게서 믿음의 능력을 기대할 수는 없습니다.

하나님 아버지! 저의 영적인 무지와 게으름을 용서해주세요. 사람이 성경을 통해서, 믿음으로 말미암아 구원에 이르는 지혜를 얻을 수 있고, 자신을 바르게 해주고, 온전하게 하며, 선한 일을 행할 능력을 갖출 수 있음에도 저는 아직까지 이것을 제대로 깨닫지 못하고 살아 왔습니다. 저

또한 성경을 통해서 하나님께서 원하시는 사람이 될 수 있고, 온전하게 살 수 있는데, 성경을 배우고 읽는데 힘쓰지 못했습니다. 이제부터 설교와 성경공부, 그리고 성경을 읽고 묵상하는 것을 통해서 하나님, 예수 그리스도, 복음, 천국, 믿음에 대해서 확신을 갖기 위해 노력하겠습니다. 그리고 성경 말씀을 통해서 온전한 사람이 되고, 모든 선한 일을 행할 수 있는 능력을 갖추며, 은혜 가운데서 복된 삶을 살 수 있도록 노력하겠습니다. 저를 도와주실 것을 믿습니다. 예수님 이름으로 기도합니다. – 아멘.

 **오늘의 말씀**　시편 139 : 17, 18

하나님이여! 주의 생각이 내게 어찌 그리 보배로우신지요? 그 수가 어찌 그리 많은지요? 내가 세려고 할지라도 그 수가 모래보다 많도소이다. 내가 깰 때에도 여전히 주와 함께 있나이다.

 **오늘의 묵상 주제**

◉ 하나님께서 나를 위한 보배로운 생각을 가지고 계신 것을 믿자!
◉ 하나님께서 나를 위해 행하시는 일들이 모래보다 많은 것을 알자!

오늘의 기도

　나를 생각해주시는 하나님!

　나를 생각해주는 사람이 있다는 것은 참 다행스럽고 행복한 일입니다. 사실 우리 청소년들 치고 누군가가 자신을 참으로 많이 생각해주고 있다는 것을 제대로 느끼고 있는 아이들은 그리 많지 않아 보입니다.

　부모님들은 자기 자녀에 대해서 많이 생각하고 많은 생각을 가지고 있습니다. 그러나 자녀들 중에서 부모님이 자기를 그렇게 많이 생각해주고 있는지를 제대로 깨닫고 있는 아이들은 많지 않습니다. 학교의 선생님들도 대부분은 자기가 가르치고 있는 학생들을 많이 생각해주고 있습니다. 실력 향상과 인성과 진로에 대해서 많은 생각을 가지고 있습니다. 그러나 대부분의 학생들은 선생님들이 자기를 그렇게 생각해주고 있는지를 알지 못하고 있습니다. 도리어 많은 아이들은 부모님이나 선생님들의 관심을 귀찮아하기도 하고, 자기를 위해서 해주는 충고들을 잔소리라고 치부하기도 합니다. 그것이 자기에 대한 사랑과 관심에서 나온 것임을 알면 결코 그렇게 생각할 수 없을 것입지다.

　하나님 아버지! 오늘 말씀을 통해서 하나님께서 저를 많이 생각하고 계시다는 사실을 알게 되었습니다. 사실 저는 지금까지 하나님께서 저를 그렇게까지 귀하게 여겨주시는 줄은 몰랐습니다. 나 같은 사람을 하나님께서 각별하게 생각하신다고는 생각하지 못했거든요. 우리 부모님이 저를 위하고 생각하는 것보다도 하나님께서 저를 위해서 모래보다 더 많은 보배로운 생각을 가지고 계시다는 것을 알게 되니 감격스럽고 감사할 따름입니다. 하나님의 저를 위한 크고 많은 생각이 있다는 사실을 저도 보배처럼 간직하겠습니다. 하나님께서 저를 생각하는 것의 몇 분의 일만큼이라도 하나님을 생각할 수 있는 사람이 되게 해주세요. 예수님 이름으로 기도합니다. – 아멘.

 **오늘의 말씀** 예레미야 15 : 16

만군의 하나님 여호와시여! 나는 주의 이름으로 일컬음을 받는 자라. 내가 주의 말씀을 얻어먹었사오니, 주의 말씀은 내게 기쁨과 내 마음의 즐거움이오나

 **오늘의 묵상 주제**

⊙ 나는 주의 이름으로 일컬음을 받는 자라는 자부심을 갖자!
⊙ 주의 말씀을 먹고, 주의 말씀으로 내 기쁨과 즐거움을 삼자!

 **오늘의 기도**

　만군의 하나님! 하나님께서는 세상의 주인이십니다. 모든 왕들을 거느리시는 왕 중의 왕이십니다. 왕이나 대통령은 자신의 이름으로 대사를 파견합니다. 대사는 한 개인이 아니라 국가통치자의 권위를 대신하는 사람입니다. 각 나라들이 대사(大使)를 귀하게 대접하는 것은 그가 한 나라의 왕이나 대통령의 이름으로 일컬음을 받기 때문입니다. 그런데 오늘 성경말씀은 저를 하나님의 이름으로 일컬음을 받는 자라고 하셨습니다. 내가 하나님의 대사라는 엄청난 뜻을 담고 있는 말씀입니다.

　왕이신 하나님! 하나님께서 하나님의 이름으로 세상에 파견한 하나님의 대사가 바로 나라는 사실에 대하여 감사드립니다. 저를 크고 거룩하신 주의 이름으로 일컬음을 받는 자가 되게 해주신 것을 감사드립니다. 먼저 제가 만군의 하나님 여호와의 이름으로 일컬어 주심에 큰 자부심을 가지고, 천국의 대사로서 하나님을 대변하며 살 수 있게 해주세요.

　왕이신 하나님! 대사는 자기 생각대로 말하고 행동하지 않습니다. 저도 예레미야 선지자처럼 하나님의 말씀을 얻어먹게 하시고, 주님의 말씀대로 말하고 행동하며 살게 도와주세요. 하나님의 사람, 하나님의 대사로서 권세를 가지고 당당하게 세상을 살아가게 도와주세요. 하나님의 사람이 되었다는 것을 숨기거나 나약한 모습으로 살지 않게 도와주세요.

　왕이신 하나님! 하나님께서 주신 말씀으로 제 마음과 삶에 기쁨과 즐거움으로 삼을 수 있는 사람이 되게 해주세요. 예수님 이름으로 기도합니다. ― 아멘.

자존감을 위한 기도

 **오늘의 말씀**) 잠언 3 : 3, 4

인자와 진리가 네게서 떠나지 말게 하고, 그것을 네 목에 매며, 네 마음판에 새기라. 그리하면 네가 하나님과 사람 앞에서 은총과 귀중히 여김을 받으리라.

 **오늘의 묵상 주제**

◉ 인자와 진리가 내게서 떠나지 않게 하자!
◉ 하나님과 사람 앞에서 은총과 귀중히 여김을 받는 사람이 되자!

 **오늘의 기도**

사람을 존귀하게 만드신 하나님!

하나님께서는 사람을 존귀한 존재로 창조하셨습니다. 그러나 사람들 중에는 자신이 얼마나 귀한 존재인지를 잘 모르는 사람들이 많습니다. 자존감이 낮은 사람들은 자신이 귀하다는 사실을 잘 알지 못하는 사람들입니다. 사람들 중에는 자기는 귀하게 생각하면서 다른 사람은 귀한 줄 모르는 사람들이 있습니다. 다른 사람을 무시하고 멸시하는 사람들이 그런 사람들입니다. 이들은 스스로에 대한 자존감이 낮은 사람이나, 다른 사람을 하찮게 여기는 사람이나 모두 사람이 얼마나 귀한 존재인지를 잘 알지 못하는 사람들입니다.

하나님 아버지! 저도 자존감(自尊感)이 부족합니다. 하나님께서 저를 얼마나 귀한 존재로 창조하시고 대접해주시는지 잘 알지 못했기 때문입니다. 이제 하나님 앞에서 제가 얼마나 귀한 존재인지를 알게 되었으니, 저 자신에 대해서 스스로를 존중하며 스스로를 귀하게 여기는 마음을 가지고 살도록 노력하겠습니다. 나아가서 하나님과 사람 앞에서 은총을 입으며 귀중히 여김을 받는 사람이 되기를 소망합니다. 특히 사람들 앞에서 무시나 멸시를 받는 자가 되지 않게 해주세요.

하나님 아버지! 하나님께서 오늘 말씀을 통해서 그렇게 되는 방법을 가르쳐 주셨습니다. 인자와 진리에서 떠나지 않으면 하나님과 사람에게 은총과 귀중히 여김을 받게 된다는 가르침입니다. 언제라도 제가 인자한 마음을 가지고 살게 도와주세요. 진리를 가지고 살게 도와주세요. 예수님께서는 예수님 자신이 진리라고 말씀하셨습니다. 다른 진리에 대해서는 잘 모르겠지만 예수님을 마음에 모시고 사는 것은 그리 어렵지 않은 진리라고 할 수 있을 것 같습니다. 예수님을 제 마음판에 새기고, 예수님이 원하시는 대로 사랑과 자비로운 마음을 가지고 살게 도와주세요. 이런 삶을 통해서 하나님과 사람 앞에서 은총과 귀중히 여김을 받는 제가 되게 이끌어주세요. 예수님 이름으로 기도합니다. – 아멘.

 **오늘의 말씀**　요엘 2 : 18, 19

그 때에 여호와께서 자기의 땅을 극진히 사랑하시어 그의 백성을 불쌍히 여기실 것이라. 여호와께서 그들에게 응답하여 이르시기를 "내가 너희에게 곡식과 새 포도주와 기름을 주리니 너희가 이로 말미암아 흡족하리라. 내가 다시는 너희가 나라들 가운데에서 욕을 당하지 않게 할 것이며…".

 **오늘의 묵상 주제**

⊙ 하나님께서 극진히 사랑하시는 하나님의 땅에서 살자!
⊙ 하나님께서 베풀어주시는 것으로 흡족한 삶을 살자!

 **오늘의 기도**

　　만군의 여호와이신 하나님! 세상에는 많은 나라들이 있습니다. 역사 속에서 많은 나라들이 세워지고 망하기를 반복해 왔습니다. 하나님께서는 나라를 세우기도 하시고 무너지게도 하시는 주권자이십니다. 어떤 나라가 세워진 것도 하나님의 섭리요, 어떤 나라가 멸망한 것도 하나님의 뜻임을 압니다.

　　하나님 아버지! 하나님께서는 아브라함에게 약속하셨던 가나안 땅에 이스라엘을 세워주셨습니다. 그리고 하나님의 백성들이 사는 그 땅을 극진히 사랑하셨고, 그 백성을 불쌍히 여기셨습니다. 하나님께서는 부르짖는 하나님의 백성들에게 응답하시어 이스라엘 백성을 애굽에서 이끌어내어 가나안 땅에 나라를 세워주셨습니다. 젖과 꿀이 흐르는 그 땅에서 흡족한 삶을 살면서 주변의 나라들의 부러움을 샀습니다.

　　하나님 아버지! 우리나라도 하나님께서 세우시고 지금까지 인도해 오신 것을 믿습니다. 이 땅에 고구려 백제 신라 삼국과, 통일신라, 고려, 조선을 세우기도 하시고 망하게도 하셨습니다. 일제로부터 망했던 우리나라를 해방시켜 다시 세우시고, 전쟁을 통해서 폐허가 된 나라를 다시 일으켜 주셨습니다. 세상에서 가장 가난했던 우리나라를 지금은 세계 10대 경제대국이 되게 해주셨습니다. 이 땅의 하나님의 백성들을 극진히 사랑해주신 때문인 줄 믿습니다. 우리나라 국민들이 더욱 흡족한 삶을 살 수 있도록 하나님께서 더 많이 사랑해주시고, 불쌍하게 여겨주시기를 기도합니다. 동시에 온 세상에 하나님의 복음을 전하는 선교대국이 될 수 있게 해주셔서, 하나님께서 주신 복을 세상에 나눌 수 있게 해주세요. 예수님 이름으로 기도합니다. – 아멘.

 **오늘의 말씀** 　요한복음 16 : 23, 24

"그 날에는 너희가 아무 것도 내게 묻지 아니하리라. 내가 진실로 진실로 너희에게 이르노니 너희가 무엇이든지 아버지께 구하는 것을 내 이름으로 주시리라. 지금까지는 너희가 내 이름으로 아무 것도 구하지 아니하였으나, 구하라! 그리하면 받으리니, 너희 기쁨이 충만하리라."

 **오늘의 묵상 주제**

⊙ 주님의 이름으로 구하고 받는 사람이 되자!
⊙ 기도하고 응답받으며 기쁨이 충만한 삶을 살자!

오늘의 기도

구하는 것을 주시는 하나님 아버지!

사람들은 무엇이든지 소원하는 것마다 이루어지는 것을 소망해 왔습니다. 그래서 사람들은 구하는 것마다 모든 것을 이루어주는 꿈같은 무엇인가를 생각해 냈습니다. 도깨비 방망이를 내리치면서 소원을 말하면 그대로 이루어진다는 생각입니다. "금 나와라 뚝딱!" 하면 금이 나오고, "은 나와라 뚝딱" 하면 은이 나오고, 돈이든 음식이든 집이든 말하는 모든 것이 다 이루어지는 것을 꿈꾸었습니다. 인도, 중동, 그리고 유럽 사람들까지 사로잡은 아라비안 나이트의 알라딘 이야기도 모든 소원을 이루기를 바라는 소망을 담고 있습니다. 요술램프인 알라딘을 가지고 있는 사람이 알라딘을 문지르면 거인이 나와서 "주인님! 무엇을 도와드릴까요?"라고 말하고 소원을 들어줍니다.

하나님 아버지! 우리의 주님이신 예수 그리스도께서는 '예수'의 이름으로 하나님 아버지께 무엇이든지 구하라고 말씀하셨습니다. 그러면 하나님께서도 '예수'의 이름으로 우리가 구하는 모든 것을 들어주시겠다고 약속하셨습니다. 주님께서는 "구하라! 그리하면 받으리니, 너희 기쁨이 충만하리라."고 말씀해주셨습니다. 하나님 아버지! 지금까지 저는 구하면 받을 수 있는데 구하지 않아서 받지 못한 것도 많고, 주님의 능력과 지혜로 쉽게 해결할 수 있었던 문제들을 붙잡고 고민하고 힘들어했습니다. 이제부터는 주님의 약속을 믿고 무엇이든지, 어떤 문제든지 주님의 이름으로 하나님 아버지께 구하겠습니다. 어떤 일이든지 저의 작은 지혜나 능력으로 해결하려고 하지 않게 해주시고, 모든 것을 주님께 맡기고, 주님의 이름으로 기도하는 제가 되도록 도와주세요. 그리고 구하는 것마다 응답받아서 기쁨이 충만한 삶을 살게 해주세요. 예수님 이름으로 기도합니다. – 아멘.

 **오늘의 말씀**　시편 121 : 3, 4

여호와께서 너를 실족하지 아니하게 하시며, 너를 지키시는 이가 졸지 아니하시리로다. 이스라엘을 지키시는 이는 졸지도 아니하시고 주무시지도 아니하시리로다.

 **오늘의 묵상 주제**

⊙ 하나님께서 졸지도 않으시면서 나를 지켜주시는 것을 알자!
⊙ 하나님께서 나를 지켜주셔서 실족하지 않게 해주실 것을 믿자!

 **오늘의 기도**

지켜주시는 하나님!

하나님은 우리를 지켜주는 분이십니다. 누구보다도 더 성의껏, 누구보다도 더 완벽하게 우리를 지켜주는 분이십니다.

하나님 아버지! 요즘 신변에 불안을 느끼는 사람들이 많은 것 같습니다. 경호 산업이 현대의 유망한 사업으로 번창하고 있습니다. 집과 사업장을 지켜주는 보안 산업이 많이 있습니다. 웬만한 가게들도 도둑과 강도로부터 보호받기 위해서 돈을 내고 경비를 맡기고 있습니다. 돈 있는 사람들은 경호원을 고용하기도 합니다. 자신을 지키기 위해서, 또는 가족들을 보호하기 위해서 비싼 비용을 들여가면서 경호원으로 하여금 지키게 하고 있습니다. 그러나 경비회사에서 지키지만 도둑맞는 곳도 있습니다. 경호원이 지키려고 하지만 완벽하게 보호받지 못합니다. 더 빠르고, 더 강하고, 더 많은 수의 적으로부터 보호해주지 못하기 때문입니다.

하나님 아버지! 그런데 하나님께서는 이스라엘을 지키시는 자라고 말씀하셨습니다. '이스라엘'은 하나님의 백성 모두를 가리킵니다. 그래서 하나님은 성실한 나의 지킴이가 되십니다. 하나님께서는 나를 지키시기 위해서 졸지도 않으시고, 주무시지도 않으십니다. 그래서 내가 발을 헛딛어 넘어지지 않게 해주십니다. 하나님께서 저의 경호원도 되시고, 안내자도 되시고, 보호자도 되시니 참 감사하고, 참 든든합니다. 이제 하나님의 지켜주심을 믿고 담대하게 살겠습니다. 예수님 이름으로 기도합니다. – 아멘.

 **오늘의 말씀** 데살로니가후서 2 : 16, 17

우리 주 예수 그리스도와, 우리를 사랑하시고 영원한 위로와 좋은 소망을 은혜로 주신 하나님 우리 아버지께서, 너희 마음을 위로하시고, 모든 선한 일과 말에 굳건하게 하시기를 원하노라.

 **오늘의 묵상 주제**

⊙ 하나님께서 주시는 영원한 위로와 좋은 소망의 은혜를 잘 간직하자!
⊙ 하나님의 위로를 통해서 선한 일과 말에 굳건히 서자!

 **오늘의 기도**

하나님 아버지! 하나님은 우리를 사랑하는 분이십니다. 사람의 사랑을 받는 것도 즐겁고 기쁜 일인데, 하나님의 사랑을 받는다는 것은 무엇보다도 즐겁고 기쁜 일입니다. 하나님께서 저 또한 사랑하시는 줄 믿고 감사를 드립니다.

하나님은 우리에게 영원한 위로를 주시는 분이십니다. 인생은 위로가 필요한 존재입니다. 인생을 살면서 절실하게 위로가 필요할 때가 생기게 됩니다. 위로 받아야 할 때 위로해주는 이가 없다는 것은 참으로 외롭고 슬픈 일입니다. 문제 해결을 위해서는 실제 큰 도움이 되지 않는 사람이 주는 위로도 위안이 되는데, 하나님께서 위로해주시는 것은 더할 나위 없이 큰 위로가 됩니다. 하나님께서는 모든 문제를 해결할 수 있는 능력과 지혜가 있으신데 저에게 위로가 되시되 영원한 위로가 되시는 것을 믿고 감사드립니다.

하나님은 우리에게 좋은 소망을 은혜로 주는 분이십니다. 이루어 줄 능력이 없는 사람이 소망을 주는 것도 감사한 일인데, 소망대로 이루어주실 능력이 있으신 하나님께서 소망을 주시니 참 감사합니다. 저에게도 좋은 소망을 주시고, 소망대로 이루어 주세요.

우리 주님과 아버지 하나님께서 저의 마음을 위로해 주실 것을 바라고 믿으며 감사드립니다. 우리 주님과 아버지 하나님께서 모든 선한 일과 말에 저를 굳건하게 해주실 것을 믿으며 감사드립니다.

하나님 아버지! 그런데 저는 아직도 영적으로 성숙하지 못해서 하나님께서 주시는 이 모든 은혜를 충분히 느끼고 인식하며 살지 못하고 있습니다. 이제부터는 하나님의 은혜를 누리면서 평안하고 씩씩하게 살 수 있게 해주세요. 하나님의 사랑과 위로와 소망 안에서 모든 선한 일을 행하도록 도와주세요. 좋지 않은 말은 온전히 버리고, 좋은 말만 하면서 살 수 있게 해주세요. 예수님 이름으로 기도합니다. – 아멘.

 **오늘의 말씀**　로마서 2 : 28, 29

무릇 표면적 유대인이 유대인이 아니요, 표면적 육신의 할례가 할례가 아니니라. 오직 이면적 유대인이 유대인이며 할례는 마음에 할지니, 영에 있고 율법 조문에 있지 아니한 것이라. 그 칭찬이 사람에게서가 아니요 다만 하나님에게서니라.

 **오늘의 묵상 주제**

⊙ 마음의 할례를 받은 영적인 참 그리스도인이 되자!
⊙ 사람에게보다는 하나님께 칭찬받는 사람이 되자!

 **오늘의 기도**

　중심을 보시는 하나님!
　사람들은 겉모양을 볼 뿐 그 속에 있는 진실한 모습을 볼 수 없을 때가 많습니다. 그래서 표면적으로 드러난 것을 보고 판단하게 될 때가 많습니다. 그러나 겉모습은 얼마든지 꾸밀 수 있는 것이기에 속기도 하고 잘못 판단하기도 합니다. 그런 것을 잘 알기 때문에 사람들은 표면적인 것들을 내세우며 자기를 포장하기를 좋아합니다. 명문 대학을 나온 것, 좋은 직장을 다니는 것, 높은 직책에 있는 것, 자신과 부모가 가지고 있는 재산과 힘을 과시합니다. 어떤 사람은 그것조차도 거짓으로 꾸미기도 합니다. 그러나 그런 겉모습을 가지고는 그 사람의 참된 모습을 알 수 없습니다. 그가 진짜 좋은 사람인지, 얼마나 훌륭한 인품과 성품을 가지고 있는지는 오직 그의 생각과 마음을 꿰뚫어보아야만 알 수 있게 됩니다.
　하나님 아버지! 하나님께서는 전지전능하신 분이십니다. 그래서 사람의 겉모양도 아시지만 사람의 마음 속까지 훤히 아십니다. 아무리 꾸미고 자기를 내세워도 하나님을 속일 수는 없습니다. 그런 하나님 앞에서 속사람을 인정받는 제가 될 수 있도록 저를 도와주세요.
　하나님 아버지! 오늘 말씀은 표면적(表面的;겉으로 나타난 모습)이 아닌 이면적(裏面的;속마음의 모습)인 할례(割禮;하나님의 백성이 되는 표식), 즉 마음의 할례가 진짜 할례라고 했습니다. 세례를 받고 교회를 잘 다닌다는 것만 가지고는 하나님께 참된 그리스도인으로 인정받지는 못합니다. 육체의 세례보다 마음의 세례를 받아 온전히 죄 씻음을 받고, 하나님께서 원하시는 성품의 사람이 되고, 하나님의 뜻을 받드는 그리스도인이 될 때 참된 그리스도인으로 하나님께 인정받을 수 있게 될 수 있음을 압니다.
　하나님 아버지! 저를 겉모습만 가꾸거나, 겉으로 보이는 행동만 꾸미는 사람이 되지 않게 해주세요. 속사람과 영적인 면을 진실하고, 성숙하게 해서 사람과 하나님께 칭찬받는 사람이 되게 해주세요. 예수님 이름으로 기도합니다. - 아멘.

 **오늘의 말씀** 잠언 14 : 29, 30

노하기를 더디 하는 자는 크게 명철하여도 마음이 조급한 자는 어리석음을 나타내느니라. 평온한 마음은 육신의 생명이나 시기는 뼈를 썩게 하느니라.

 **오늘의 묵상 주제**

◉ 조급하지 말고 여유를 가진 사람이 되자!
◉ 분노와 시기심을 없애자!

 **오늘의 기도**

오래 참고 기다려주시는 하나님!

하나님께서는 인자가 크셔서 오래 참고 기다려주시는 분이십니다. 노아의 때에는 죄를 먹고 마시는 사람들 때문에 하나님께서는 세상을 심판하실 결심을 하셨습니다. 그러나 결심했다고 금방 멸망시키지는 않으셨습니다. 에녹~므두셀라~노아에 이르는 수 백 년의 세월을 회개하도록 기다려주신 후에야 홍수로 심판하셨습니다.

이스라엘 백성들을 이집트에서 구원해주시고 가나안 땅으로 인도하시는 과정에서 수시로 하나님을 배반하고 원망했습니다. 하나님께서는 이스라엘 백성들을 다 멸절시킬 생각도 있었지만 참고 또 참으시면서 결국 가나안 땅으로 인도해주셨습니다. 하나님께서는 이스라엘 백성들은 가나안 땅에서도 수시로 하나님을 배반하고 바알을 섬기려고 했습니다. 하나님께서는 여러 번 징계를 하시면서도 끝내 버리지 않으셨습니다.

하나님 아버지! 하나님께서는 오래 참고 기다려주시는데 사람들은 조급하기 짝이 없습니다. 작은 일에도 쉽게 화를 내고, 성급하게 말하고 행동할 때가 많습니다. 저도 마찬가지입니다. 이제 저의 성품을 고쳐주세요. 명철한 사람처럼 노하기를 더디하는 사람이 되게 도와주세요. 웬만한 일 가지고는 화를 내지 않게 도와주세요. 성급하게 화를 냄으로써 일과 인간관계를 그르치는 일이 없도록 도와주세요.

하나님 아버지! 또한 제가 평온한 마음을 가질 수 있도록 도와주세요. 먼저 저의 마음에서 시기심을 없애주세요. 시기는 뼈가 썩게 한다는 말씀처럼, 시기하는 마음에는 평화가 없습니다. 저보다 머리가 좋고 공부를 잘하는 친구도, 부잣집 자녀인 친구도, 예쁘고 잘생긴 친구도, 뭔가 특별한 재능을 가진 친구도 시기하지 않게 해주세요. 오히려 그들의 가진 것을 진심에서 축하하고, 장점을 배우면서 좋은 친구로 삼을 수 있게 해주세요. 예수님의 이름으로 기도합니다. – 아멘.

 **오늘의 말씀** 디도서 3 : 5, 6

우리 구주 예수 그리스도로 말미암아 우리에게 그 성령을 풍성히 부어 주사, 우리를 구원하시되 우리가 행한 바 의로운 행위로 말미암지 아니하고, 오직 그의 긍휼하심을 따라 중생의 씻음과 성령의 새롭게 하심으로 하셨나니, 우리로 그의 은혜를 힘입어 '의롭다' 하심을 얻어 영생의 소망을 따라 상속자가 되게 하려 하심이라.

 **오늘의 묵상 주제**

⊙ 나의 의로운 행위로가 아니라 주님의 은혜로 구원받았음을 기억하자!
⊙ 중생의 씻음과 성령의 새롭게 하심으로 의롭게 되었음을 기억하자!

 **오늘의 기도**

성부 성자 성령의 삼위일체 하나님!

하나님 한 분 안에는 성부 하나님(아버지 하나님), 성자 하나님(아들 하나님), 성령 하나님(하나님의 영, 하나님의 신)이라는 세 개의 위(位;자리, 역할)가 있다고 합니다. 체(體;몸)는 1인데 위(位;자리, 역할)는 3이라는 뜻을 가진 말이 3위1체입니다. 참 이해하기 어려운 말이지만, 결국 인간의 이성으로는 다 알 수 없는 하나님의 영역이기에 하나님의 신비로 받아들이며 믿는 것입니다.

하나님! 감사합니다. 특히 하나님의 구원의 은혜를 감사드립니다. 아버지 하나님께서는 성자님(땅에 인간의 모습으로 오셨던 성자 하나님이 예수 그리스도임)으로 말미암아 성령님을 저에게 부어주셨습니다. 성령님께서 그리스도의 피로써 저의 죄를 씻어 거듭나게 하셨습니다. 그래서 죄인들이 의인이 되었습니다. 진짜 의로운 사람이 된 것이 아니라 예수님의 대속의 죽으심 덕분에 의로운 사람으로 인정받게 된 것입니다. 그래서 예수님을 믿는 사람은 이제 옛사람이 아니라 새사람이 됩니다. 죄 씻김을 받고 의롭게 된 사람은 예전의 죄로 죽었던 사람에서 벗어나서 '의롭다 하심(칭의, 稱義)'을 얻은 새사람이 됩니다.

하나님! 이렇게 죄인이 의인이 되고, 죽을 자가 살게 되고, 지옥 형벌을 받을 사람이 천국의 복을 받는 사람이 된 것은 사람들의 행위로 된 것이 아닙니다. 오직 하나님의 긍휼하심을 따라 죄를 씻고 의인으로 거듭남으로 됩니다. 성령의 새롭게 하심으로 됩니다. 성령의 새롭게 하심으로 의롭게 된 사람은 천국의 상속자가 됩니다.

하나님 아버지! 저의 구원과 소망은 오직 하나님의 은혜임을 고백합니다. 이 은혜를 언제 어디서나 증거 하면서 감사하며 사는 제가 되게 해주세요. 예수님 이름으로 기도합니다. – 아멘.

 **오늘의 말씀** 레위기 20 : 7, 8

너희는 스스로 깨끗하게 하여 거룩할지어다! 나는 너희의 하나님 여호와이니라. 너희는 내 규례를 지켜 행하라! 나는 너희를 거룩하게 하는 여호와이니라.

 **오늘의 묵상 주제**

◉ 스스로 깨끗하게 하여 거룩하게 되자!
◉ 하나님의 규례를 지켜 행함으로 거룩한 삶을 살자!

 **오늘의 기도**

성결하신 하나님!

하나님은 거룩하시고 한없이 깨끗한 분이십니다. 하나님은 거룩하시기에 속된 것을 용납하지 않으십니다. 하나님은 깨끗하시기에 더러운 것과 순수하지 못한 것을 용납하지 않는 분이십니다.

하나님 아버지! 그런데도 세상은 한없이 속되고, 사람들은 한없이 더럽고 추합니다. 예수님의 보혈이 아니면 도저히 씻을 수 없도록 죄에 찌들어 있습니다. 하나님께서는 "너희는 스스로 깨끗하여 거룩할지어다!"라고 명령하셨습니다. 하나님의 명령대로 저 스스로를 깨끗하게 할 수 있도록 도와주세요. 저의 생각과 마음에 있는 모든 더러운 것들을 씻어버릴 수 있게 도와주세요. 나의 몸과 영혼에 묻어 있는 모든 속되고 불순한 것들을 떨쳐버릴 수 있게 도와주세요.

하나님 아버지! 저를 하나님 앞에 설 수 있는 거룩한 자가 되게 해주세요. 거룩한 것은 '세상과 구별되는 것'이라는 뜻이라고 합니다. 그런데 생각해 보니 제가 세상과, 세상 친구들과 구별되는 것이 별로 없네요. 세상 친구들처럼 생각하고, 말하고, 행동하며 살고 있네요. 이제부터는 그들과는 다르게 살도록 노력하겠습니다. 선한 생각만 하고, 좋고 품격 있는 말을 하고, 깨끗하고 정의롭고 예의 있게 행동하도록 도와주세요. 하나님의 규례(말씀)대로 살아 세상과 구별되어 하나님께서 받으실만한 사람으로 살게 해주세요. 예수님 이름으로 기도합니다. – 아멘.

 **오늘의 말씀**　아가 8 : 6, 7

너는 나를 도장 같이 마음에 품고, 도장 같이 팔에 두라. 사랑은 죽음 같이 강하고, 질투는 스올 같이 잔인하며, 불길 같이 일어나니 그 기세가 여호와의 불과 같으니라. 많은 물도 이 사랑을 끄지 못하겠고, 홍수라도 삼키지 못하나니, 사람이 그의 온 가산을 다 주고 사랑과 바꾸려 할지라도 오히려 멸시를 받으리라.

 **오늘의 묵상 주제**

⊙ 마음에 품을 수 있는 아름다운 사랑을 하자!
⊙ 주님과 불길 같은 사랑을 나누자!

 **오늘의 기도**

　사랑의 하나님! 하나님께서 저를 사랑해주시니 참 기쁘고 감사합니다. 저도 하나님을 깊이 사랑하며 하나님을 마음에 품고 살아갈 수 있게 도와주세요.

　하나님 아버지! 하나님께서는 우리에게 하나님을 인감도장 같이 마음에 품고 팔에 두라고 말씀하셨습니다. 인감도장은 집을 사고 팔거나, 아주 중요한 거래를 할 때 사용하는 도장입니다. 인감도장을 찍으면 법적인 효력이 있게 되기 때문에 함부로 남에게 줄 수 없고, 잃어버리면 안 되는 도장입니다. 하나님은 저를 그렇게 소중하게 간직하고 계시다고 말씀하셨습니다. 저같이 작은 존재를 그렇게 사랑해주시는 것이 참 감사하고 기쁩니다. 저 또한 하나님을 그렇게 마음 깊이 간직하고 사랑하게 감동해주세요.

　하나님 아버지! 오늘은 키스 데이라고 해서, 사랑하는 연인들끼리 입맞춤을 하면서 사랑을 확인하는 날입니다. 그런데 어디에 입맞춤 하느냐에 따라서 의미가 다르다고 합니다. 이마에 하는 입맞춤은 우정을, 감은 눈 위에 하는 것은 감사를, 코 끝에 하는 것은 행운을 비는 의미를, 볼에 하는 것은 반가움을, 손등에 하는 것은 존경을, 입술에 하는 것은 사랑을 의미 한다고 합니다.

　하나님 아버지! 요즘 세태는 이성 친구를 쉽게 사귀고 쉽게 헤어집니다. 저는 쉬운 사랑, 몸으로 하는 사랑, 비극에 빠지고 인생이 망쳐지는 사랑을 하지 않게 도와주세요. 오직 순수하고 아름다운 사랑, 마음과 영적인 차원까지 함께 나눌 수 있는 고귀한 사랑을 할 수 있도록 해주세요. 그러나 이성에 대한 사랑보다 하나님과의 사랑을 더욱 가꾸는 믿음의 사람이게 해주세요. 예수님 이름으로 기도합니다. – 아멘.

 **오늘의 말씀** 마가복음 9 : 23, 24

예수께서 이르시되 "할 수 있거든이 무슨 말이냐? 믿는 자에게는 능히 하지 못할 일이 없느니라!" 하시니, 곧 그 아이의 아버지가 소리를 질러 이르되 "내가 믿나이다! 나의 믿음 없는 것을 도와주소서!" 하더라.

 **오늘의 묵상 주제**

◉ 믿는 자에게 능히 하지 못할 일이 없다는 것을 믿자!
◉ 믿음으로 목표를 세우고, 추진하고, 성취하자!

 **오늘의 기도**

주님! 병든 아이를 둔 아버지가 주님을 찾아와서, 할 수 있거든 자기 아이를 고쳐달라고 요청했습니다. 그 때 주님께서는 그의 믿음 없음을 꾸짖으셨습니다. 그 사람은 주님께서 꼭 고칠 수 있다는 믿음을 가지고 찾아온 것이 아니었습니다. 혹시 고칠 수 있을지도 모르겠다는 정도로 생각했던 것이지요. 그러나 이런 믿음은 제대로 된 믿음이 아니었습니다. 이에 주님께서는, 믿는 사람에게는 능히 하지 못할 일이 없다고 하셨습니다. 이것은 주님께서는 모든 것을 능히 할 수 있는 믿음이 있다는 사실과, 누구라도 분명한 믿음이 있다면 믿는 대로 능력을 행할 수 있다는 것을 말씀하신 것입니다.

이에 아이의 아버지는 "내가 믿나이다. 나의 믿음 없는 것을 도와주소서!"라고 태도를 고쳤습니다. 이 사람은 그래도 다행히 주님께 대한, 그리고 믿음에 대한 태도를 바꿀 수 있었습니다. 이 사람은 이제 주님께서는 모든 것을 능히 하실 수 있다는 사실에 대해서 분명히 믿게 되었습니다. 그러나 자기가 가지고 있는 믿음이 너무 부족하다는 것을 깨달았습니다. 그래서 자신의 믿음이 없는 것을 도와주셔서, 온전한 믿음을 가질 있게 도와달라고 했습니다. 예수님께서는 그 사람의 아들을 고쳐주셨습니다.

주님! 사람들은 자기의 믿음이 없어서 주님의 능력을 덧입지 못하면서도, 그것이 주님 때문인 것처럼 생각합니다. 주님 믿음이 있으면 어렵고 힘든 일들도 능히 할 수 있다는 말씀을 믿게 해주세요. 저의 믿음 없는 것을 도와주세요. 학교 공부에 있어서나, 입시에 있어서나, 재능 계발에 있어서나, 인생의 목표를 이루는 일에 있어서 '믿음 안에서 할 수 있다'는 확실한 믿음으로 추진하고 이루게 해주세요. 예수님 이름으로 기도합니다. – 아멘.

 **오늘의 말씀**　로마서 15 : 13

소망의 하나님이, 모든 기쁨과 평강을 믿음 안에서 너희에게 충만하게 하사, 성령의 능력으로 소망이 넘치게 하시기를 원하노라.

 **오늘의 묵상 주제**

◉ 믿음 안에서 충만한 기쁨과 평강을 누리자!
◉ 성령의 능력으로 넘치는 소망을 가지고 살자!

 **오늘의 기도**

소망의 하나님!

하나님께서는 소망이 넘치는 삶을 살기를 원하십니다. 하나님께서는 우리가 소망이 넘치는 삶을 살 수 있도록 기쁨과 평강을 충만하게 해주십니다. 저희들이 소망 중에 살 수 있도록 성령의 능력을 주십니다. 그러나 하나님께서 주시는 소망, 기쁨, 평강, 성령의 능력을 주시되 믿음 안에서 주신다고 했습니다. 믿음 안에 있으면 소망이 넘치는 삶, 기쁨과 평강이 충만한 삶, 성령의 능력이 함께하는 삶이 가능해집니다. 그러나 믿음이 없으면 불가능합니다. 믿음이 없다면 두 말 할 필요도 없을 것입니다.

하나님 아버지! 결국 소망이 없이 사는 것, 기쁨과 평강을 누리지 못하고 사는 것, 성령의 능력을 받지 못하고 사는 것은 믿음이 없거나 부족함 때문임을 깨닫습니다. 이것들을 제대로 가지고 있지 못한 저를 도와주세요.

하나님 아버지! 저도 믿음을 가지고 있는 것은 분명한데, 믿음이 아직 약한 것 같습니다. 믿음 안에서 살지 못하고 믿음 밖에서 살고 있는 것 같습니다. 제가 믿음 안에서 모든 기쁨과 평강을 충만하게 가질 수 있게 도와주세요. 그리고 성령의 능력으로 소망이 넘치게 해주세요. 제 마음속에 늘 기쁨이 있게 해주세요. 제 마음이 늘 평안하게 해주세요. 제 자신의 미래에 대해서 소망스런 꿈을 가지고 용기 있게 살게 해주세요. 공부, 성적, 진로, 가정, 친구, 경제 문제 등 모든 면에서 기쁨, 평강, 소망이 넘치는 삶이 되게 해주세요. 예수님 이름으로 기도합니다. – 아멘.

주일 지킴을 약속하는 기도

 **오늘의 말씀** 출애굽기 31 : 13, 14

너는 이스라엘 자손에게 말하여 이르기를 "너희는 나의 안식일을 지키라. 이는 나와 너희 사이에 너희 대대의 표징이니, 나는 너희를 거룩하게 하는 여호와인 줄 너희가 알게 함이라. 너희는 안식일을 지킬지니 이는 너희에게 거룩한 날이 됨이니라……"

 **오늘의 묵상 주제**

⊙ 안식일(최소한 주일예배)을 지키자!
⊙ 주일예배를 통해서 나와 하나님의 관계가 살아있음의 표징으로 삼자!

 **오늘의 기도**

안식일의 주인이 되시는 하나님!

하나님께서는 온 우주와 세상을 창조하셨습니다. 다하나님께서는 6일간 창조하시고 제7일에 안식하셨습니다. 그리고 제7일을 안식일로 정하여 사람에게도 제7일에는 쉬라고 명령하셨습니다. 그리고 안식일을 지키는 것을 통해서 하나님과 좋은 관계가 유지되고 있음의 표징으로 삼으라고 하셨습니다. 구약의 성도들은 안식일 지킴을 통해서 하나님과 교제하고 거룩함을 가꾸었습니다. 그리고 그것으로 하나님과의 언약의 관계가 지속되고 있음을 확인하기도 했습니다.

하나님 아버지! 하나님께서 안식일을 거룩하게 지키라고 하신 것은 하나님 자신을 위한 것이기보다는 사람들을 위한 배려였음을 깨닫게 해주세요. 먼저는 매 안식일마다 하나님께 예배하며 영적인 교제를 통하여 복을 받을 수 있게 하신 제도입니다. 다음으로는 매 안식일마다 몸도 쉬고 마음도 쉴 수 있게 함으로써 건강한 몸과 마음으로 살 수 있게 하신 제도입니다.

하나님 아버지! 주님의 부활 이후에는 주님의 날, 즉 주일로 바꾸어 예배하며 안식의 날로 지키고 있습니다. 그런데 많은 사람들은 안식일이 하나님을 위한 날이고 자기 자신을 위한 날인지 잘 모르고 있습니다. 주일 지키는 것을 부담스러워하고 있습니다.

하나님 아버지! 주일 지키는 것을 즐거워하며 주일을 잘 지키는 제가 되겠습니다. 시험 때문에, 또는 학원에 간다고 주일예배에 빠지는 일이 없도록 하겠습니다. 인생을 세우시는 하나님께서 저를 세워주세요. 예수님 이름으로 기도합니다. ─ 아멘.

 **오늘의 말씀**　마태복음 7 : 7, 8, 11

구하래 그리하면 너희에게 주실 것이요, 찾으래 그리하면 찾아낼 것이요, 문을 두드리래 그리하면 너희에게 열릴 것이니, 구하는 이마다 받을 것이요 찾는 이는 찾아낼 것이요 두드리는 이에게는 열릴 것이니라. 너희가 악한 자라도 좋은 것으로 자식에게 줄 줄 알거든 하물며 하늘에 계신 너희 아버지께서 구하는 자에게 좋은 것으로 주시지 않겠느냐?

 **오늘의 묵상 주제**

◉ 구하고 찾고 두드리는 기도하는 사람이 되자!
◉ 하나님께 좋은 것을 받는 사람이 되자!

 **오늘의 기도**

구하는 것을 주시는 주님!

주님께서는 주님의 사람들에게 베풀어 주시는 것을 기뻐하는 분이신 줄 압니다. 주님께서는 "구하라, 그리하면 너희에게 주실 것이다."라고 약속하셨습니다.

주님! 옛말에 "감나무 아래 누워서 감 떨어지기를 바란다."는 말이 있습니다. 손톱하나 까딱하지 않고 공짜로 얻으려는 사람을 가리키는 말입니다. 감나무 아래 입을 벌리고 누워서 자기 입으로 감이 떨어지도록 해달라는 식으로 기도하는 사람에게는 응답하지 않을 것 같습니다. 자기가 할 수 있는 최선의 노력을 다하면서 기도하는 사람에게 응답하기를 기뻐하시는 주님이라고 생각됩니다.

주님! 공부는 하나도 하지 않고 시험은 잘 보게 해달라고 기도하는 사람도 있습니다. 열심히 일하기는 싫어하면서 부자가 되게 해달라고 기도하는 사람도 있습니다. 저는 주님께서 돕고 싶어도 도와줄 수 없는 그런 사람이 되지 않게 도와주세요. 주님! 저를 하나님께 구하기를 즐겨하는 기도의 사람이 되게 해주세요. 죠지 뮬러 목사님은 평생 5만 번의 기도 응답을 받았다고 합니다.

저도 응답받는 기도를 할 수 있도록 도와주세요. 먼저, 찾고 구하고 두드리는 기도, 하나님께서 귀찮아하실(?) 정도로 열심히 기도하게 해주세요. 의인의 기도에 잘 응답해 주신다고 하셨으니, 저도 의로운 사람이 되게 해주세요. 저의 욕심을 위해서가 아니라 다른 사람에게 유익한 일을 위해서, 하나님께 영광이 되는 일을 위해서 기도하는 사람이 되게 해주세요. 그래서 하나님께 좋은 것으로 응답받으며 좋은 인생을 살게 해주세요. 예수님 이름으로 기도합니다. – 아멘.

 **오늘의 말씀**) 잠언 19:23

여호와를 경외하는 것은 사람으로 생명에 이르게 하는 것이라. 경외하는 자는 족하게 지내고 재앙을 당하지 아니하느니라.

 **오늘의 묵상 주제**

⊙ 지나간 일과 과거에 대한 기억에 얽매이지 말자!
⊙ 하나님께서 베푸시는 새 일을 기대하며 살자!

 **오늘의 기도**

유일한 경외의 대상이 되시는 여호와 하나님!

세상에는 많은 종교가 있습니다. 사람들이 섬기는 신들의 종류가 수 만 가지나 되는 것같습니다. 사람들은 태양도 달도 큰 별들도 신으로 섬겼습니다. 바다의 신, 산의 신, 땅의 신, 강의 신, 바람의 신 등을 섬기기도 합니다. 큰 돌이나 나무를 신으로 섬기기도 하고, 신의 형상을 만들거나 그려놓고 신으로 섬기기도 합니다. 죽은 조상들이나 유명한 사람들을 신으로 섬기기도 합니다. 그러나 유일한 신은 여호와 하나님이십니다. 여호와 하나님 만이 세상을 창조하시고 섭리하시는 하나님이십니다. 인생을 보내시고 인도하시는 하나님이십니다.

하나님 아버지! 저로 하나님을 경외하는 자가 되게 해주신 것을 감사드립니다. 하나님을 경외하는 것이 생명에 이르게 한다는 것을 오늘의 말씀을 통해서 다시 한 번 깨닫게 해주셨습니다. 또한 하나님을 경외하는 자는 부족함 없이 만족하게 지내면서 재앙을 당하지 않게 해주신다고 말씀하셨습니다. 하나님께서 경외하는 자를 인도하시고 복주시고 지켜주시기를 기뻐하십니다. 같은 은총으로 제게도 함께 해주실 줄 믿습니다.

하나님 아버지! 더욱 하나님을 잘 경외하는 제가 되게 해주세요. 공부, 시험, 입시 등 어떤 것도 하나님을 경외하고 예배하는데 장애가 되지 않도록 크고 깊은 신앙심을 갖도록 해주세요. 예수님 이름으로 기도합니다. – 아멘.

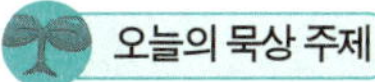 **오늘의 말씀**　사사기 5 : 31

"여호와여! 주의 원수들은 다 이와 같이 망하게 하시고, 주를 사랑하는 자들은 해가 힘 있게 돋음 같게 하시옵소서" 하니라. 그 땅이 사십 년 동안 평온하였더라.

오늘의 묵상 주제

⊙ 하나님을 사랑하자!
⊙ 해가 힘 있게 돋음 같이 힘차게 솟아오르는 사람이 되자!

오늘의 기도

승리의 주관자이신 하나님!

사사시대 때에, 가나안 왕 야빈은 철병거로 무장한 군대로 이스라엘을 짓밟았습니다. 하나님께서는 이스라엘을 위해서 여선지자 드보라를 세워주셨습니다. 드보라는 실의에 빠졌던 전사 바락을 믿음으로 일으켜 세워서 싸우게 하셨습니다. 하나님께서는 이스라엘로 야빈왕과 그 군대를 진멸하고 승리하게 하셨고, 드보라와 바락으로 승리의 노래를 부르게 하셨습니다. 드보라와 바락은 주의 원수들은 다 가나안의 야빈처럼 망하게 하시고, 주를 사랑하는 자들은 해가 힘 있게 돋음 같게 해달라고 기도했습니다.

하나님 아버지! 세상에는 하나님을 적대시 하는 사람들이 많이 있습니다. 특히 우리나라에도 안티 크리스천, 안티 기독교의 태도를 가지고 교회와 교인들을 적대시 하는 사람들이 많이 있습니다. 자기는 악하게 살면서도 교회와 그리스도인을 비판합니다. 하나님, 저를 비롯해서 우리나라의 교회와 그리스도인들이 세상 사람들로부터 비난받고 조롱받지 않을 수 있도록 도와주세요. 정직하고 깨끗하고 성실하게 살면서 세상에 빛과 소금의 역할을 잘 할 수 있게 도와주세요. 그러나 하나님의 사람들이 복 받고 잘 되는 모습을 보여주세요. 하나님의 사람들이 아침에 떠오르는 태양처럼 강하고 신선하게 도와주세요. 악하고 하나님을 적대시 하는 사람들이 잘 되는 일이 없도록 해주세요.

하나님 아버지! 제가 하나님을 사랑하는 것 아시지요? 저와 제 인생이 해처럼 힘차게 돋아 오르게 해주세요. 예수님 이름으로 기도합니다. – 아멘.

 **오늘의 말씀**　이사야 44 : 21, 22

야곱아, 이스라엘아! 이 일을 기억하라. 너는 내 종이니라. 내가 너를 지었으니 너는 내 종이니라. 이스라엘아! 너는 나에게 잊혀지지 아니하리라. 내가 네 허물을 빽빽한 구름 같이, 네 죄를 안개 같이 없이하였으니, 너는 내게로 돌아오라. 내가 너를 구속하였음이니라.

 **오늘의 묵상 주제**

◉ 나는 하나님의 종(사람, 사명자)임을 기억하자!
◉ 나는 하나님께 결코 잊혀지지 않는 존재임을 기억하자!

 **오늘의 기도**

　하나님 아버지! 사람들 중에는 꼭 기억해야 할 것은 잊어버리고, 잊어버리고 기억할 필요가 없는 것은 오래 동안 기억하는 사람들이 있습니다. 아담과 하와 이래로 인류는 너무 쉽게 하나님을 잊어버렸습니다. 창조자 하나님을 기억하고, 하나님께서 자신을 지으셨음을 기억하고 있으면 결코 지을 수 없는 죄를 짓고 살았습니다. 하나님께서 홍수로 세상을 심판하신 후에도 노아의 후손들은 너무 빨리 하나님을 잊어버렸습니다. 그리고 지금도 하나님을 기억하지 못하고 사는 사람들이 많이 있습니다.

　하나님 아버지! 하나님은 저를 지으신 분이시고, 저를 종으로 삼아주신 분이심을 믿고 살게 해주신 것을 감사드립니다. 게다가 빽빽한 구름 같은 저의 허물과 죄를 안개 같이 없애주시고 다시는 기억하지 않으신다 말씀하시니 얼마나 다행스럽고 감사한지 모르겠습니다. 이제 하나님께로부터 멀어졌던 저와 제 마음과 생활을 돌이켜 하나님께로 돌아가려고 합니다. 저를 받아주세요. 그리고 저를 새롭게 만들어주세요. 저 스스로의 의지로도 저 자신을 새롭게 하는데 실패한 경험도 많습니다.

　하나님 아버지! 하나님께서는 저를 만드신 분이시기 때문에 저를 너무나 잘 알고 계십니다. 고칠 것은 고치시고, 새롭게 할 것은 새롭게 해주셔서 하나님께 유익한 사람으로 살게 해주세요. 결코 하나님께 잊혀지지 않는 사람으로 돌봄을 받게 해주세요. 나를 만들어주신 하나님께 온전히 돌아가서 하나님의 뜻대로 잘 살 수 있게 도와주세요. 예수님 이름으로 기도합니다. – 아멘.

축복의 사람이 되기를 구하는 기도

 **오늘의 말씀** 민수기 23 : 20~23

내가 축복할 것을 받았으니 그가 주신 복을 내가 돌이키지 않으리라. 야곱의 허물을 보지 아니하시며, 이스라엘의 반역을 보지 아니하시는도다. 여호와 그들의 하나님이 그들과 함께 계시니 왕을 부르는 소리가 그 중에 있도다. 하나님이 그들을 애굽에서 인도하여 내셨으니 그의 힘이 들소와 같도다. 야곱을 해할 점술이 없고, 이스라엘을 해할 복술이 없도다. 이 때에 야곱과 이스라엘에 대하여 논할진대 "하나님께서 행하신 일이 어찌 그리 크냐?" 하리로다.

 **오늘의 묵상 주제**

⊙ 내가 하나님의 복의 대상임을 잊지 말자!
⊙ 하나님께서 나를 통해서 큰 일 행하실 것을 믿자!

오늘의 기도

복을 주시는 하나님!

하나님께서는 야곱에게 복을 주는 분이십니다. 하나님께서 주시는 복은 돌이킬 수 있는 사람이 아무도 없습니다. 어떤 복술로도 하나님께서 복주신 이스라엘을 해할 수가 없습니다. 하나님께서는 야곱의 허물을 보지 않으시고, 이스라엘의 반역조차도 보지 않은 것처럼 모른 척 해주는 분이십니다. 야곱과 이스라엘에 대해서 말할 때에 할 수 있는 말은 "하나님께서 행하신 일이 어찌 그리 크냐?" 하는 것 뿐입니다.

야곱의 하나님, 이스라엘의 하나님 되시는 여호와 하나님! 하나님은 선택된 백성의 허물 때문에 그들을 버리지 않으십니다. 하나님, 오늘의 말씀에 제가 큰 위로를 얻고, 소망과 용기를 얻었습니다.

하나님 아버지! 지금까지의 제가 하나님을 섭섭하게 해드리는 일이 많았는데, 그럼에도 불구하고 제게 주려고 하는 복을 취소하지 않으셨을 줄 믿습니다. 세상의 그 어떤 세력도 하나님의 사람인 저를 해할 수 없음을 기억하며, 하나님께서 제게 베푸실 큰 은혜와 저를 통해서 행하실 큰 일을 기대하며 하나님의 사람으로 살게 해주세요. 저에게 들소와 같은 힘을 주시고, 세상을 씩씩하게 살아가게 도와주세요. 세상 사람들이 제 인생을 보면서 "하나님께서 행하신 일이 어찌 그리 크냐?" 라고 할 수 있게 만들어주세요. 예수님 이름으로 기도합니다. - 아멘.

 **오늘의 말씀** 히브리서 3 : 1

그러므로 함께 하늘의 부르심을 받은 거룩한 형제들아! 우리가 믿는 도리의 사도이시며 대제사장이신 예수를 깊이 생각하라!

 **오늘의 묵상 주제**

◉ 내가 하늘의 부르심을 받은 거룩한 형제인 것을 인식하자!
◉ 예수님을 깊이 생각하며 사는 성도가 되자!

 **오늘의 기도**

나의 구주 예수님!

예수님께서는 성자 하나님이신데 저와 인류를 구원하기 위해서 하늘의 보좌와 영광을 다 버리고 사람으로 태어나셨습니다. 천국과 영생을 가르치시며 구원의 복음을 전해주셨는데, 어리석은 사람들에게 조롱당하시고 가장 치욕적이고도 고통스러운 십자가 형벌로 죽임을 당하셨습니다. 영광의 주로 부활하시고 승천하신 주님은, 하늘 보좌에서 우리를 보살펴주시다가 세상 종말에 심판주로 재림하실 것을 약속해 주셨습니다.

나의 구주 예수님! 저에게 하늘의 부르심으로 불러주심을 감사드립니다. 하나님의 부르심을 받은 거룩한 형제들인 성도가 되게 해주신 것을 감사드립니다. 주님의 믿음에의 부르심을 귀하게 여기는 제가 되게 도와주세요.

나의 구주 예수님! 주님은 제가 믿는 구세주이십니다. 주님을 믿는 것은 복과 영생을 얻는 구원의 길임을 믿습니다. 구원의 대사도이신 주님은 죄 된 저를 하나님과 화목하게 하시는 대제사장이심을 믿습니다.

주님, 오늘의 말씀의 권면처럼 예수님을 깊이 생각하는 제가 되게 해주세요. 예수님께 합당한 감사, 찬양, 영광을 돌리면서 믿음을 더하고 사랑을 실천하는 '거룩한 형제'로 살게 해주세요. 예수님 이름으로 기도합니다. – 아멘.

 **오늘의 말씀**　갈라디아서 1 : 10

이제 내가 사람들에게 좋게 하랴, 하나님께 좋게 하랴, 사람들에게 기쁨을 구하랴? 내가 지금까지 사람들의 기쁨을 구하였다면 그리스도의 종이 아니니라.

 **오늘의 묵상 주제**

◉ 사람에게 보다 하나님께 좋게 하는 삶을 살자!
◉ 하나님을 기쁘시게 하는 일이라면 사람의 눈치를 보지 말자!

 **오늘의 기도**

　사람의 주인이신 주님!

　'주님' 은 '주인님' 의 줄임말인 것 같습니다. 주인(主人)과 종의 관계에서 종은 주인의 뜻을 따라 행하는 사람입니다. 자기의 생각과 의지대로 사는 것이 아니라 자기 주인의 생각과 의지대로 살아야 하는 것이 종의 삶입니다. 종은 자기의 유익을 위해서 사는 존재가 아니라 주인의 유익을 위해서 사는 존재입니다. 자기의 기쁨을 위해서 사는 존재가 아니라 주인의 기쁨을 위해서 사는 존재입니다.

　주님! 사람들은 주님을 '주님' 이라고 부르면서도 주님의 뜻대로 살지 않고 자기의 뜻대로 살려고 하는 경우가 많습니다. 자기의 유익을 위해서 주님을 이용하려는 경우도 있습니다. 주님을 위해서 내가 무엇을 할 것인가를 고민하기보다는 나를 위해서 주님이 무엇을 해줄 수 있는지를 생각하는 경우가 많습니다. 주님을 주님으로 받들지 못하기 때문으로 생각됩니다.

　주님! 주님은 저의 주인이십니다. 저는 주님의 종입니다. 주님의 종으로서 주님의 뜻을 온전히 받들며, 주님을 기쁘시게 하는 삶을 살게 해주세요. 지금까지는 생각으로는 주님의 종이라고 하면서도 실제로는 주님을 종으로 부리며 살았습니다. 때로는 주님의 마음에 들기보다 사람의 마음에 들려고 노력하기도 했습니다. 엄밀하게 말하면 '그리스도의 종' 으로 살지 못했습니다. 용서해 주세요. 그리고 이제부터는 사람들에게 좋게 하여 사람들을 기쁘게 하려고 하지 않게 해주세요. 정말 주님을 기쁘시게 하기 위해서 노력하는 제가 되게 해주세요. 예수님 이름으로 기도합니다. – 아멘.

 **오늘의 말씀** 시편 124 : 6~8

우리를 내주어 그들의 이에 씹히지 아니하게 하신 여호와를 찬송할지로다. 우리의 영혼이 사냥꾼의 올무에서 벗어난 새 같이 되었나니 올무가 끊어지므로 우리가 벗어났도다.

 **오늘의 묵상 주제**

⊙ 누군가의 이에 씹히지 않는 사람이 되자!
⊙ 내 영혼으로 사냥꾼의 올무에 걸리지 않게 하자!

 **오늘의 기도**

역사와 인생의 주관자이신 여호와 하나님!

생각해 보면 우리나라의 역사는 굴곡이 참 많았습니다. 고조선시대, 삼국시대, 통일신라시대, 후삼국시대, 고려시대, 조선시대로 이어져 내려오던 한민족의 흥망성쇠의 역사가 일본식민지가 되면서 민족과 나라가 완전히 멸망당할 뻔했습니다. 일본제국주의의 입에 먹혔던 것입니다. 그러나 하나님께서는 일본제국주의의 이에 씹히지는 않게 해주셨습니다. 2차세계대전이라는 세계사적 큰 전쟁의 틀에서 우리나라를 독립할 수 있도록 해주셨기 때문입니다.

하나님 아버지! 오늘은 '6.25'라는 한국전쟁이 일어났던 날입니다. 일본에 망했던 우리나라가 하나님의 도우심으로 해방되었지만, 남한과 북한 두 개의 나라로 나뉘었습니다. 소련과 중국을 등에 업은 북한의 남침으로 대한민국이 멸망할 위기에 처했을 때, 하나님께서는 미국과 유엔군을 보내서 우리나라를 지켜주셨습니다. 우리나라가 공산주의의 이에 씹힐 뻔한 것을 하나님께서 구해주셨던 것입니다.

우리나라를 일본제국주의와 공산주의의 이에 씹히지 않게 하신 하나님께 감사를 드립니다. 우리나라와 민족을 사냥하려고 했던 사냥꾼의 올무에서 벗어나게 해주신 하나님을 찬송합니다. 이제 우리나라가 세계적인 나라가 되게 해주셨는데, 복음의 선교적인 사명을 감당하는 나라가 되게 해주세요.

하나님 아버지! 제 개인적인 삶에도 같은 은혜를 베풀어주실 줄 믿습니다. 저를 해하려는 사람들이 없도록 도와주세요. 그러나 혹 누군가 저를 해치려는 사람이 있다면 그 원수의 이를 꺾어 씹히지 않게 도와주세요. 제 몸과 영혼을 사로잡으려는 사냥꾼이 있다면 그의 올무를 끊어주세요. 어떤 종류의 올무에도 걸리지 않는 인생이 되게 저를 지켜주세요. 예수님 이름으로 기도합니다. – 아멘.

 **오늘의 말씀**　마가복음 3 : 28, 29

"내가 진실로 너희에게 이르노니 사람의 모든 죄와 모든 모독하는 일은 사하심을 얻되, 누구든지 성령을 모독하는 자는 영원히 사하심을 얻지 못하고 영원한 죄가 되느니라." 하시니

오늘의 묵상 주제

⊙ 성령을 모독하는 죄를 짓지 않도록 조심하자!
⊙ 가능한대로 죄를 짓지 말고, 지은 죄는 용서를 받는 사람이 되자!

 **오늘의 기도**

사죄의 주님! 사람들은 온전하지 못합니다. 성경도 완전한 사람은 하나도 없다고 말씀하셨습니다. 죄가 없는 사람은 한 사람도 없습니다. 죄 없이 태어나는 사람도 없고, 죄 없이 살 수 있는 사람도 없다고 하셨습니다. 사람은 모두 죄인이기 때문에 주님께서 용서해주지 않으시면 구원을 얻을 방법이 없습니다.

주님! 죄인들을 용서해주는 주님이신 것이 참 다행입니다. 제가 어떤 죄를 지었어도, 아무리 큰 죄를 지었어도 용서해 주시니 감사드립니다. 오늘 말씀에서 주님께서는 사람의 모든 죄는 사하심을 얻을 수 있다고 하셨습니다. 누군가를 모독하는 일도, 하지 말아야 하겠지만 그렇게 했다고 하더라도, 사하심을 얻을 수 있다고 하셨습니다. 세상에서 사람에게 짓는 모든 죄는 용서받을 수 있다고 하십니다.

주님! 모든 죄를 주님께 용서받을 수 있다고 해서 죄를 쉽게 생각하는 제가 되지 않게 해주세요. 가능한대로 죄를 짓지 않게 해주시고, 특히 의도적으로 죄를 짓지 않도록 저를 지켜주세요.

주님! 오늘 말씀은 유일하게 사하심을 받지 못하는 죄가 있다는 것을 가르쳐주시고, 그 죄를 짓지 말라고 경고해주십니다. 성령을 모독하는 사람은 주님께 영원히 사하심을 얻지 못한다고 하셨습니다. 그래서 영원히 죄로 남는 무서운 죄라는 것을 경고하셨습니다.

주님! 사실 성령의 일을 훼방하고, 성령을 모독하는 사람들이 있습니다. 특히 안티 기독교인들과 단체들이 복음을 훼방합니다. 그들은 하나님의 존재를 부인하는 것에 그치지 않고 하나님을 조롱하기도 합니다. 영원히 용서받지 못할 무서운 죄를 지으면서도 그것을 깨닫지 못하는 것입니다.

주님! 제 인생에서는 절대로 성령님을 모독하는 일이 없도록 해주세요. 성령님을 존중하고, 성령님께서 주시는 생각, 감동하시는 일을 귀하게 여기고 순종하는 제가 되게 해주세요. 예수님 이름으로 기도합니다. – 아멘.

하나님이 도와주고 싶어 하는 자가 되기 위한 기도

 **오늘의 말씀**) 이사야 59 : 1, 2

여호와의 손이 짧아 구원하지 못하심도 아니요, 귀가 둔하여 듣지 못하심도 아니라. 오직 너희 죄악이 너희와 너희 하나님 사이를 갈라놓았고, 너희 죄가 그의 얼굴을 가리어서 너희에게서 듣지 않으시게 함이니라.

 **오늘의 묵상 주제**

⊙ 나와 하나님의 사이를 갈라놓는 죄악이 없게 하자!
⊙ 하나님께서 도와주고 싶은 마음이 드는 사람이 되자!

 **오늘의 기도**

　우리를 구원해주시는 하나님!

　세상에는 하나님의 도움을 구하는 사람들이 많습니다. 환난과 곤란 중에서 하나님의 구원을 구하는 사람들도 많습니다. 하나님께 부르짖었지만 응답이 없다고 하소연하는 사람들도 많습니다. 하나님의 응답을 받지 못해서 하나님의 존재를 의심하고 부정하는 사람들도 많습니다.

　하나님 아버지! 오늘의 말씀을 통해서 하나님께서 구원의 손길을 내밀어주지 않으시는 이유를 깨닫게 되었습니다. 하나님의 손이 짧아서 구원하지 못하는 것도 아니고, 귀가 둔해서 듣지 못하는 것도 아니라고 하셨습니다. 오직 사람에게 죄악이 있기 때문이라고 했습니다.

　거룩하신 하나님! 하나님은 거룩하신 분이시기 때문에 죄를 용납하지 않는 분이십니다. 그래서 사람에게 죄악이 있으면, 그 죄악이 하나님과 그 사람과의 사이를 갈라놓고, 하나님의 얼굴을 가려서, 하나님께서 그의 기도를 듣지 않게 된다고 말씀하셨습니다.

　하나님! 죄악을 마음에 담아두면 하나님과 얼굴을 돌리십니다. 자기의 죄를 회개하면 하나님께서는 우리에게 얼굴을 마주해 주십니다. 하나님 아버지, 제가 하나님과 얼굴을 마주하고 살 수 있게 해주세요. 하나님은 제가 도움을 구할 때 언제라도 즉시 제 응답해주실 수 있는 분이십니다. 제가 그 하나님과 사이좋게 지낼 수 있게 해주세요. 예수님 이름으로 기도합니다. – 아멘.

 **오늘의 말씀**　잠언 20 : 5

사람의 마음에 있는 모략은 깊은 물 같으니라. 그럴지라도 명철한 사람은 그것을 길어 내느니라.

 **오늘의 묵상 주제**

⊙ 마음에 깊은 모략(謀略)을 가지고 있는 사람이 되자!
⊙ 문제를 헤아려 해결하는 지혜의 사람이 되자!

 **오늘의 기도**

　지혜의 신이시요, 모략의 신이신 하나님! 하나님은 지혜가 끝이 없는 분이십니다. 하나님께서는 하고자 하는 것을 이루지 못하실 것이 없으십니다. 그리고 하나님께서는 지혜와 모략을 사람에게도 나누어주셨습니다.

　사람의 마음에 있는 모략(謀略; 꾀할 모, 다스릴 략)은 깊은 우물물 같다고 하셨습니다. 마음 속 깊이에 있기 때문에 명철한 사람만이 길어내어 사용할 수가 있다고 하셨습니다. 깊은 우물에 있는 물은 그냥 마실 수는 없습니다. 줄이 긴 두레박을 만들어 정성껏 조심스럽게 길어 올려야만 마실 수 있게 됩니다.

　하나님 아버지! 제게도 지혜를 주시고, 모략을 베풀 줄 아는 명철함도 주세요. 마음 속 깊은 곳에는 하나님께서 주신 지혜와 모략이 있음에도 그것을 끌어올려 사용하지 못하는 어리석은 자가 되지 않게 도와주세요. 하나님께서 주신 모든 지혜로운 것들을 잘 활용하여 성공적인 인생을 사는 제가 되게 도와주세요.

　하나님 아버지! 하나님께서는 없는 듯하시지만 어디에나 계시고, 모른 척 하시는 듯 보이나 모든 것을 다 알고 계시며, 늦는 것 같으나 가장 적당한 때에 가장 적합한 방법으로 문제를 해결해 주시는 분이십니다.

　하나님! 저를 슬기 있는 자가 되게 해주세요. 크고 자연스럽게 문제를 해결할 수 있는 모략을 베풀 줄 아는 자가 되게 해주세요. 그래서 제 인생을 성공적으로 가꿔갈 수 있게 하시고, 다른 사람과의 관계를 잘 맺으면서 인정받을 수 있게 하시고, 문제를 가장 자연스럽고 적절하게 해결할 수 있는 사람이 되게 해주세요. 예수님 이름으로 기도합니다. – 아멘.

강한 의지와 체력을 구하는 기도

 **오늘의 말씀** 예레미야 12 : 5

만일 네가 보행자와 함께 달려도 피곤하면 어찌 능히 말과 경주하겠느냐? 네가 평안한 땅에서는 무사하려니와 요단 강 물이 넘칠 때에는 어찌하겠느냐?

 **오늘의 묵상 주제**

◉ 능히 말과도 경주할 수 있는 사람이 되자!
◉ 험한 세상과도 맞서 싸울 수 있는 강건함을 갖자!

 **오늘의 기도**

힘의 근원이신 하나님!

사람들 중에는 힘차고 활기차게 살아가는 사람이 있습니다. 이런 사람은 보는 사람도 기분이 좋고, 그들의 삶과 말은 믿음이 갑니다. 그러나 사람들 중에는 힘없고 맥없이 사는 사람도 있습니다. 이런 사람은 보는 사람도 유쾌하지 않고, 그런 사람의 삶을 인정하지 않으며, 그가 무슨 말을 해도 신뢰하지 않게 됩니다.

하나님! 공부하는 학생들 중에서도, 일하는 어른들 중에서도 인생을 피곤해 하는 사람들이 많습니다. 그러나 작은 일에도 피곤해 하는 사람이 무한경쟁시대에서 유능한 사람들과 경쟁하여 이길 수는 없습니다. 걷는 사람과 함께 가면서 피곤해하는 사람이 말과 경주할 수는 없는 것이기 때문입니다. 항상 평안하고 평탄한 인생을 살아갈 때에는 무사하게 살 수 있지만, 요단 강 물이 넘칠 때에는 살아남을 수 없게 됩니다. 광속으로 흐르며 변하는 현대사회와 문명 속에서 살아남을 뿐 아니라, 리더가 되기 위해서는 지치지 않는 체력과 정신력을 가지고, 누구와도 경쟁할 수 있는 사람이 되어야 하겠습니다.

하나님 아버지! 저에게도 이런 힘을 주세요. 먼저 제 몸에 힘을 주셔서 건강하게 해주세요. 아무리 많은 시간 공부해도 지치지 않고 병나지 않게 해주세요. 다음으로 제 정신에 힘을 주세요. 어떤 일에도 낙심하거나 좌절하지 않고. 칠전팔기(七顚八起)의 정신력으로 일곱 번 넘어지면 여덟 번째 일어나 다시 달리는 사람이 될 수 있게 해주세요. 저는 다른 친구들만큼 공부하는 것도 힘들 때가 있습니다. 이렇게 해서는 정말 열심히 공부하는 친구들과 경쟁할 수 없습니다. 우리 학교, 우리나라, 온 세계의 그 누구와도 능히 경쟁할 수 있을 정도로 열심히 공부하면서도 지치지 않는 제가 되게 해주세요. 예수님 이름으로 기도합니다. - 아멘.

 **오늘의 말씀** 마태복음 11 : 28~30

수고하고 무거운 짐 진 자들아 다 내게로 오라. 내가 너희를 쉬게 하리라. 나는 마음이 온유하고 겸손하니 나의 멍에를 메고 내게 배우라. 그리하면 너희 마음이 쉼을 얻으리니, 이는 내 멍에는 쉽고, 내 짐은 가벼움이라 하시니라.

 **오늘의 묵상 주제**

◉ 주님 안에서 참된 쉼(안식)을 얻으며 살자!
◉ 수고스럽고 무거운 짐을 다 주님께 맡기자!

 **오늘의 기도**

쉼을 주시는 주님!

인생을 산다는 것이 쉽지는 않은 것 같습니다. 좋은 인생, 성공하는 인생을 사는 것은 더욱 쉽지 않은 것 같습니다. 인생을 살면서 수고스러운 일들이 참 많습니다. 일하는 사람은 일에 지치고, 공부하는 학생은 공부에 지칩니다. 사람들은 많은 땀을 흘려야 먹고 살고, 학생들은 많이 수고해야 원하는 성적표를 받을 수 있습니다.

주님! 지금 우리들은 부모님의 기대를 무거운 짐처럼 느끼고, 멍에를 멘 소처럼 답답해합니다. 그러나 아빠와 엄마는 가족을 부양하고 더 좋은 삶을 살게 해 주기 위해서, 가정을 일으키기 위해서 힘든 수고를 아끼지 않고 있습니다.

주님! 주님께서는 참 안식과 평안을 주시는 분이십니다. 주님께서 주시는 평안은 세상이 주는 것과는 달라서 크고 영원한 안식인 것을 압니다. 제 마음에도 주님의 안식과 평화를 허락해주세요. 사실, 요즘 제 마음이 피곤하고 평안이 없습니다. 공부에 대한 짐, 진로에 대한 짐, 부모님과 선생님의 기대에 대한 부담감(또한 가정 문제, 친구 문제, 경제 문제, 이성 친구 문제 등 모든 짐스러운 것들을 고백하라) 등으로 힘듭니다. 이제 주님께서 말씀하시는 것을 기억하고, 저의 수고스럽고 무거운 짐들을 다 주님께 내려놓고 맡기려고 합니다. 그 모든 멍에를 벗어버리고, 가볍고 밝은 마음으로 모든 일을 감당하며 살 수 있게 도와주세요. 예수님 이름으로 기도합니다. – 아멘.

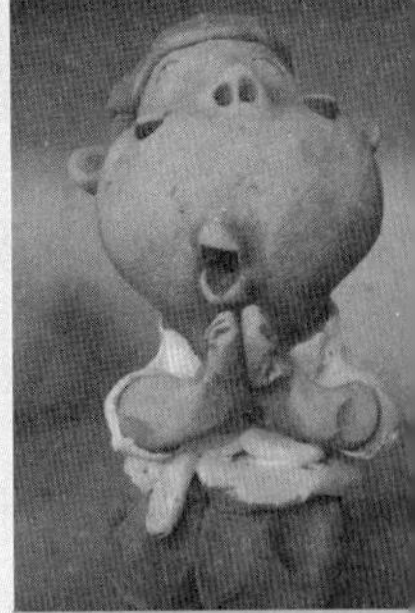

●7월을 성공적으로 보내는 방법

7월에는 기말고사가 끝나고, 1학기 성적표를 받게 된다.

"심은 대로 거둔다"는 말씀처럼 성적표는 내가 뿌린 씨앗에 대한 열매다.

좋은 성적을 받은 학생은 그 수준을 유지하기 위해서 지금보다 더 열심히 해야 한다.

기대만큼 성적이 안 나온 학생은 더 열심히 노력하자.

현재의 성적에 자만할 필요도 없고, 실망할 필요도 없다.

지금부터 다시 뿌리면 다음 번 시험부터 좋은 열매를 거둘 수 있다.

7월 말에는 여름방학이 시작된다.

방학을 잘 보내면 한 단계 업그레이드 된 자신을 만들 수 있다.

모자라는 과목 딱 하나를 붙잡고 한 달 동안 집중적으로 매달려 보라.

방학이 끝나고 나서 선생님과 친구들 모두가 달라진 나를 확인할 수 있을 정도로 실력을 쌓는 기회로 삼자.

사실 학원을 잘 활용할 수 있는 기간은 방학이다.

자신 없는 딱 한 과목을 정해서 단기간에 한 과목 전체를 마스터하는 기간으로 삼아보자.

노는 시간을 최소한으로 하고, 최대한 그 한 과목에 미치는 기간으로 삼아보라.

방학 동안에 교회 수련회가 있다.

수련회 2, 3일을 공부나 학원 핑계로 빠지지 말자!

수련회에 참여해서 참된 깨달음이나, 중대한 결심 하나만 얻어도 학원 가는 것보다 훨씬 나은 결과를 얻을 수 있다.

주께 힘을 얻기를 구하는 기도

 **오늘의 말씀** 시편 84 : 5~7

주께 힘을 얻고 그 마음에 시온의 대로가 있는 자는 복이 있나이다. 그들이 눈물 골짜기로 지나갈 때에 그 곳에 많은 샘이 있을 것이며, 이른 비가 복을 채워 주나이다. 그들은 힘을 얻고 더 얻어 나아가 시온에서 하나님 앞에 각기 나타나리이다.

 **오늘의 묵상 주제**

⊙ 주께 힘을 얻는 자, 마음에 시온의 대로가 있는 자가 되자!
⊙ 이른 비와 많은 샘이 있어 '물 걱정' 없는 복된 인생이 되자!

 **오늘의 기도**

힘을 주시는 주님!

사는 것이 힘든 사람들이 많이 있습니다. 가난해서 힘든 사람도 있습니다. 특히 세계의 인구 중에서 10억 명은 기본적인 의식주를 해결할 수 없는 절대가난으로 힘들어하고 있습니다. 혹은 돈 때문에, 혹은 질병과 신체장애 때문에, 혹은 인간관계 때문에, 혹은 가족들과의 갈등 때문에, 혹은 사업 때문에, 혹은 취업 때문에, 혹은 일 때문에 힘들어하는 사람들이 있습니다. 힘든 인생을 사는 것은 눈물 골짜기를 지나는 것과 같습니다. 이렇게 눈물 골짜기를 힘들게 가고 있을 때 그 곳에 많은 샘(갈급한 문제를 해결해 줄 수 있는 방법)을 만난다는 것은 참으로 힘이 나는 일입니다. 하나님께서는 어렵게 살면서 힘들어하는 사람들에게 많은 샘을 허락해주는 분이시고, 이른 비로 복을 채워주는 분이십니다.

주님! 이렇게 주님께 힘을 얻고 그 마음 속에 '시온의 대로' (하나님의 은혜에로 나가는 큰 길, 하나님의 은총을 사모하는 간절한 마음)가 있는 사람은 이런 복으로 채워주신다고 하셨습니다.

주님! 저로 하여금 주님께 힘을 얻는 자 되게 해주시니 감사합니다. 제 마음에 시온의 대로가 있게 해주세요. 늘 주님의 은혜를 사모하는 마음으로 살게 도와주세요. 제가 하는 주된 일이 공부하는 일 뿐이지만, 경쟁사회에서 사는 것과 성적에 대한 스트레스가 많습니다. 때때로 저 자신의 능력에 좌절하기도 하고 실망하기도 합니다. 미래에 대한 걱정과 비관적인 생각에 사로잡힐 때도 있습니다. 세상이 샘 없는 사막과도 같고, 눈물 골짜기와도 같이 느껴질 때도 있습니다. 주님께서 '이른 비'를 내려 주시고, 제 인생길에 많은 샘을 허락해주세요. 주님의 은총이 머무는 곳 시온으로 향한 저의 마음을 보시고 복된 인생이 되게 해주세요. 예수님 이름으로 기도합니다. – 아멘.

 **오늘의 말씀**　고린도전서 9 : 26, 27

그러므로 나는 달음질하기를 향방 없는 것 같이 아니하고, 싸우기를 허공을 치는 것 같이 아니하며, 내가 내 몸을 쳐 복종하게 함은 내가 남에게 전파한 후에 자신이 도리어 버림을 당할까 두려워함이로다.

 **오늘의 묵상 주제**

◉ 성령 충만하여 하늘을 우러러 주목하는 사람이 되자!
◉ 하나님과 천국의 실재를 확신하는 사람이 되자!

 **오늘의 기도**

하나님 아버지!

사람들 중에는 달음질을 하지 않는 사람도 있고, 열심히 달리기는 하는데 어디로 가는지도 모르면서 달리기만 하는 사람도 있습니다. 달음질을 하지 않는 사람은 삶에 의욕이 없이 사는 사람입니다. 달음질을 하기는 하는데 어디로 무엇을 위해서 달리는지도 모르면서 그냥 달리고 있는 사람은 목적 없이 사는 사람입니다. 자신의 적이 무엇인지, 어디로 주먹을 날려야 할지도 모르고 주먹질만 해대는 사람들이 있습니다.

학생들 중에도 의욕이 없어 공부도 하지 않는 학생도 있고, 공부는 하는데 무엇을 위해서 공부하는지도 생각하지 않고 그냥 공부만 하는 사람도 있습니다. 책과 싸우듯 씨름은 하는데 성과는 내지 못하고 스스로 지치기만 하는 학생도 있습니다. 자신도, 선생님도, 부모님도 모두 힘들게 하는 학생들입니다.

하나님 아버지! 저를 붙잡아 주세요. 제게 힘을 주세요. 분명한 목표를 세우고 사는 제가 되게 해주세요. 그리고 성실하게 노력해서 그 목표를 끝내 달성하는 제가 되게 해주세요. 정말 열심히 공부하게 해주세요. 우선 결심이 굳게 해주세요. 흔들리거나 좌절하지 않게 하시고, 다른 곳에 한눈팔지 않게 해주시고 꼭 목표를 달성할 수 있게 해주세요. 그리고 지치지 않는 체력도 허락해주세요. 좀 더 길게는 상위권에 들 수 있게 해주시고, 입시에서 목표로 삼은 학교 학과에 들어갈 수 있게 해주세요. 예수님 이름으로 기도합니다. – 아멘.

새 인생 창조를 구하는 기도

 **오늘의 말씀**) 이사야 65 : 17~19

보라! 내가 새 하늘과 새 땅을 창조하나니 이전 것은 기억되거나 마음에 생각나지 아니할 것이라. 너희는 내가 창조하는 것으로 말미암아 영원히 기뻐하며 즐거워할지니라. 보라! 내가 예루살렘을 즐거운 성으로 창조하며 그 백성을 기쁨으로 삼고, 내가 예루살렘을 즐거워하며 나의 백성을 기뻐하리니, 우는 소리와 부르짖는 소리가 그 가운데에서 다시는 들리지 아니할 것이며……

 **오늘의 묵상 주제**

⊙ 하나님이 창조하는 새 인생을 살자!
⊙ 이전의 실패가 생각나지 않는 복되고 새로운 인생을 살자!

 **오늘의 기도**

미래의 주인이 되시는 하나님!

사람들은 언제나 새로운 세상에 대한 소망을 가지고 살아왔습니다. 전쟁도 없고, 갈등, 미움, 다툼, 시기, 질투, 고통, 질병, 상처, 죽음이 없는 완벽한 평화가 있는 이상향을 꿈꿔왔습니다.

하나님! 사람들은 위대한 지도자나 성인이 나타나면 그런 세상을 만들어줄 것으로 기대하기도 했습니다. 그러나 어떤 사람도 온 세상에 평화를 가져다주지 못했습니다. 어떤 사람들은 사람의 이성의 능력에 기대를 걸기도 했습니다. 사람의 이성과 지성이 가져다주는 과학기술문명이 지상낙원을 만들 수 있을 것을 기대하기도 했습니다. 그러나 인간의 이성과 문명의 발달은 엄청난 무기를 만들어내고 더 크고 위험한 전쟁과 테러를 가능하게 했습니다.

하나님! 결국 사람들은 절대적인 평화는 사람이 만들 수 없는 것임을 깨달아가고 있습니다. 새 하늘과 새 땅은 오직 하나님만이 창조하실 수 있습니다. 완벽한 평화와 풍요와 기쁨이 넘치는 지상낙원은 하나님께서 허락해주시는 것임을 깨달았습니다. 온 세상이나, 한 나라, 그리고 개개인에게 새 하늘과 새 땅을 허락해주시는 분은 하나님 뿐임을 고백합니다.

하나님 아버지! 저의 미래를 하나님의 손에 맡깁니다. 하나님께서 마음에 들도록, 쓰실 만 하도록, 저를 만들어 주세요. 저의 지금까지의 바람직하지 못했던 모습과 삶, 특히 실패와 상처들을 지워주세요. 그것들이 미래로 향하는 저의 발걸음을 붙잡고 늘어지지 못하게 완전히 잘라낼 수 있게 해주세요. 과거의 아픔, 고통, 좌절, 슬픔들을 모두 벗어버리고 오직 하나님께서 창조해주시는 아름다운 것들로 기뻐하며 즐거워하며 살게 해주세요. 예수님 이름으로 기도합니다. – 아멘.

 **오늘의 말씀** ｜ 잠언 18 : 14

사람의 심령은 그의 병을 능히 이기려니와 심령이 상하면 그것을 누가 일으키겠느냐?

 **오늘의 묵상 주제**

◉ 심령이 병들지 않도록 주의하자!
◉ 병까지도 이길 수 있는 평화롭고도 건강한 마음을 가지자!

 **오늘의 기도**

　마음을 주관하시는 하나님!

　현대를 살아가는 사람들은 모두 정신질환을 가지고 있다고 합니다. 정도의 차이가 있을 뿐, 정신적으로 완벽한 사람은 없다는 뜻입니다. 현대 사회가 너무 복잡해서 누구라도 완벽하게 적응하는 데에 어려움을 겪고 있기 때문입니다. 인간관계가 너무 복잡하고 이해관계가 얽히고 설켜서, 누가 친구고 누가 적인지 알 수 없는 사회이기 때문입니다. 상처를 주고 받는 사람들이 너무 많기 때문입니다. 누가 언제 어떻게 왜 상처를 주고받았는지조차 분명하지 않을 만큼 마음이 상할 일들이 많기 때문입니다.

　하나님! 마음이 건강한 사람은 육체적인 병을 이길 수 있지만, 마음이 상처를 입으면 스스로 극복하기가 어렵습니다. 누군가가 상처를 고쳐주기도 어렵습니다. 마음이 병들지 않도록 잘 지키는 것이 중요합니다.

　하나님 아버지! 제 마음을 돌봐주세요. 저의 심령(心靈 ; 마음과 영혼)이 상처를 입거나 병들지 않도록 지켜주세요. 늘 평안하게 해주시고, 건강한 심령이 되게 해주세요. 크고 넓으며 따뜻한 마음을 가질 수 있게 해주세요. 성령님과 교통하면서 하나님의 뜻을 깨달으며, 그 뜻대로 살 수 있는 심령이 되게 해주세요. 심령이 상하면 누구라도 일으켜 줄 수가 없다고 했습니다. 반면에 건강한 심령은 영혼과 육체의 병까지도 능히 이기게 한다고 했습니다. 저로 평화롭고 건강한 심령의 소유자가 되게 해주세요. 병적인 요소가 침투해도 질식해서 자라지 못하는 아주 건강한 마음의 소유자가 되게 해주세요. 예수님 이름으로 기도합니다. - 아멘.

성령을 구하는 기도

 **오늘의 말씀** 다니엘 4 : 8

그 후에 다니엘이 내 앞에 들어왔으니 그는 내 신의 이름을 따라 벨드사살이라 이름한 자요, 그의 안에는 거룩한 신들의 영이 있는 자라. 내가 그에게 꿈을 말하여 이르되, '박수장 벨드사살아! 네 안에는 거룩한 신들의 영이 있은즉 어떤 은밀한 것이라도 네게는 어려울 것이 없는 줄을 내가 아노니, 내 꿈에 본 환상의 해석을 내게 말하라.'

 **오늘의 묵상 주제**

⊙ 내 속에 거룩한 신의 영이 거하게 하자!
⊙ 내 안에 모신 거룩한 신의 영(성령)의 감동을 따라 살자!

 **오늘의 기도**

여호와의 신이신 성령님! 성령님께서는 삼위일체 하나님의 성령하나님이십니다. '하나님의 영', '성부하나님의 영', 또는 '예수님의 영'이 되기도 하십니다. 창조의 영이시며, 구원의 영이십니다. 구약의 선지자들은 하나님의 신에 감동되어 하나님의 말씀을 예언했고, 여호와의 신에 감동되어 큰 능력을 발휘했습니다.

예수님께서 구원의 역사를 마치시고 하늘에 올라가시면서, 성령님을 보내주신다고 약속하셨습니다. 위로의 영이시고, 구원의 영이시고, 능력의 영이신 성령님께서 성도들을 인도해주셨습니다. 하나님의 사람들을 믿음으로 불러주시고, 예수님을 믿을 수 있도록 감동해주십니다. 하나님의 성도들이 구원을 완성하기까지 성도들과 함께 하면서 인도해주는 영이십니다.

성령님! 성령님께서는 다니엘의 마음에 계셔서, 그로 하여금 어떤 은밀한 것이라도 밝히 알게 해주셨습니다. 모든 사람이 하나님이 신이 다니엘과 함께 하심을 알았고, 그가 하나님의 사람인 것을 인정했습니다. 그래서 포로의 신분으로 바벨론에 왔지만, 왕이 세운 특별한 학교에서 교육을 받았고, 왕의 인정을 받아 제국에서 세 번째로 높은 통치자가 되었습니다. 이 모두가 거룩한 신의 영이 그와 함께 해주시며 지혜를 주셨기 때문입니다.

성령님! 이제도 내 안에 계신 줄 믿습니다. 강하게 저를 이끌어주셔서 성령님의 감동을 따라 지혜롭게 살게 해주세요. 성령님께서 소망을 주시고, 평안을 주시며, 능력과 풍성함으로 복된 삶을 살 수 있게 이끌어주세요. 모든 사람들로부터 제가 성령님과 함께 동행함을 인정받게 해주세요. 예수님 이름으로 기도합니다. – 아멘.

 **오늘의 말씀**　누가복음 4 : 26, 27

엘리야가 그 중 한 사람에게도 보내심을 받지 않고 오직 시돈 땅에 있는 사렙다의 한 과부에게 뿐이었으며, 또 선지자 엘리사 때에 이스라엘에 많은 나병환자가 있었으되, 그 중의 한 사람도 깨끗함을 얻지 못하고 오직 수리아 사람 나아만 뿐이었느니라.

 **오늘의 묵상 주제**

⊙ 하나님의 특별한 사랑을 받는 사람이 되자!
⊙ 하나님께서 은총을 베풀어주시는 선택받은 사람이 되자!

 **오늘의 기도**

　하나님 아버지! 사람들은 하나님의 은혜를 입기를 원합니다. 하나님께 복을 받기를 원합니다. 하나님의 인도하심, 보호하심, 평안케 하심을 원합니다. 어려운 상황에서 하나님의 도우심으로 구원받기를 소망합니다. 그런데 어떤 사람은 하나님의 특별한 은총을 입었고, 어떤 사람은 하나님의 은혜를 받지 못했습니다.

　하나님 아버지! 엘리야 시대에 극심한 가뭄이 있어 많은 사람들이 기아에 허덕였습니다. 7년 동안 계속된 가뭄으로 먹을 것이 없어서 고통을 당하며 산 사람도 많고 죽은 사람도 많습니다. 그 많은 사람들 중에서 하나님께서는 오직 가난한 사렙다의 과부에게 엘리야 선지자를 보내주셨습니다. 과부는 마지막 남은 한 줌의 곡식 가루와 조금의 기름으로 마지막 음식을 해 먹고 죽을 날을 기다리려고 했는데, 엘리야 선지자가 옴으로써 가뭄이 끝나는 날까지 풍족하게 먹고 살 수 있었습니다. 하나님 아버지! 엘리사 선지자 시절에 많은 나병환자들이 있지만 오직 수리아 사람 나아만 장군만이 고침을 받았습니다.

　하나님 아버지! 하나님께서는 특별히 사랑하는 사람에게는 이처럼 특별한 은혜를 베풀어주십니다. 하나님의 사랑을 입을 만한 믿음이 있던 사람들은 특별하신 하나님의 은혜로 구원을 받을 수 있었습니다. 하나님의 사랑을 입을 만한 사람이 되는 것은 참 복된 일입니다.

　하나님 아버지! 저도 하나님께 그런 특별한 사람이 되게 해주세요. 하나님의 특별한 사랑, 특별한 은총을 받는 사람이 되게 해주세요. 어떤 어려운 문제라도 하나님의 도우심으로 해결 받는 사람이 되게 해주세요. 예수님 이름으로 기도합니다. – 아멘.

7월 7일 — 두려움을 극복하기 위한 기도

오늘의 말씀 스바냐 3 : 16, 17

그날에 사람이 예루살렘에 이르기를 "두려워하지 말라. 시온아! 네 손을 늘어뜨리지 말라. 너의 하나님 여호와가 너의 가운데에 계시니 그는 구원을 베푸실 전능자이시라. 그가 너로 말미암아 기쁨을 이기지 못하시며, 너를 잠잠히 사랑하시며, 너로 말미암아 즐거이 부르며 기뻐하시리라." 하리라.

오늘의 묵상 주제

⊙ 손을 늘어뜨리며 살지 말자!
⊙ 하나님께서 나를 기뻐하시며 사랑하시는 것을 기억하며 살자!

오늘의 기도

힘을 주시는 하나님!

세상에는 힘을 잃어버린 사람들이 많이 있습니다. 실패한 사람들, 좌절한 사람들, 기운 빠진 사람들, 의기소침한 사람들, 축 처진 어깨에 손을 늘어뜨린 사람들이 있습니다. 삶의 의욕을 잃어버린 사람들이 있습니다. 세상이 무섭고, 삶이 두려운 사람들이 있습니다. 하나님의 도우심이 아니면 인생을 포기할 사람들이 많이 있습니다. 이런 사람들 중에 하나님의 사랑과 도우심을 받게 될 사람들은 참 복된 사람입니다.

예루살렘과 시온의 하나님! 하나님께서는 예루살렘과 시온(예루살렘은 이스라엘의 수도로 하나님의 성전이 있는 도시의 이름, 시온은 하나님의 성전이 세워진 산의 이름, 둘 다 하나님의 백성들을 상징하는 말임)을 사랑하는 분이십니다. 하나님께서는 성전과 성전에서 예배하는 자들로 말미암아 참을 수 없는 기쁨을 느끼며 그들을 사랑해주십니다.

하나님 아버지! 저도 하나님의 성전(교회)에 속한 사람이고, 시온(하나님의 교회)을 사랑하는 사람입니다. 저희 교회와 저를 통해서 기쁨을 얻으시고, 잠잠히 사랑을 베풀어주세요. 제 이름을 즐거운 마음으로 불러주시고, 저와 함께 계시면서 저를 위해서 구원을 베풀어 주세요. 함께 하시는 하나님을 의지하여 모든 두려움을 이기게 해주세요. 행군하는 군인들처럼 씩씩하고 활기차게 살게 해주세요. 예수님 이름으로 기도합니다. – 아멘.

 **오늘의 말씀**　고린도전서 3 : 16, 17

너희는 너희가 하나님의 성전인 것과 하나님의 성령이 너희 안에 계시는 것을 알지 못하느냐? 누구든지 하나님의 성전을 더럽히면 하나님이 그 사람을 멸하시리라. 하나님의 성전은 거룩하니 너희도 그러하니라.

 **오늘의 묵상 주제**

⊙ 내가 하나님의 성전인 것과 내 안에 성령님이 계시는 것을 알자!
⊙ 하나님의 성전인 나를 더럽히지 말고 거룩하게 가꾸자!

 **오늘의 기도**

　깨끗한 것을 원하시는 하나님!

　하나님께서는 깨끗한 것을 원하시고 더러운 것을 싫어하는 분이십니다. 성령님께서는 사람들의 속에 찾아와주십니다. 그러나 영이 깨끗한 사람에게서는 머물러주시지만 영이 더러운 사람에게서는 떠나십니다. 성령님께서 내 안에 모실 수 있기 위해서는 내 안의 모든 더러운 것을 깨끗하게 해야 할 것을 압니다. 내 속의 악을 없앨 수 있도록 도와주세요. 내 속의 죄를 회개하고 씻어 깨끗하게 할 수 있게 도와주세요. 내 생각의 추하고 욕된 것들을 다 버릴 수 있도록 도와주세요. 나의 삶 속에 선하지 않은 것들을 모두 버릴 수 있게 도와주세요.

　교회의 주인이 되시는 하나님! 교회가 하나님의 성전인 것을 믿습니다. 교회 안에 하나님의 성령이 계시는 것을 믿습니다. 저희 교회가 하나님의 성전으로 깨끗하고 거룩하게 유지되게 해주세요. 교회가 영적으로 더럽혀지지 않게 해주세요. 특히 제가 교회를 더럽히거나 욕을 먹이는 자가 되지 않게 해주세요.

　하나님 아버지! 제 몸이 하나님의 성전임을 깨닫게 해주시니 감사합니다. 내 몸, 내 마음, 내 생각 속에 성령님께서 계시는 것을 깨닫게 해주시니 감사합니다. 이제부터 제가 성령님과 함께 살아갈 수 있게 도와주세요. 성령님께서 제 마음을 성전 삼아 제 안에 계셔주세요. 제 마음을 말씀과 기도와 믿음의 삶을 통해서 깨끗하고 거룩하게 가꿀 수 있게 해주세요. 제 몸과 마음을 더럽히지 않도록 도와주세요. 예수님 이름으로 기도합니다. – 아멘.

 **오늘의 말씀** 시 30 : 9~11

여호와여! 내가 주께 부르짖고 여호와께 간구하기를 "……여호와여, 들으시고 내게 은혜를 베푸소서! 여호와여, 나를 돕는 자가 되소서!" 하였나이다. 주께서 나의 슬픔이 변하여 내게 춤이 되게 하시며, 나의 베옷을 벗기고 기쁨으로 띠 띠우셨나이다.

 **오늘의 묵상 주제**

⊙ 하나님께 부르짖으며 간구하는 자가 되자!
⊙ 나의 지금의 슬픔과 아픔이 기쁨과 환희로 바뀌게 하자!

 **오늘의 기도**

부르짖는 자에게 응답하시는 하나님!

하나님께서는 인자하셔서 부르짖어 간구하는 사람을 외면하지 않는 분이십니다. 애굽에서 고통 중에 부르짖는 히브리인들의 부르짖음을 들으시고 모세를 보내주시고, 고역과 압제로부터 해방시켜 주셨습니다. 광야 40년 생활에서 이스라엘 백성들은 부르짖음으로 쓴물을 단물로 바꾸었습니다. 바위에서 물을 얻었습니다. 만나와 메추라기로 40년동안 양식을 해결했습니다.

우리 주님 예수님께서도 부르짖는 사람의 아픔을 외면하지 않고 돌봐주셨습니다. 부르짖는 소경의 눈을 뜨게 해주셨고, 귀신 들린 자를 온전하게 해주셨습니다. 나병 환자들을 고쳐주셨고, 온갖 병자들을 다 고쳐주셨습니다. 고통 중에 있는 자에게 위로를 주셨고, 외롭고 소외된 사람들에게 기쁨을 회복시켜주셨습니다.

하나님 아버지! 하나님께서는 슬퍼하는 자의 슬픔을 외면하지 않는 분이신 줄 압니다. 아파하는 자의 아픔을 못 본 척 하지 않는 분이신 줄 압니다. 특히 하나님의 사람이 아파하고 슬퍼하는 것을 외면하지 않으시는 줄 알고 기도합니다.

하나님 아버지! 지금까지 슬픔을 춤으로, 아픔을 기쁨으로 바꾸어 줄 수 있는 하나님께 부르짖지 못하고 저 혼자 슬퍼하고 아파한 것을 용서해 주세요. 이제부터 하나님께 기도하면서 맡길게요. 하나님께서도 오늘 말씀의 약속대로 제가 어려워하는 이 문제들을 해결해 주실 줄 믿습니다. 하나님께서 나의 돕는 자가 되어주셔서, 저의 슬픔이 변하여 춤이 되게 해주세요. 나의 베옷(슬플 때 입는 옷)을 벗겨주시고 기쁨의 띠를 맬 수 있게 도와주세요. 예수님 이름으로 기도합니다. – 아멘.

 **오늘의 말씀**　창세기 12 : 2, 3

"내가 너로 큰 민족을 이루고, 네게 복을 주어 네 이름을 창대하게 하리니 너는 복이 될지라. 너를 축복하는 자에게는 내가 복을 내리고, 너를 저주하는 자에게는 내가 저주하리니, 땅의 모든 족속이 너로 말미암아 복을 얻을 것이라." 하신지라

 **오늘의 묵상 주제**

⊙ 아브라함처럼 복의 근원이 되자!
⊙ 나로 말미암아 세상의 많은 사람들이 복을 받을 수 있게 하자!

 **오늘의 기도**

　아브라함의 하나님! 하나님께서는 세상 많은 사람들 중에서 아브라함을 불러서 하나님의 사람으로 세우시고 살게 하셨습니다. 아브라함의 이름을 번창하고 크게 해주셨습니다. 아브라함과 함께 하는 사람들에게는 복을 주시고, 그를 대적하는 자에게는 저주를 내리셨습니다. 아브라함을 복이 되게 해주셨습니다. 아브라함을 사랑하고, 존경하고, 한 편이 되고, 도와주는 사람들은 복을 받았습니다. 반면에 아브라함의 적이 되는 사람들은 망하게 하셨습니다. 아들 하나도 낳지 못하던 아브라함으로 하여금 후손들을 보게 하시고, 그 후손들로 큰 민족을 이루어주셨습니다.

　하나님 아버지! 하나님께서는 아브라함의 하나님이 되셨습니다. 아브라함의 하나님은 그의 후손들의 하나님이 되어주셨습니다. 이삭에게는 아브라함과 이삭의 하나님이 되어주셨습니다. 야곱에게는 아브라함과 이삭과 야곱의 하나님이 되어주셨습니다. 아브라함의 하나님은 지금도 아브라함의 자손으로 불리는 믿음의 사람들의 하나님이 되어주십습니다.

　하나님 아버지! 마찬가지로 하나님은 지금 저 '○○○의 하나님'이 되어주시는 줄 믿습니다. 나의 하나님! 나를 복 되게 해주시고, 내 이름을 크게 해주세요. 저로 말미암아 저의 가정과 제 주변 사람들이 복을 받게 해주세요. 저를 사랑하고 존중하고 도와주는 사람은 저 때문에 하나님의 복을 받게 해주세요. 그리고 우선 제가 먼저 하나님께서 아낌 없이 한 편이 되어주실 수 있는 믿음의 사람, 온전한 사람이 되게 도와주세요. 예수님 이름으로 기도합니다. – 아멘.

푯대를 향해 달리기 위한 기도

 **오늘의 말씀** 빌립보서 3 : 13, 14

형제들아! 나는 아직 내가 잡은 줄로 여기지 아니하고, 오직 한 일 즉 뒤에 있는 것은 잊어버리고 앞에 있는 것을 잡으려고, 푯대를 향하여, 그리스도 예수 안에서 하나님이 위에서 부르신 부름의 상을 위하여 달려가노라.

 **오늘의 묵상 주제**

◉ 이미 성취한 것에 만족하여 정체되는 사람이 되지 말자!
◉ 앞으로 이루어야 할 목표를 향하여 달려가는 삶을 살자!

 **오늘의 기도**

상 주시는 것을 기뻐하시는 하나님!

하나님께서는 우리가 세상에서 행한 모든 일을 기억하시는 분입니다. 하나님은 특히 우리가 선을 행한 것에 대해서 결코 잊지 않으시는 분이라고 알고 있습니다. 우리가 하나님을 위해서 행한 일, 하나님의 이름으로 행한 일, 하나님의 이름을 위해서 행한 일에 대해서 하늘에 상급을 쌓아놓고 기다리신다고 하셨습니다. 우리가 세상에 살면서 믿음으로 행한 모든 일이 하나님 앞에서 상급이 된다고 하셨습니다.

하나님 아버지! 저로 하여금 하나님께 상을 받는 사람이 되게 해주세요. 그러기 위해서 하나님께서 기뻐하실 수 있는 푯대(목표, 비전)를 세울 수 있게 해주세요. 이미 이룬 작은 성취감에 도취되어 달리기를 멈추는 자가 되지 않겠습니다. 예수님 안에서 살면서, 하나님께서 기대하시는 일을 감당함으로써 하늘에서 받을 상을 위해서 달려가는 제가 되게 도와주세요.

하나님 아버지! 가깝게는 성적과 입시나 취업의 목표를 이루기까지 노력하기를 게을리 하지 않도록 도와주세요. 멀리는 제 인생의 비전을 이루고 하나님께 큰 영광을 돌릴 수 있게 도와주세요. 지금 이미 이룬 작은 것들에 만족하지 않게 하시고, 앞에 있는 것을 잡기 위해 달려가는 사람이 되게 해주세요. 지치거나 쓰러지지 않게, 실망하거나 좌절하지 않게 도와주세요. 그리고 세상에서 얻을 상만 바라보며 사는 제가 되지 않게 도와주세요. 하늘에서 받을 상을 위해서 노력하는 오늘과 내일들이 되게 해주세요. 예수님 이름으로 기도합니다. – 아멘.

 **오늘의 말씀** 　시편 57 : 7-8

하나님이여! 내 마음이 확정되었고 내 마음이 확정되었사오니, 내가 노래하고 내가 찬송하리이다. 내 영광아 깰지어다. 비파야, 수금아, 깰지어다. 내가 새벽을 깨우리로다.

 **오늘의 묵상 주제**

⊙ 방황하지 않는 확정된 마음을 갖자!
⊙ 새벽을 깨우자!

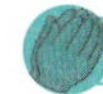 **오늘의 기도**

확실하신 하나님!

하나님께는 모든 것이 확실하여 불확실한 것이 없으십니다. 애매한 것도 없으십니다. 그런데 사람들에게는 모르는 것이 많습니다. 불확실한 것이 많습니다. 이렇다 저렇다 판단을 내리고 딱부러지게 정의를 내리는 것도 쉽지 않습니다.

하나님 아버지! 많은 사람들이 의도적이거나 무의식적으로 애매하게 말하는 경우가 많습니다. 그래서 2011년에는 '애정남' 이라는 개그코너가 최고의 인기를 얻었습니다. 2011년 한 해를 대표하는 용어에 선정되기도 했습니다. '애매한 것들을 정의해주는 남자' 라는 뜻입니다. 사람과의 관계를 명확하게 하지 않는 사람도 많고, 공과 사를 명확하게 구분하지 못하는 사람도 많고, 좋다 나쁘다 그렇다 아니다의 의사 표시를 분명히 하지 못하는 사람도 많고, 한다 안 한다의 태도를 분명하게 하지 못하는 사람도 많습니다.

하나님 아버지! 하나님께서는 분명한 사람을 좋아하십니다. 하나님을 믿어도 분명히 믿고, 악과 죄에 대해서 아니 라고 분명한 태도를 보이는 사람을 좋아하십니다. 그런 면에서 다윗은 하나님께서 좋아하실 만한 사람이었다고 생각됩니다. 다윗왕은 하나님을 찬송하며 살기로, 하나님을 믿고 하나님께 영광을 돌리는 삶을 살기로 마음을 확정하고 확정했기 때문입니다.

하나님 아버지! 저도 제 마음을 확정할 수 있게 해주세요. 저는 아직 생각이 많고 복잡하여 마음이 흔들릴 때가 많습니다. 한 번 마음먹은 것도 오래 가지 못합니다. 결심하고도 오래 지속하지 못하여 옛 습관으로 되돌아가곤 합니다. 새 학년을 시작하면서 세웠던 내신 등급, 모의고사 등급에 대한 목표가 흔들리지 않게 해주세요. 또한 제 미래 비전에 대해서, 현재의 생활에 대해서 확정된 마음을 갖게 해주세요. 흔들리지 않고 성실하고 꾸준하게 노력하게 해주세요. 그리고 저의 목표와 비전을 위해서 새벽을 깨울 수 있게 해주세요. 새벽부터 열정을 갖고 주님의 기대에 부합되는 삶을 살게 해주세요. 예수님 이름으로 기도합니다. – 아멘.

즐거운 마음을 구하는 기도

 **오늘의 말씀** 잠언 15 : 13

마음의 즐거움은 얼굴을 빛나게 하여도, 마음의 근심은 심령을 상하게 하느니라.

 **오늘의 묵상 주제**

⊙ 마음의 즐거움을 가지고 빛나는 얼굴로 살자!
⊙ 근심으로 심령을 상하게 하지 말자!

 **오늘의 기도**

햇빛보다 더 빛나는 광채를 발하시는 하나님!

하나님은 빛이라고 하셨습니다. 하나님께는 그림자도 어두움도 없다고 하셨습니다. 빛으로 계신 하나님께서는 하나님의 사람들에게 빛을 나누어주는 분입니다.

하나님 아버지! 하나님께서는 사람들이 빛 가운데서 살기를 원하십니다. 밝고 즐거운 삶을 살 수 있기를 원하십니다. 그러나 많은 사람들이 근심과 걱정을 가지고 살고 있습니다. 근심과 걱정으로 생기를 잃은 얼굴이 된 사람들, 어둡고 굳은 표정의 얼굴이 된 사람들이 많습니다. 근심으로 마음이 상한 사람들이 많습니다.

내 마음의 주인이신 주님! 저도 마음이 편하지 않을 때가 많습니다. 마음의 즐거움을 잃어버릴 때도 있습니다. 주님을 마음속에 주인으로 모신다고 하면서도 즐거운 마음으로 살지 못하고 있습니다. 제 마음이 즐겁지 못하면 제 안에서 주님께서도 불편해 하실 것으로 생각됩니다. 생각만큼 공부가 안 돼서, 실력이 향상되지 않아서, 성적이 오르지 않아서, 입시에 대한 걱정으로(기타 가정의 문제, 부모님의 갈등, 부모님과 자신과의 갈등, 경제적인 문제, 친구와의 갈등, 선생님과의 갈등 등 근심하게 하는 모든 요소들을 고백한다.) 제 마음이 편하지 않습니다. 저의 모든 근심거리를 주님께 맡깁니다. 모든 것을 합해서 선을 만드시는 주님께서 선한 결과를 내주세요. 오직 즐거운 마음과 밝은 얼굴로 살게 해주세요. 예수님 이름으로 기도합니다. – 아멘.

언약의 백성으로 살기 위한 기도

 **오늘의 말씀**) 히브리서 8 : 10

또 주께서 이르시되 "그 날 후에 내가 이스라엘 집과 맺을 언약은 이것이니, 내 법을 그들의 생각에 두고, 그들의 마음에 이것을 기록하리라. 나는 그들에게 하나님이 되고, 그들은 내게 백성이 되리라.".

 **오늘의 묵상 주제**

⊙ 하나님과 언약을 맺은 사람임을 기억하자!
⊙ 여호와는 나의 하나님이 되고, 나는 그의 백성임을 잊지 말자!

 **오늘의 기도**

하나님! 하나님께서는 하나님의 형상을 가진 존재로 사람을 만드셨다고 하셨습니다. 그러면 사람에게는 하나님의 성품처럼 좋은 것들만 있었을 텐데, 지금 사람들 중에는 하나님의 형상을 잃어버린 사람들이 많습니다. 아담이 타락한 이래로 사람에게는 타락한 심성이 있기 때문이라고들 합니다.

하나님! 그리이스 로마 신화에 판도라의 상자 이야기가 있습니다. 신이 열지 말라는 상자를 열었더니, 그 안에서 온갖 나쁜 것들이 다 튀어나왔다는 이야기입니다. 판도라의 상자에서 나와서 세상을 어지럽히는 것들은 탐욕, 시기, 질투, 미움, 질병, 고통 등 좋지 않은 것들이었다는 이야기입니다. 온갖 좋지 못한 것들을 담고 있던 판도라의 상자는 사람의 마음을 상징적으로 말해주는 것입니다.

언약의 하나님! 하나님께서는 언약의 하나님이시면서, 신실하셔서 언약을 온전히 지키고 이루는 분이십니다. 아브라함과 언약을 맺어 믿음의 조상이 되게 하셨고, 그의 후손들과도 언약을 맺어 이삭의 하나님, 야곱의 하나님, 선민 이스라엘의 하나님이 되어주셨습니다. 그들 중에서 하나님의 언약을 마음에 간직하고 잘 지킨 사람들은 하나님의 백성으로 복된 삶을 살았고, 하나님의 약속을 버린 사람들은 하나님의 보호를 받지 못하고 멸망했던 역사를 기억합니다.

신실하신 하나님! 제 마음, 제 생각에서 나쁜 것들은 모두 버리게 도와주세요. 오늘의 말씀에서 약속하신 것처럼 제 생각 속에 하나님의 법(규례, 율법, 말씀, 복음)을 넣어주세요. 내 생각 속에 넣어주신 하나님의 법을 마음에 새기고, 그 말씀을 따라 살게 도와주세요.

언약을 맺어주시는 하나님! 오늘은 실버데이라고 해서, 사랑하는 커플들이 은으로 커플링을 만들어 끼면서 언약을 하는 날입니다. 하나님께서는 저와 언약을 맺어주셨습니다. 제가 하나님과 마음의 커플링을 만들어 끼고 평생 간직하며 살도록 하겠습니다. 예수님의 이름으로 기도합니다. – 아멘.

 **오늘의 말씀** 잠언 25 : 13

충성된 사자는 그를 보낸 이에게 마치 추수하는 날에 얼음냉수 같아서 능히 그 주인의 마음을 시원하게 하느니라.

 **오늘의 묵상 주제**

◉ 충성된 사자(使者;일을 맡은 사람)가 되자!
◉ 하나님의 마음을 시원하게 해드리는 사람이 되자!

 **오늘의 기도**

하나님 아버지! 사람들은 저마다 일을 하면서 살고 있습니다. 어떤 사람은 고용주로 일하고, 어떤 사람은 고용된 사람으로 일을 합니다. 사장으로 월급을 주면서 일을 시키는 사람이 있고, 직원으로 월급을 받으면서 일을 하는 사람이 있습니다. 직원들 중에는 사장의 마음을 답답하게 하는 사람도 있고, 사장의 마음을 시원하게 해주는 일 잘하는 직원도 있습니다.

하나님 아버지! 혹 제가 어느 회사의 직원으로 일을 하게 된다면, 윗사람의 마음을 시원하게 해주는 추수하는 날의 얼음냉수 같은 존재, 한 여름에 시원한 음료수 같은 존재가 되게 해주세요. 또한 어떤 일을 맡더라도 깔끔하고 완벽하게 일을 처리해서 일 맡긴 사람의 마음을 시원하게 할 수 있는 사람이 되게 해주세요. 절대로 다른 사람을 속 타게 만드는 답답한 사람과 무능한 사람이 되지 않게 도와주세요.

하나님 아버지! 제가 공직자가 되어 일을 하게 된다면 기관이나 국민 모두의 마음을 시원하게 해줄 수 있는 유능하고 깨끗한, 국가와 민족을 위해 유익하고 큰 일을 해낼 수 있게 도와주세요.

하나님 아버지! 사람에게 뿐만 아니라, 하나님께 대해서도 충성된 일꾼이 되게 해주세요. 제 개인의 믿음과 교회생활과 하나님 나라를 위한 충성으로 하나님의 마음을 시원하게 해드리는 사람이 되게 해주세요. 악하거나 무익한 사람이 되어 하나님의 마음을 답답하게 해드리는 사람이 절대로 되지 않게 도와주세요. 예수님 이름으로 기도합니다. - 아멘.

 **오늘의 말씀**　다니엘 12 : 2, 3

땅의 티끌 가운데에서 자는 자 중에서 많은 사람이 깨어나 영생을 받는 자도 있겠고, 수치를 당하여서 영원히 부끄러움을 당할 자도 있을 것이며, 지혜 있는 자는 궁창의 빛과 같이 빛날 것이요, 많은 사람을 옳은 데로 돌아오게 한 자는 별과 같이 영원토록 빛나리라.

 **오늘의 묵상 주제**

⦿ 많은 사람을 옳은 데로 돌아오게 하는 사람이 되자!
⦿ 하늘의 별과 같이 빛나는 삶을 살자!

 **오늘의 기도**

　인생의 주인이 되시는 하나님 아버지!

　사람들은 세상을 살다가 반드시 죽게 되어 있습니다. 죽으면 끝이라고 생각하는 사람들도 있습니다. 그러나 성경은 죽으면 새로운 생명으로 새로운 세상에서 살 것을 말씀하고 있습니다. 특히 성경은 죽은 사람의 부활을 가르쳐주고 있습니다.

　예수님께서 세상 종말에 재림하실 것인데, 그 때에는 죽은 사람이 모두 다시 살게 된다고 합니다. 부활에는 두 가지 부활이 있는데, 하나는 성도의 부활입니다. 부활하여 예수님과 함께 새하늘과 새땅에 이루어지는 왕국에서 천년동안 왕 노릇하고 영원한 하나님의 나라에서 영원히 복되고 즐거운 삶을 살게 되는 생명의 부활입니다. 이 생명의 부활로 부활한 사람들은 하늘의 해와 달과 별처럼 빛나게 될 것입니다. 특히 많은 사람을 옳은 데로 돌아오게 한 사람은 별과 같이 영원토록 빛나게 될 것이라고 말씀하셨습니다.

　하나님 아버지! 그러나 또 하나의 부활이 있는데, 이것은 수치를 당하여 영원히 부끄러움에 처해질 부활입니다. 영원한 형벌을 당하게 될 사망을 위한 부활입니다.

　하나님 아버지! 저는 영생을 위해서 부활하는 사람이 되게 해주세요. 하나님의 나라에서 영원히 빛나는 존재로 영광스런 삶을 살 수 있게 해주세요. 그러기 위해서는 주님을 믿는 믿음이 있어야 한다는 것을 압니다. 이제 저도 믿는 자가 되었으니, 더 큰 영광을 위해서 많은 사람을 옳은 데로(믿음으로) 돌아오게 하는 전도자가 되게 해주세요. 예수님 이름으로 기도합니다. – 아멘.

 **오늘의 말씀** 여호수아 1 : 7, 8

오직 강하고 극히 담대하여 나의 종 모세가 네게 명령한 그 율법을 다 지켜 행하고, 우로나 좌로나 치우치지 말라. 그리하면 어디로 가든지 형통하리니, 이 율법 책을 네 입에서 떠나지 말게 하며, 주야로 그것을 묵상하여 그 안에 기록된 대로 다 지켜 행하라. 그리하면 네 길이 평탄하게 될 것이며 네가 형통하리라.

 **오늘의 묵상 주제**

⦿ 좌로나 우로나 치우치지 않는 삶을 살자!
⦿ 인생을 평탄하고 형통하게 하는 성경말씀 대로 살자!

 **오늘의 기도**

율법과 계명을 주신 하나님! 오늘은 대한민국헌법을 만들어 반포한 제헌절입니다. 우리나라가 법치국가가 되게 해주신 것을 감사드립니다.

일본제국주의에 의해서 망했던 우리나라가 1945년 8월 15일 해방이 되었습니다. 그러나 승전국인 미국과 소련의 이해관계, 남한과 북한의 이해관계 때문에 해방이 되고도 국가를 세우지 못하고 있었습니다. 그러다가 국제연합의 의결로 선거가 가능한 남한에서 1948년 5월 10일 헌법을 제정할 국회의원 선거를 치르게 되었습니다. 이때 선출된 198명의 제헌의원들이 헌법을 만들었고, 1948년 7월 17일 국회의장 이승만에 의해서 헌법이 선포됨으로써 대한민국이 헌법을 가질 수 있게 되었습니다.

하나님 아버지! 세상에는 아직도 민주적인 법을 가지지 못한 나라들도 많습니다. 법이 있어도 치안이 불안한 나라들이 많이 있다고 합니다. 우리나라는 치안이 잘 되어 있어 국민들이 안심하고 살 수 있는 것을 감사드립니다. 그러나 우리나라에도 범법자들이 끊이지 않고 있습니다. 강도, 절도, 폭행, 경제범 등 법을 지키지 않아서 범죄자가 되는 사람들이 많습니다.

하나님 아버지! 하나님께서는 율법을 지켜 행하는 자를 기뻐하시고, 그의 인생을 형통하게 해주는 분이십니다. 또한 하나님의 계명은 지키기만 하면 생명과 복을 얻을 수 있는 말씀이기도 합니다. 그 복된 말씀이 기록된 성경말씀(율법 책)을 다 지켜 행할 수 있는 제가 되게 해주세요. 좌로나 우로나 치우치지 않고, 말씀으로 마음과 삶의 중심을 잡으며 온전하게 살게 해주세요. 늘 말씀을 묵상하고, 말씀대로 살도록 최대한 노력하겠습니다. 저의 길을 평탄하게 해주시고, 저의 인생을 형통하게 해주세요. 예수님의 이름으로 기도합니다. – 아멘.

 **오늘의 말씀**　고린도후서 9 : 8

하나님이 능히 모든 은혜를 너희에게 넘치게 하시나니, 이는 너희로 모든 일에 항상 모든 것이 넉넉하여, 모든 착한 일을 넘치게 하게 하려 하심이라.

 **오늘의 묵상 주제**

◉ 은혜가 넘치는 사람이 되자!
◉ 착한 일을 넘치게 하는 사람이 되자!

오늘의 기도

은혜로우신 하나님!

하나님은 우리에게 은혜 주시는 것을 기뻐하시는 분입니다. 우리에게 은혜를 주시되 부족하게 주지 않고, 넘치도록 풍성하게 주시는 분이십니다. 우리에게 필요한 은혜를 넘치도록 주실 수 있는 분이십니다.

풍성하신 하나님! 저에게도 필요한 은혜를 넘치도록 허락해주시기를 소망합니다. 평생 하나님의 은혜를 입고 능력 있는 삶, 지혜로운 삶, 풍성한 삶, 평안한 삶을 살 수 있기를 소망합니다.

하나님 아버지! . 오늘의 말씀은 하나님께서 우리에게 넘치도록 은혜를 주시는 두 가지 목적을 말해주고 있습니다. 첫째로는 "이는 너희로 모든 일에 항상 모든 것이 넉넉하여"라는 말씀에서 알 수 있는 것으로, 우리의 삶을 풍성하게 해주시려는 것이 우리에게 은혜를 주시는 목적입니다. 우리가 풍성한 가운데서 행복하게 살 수 있게 하기 위해서 넉넉한 은혜를 주시는 하나님을 찬송합니다.

둘째로는 "모든 착한 일을 넘치게 하게 하려 하심이라"는 말씀에서 알 수 있습니다. 하나님께서 우리에게 넉넉하게 은혜를 주시고, 풍성한 삶을 살 수 있게 하시는 목적은 착한 일을 넘치도록 할 수 있도록 하기 위함입니다. 나 혼자만 잘 먹고 풍성하게 살도록 하기 위해서 풍성한 은혜를 주시는 것이 아니라는 말씀입니다. 가난하고 힘든 사람들에게 나누어주며 착한 일을 넘치도록 하면서 살기를 원하시면서 풍성한 은혜를 주시는 것입니다.

선을 기뻐하시는 하나님! 제게 선을 행할 수 있는 힘을 주세요. 제가 생각하고 행하는 모든 일에 항상 넉넉한 은혜를 허락해주세요. 그래서 선한 일, 착한 일을 많이 행할 수 있는 삶을 살 수 있게 해주세요. 하나님 영광을 드러낼 수 있도록, 하나님께서 원하시고 인도하시는 선한 일들을 이루며 살 수 있는 제가 되게 해주세요. 예수님 이름으로 기도합니다. – 아멘.

 **오늘의 말씀** 고린도후서 7 : 10

하나님의 뜻대로 하는 근심은 후회할 것이 없는 구원에 이르게 하는 회개를 이루는 것이요, 세상 근심은 사망을 이루는 것이니라.

 **오늘의 묵상 주제**

⊙ 세상 근심을 갖지 말자!
⊙ 하나님의 뜻대로 하여 회개를 이루는 근심만 하자!

 **오늘의 기도**

하나님 아버지! 사람들은 근심 걱정이 많습니다. 인생살이라는 것이 마냥 좋을 수만은 없기 때문인 것 같습니다. 자식들 때문에 근심하는 부모님들, 가정의 문제로 근심하는 자녀들, 학생들 때문에 근심하는 선생님들, 선생님 때문에 근심하고 친구 관계로 근심하는 학생들, 회사 때문에 근심하는 기업인들, 일 때문에 근심하는 직장인들, 나랏일과 국제정세 때문에 근심하는 위정자들, 정치 경제 사회 문화 교육 모든 것을 근심해야 하는 국민들....! 모두가 근심이 많습니다.

하나님 아버지! 하나님께서는 세상 근심은 사망을 이루는 것이라고 말씀하셨습니다. 예수님께서는 모든 근심 걱정은 하나님께 맡기고, 내일 일을 위해서, 무엇을 먹을까 무엇을 입을까 하는 문제들로 근심 걱정 하지 말라고 말씀하셨습니다. 하나님께서 우리들의 근심을 이미 알고 계시고, 그 문제들을 해결해주실 것을 믿으라고 말씀하셨습니다.

하나님 아버지! 하나님께서는 세상사는 걱정은 하지 말고 오직 하나님의 뜻대로 하는 근심을 하라고 말씀하셨습니다. 후회할 것이 없는, 구원을 이루기 위한 근심만 하라고 하셨습니다. 회개는 우리의 죄를 씻고 새로운 사람이 되게 합니다. 그래서 회개는 구원에 이르게 해주는 근심입니다. 모든 근심 중에 오직 회개를 위한 근심만이 우리에게 유익한 근심이됩니다.

하나님 아버지! 생각해 보면 저 역시도 참 근심이 많은 사람입니다. 공부, 시험, 진학, 진로, 가정, 물질, 외모, 성격, 친구, 인간관계 등등, 생각하면 할수록 염려되는 것들이 많습니다. 그런데 오늘의 말씀에 비추어보면서 제가 하는 근심들이 세상의 근심이 아닐까 걱정스럽습니다. 이제는 세상 근심은 벗어던지고, 오직 하나님의 뜻을 구하고 이루기 위한 근심만 하는 제가 되게 해주세요. 저의 잘못된 것들, 비 신앙적인 것들을 고백하고 하나님께서 원하시는 모습으로 고쳐서 후회할 것 없는 구원에 이르도록 인도해주세요. 예수님 이름으로 기도합니다. – 아멘.

쉼과 재충전을 위한 기도

 **오늘의 말씀** 잠언 10 : 10

철 연장이 무디어졌는데도 날을 갈지 아니하면 힘이 더 드느니라. 오직 지혜는 성공하기에 유익하니라.

 **오늘의 묵상 주제**

◉ 좋은 쉼을 통해서 재충전을 잘하며 살자!
◉ 성공으로 이끌어주는 지혜의 소유자가 되자!

 **오늘의 기도**

참된 안식을 주시는 하나님!

하나님께서는 열정적으로 일하는 분이시며, 동시에 참 안식에 들어가기도 하시는 분인 줄 압니다. 하나님께서는 천지를 창조하실 때에 6일 동안 온 우주와 만물과 그 질서를 만드셨습니다. 그리고 제7일에는 안식하셨습니다. 하나님께서는 지치거나 피곤하지 않으시는 분일 텐데 그럼에도 쉼을 가지셨습니다.

쉼을 주시는 하나님! 내가 심신이 지쳐서 재충전이 필요할 때는 잘 쉬면서 새로운 힘을 보충할 수 있는 지혜도 있게 해주세요. 칼이나 낫의 날이 무뎌졌는데도 갈지 않고 일을 하면 배나 더 힘 드는 것처럼, 심신이 지친 상태로 계속 일하고 공부하는 것은 힘만 들고 효과가 나질 않습니다. 주님 안에서 참된 안식을 얻는 것을 통해서 새 힘을 얻고 세상을 이길 수 있게 해주세요.

하나님 아버지! 옛날에 맹자라는 분이 있었는데요, 사람에게는 야기충전(夜氣充塡)이 필요하다고 말했습니다. 낮에는 힘든 일을 하고 사람들과 부대끼느라 심신이 피로하지만, 밤에 잠을 자면서 쉴 때에 잃었던 기운을 보충하고 채우게 된다는 뜻입니다. 산에서 나무하면서 산이 쉴 시간을 주지 않으면, 산은 나무 한 그루 없는 민둥산이 되고 맙니다. 마찬가지로 사람도 쉬지 못하면 황폐해진다는 이야기입니다.

힘의 원천이 되시는 하나님! 저에게 열심히 일하는 것과 잘 쉬어 피곤해지지 않을 수 있는 두 가지 능력을 함께 허락해주세요. 이제 여름방학이 시작됩니다. 이 방학을 영과 육을 위한 재충전의 기회, 내 삶과 실력을 위한 충전의 기회로 삼을 수 있게 해주세요. 예수님 이름으로 기도합니다. – 아멘.

 **오늘의 말씀** 베드로전서 2 : 9

그러나 너희는 택하신 족속이요, 왕 같은 제사장들이요, 거룩한 나라요, 그의 소유가 된 백성이니, 이는 너희를 어두운 데서 불러내어 그의 기이한 빛에 들어가게 하신 이의 아름다운 덕을 선포하게 하려 하심이라.

오늘의 묵상 주제

⊙ 하나님께 있어서 내가 어떤 존재인가를 제대로 알고 살자!
⊙ 하나님의 사람으로 하나님께서 주신 빛의 세계에서 살자!

 **오늘의 기도**

　사람을 귀하게 여기시는 하나님!

　하나님께서는 모든 사람을 귀하게 여겨주십니다. 사람은 하나님의 피조물임에도 하나님께서는 사람을 아끼고 사랑하시되, 독생자 아들 예수 그리스도를 십자가에 내어주시기까지 극진히 사랑해주셨습니다. 하나님의 사랑을 깨닫고 하나님의 사람이 된 사람들을 귀하게 여기시되, 천사보다도 더 귀하게 여기신다고 하셨습니다.

　오늘 말씀은 하나님께서 성도들에 대하여 얼마나 귀하게 여기시는지를 알려주는 말씀입니다. "너희는 택하신 족속이요, 왕 같은 제사장들이요, 거룩한 나라요, 그의 소유가 된 백성이다"라고 말씀하셨습니다. 하나님을 믿는 성도들은 하나님께서 특별히 선택해주신 사람들입니다. 하나님은 성도들을 하나님 앞에 직접 나아가서 자신의 죄의 문제를 해결할 수 있는 제사장으로 삼아주셨습니다. 그것도 그냥 제사장이 아니라 왕 같은 제사장들로 삼아주셨습니다. 하나님께서는 세상의 나라와 별개로 세상의 성도들로 하나의 영적인 나라를 만들어주셨습니다. 그 나라는 거룩한 나라입니다. 이 나라의 성도들은 하나님의 소유가 된 하나님의 백성입니다. 성도들로 이루어진 그 나라는 주님의 교회입니다.

　교회의 주가 되시는 하나님! 하나님께서는 교회(그리스도를 믿는 구별된 성도들의 모임)와 성도들을 귀하게 여겨주십니다. 마귀가 날뛰는 어두운 세상에서 성도들을 불러내어 소망과 생명의 빛으로 인도해주셨습니다.

　하나님 아버지! 저를 성도 중의 하나로 불러주신 하나님께 감사드립니다. 저도 하나님께서 택해주신 하나님의 거룩한 백성으로, 왕 같은 제사장으로 살게 해주세요. 하나님의 아름다운 덕을 널리 전하는 사람이 되게 해주세요. 예수님의 이름으로 기도합니다. – 아멘.

 **오늘의 말씀**　요한3서 1 : 2

사랑하는 자여! 네 영혼이 잘됨 같이 네가 범사에 잘되고, 강건하기를 내가 간구하노라.

 **오늘의 묵상 주제**

⊙ 주님의 사랑을 받는 사람으로 살자!
⊙ 영혼도 잘 되고, 모든 일이 잘 되는 사람이 되자!

 **오늘의 기도**

　사랑의 하나님! 사람들은 사랑을 먹고 사는 존재입니다. 사랑받지 못하는 사람의 상실감은 말할 수 없이 큽니다. 부모의 사랑을 받지 못하는 아이들, 자식들의 사랑을 받지 못하는 부모들, 선생님의 사랑을 받지 못하는 학생들, 학생들의 사랑을 받지 못하는 선생님들, 윗사람의 사랑을 받지 못하는 직원들, 아랫사람의 사랑을 받지 못하는 상사들, 친구들의 사랑을 받지 못하는 아이들, 모두 참 불행한 사람들입니다. 반대로 그들의 사랑을 받는 사람들은 참으로 행복한 사람들입니다. 사람의 사랑을 받는 것도 참 소중한 일인데 하나님의 사랑을 받는다는 것은 더없이 귀한 일입니다.

　하나님 아버지! 저를 '사랑하는 자'라고 불러주심을 감사드립니다. 하나님께서는 저를 사랑하셔서 제가 잘 되기를 원하십니다. 그리고 잘 되도록 힘주시고 도와주실 것을 믿습니다.

　하나님 아버지! 오늘의 말씀을 통해서 힘과 용기를 얻습니다. 오늘의 말씀은 영혼의 잘됨, 일의 형통, 몸의 건강 등 세 가지 차원에서의 축복이라 해서 삼중 축복의 말씀이라고 하는 분들도 있습니다. 저에게도 같은 은혜를 주실 것을 믿습니다.

　하나님 아버지! 먼저 저의 영혼이 잘 되게 해주세요. 하는 일마다 잘 되게 도와주세요. 공부하는 일, 진학하는 일, 취업하는 일, 사업하는 일, 재능의 발전, 목표의 성취, 인간관계 등 모든 일이 잘 되게 도와주세요. 그리고 평생에 건강하게 살 수 있도록 도와주셔서, 평생 동안 무슨 일이든지 씩씩하게 해나갈 수 있게 도와주세요. 예수님 이름으로 기도합니다. - 아멘.

 **오늘의 말씀**　민수기 6 : 24~26

여호와는 네게 복을 주시고 너를 지키시기를 원하며, 여호와는 그의 얼굴을 네게 비추사 은혜 베푸시기를 원하며, 여호와는 그 얼굴을 네게로 향하여 드사 평강주시기를 원하노라.

 **오늘의 묵상 주제**

⊙ 하나님께 복 받는 사람으로 살자!
⊙ 하나님의 평강을 누리며 살자!

 **오늘의 기도**

평강을 주시는 하나님!

하나님의 얼굴을 바라는 사람들이 많습니다. 하나님께서 한 번 돌아봐 주시기를 소망하는 사람들이 많습니다. 하나님께서 얼굴을 향하는 사람은 도움과 은총을 입기 때문입니다. 복을 받기 때문입니다. 구원을 얻게 되기 때문입니다.

얼굴을 내게 비춰주시는 하나님! 저에게도 얼굴을 향하여 주시고, 은혜를 베풀어주시고 평강주시기를 원합니다. 이렇게 하나님의 얼굴을 구하고, 은총을 구하는 저에게 복을 주시고 지켜주실 것을 믿습니다.

하나님 아버지! 높은 사람을 만나서 얼굴 한 번 보는 것은 어려운 일입니다. 잘 나가는 사람은 자기의 얼굴을 보여주기에 얼마나 인색한지 모릅니다. 또한 은혜를 베풀어주고 도와주는 것에 매우 인색합니다. 그럼에도 그들의 얼굴을 보려고 매달리는 사람들이 많습니다. 사람에게 뭔가를 기대하기 때문입니다.

복의 주관자가 되시는 하나님 아버지! 하나님께서는 아브라함이 축복한 대로 이삭에게 복을 주셨습니다. 이삭이 축복한 대로 야곱에게 복을 주셨습니다. 야곱이 축복한 대로 그의 열두 아들들에게 복을 주셨습니다. 사람에게 복 주시기를 기뻐하시는 하나님께서는 제사장들을 통해서 이스라엘 백성들을 축복하게 하셨습니다. 오늘의 말씀이 바로 하나님께서 모세를 통해서 아론의 후손인 제사장들에게 가르쳐주신 축복기도문입니다. 오늘날에는 하나님의 종으로 기름부어 세우신 목사님들을 통해서 축복기도를 하게 해주셨습니다. 그리고 그렇게 축복받은 사람들에게 하나님께서 복을 베풀어주실 것을 믿습니다.

하나님 아버지! 저로 하여금 예배자가 되게 하시고, 예배 때마다 축복기도를 받게 해주신 것을 감사드립니다. 이 기도문 대로 저에게 복을 주시고, 은혜와 평강이 넘치는 복된 인생을 살게 해주세요. 예수님 이름으로 기도합니다. – 아멘.

 **오늘의 말씀**　디모데후서 2 : 22

또한 너는 청년의 정욕을 피하고, 주를 깨끗한 마음으로 부르는 자들과 함께 의와 믿음과 사랑과 화평을 따르라.

 **오늘의 묵상 주제**

⊙ 육체의 정욕을 피하고 깨끗한 마음으로 살자!
⊙ 의와 믿음과 사랑과 화평을 따르자!

 **오늘의 기도**

　깨끗한 것을 좋아하시는 하나님! 하나님께서는 깨끗한 것을 좋아하시는데 세상은 깨끗하지 못한 것들이 많습니다. 하나님께서는 깨끗한 사람을 좋아하시는데 깨끗하지 못한 사람들이 많습니다. 세상의 풍조가 많이 혼탁해져 있습니다. 부정부패를 일삼는 사람들이 있습니다. 정직하지 않은 방법으로 사는 사람들이 많습니다. 특히 정욕을 따라 사는 사람들이 많은 세상입니다.

　깨끗한 마음과 깨끗한 삶을 원하시는 하나님! 저를 깨끗한 몸과 마음으로 살게 도와주세요. 깨끗한 마음으로 주를 부를 수 있는 사람이 되게 해주세요. 하나님, 소돔과 고모라처럼 타락한 문화가 만연되어 있습니다. 스스로 성적인 쾌락에 빠지는 사람들도 있고, 성범죄를 저지르는 사람들도 있습니다.

　하나님 아버지! 저를 청년의 정욕에 사로잡히지 않게 도와주시고, 정욕을 피하고 순결한 삶을 살게 도와주세요. 요즘은 특히 성적인 욕망을 따르는 사람들이 많고, 물질의 욕심에 사로잡혀 사는 사람들이 많습니다. 그런 사람이 되지 않도록 저를 지켜주세요. 또한 그런 사람들과 함께 어울리지 않게 하시고, 깨끗하고 진실한 마음을 가진 사람들과 어울릴 수 있게 해주세요.

　하나님 아버지! 주를 깨끗한 마음으로 부르는 자들과 함께 하라고 하셨습니다. 깨끗한 마음으로, 깨끗한 영으로, 깨끗한 생활을 하면서 하나님을 부르는 사람들과 함께 어울릴 수 있게 도와주세요. 믿음 좋은 부모님을 주시고, 믿음 좋은 선생님을 만나게 도와주시고, 믿음 좋은 친구들을 만나 함께 어울릴 수 있게 이끌어주세요. 그래서 주님께서 바라시는 의와 믿음과 사랑과 화평을 따르며 사는 제가 되게 해주세요. 예수님 이름으로 기도합니다. – 아멘.

 **오늘의 말씀**   잠언 20 : 19

두루 다니며 한담하는 자는 남의 비밀을 누설하나니, 입술을 벌린 자를 사귀지 말지니라.

 **오늘의 묵상 주제**

- 쓸 데 없는 이야기로 시간을 보내는 사람이 되지 말자!
- 남의 비밀을 누설하는 사람이 되지 말자!

 **오늘의 기도**

욥을 칭찬해주셨던 하나님!

하나님께서는 칭찬하기를 좋아하시는 분입니다. 훌륭한 사람은 칭찬하시고 허물이 있는 사람을 감싸주시는 분입니다.

하나님! 그런데 사람들은 남의 말 하는 것을 좋아합니다. 대부분의 사람들은 다른 사람의 칭찬에는 인색하고, 다른 사람을 헐뜯고 흉보는 것에는 앞을 다툽니다. 당사자 앞에서는 좋은 말을 하면서 다른 사람에게는 흉보기를 반복합니다. 함께 모여서 없는 친구를 흉봅니다. 선생님을 욕하기도 합니다. 직장 상사에 대해서 '뒷담화'에 목소리를 높입니다. 심지어는 자기 부모님을 욕하는 아이들도 있습니다.

하나님! 다른 사람을 흉보는 사람들이 많습니다. 그들 중에는 이곳저곳 두루 다니면서 쓸데없이 다른 사람의 흉을 보면서 비밀까지 누설하는 사람도 있습니다. 이런 사람은 가장 믿을 수 없는 사람입니다. 하나님께서는 이렇게 '입술을 벌린 자'를 사귀지 말라고 말씀하셨습니다.

하나님 아버지! 한가하게 쓸데없는 이야기나 하면서 시간을 허비하는 사람이 되지 않게 해주세요. 특히 다른 사람을 흉보는 사람이 되지 않게 도와주세요. 다른 사람의 비밀을 지켜줄 줄 아는 사람이 되게 해주세요. 다른 사람의 흉을 보거나 비밀을 누설해서 관계가 꼬이고 난처해지는 일이 없도록 저의 입술을 지켜주세요. 말로 실수하지 않는 사람이 되도록 저의 입술을 지켜주세요. 다른 사람의 장점을 보고 칭찬할 수 있는 사람이 되게 해주시고, 다른 사람의 약점이나 캐고 흉이나 보는 사람이 되지 않게 도와주세요. 예수님 이름으로 기도합니다. – 아멘.

 **오늘의 말씀** 　신명기 11 : 26~28

내가 오늘 복과 저주를 너희 앞에 두나니, 너희가 만일 내가 오늘 너희에게 명하는 너희의 하나님 여호와의 명령을 들으면 복이 될 것이요, 너희가 만일 내가 오늘 너희에게 명령하는 도에서 돌이켜 떠나 너희의 하나님 여호와의 명령을 듣지 아니하고 본래 알지 못하던 다른 신들을 따르면 저주를 받으리라.

 **오늘의 묵상 주제**

◉ 내 앞에 놓인 복과 저주의 길을 분별할 줄 아는 사람이 되자!
◉ 하나님의 명령을 따라 살므로 복을 받는 자가 되자!
◉ 평생 절대로 다른 신을 따르지 말자!

 **오늘의 기도**

　복의 원천이신 하나님!

　하나님께서 모든 인생 앞에 복과 저주를 놓아두신 것을 기억합니다. 하나님의 명령을 듣고 순종하면 복이 되고, 하나님을 떠나고 하나님의 말씀에 불순종하거나 다른 신들을 섬기면 저주를 받는다고 했습니다.

　하나님! 사람마다 저주를 피하고 복을 받으며 살기를 소망합니다. 그런데도 복을 받지 못하는 사람이 많습니다. 저주스러운 삶을 사는 사람도 많습니다. 하나님을 모르기 때문입니다. 하나님의 명령을 따르지 않기 때문입니다. 하나님을 섬기지 아니하고 다른 신을 섬기기 때문입니다.

　복을 주시는 하나님! 저로 하여금 오직 복된 길로만 갈 수 있게 해주세요. 제 인생에서 저주를 찾아볼 수 없게 해주세요. 제가 부족해서 많은 것을 하나님께 드리지 못할 수도 있고, 하나님을 위해서 큰 일을 하지 못할 수도 있습니다. 그러나 평생 하나님을 섬기며, 하나님의 말씀을 순종하고자 노력하며 살겠습니다. 하나님과 하나님의 말씀을 떠나지 않도록 저의 마음을 늘 붙잡아주세요.

　하나님 아버지! 저 뿐만 아니라 제 부모님과 형제자매도 하나님만 섬기고 하나님 말씀을 따르게 하셔서 복된 인생을 살게 해주세요. 저의 친구들, 저의 선생님들, 저와 관련된 모든 사람들이 하나님을 믿고 섬김으로써 복 받은 인생을 살게 도와주세요. 예수님 이름으로 기도합니다. – 아멘.

 **오늘의 말씀**　시편 40 : 1-3

내가 여호와를 기다리고 기다렸더니 귀를 기울이사 나의 부르짖음을 들으셨도다. 나를 기가 막힐 웅덩이와 수렁에서 끌어올리시고, 내 발을 반석 위에 두사 내 걸음을 견고하게 하셨도다. 새 노래 곧 우리 하나님께 올릴 찬송을 내 입에 두셨으니, 많은 사람이 보고 두려워하여 여호와를 의지하리로다.

 **오늘의 묵상 주제**

⦿ 하나님을 기다리자!
⦿ 하나님께서 수렁에서 끌어올려 반석에 놓으실 것을 믿자!

 **오늘의 기도**

　인생의 도움이 되시는 하나님! 사람들은 인생을 살아가면서 정말 어려운 상황에 빠지는 경우가 있습니다. 학교에서 친구들의 왕따가 되어 힘들어 하는 학생도 있습니다. 학교 안에서 '일진'이나 못된 아이들에게 당하는 괴롭힘의 수렁에서 벗어나지 못하고 죽었던 학생도 있습니다. 유명한 연예인으로 활동하다가도 안티들이 퍼트린 루머에 시달리며 사회적으로 매장되는 수렁에 빠지기도 합니다. 어떤 사람은 사업 때문에, 어떤 사람은 가정 때문에, 어떤 사람은 사건이나 사고 때문에 인생의 깊은 수렁에 빠지기도 합니다.

　사람의 도움이 되시는 하나님! 다윗도 승승장구하는 인생을 살다가 깊은 웅덩이와 수렁에 빠지기도 했습니다. 골리앗을 죽이고 혜성처럼 등장해서 일거에 이스라엘을 대표하는 장군이 되었고, 나가는 전쟁마다 승리를 얻어 온 백성들의 신망을 한 몸에 받게 되었습니다. 그러나 너무 잘 나가는 다윗을 시기하여 사울 왕이 다윗을 죽이려고 끈질기게 추격을 합니다. 광야에서 자기를 따르는 수백 명의 무리들을 거느리면서 생존해야 하는 어려운 상황에 빠지게 되었습니다. 때로는 무시하는 사람도 있었고, 조롱하는 사람도 있었습니다. 살기 위해서 미친 척 해야 할 때도 있었습니다. 그러나 하나님께서는 결국 다윗의 부르짖음을 들으시고 깊은 웅덩이와 수렁에서 건져주셨습니다. 그리고 높고 견고한 반석을 걷는 견고한 인생을 허락해 주셨습니다.

　아버지 하나님! 제가 몹시 힘들 때 저를 도와주세요. 깊은 웅덩이와 수렁에 빠져 있을 때(혹, 지금 깊은 수렁에 빠져 있다면 그 문제를 구체적으로 기도하라) 저를 도와주세요. 제가 낙심하여 절망하기 전에, 제 손을 잡아 구원해주세요. 저를 끌어올리시고, 반석 위를 걷는 것처럼 든든한 삶으로 인도해 주셔서, 하나님께 감사하며 기쁨의 찬송을 부를 수 있는 날을 하루속히 허락해주세요. 예수님 이름으로 기도합니다. – 아멘.

갈급함을 해결하는 '생수' 를 구하는 기도

 **오늘의 말씀** 요한복음 7 : 37, 38

명절 끝날 곧 큰 날에 예수께서 서서 외쳐 이르시되 "누구든지 목마르거든 내게로 와서 마시라. 나를 믿는 자는 성경에 이름과 같이 그 배에서 생수의 강이 흘러나오리라." 하시니

 **오늘의 묵상 주제**

⊙ 목마를 때에 생수 되시는 예수님을 찾자!
⊙ 내 배에서 생수의 강이 흘러나오게 하자!

 **오늘의 기도**

생수가 되시는 주님!

사람은 물 없이는 단 며칠도 살 수 없습니다. 하루에도 몇 번 씩 물을 마셔야만 합니다. 목이 마른데 물이 없으면 갈급(渴急)하게 물을 찾습니다. 배고픈 것은 얼마간 참을 수 있지만 목이 마른 것은 참을 수가 없습니다.

주님! 세상은 사막과 같고, 인생은 사막을 가는 나그네와 같을 때가 있습니다. 세상을 살기가 힘들고, 목마르게 하는 것들이 많습니다. 돈에 목마른 사람, 사랑에 목마른 사람, 인정에 목마른 사람, 배움에 목마른 사람, 친구에 목마른 사람 등 그것이 해결되지 않으면 살 수 없을 것 같은 갈급한 것들이 있습니다. 그 갈급함이 해결되지 않아서 좌절하는 사람, 인생을 포기하는 사람들도 있습니다.

생수가 되시는 주님! 주님께서는 목이 마른 자는 누구든지 주님께 와서 '생수(生水;생명의 물)' 를 마시라고 하셨습니다. 주님이 주시는 '물' 은 세상이 주는 것과는 달라서, 한 번 마시면 다시는 목마르지 않는 생명의 물이라고도 하셨습니다. 마신 자의 배에서 영원히 샘솟는 '샘물' 또는 '생수의 강' 이 된다고 하셨습니다.

주님! 인생에 갈급(渴急;급하고 심한 목마름)해보지 않는 사람은 없을 것입니다. 저도 심히 목마릅니다. 목마른 자 와서 마시라 하신 말씀을 믿고 간구합니다. (자신이 목마른 것을 구체적으로 기도하라. 지혜, 지식, 성적, 입시, 내신, 사랑, 우정, 가정의 화목, 돈 등등). 저의 목마름을 해결해주세요. 그리고 생수의 강처럼 다시는 목마르지 않게 해주세요. 예수님 이름으로 기도합니다. – 아멘.

믿음의 역사 & 사랑의 수고를 위한 기도

 **오늘의 말씀**) 데살로니가전서 1:1~4

우리가 너희 모두로 말미암아 항상 하나님께 감사하며 기도할 때에 너희를 기억함은, 너희의 믿음의 역사와, 사랑의 수고와, 우리 주 예수 그리스도에 대한 소망의 인내를 우리 하나님 아버지 앞에서 끊임없이 기억함이니, 하나님의 사랑하심을 받은 형제들아! 너희를 택하심을 아노라.

 **오늘의 묵상 주제**

⊙ 믿음의 역사가 있는 사람이 되자!
⊙ 사랑의 수고가 있는 사람이 되자!

 **오늘의 기도**

기도를 들어주시는 하나님!

하나님께서는 기도를 들어주시는데 있어서 빈부귀천의 차별을 두지 않으십니다. 머리 좋고 나쁨의 차별도, 성적이 좋고 나쁨의 차별도 두지 않습니다. 누구라도 와서 겸손하고 솔직하게 자신의 문제를 고백하면서 기도하면 어떤 죄라도 용서해주시고, 어떤 문제라도 해결해주십니다.

하나님 아버지! 하나님께서는 다른 사람을 위해서 중보기도 하는 것을 더욱 기뻐하신다고 하셨습니다. 오늘의 성경말씀은 바울 사도가 데살로니가교회 성도들을 위해서 기도하는 내용입니다. 데살로니가교회의 성도들은 믿음의 역사와, 사랑의 수고와, 주 예수 그리스도에 대한 소망의 인내가 있었습니다. 이들을 생각할 때마다 바울 사도는 항상 감사한 마음이 있었고, 기도할 때마다 이들을 위해서 기도해주었습니다.

중보기도를 잘 들어주시는 하나님! 아직 저는 제 자신을 위해서도 제대로 기도하지 못하는 사람입니다. 그러나 이제 저도 기도의 사람이 되게 도와주세요. 저 자신을 위해서 뿐만 아니라 다른 사람들을 위해서 기도해 줄 수 있는 사람이 되게 해주세요. 하나님! 또한 저를 위해서 기도해주는 사람들이 많게 해주세요. 저희 부모님, 선생님, 목사님과 전도사님, 친구들 등 저를 위해서 기도해주는 사람이 많게 해주세요. 그리고 그 기도가 선하게 제게 응답될 수 있게 해주세요. 저를 믿음의 역사가 있는 사람, 사랑의 수고를 아끼지 않는 사람, 주님께 소망의 인내가 있는 사람이 되게 해주세요. 그렇게 믿음 안에서 성장하는 저의 모습을 보면서 모두가 기뻐하고 대견해 할 수 있는 그런 삶을 살게 해주세요. 예수님 이름으로 기도합니다. – 아멘.

옛 사람을 벗고 새 사람을 입기 위한 기도

 **오늘의 말씀** 에베소서 4 : 22-24

너희는 유혹의 욕심을 따라 썩어져 가는 구습을 따르는 옛 사람을 벗어 버리고, 오직 너희의 심령이 새롭게 되어, 하나님을 따라 의와 진리의 거룩함으로 지으심을 받은 새 사람을 입으라.

 **오늘의 묵상 주제**

◉ 욕심과 나태함의 옛 습관을 따른 옛 사람을 벗어버리자!
◉ 하나님의 지으심을 받아 새로운 심령의 새 사람을 입자!

 **오늘의 기도**

새사람을 좋아하시는 하나님!

하나님께서는 매일 새로운 날을 우리에게 주시면서 매일 새로운 사람으로 살기를 기대하고 계십니다. 버려야 할 좋지 못한 습관을 벗어버리지 못하고 구습(옛습관)을 따라 사는 삶은 하나님이 원하시는 삶이 아닙니다. 그럼에도 사람들은 욕심을 따라 살고, 유혹에 쉽게 넘어가면서 썩어져 가는 구습을 따라 살고 있습니다.

새롭게 하시기를 기뻐하시는 하나님! 하나님께서는 수많은 사람을 새 사람으로 만들어주셨던 것을 압니다. 유혹에 쉽게 넘어가던 사람도, 욕심을 따라 살던 사람도, 못된 습관에 젖어 파멸과 사망의 길을 걷던 사람도 새로운 사람으로 만들어주셨습니다.

하나님! 저도 새로운 심령, 새로운 습관을 가지고 사는 새사람이 되기를 소망합니다. 좋지 않은 습관에 젖어서 발전하지 못하고 제 자리 걸음을 하는 저를 도와주세요. 퇴보하거나 정체되어 성장을 하지 못하는 저를 도와주세요. 저에게 새로운 마음을 주세요. 제 심령을 완전히 새롭게 하고, 새로운 습관과 생활을 주셔서 성공의 길을 가게 해주세요. 마음도 새롭게 해주시고, 습관도 새롭게 해주시고, 내 삶도 새롭게 도와주세요. 나의 신앙도 새롭게 해주셔서 하나님을 따라 의와 진리의 거룩함으로 지으심을 받은 새 사람이 되게 해주세요. 예수님 이름으로 기도합니다. – 아멘.

평탄한 삶을 위한 기도

 **오늘의 말씀** 잠언 3 : 29~31

네 이웃이 네 곁에서 평안히 살거든 그를 해하려고 꾀하지 말며, 사람이 네게 악을 행하지 아니하였거든 까닭 없이 더불어 다투지 말며, 포학한 자를 부러워하지 말며 그의 어떤 행위도 따르지 말라.

 **오늘의 묵상 주제**

⦿ 이웃에게 해를 끼치는 사람이 되지 말자!
⦿ 사람들과 다투지 말자!
⦿ 포학한 자의 어떤 행위도 따르지 말자!

 **오늘의 기도**

사랑과 평화의 주님!

주님께서는 모든 세상 사람들이 평화를 누리며 살기를 원하십니다. 그런데 별 이유도 없이 이웃을 괴롭히고 해하려고 하는 사람들이 있습니다. 자기에게 악을 행하지도 않았는데 까닭도 없이 시비를 걸어 다투는 사람들도 있습니다. 이런 사람들 때문에 세상이 소란하고 평화가 깨지고 있습니다.

하나님 아버지! 저 또한 평화롭게 살기를 원합니다. 다른 사람들 때문에 해를 당하지 않게 해주시고, 다른 사람들이 저와 더불어 싸우려고 하지 않게 해주세요. 제가 평안하게 살아가는 것을 해하려고 하는 사람이 없도록 막아주세요. 제가 다른 사람에게 악을 행하지 않게 도와주시고, 다른 사람이 저에게 악을 행하지 않도록 도와주세요.

하나님 아버지! 세상에는 조폭을 부러워하는 사람도 있습니다. 싸움 잘하는 것을 자랑하는 사람도 있고, 부러워하는 사람도 있습니다. 그러나 하나님, 저는 악한 사람들을 부러워하지 않게 하시고, 그들의 어떤 행위도 따르지 않게 해주세요. 저 또한 다른 사람들에게 해를 끼치지 않게 해주시고, 이웃과 다투지 않는 사람이 되게 해주세요. 부모님, 선생님, 친구들, 만나게 되는 모든 사람들과 더불어 평안하게 살 수 있게 해주세요. 예수님 이름으로 기도합니다. – 아멘.

●8월을 성공적으로 보내는 방법

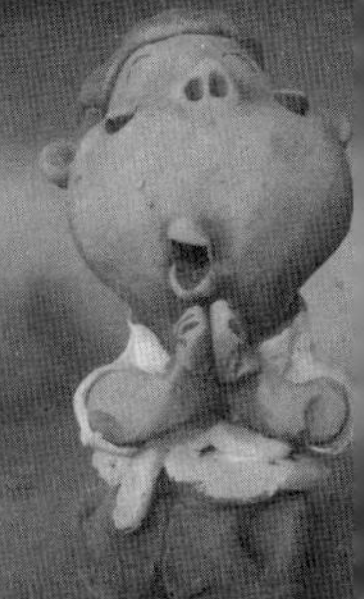

여름방학이다.

학생들은 고등학교를 졸업할 때까지 모두 24번의 방학을 보내게 된다.

초등학교 6년 동안 12번의 방학이 있고, 중학교 3년 동안 6번의 방학이 있고, 고등학교 3년 동안 6번의 방학이 있다.

1년에 2번 씩 방학은 3달이나 되고, 12년간 36개월, 즉 3년이 방학이다.

초등학교 때를 빼더라도 중학교 3년 36개월 중에 거의 10개월, 고등학교 3년 36개월 동안 거의 10개월이 방학이다.

많은 학생들이 방학이라고 대충 지낼 때, 소수의 학생들은 오히려 집중적으로 공부해서 실력을 높여놓는다. 두 부류의 경쟁에서 누가 이길지는 너무 분명해진다.

10달 먼저 걷기 시작한 사람이 아무리 천천히 걸어간다고 해도, 10달 뒤에 걷기 시작한 사람이 26개월 안에 따라잡는 것은 거의 불가능한 일이다.

1시간 먼저 걸어간 사람을 빨리 걸어서 몇 시간 만에 따라잡을 수 있는지 실험해보라. 그러면 10달의 위력을 알 수 있을 것이다.

2학기 교과서를 받았다면, 방학을 이용해서 한 두 번 읽어놓자. 외울 필요는 없다. 그냥 재미있게 소설 읽듯이 죽죽 읽어놓자. 한 두 번 쯤 정독을 해놓으면 금상첨화!

2학기가 시작되었을 때 훨씬 쉽고 재미있게 공부할 수 있을 것이다.

 **8월 1일** 선한 일에 열매 맺기를 구하는 기도

 **오늘의 말씀** 골로새서 1 : 9~12

……너희로 하여금 모든 신령한 지혜와 총명에 하나님의 뜻을 아는 것으로 채우게 하시고, 주께 합당하게 행하여 범사에 기쁘시게 하고, 모든 선한 일에 열매를 맺게 하시며, 하나님을 아는 것에 자라게 하시고, 그의 영광의 힘을 따라 모든 능력으로 능하게 하시며, 기쁨으로 모든 견딤과 오래 참음에 이르게 하시고……

오늘의 묵상 주제

◉ 신령한 지혜와 총명으로 채워진 존재가 되자!
◉ 기쁨으로 견디고 참아 선한 일에 열매를 맺는 사람이 되자!

 **오늘의 기도**

주님! 주님께서는 사람의 속에 있는 것이 밖으로 나온다고 하셨습니다. 좋은 나무라야 좋은 열매를 맺고, 나무가 좋지 않으면 좋은 열매를 맺을 수 없는 것과 마찬가지 입니다. 주님의 말씀처럼 사람들은 자기 속에 있는 것이 말과 행동으로 나옵니다.

많은 사람들이 '비움'의 중요성에 대해서 말하고 있는 것 같습니다. 사실 좋지 않은 것, 썩은 것, 더러운 것, 추한 것, 악한 것, 나쁜 것, 불의한 것, 병든 것, 죄된 것들은 모두 버려서 심령을 깨끗하게 비우는 것이 필요합니다. 그러나 비우고 나서 좋은 것으로 채워놓지 않으면, 어느새 나쁜 것들로 다시 채워지게 됩니다. 그래서 주님께서는 귀신을 쫓아내준 사람에게 신령한 것으로 채우지 않으면 나중에 일곱 귀신이 깃들어버린다고 경고해주셨습니다.

주님! 모든 좋은 것으로, 신령한 것들로 제 심령을 채워주세요. 하나님의 뜻을 아는 지혜와 총명으로 채워주세요. 그래서 모든 일을 주님께 합당하게 행할 수 있고, 그래서 모든 일을 주님께서 기뻐하실 수 있게 행하는 사람이 되게 해주세요. 모든 선한 일에 열매를 맺게 해주세요. 하나님을 점점 더 많이 알아가게 하시고, 하나님의 영광의 힘을 따라서 하나님의 능력으로 능력 있는 제가 되게 해주세요. 하나님께서 기뻐하실 꿈을 위해서 기쁨으로 모든 것을 견디며 오래 참을 수 있는 사람, 그래서 결국 크고 아름다운 꿈을 이루어내는 사람이 되게 해주세요. 예수님 이름으로 기도합니다. – 아멘.

 **오늘의 말씀**　잠언 6 : 9~11

게으른 자여! 네가 어느 때까지 누워 있겠느냐? 네가 어느 때에 잠이 깨어 일어나겠느냐? 좀 더 자자, 좀 더 졸자, 손을 모으고 좀 더 누워 있자 하면, 네 빈궁이 강도 같이 오며 네 곤핍(困乏:부족하고 가난한)이 군사 같이 이르리라.

 **오늘의 묵상 주제**

⊙ 게으른 사람이 되지 말자!
⊙ 잠 많은 사람이 되지 말자!

 **오늘의 기도**

　성실하신 하나님! 하나님께서는 게으른 사람을 참 싫어하십니다. 열심히 일하지 않는 사람, 자기의 발전 가능성을 키워내지 않는 사람, 자기에게 주어진 기회를 살리지 못하는 사람, 달란트를 맡겨주었는데 땅에 묻어두는 사람을 싫어하십니다. 성경은 일하기 싫어하는 사람은 밥도 먹지 못하게 하라고 말씀하십니다. 하나님은 이런 사람은 싫어하는데서 그치지 않고 꾸짖고 책벌하시는 분이십니다.

　하나님! 그런데 세상에는 게으른 사람들이 적지 않습니다. 일하기를 싫어하고 빈둥거리는 사람들이 많습니다. 직장에 가지 않고 PC방에서 게임을 하는 사람도 있습니다. 공부는 죽어라 하지 않으면서 PC방을 제 집 드나들듯 하는 학생들도 있습니다. 모두 하나님께서 싫어하는 사람들입니다.

　하나님 아버지! 저는 그렇게 게으른 사람이 되지 않게 도와주세요. 누구보다도 성실한 사람이 되게 해주세요. 매일 매일 한결같이 부지런 하게 살아가게 해주세요. 공부하는 것에도, 나 자신의 재능을 계발하는 것에도, 나의 미래를 준비하는 일에도 성실하게 도와주세요.

　하나님 아버지! 요즘은 방학입니다. 방학을 활용해서 모자란 부분을 보충하고, 남들보다 더 많이 실력을 길러야 하는 때입니다. 그런데 방학하고 얼마 되지 않았는데 벌써 게을러지고 있습니다. 잠도 많이 자고, 생활의 질서가 흐트러지고 있습니다. 저의 마음과 생활을 다잡을 수 있게 해주세요. 잠 때문에 공부에 지장이 되거나, 잠 때문에 예배에 참석하지 못하는 일이 없도록 잠을 줄여주세요. 게으름 때문에 궁핍한 인생이 되지 않도록 저를 채찍질하여 정신 차린 사람으로 살게 해주세요. 예수님 이름으로 기도합니다. 아멘.

 **오늘의 말씀** 시편 32 : 6, 8

이로 말미암아 모든 경건한 자는 주를 만날 기회를 얻어서 주께 기도할지라. 진실로 홍수가 범람할지라도 그에게 미치지 못하리이다. …… 내가 네 갈 길을 가르쳐 보이고, 너를 주목하여 훈계하리로다.

 **오늘의 묵상 주제**

⊙ 기도할 시간을 내어 주께 기도하기에 힘쓰자!
⊙ 내 갈 길을 인도하시는 주님의 인도하심을 깨닫자!

 **오늘의 기도**

우리를 만나 주시는 주님!

잘난 사람들은 웬만한 사람은 만나주지도 않습니다. 가진 게 좀 있는 사람들은 누군가 도와달라는 말을 할까봐 사람 만나기를 꺼립니다. 기업의 총수나 높은 사람을 만나기는 참 어렵습니다. 그런데 주님께서는 누구라도 만나주십니다. 죄인이라도 만나주십니다. 주님께 와서 엎드려 기도하는 모든 사람을 만나주시고, 기도를 들어주시고, 응답해주십니다.

주님! 모든 경건한 사람은 주님을 만날 기회를 얻기 위해서 힘씁니다. 아무리 바쁘더라도 주님을 만나기를 힘씁니다. 주님을 만나 기도할 틈을 얻기 위해서입니다. 주님께 기도하면 좋으면 좋았지 손해가 나지 않기 때문입니다. 주님을 만나는 것보다 더 행복하고 즐거운 일이 없기 때문입니다.

주님! 경건한 자는 기도하기를 힘쓰고, 힘써 기도하며 주님을 만나는 자는 경건한 자가 되는 선순환을 이루어갑니다. 주님께서는 그렇게 기도하는 사람에게는 홍수가 범람할지라도 미치지 못하게 하신다고 약속하십니다. 기도하는 자에게 갈 길을 가르쳐 보이신다고 약속해주셨습니다. 기도하는 자를 주목해주시고 훈계도 해주신다고 약속하셨습니다.

주님! 저도 그렇게 기도하는 자가 되겠습니다. 제가 그렇게 경건한 자가 되도록 노력하겠습니다. 제 갈 길을 가르쳐 보이시고, 험한 세상 가운데서 저를 지켜주세요. 예수님 이름으로 기도합니다. – 아멘.

하나님의 평강을 구하는 기도

 **오늘의 말씀** 이사야 26 : 12

여호와여 주께서 우리를 위하여 평강을 베푸시오리니, 주께서 우리의 모든 일도 우리를 위하여 이루심이니이다.

 **오늘의 묵상 주제**

⊙ 하나님께서 나를 위하여 평강을 베푸실 것을 믿자!
⊙ 하나님께서 나를 위해서 나의 모든 일을 이루어주실 것을 믿자!

 **오늘의 기도**

평강의 하나님!

사람들은 모두 평화로운 삶을 소망하고 있습니다. 그러나 소망과는 달리 평강을 누리지 못하고 사는 사람들이 많습니다. 어떤 사람은 너무 분주해서, 어떤 사람은 너무 힘들어서, 어떤 사람은 너무 없어서, 어떤 사람은 너무 가난해서, 어떤 사람은 너무 복잡해서 평강이 없습니다.

하나님 아버지! 하나님께서는 우리를 위해서 평강을 베풀어주시는 분이십니다. 모든 불안과 갈등과 문제적 상황들 때문에 마음이 시달리는 사람들에게 평강을 주십니다. 하나님은 그 모든 문제들을 해결해주심으로써 평강을 얻을 수 있게 하십니다.

하나님께서는 하나님의 사람들의 모든 일을 도와주십니다. 하나님의 사람들의 모든 문제를 해결해주시고, 하나님의 사람들이 이루고자 하는 모든 일을 이루어주십니다.

하나님 아버지! 저의 마음에서 평강을 빼앗는 저의 문제들을 해결해주실 것을 믿습니다. 때로는 지혜를 주시고, 때로는 용기를 주시고, 때로는 강한 의지를 주시고, 때로는 능력을 주셔서 문제들을 해결할 수 있게 해주실 것을 믿습니다. 하나님께서 도와주심으로써 제가 이루고자 하는 일, 제 꿈을 이루어주실 것을 믿습니다. 믿고 평강을 누리며 살게 해주세요. 예수님 이름으로 기도합니다. – 아멘.

 **오늘의 말씀**　이사야 42 : 1

내가 붙드는 나의 종, 내 마음에 기뻐하는 자 곧 내가 택한 사람을 보라. 내가 나의 영을 그에게 주었은즉 그가 이방에 정의를 베풀리라.

 **오늘의 묵상 주제**

⊙ 하나님의 마음에 기쁨을 드리는 사람이 되자!
⊙ 하나님의 영을 받아 의를 베푸는 사람이 되자!

 **오늘의 기도**

　사람에게서 기쁨을 얻기를 원하시는 하나님!

　사람들 중에는 하나님께 기쁨을 드리는 사람도 있고, 서글픔을 느끼게 하는 사람도 있을 것 같습니다. 하나님의 마음에 기쁨을 한 가득 드릴 수 있는 삶을 살 수 있으면 얼마나 좋을까요?

　에녹은 하나님과 동행함으로써 하나님을 기쁘시게 해드렸습니다. 그래서 하나님께서는 죽음을 거치지 않고 산 채로 에녹을 하나님의 나라로 데려가셨습니다.

　노아는 당대에 의인이라고 하나님께 칭찬을 받았습니다. 세상 모든 사람들이 죄를 먹고 마시며 사는 때에 홀로 의롭게 살았던 노아는 하나님의 마음에 기쁨을 드렸습니다. 그 결과 하나님께서 홍수로 세상을 심판하실 때에 방주를 만들어 구원을 얻도록 해주셨습니다. 욥은 참으로 의로운 사람이었습니다. 믿음으로는 하나님을 잘 섬겼습니다. 고아와 과부를 아비나 남편처럼 돌봐주었습니다. 그리고 불의를 행하는 자를 보면 반드시 바로잡아주었습니다. 사탄은 욥에게 극심한 고난을 주어 시험했지만, 이를 믿음으로 견디며 하나님을 배반하지 않은 그에게 하나님께서는 갑절의 복을 주셨습니다.

　하나님 아버지! 저 또한 하나님의 마음에 기쁨을 드릴 수 있는 사람이 되게 도와주세요. 하나님, 하나님께서 붙들어주시는 제가 되게 도와주세요. 저를 하나님이 붙들어주시는 하나님의 종이 되게 해주세요. 하나님께서 기뻐하는 자, 하나님께서 택하신 사람이 되게 해주세요. 또한 하나님의 영을 제게 부어주시고, 저의 삶이 세상에 의를 베푸는 삶이 되게 해주세요.

　하나님 아버지! 사실 지금까지의 제 삶은 이런 삶과는 거리가 멀었음을 고백합니다. 그러나 이제부터 하나님께서 원하시는 삶을 살면서, 하나님께서 하고자 하시는 일을 하고, 이를 통해서 하나님께 기쁨을 드리는 하나님의 특별한 사람이 되게 해주세요. 예수님 이름으로 기도합니다. – 아멘.

부지런한 삶을 결심하는 기도

 **오늘의 말씀** 잠언 24 : 30~34

내가 게으른 자의 밭과 지혜 없는 자의 포도원을 지나며 본즉, 가시덤불이 그 전부에 퍼졌으며, 그 지면이 거친 풀로 덮였고 돌담이 무너져 있기로, 내가 보고 생각이 깊었고 내가 보고 훈계를 받았노라. 네가 좀 더 자자, 좀 더 졸자, 손을 모으고 좀 더 누워 있자 하니, 네 빈궁이 강도 같이 오며 네 곤핍이 군사 같이 이르리라.

 **오늘의 묵상 주제**

⊙ 나의 '포도원'을 가시덤불로 덮이게 하지 말자!
⊙ 게으름을 벗어던지고, 부지런하게 살자!

 **오늘의 기도**

하나님 아버지! 지혜자 솔로몬 왕이 길을 가다가 게으른 자의 밭과 지혜 없는 자의 포도원을 보았습니다. 게으른 자의 밭은 김을 매주지 않아 잡초가 우거져 밭 전부를 덮었습니다. 지혜 없는 자의 포도원에는 포도나무 사이사이로 가시덤불이 포도원 전체에 퍼져있었습니다. 포도원의 돌담은 무너져 있어서 들짐승들이 드나들며 포도원을 망쳐놓았습니다.

하나님 아버지! 잘만 가꾸면 좋은 포도를 많이 거둘 수 있는 포도원을 망친 사람들이 있었습니다. 게으르고 지혜 없는 사람들이 좋은 포도원을 망쳐놓았습니다.

하나님 아버지! 솔로몬왕은 이 모습을 보면서 깊이 생각할 것들이 있었습니다. 그리고 스스로 훈계를 받았습니다. 게으르고 지혜 없는 농부와 같은 인생이 되지 않기를 다짐했습니다.

하나님 아버지! 방학을 시작할 때는 방학을 유용하게 활용하려는 결심도 있었고, 실력을 보충하려는 계획도 있었습니다. 그런데 어느덧 방학이 중반이나 되었는데, 뚜렷하게 이루어놓은 성과가 없습니다. 제가 게으른 탓이고, 저의 지혜가 모자란 때문입니다. 잠도 더 늘었고, 마음의 여유가 지나쳐 게을러졌습니다.

하나님 아버지! 저도 오늘 말씀을 통해서 솔로몬왕과 같은 훈계를 얻을 수 있게 도와주세요. 게으른 자의 밭과 포도원에는 가시덤불과 잡초가 무성하고, 돌담은 무너져 있다고 했습니다. 바로 저의 마음 밭을 표현한 것과도 같은 말씀입니다. 철저히 각성하고, 저 자신을 채찍질하게 해주세요. 남들보다 두 세 배 더 부지런히 노력해서 실력을 쌓게 해주시고, 성공적인 인생을 살 수 있게 해주세요. 예수님 이름으로 기도합니다. – 아멘.

 **오늘의 말씀** 마가복음 4 : 3~8

들으라! 씨를 뿌리는 자가 뿌리러 나가서, 뿌릴 새 더러는 길 가에 떨어지매 새들이 와서 먹어 버렸고, 더러는 흙이 얇은 돌밭에 떨어지매 흙이 깊지 아니하므로 곧 싹이 나오나 해가 돋은 후에 타서 뿌리가 없으므로 말랐고, 더러는 가시떨기에 떨어지매 가시가 자라 기운을 막으므로 결실하지 못하였고, 더러는 좋은 땅에 떨어지매 자라 무성하여 결실하였으니 삼십 배나 육십 배나 백 배가 되었느니라, 하시고

 **오늘의 묵상 주제**

⊙ 말씀의 씨를 잘 키우는 좋은 마음의 밭을 가진 사람이 되자!
⊙ 하나를 가지고 100배로 늘리는 생산적인 삶을 살자!

 **오늘의 기도**

농부로 비유되시는 하나님!

주님께서는 하나님을 농부로 비유하실 때가 많았습니다. 오늘의 말씀도 농부인 하나님께서 씨를 뿌리는 비유입니다. 농부가 뿌린 씨앗이 떨어진 땅에 따라서 열매를 맺기도 하고 열매를 맺지 못하기도 한다고 하셨습니다. 하나님 아버지! 이 비유에서 씨앗은 하나님의 말씀을 상징합니다. 농부가 씨를 뿌리는 이유는 더 많은 것을 추수하기 위해서입니다. 씨를 뿌리는 농부는 30배, 60배, 100배나 더 많은 결실을 기대하며 씨앗을 뿌립니다. 마찬가지로 하나님께서 말씀을 사람들에게주시는 목적도 말씀의 열매를 맺게 하기 위함입니다. 그런데 하나님의 말씀을 듣는 사람은 많은데 말씀의 열매를 맺는 사람은 많지 않습니다. 그러나 어떤 사람에게서는 말씀이 풍성한 열매를 맺어 하나님을 기쁘시게 합니다.

하나님 아버지! 이 비유에서 씨앗이 떨어진 땅은 말씀을 듣는 사람들의 마음을 상징합니다. 길 가에 떨어진 씨는 새들이 먹어버렸고, 돌밭에 떨어진 씨는 싹이 났지만 햇볕에 말라죽었고, 가시떨기에 떨어진 씨는 가시들에 눌려서 열매를 맺지 못했지만, 좋은 땅에 떨어진 씨는 100배까지 많은 열매를 맺었다고 하였습니다. 말씀을 듣자마자 잃어버리는 사람, 말씀을 듣고 싹은 틔우지만 말려죽이는 사람, 마음이 가시떨기처럼 복잡하여 말씀이 자라지 못하는 사람들이 있습니다. 그러나 좋은 마음은 말씀을 받아 잘 싹틔우고 자라게 하여 좋은 열매를 맺게 됩니다.

하나님 아버지! 지금까지 수많은 설교를 들었지만, 그 말씀들을 잘 가꾸지 못해서 믿음의 열매를 제대로 맺지 못해왔습니다. 용서해주세요. 그리고 이제부터는 말씀을 들을 때마다 은혜 받고, 은혜 받은 말씀으로 제 삶을 풍성하게 하는 믿음의 사람이 되게 해주세요. 예수님 이름으로 기도합니다. – 아멘.

 **오늘의 말씀**　요한복음 15 : 16

이제부터는 너희를 종이라 하지 아니하리니 종은 주인이 하는 것을 알지 못함이라. 너희를 친구라 하였노니 내가 내 아버지께 들은 것을 다 너희에게 알게 하였음이라. 너희가 나를 택한 것이 아니요 내가 너희를 택하여 세웠나니, 이는 너희로 가서 열매를 맺게 하고, 또 너희 열매가 항상 있게 하여, 내 이름으로 아버지께 무엇을 구하든지 다 받게 하려 함이라.

 **오늘의 묵상 주제**

⊙ 예수님의 종이 되기보다는 친구가 되자!
⊙ 주님께서 나를 택하여 세워주신 것을 잊지 말자!

 **오늘의 기도**

　사람의 친구가 되어주시는 주님!

　주님께서는 높고 존귀한 영광의 하나님이십니다. 하늘 보좌를 버리고 이 땅에 내려오신 성자 하나님이십니다. 창조에 동참하셨고, 성령님을 보내주시는 지존자이십니다. 사람의 몸으로 태어났지만 사람의 친구가 되어주신다는 것은 참으로 놀라운 일입니다. 왕과 귀족을 친구로 받아주셔도 황송한 일인데, 가난한 사람들, 낮고 천한 사람들, 병자들, 세리와 창기와 같은 죄인들의 친구가 되어주셨습니다. 주님께서는 우리들의 친구가 되어주셔서, 하나님께 들은 것을 다 알려주셨습니다. 하늘의 비밀을 가르쳐 주셨고, 하늘나라에 갈 수 있는 길을 알려주셨습니다. 세상 종말에 대한 하나님의 계획과, 그때에 심판주로 다시 오실 것을 알려주셨습니다.

　주님! 주님을 믿는 사람들 중에는 자기가 주님을 선택한 줄 아는 사람들이 있습니다. 그러나 주님께서는 주님이 먼저 우리를 선택해주신 것이지 우리가 주님을 선택한 것이 아니라고 말씀하셨습니다.

　주님! 죄인이라도 친구로 택해주시는 주님이시기에 저 같은 사람도 친구로 받아주시는 줄 믿을 수 있습니다. 저 같이 보잘 것 없는 사람을 친구로 받아주시니 참 감사합니다. 주님께서 저에게 기대하시는 일을 알려주시고, 잘 이룰 수 있도록 인도해주세요. 주님 앞에 주님께서 기대하시는 저의 열매가 항상 있게 해주시고, 제가 주님의 이름으로 무엇을 구하든지 다 들어주세요. 예수님 이름으로 기도합니다. – 아멘.

천국열쇠를 구하는 기도

 **오늘의 말씀**) 마태복음 16 : 18, 19

"또 내가 네게 이르노니 너는 베드로라. 내가 이 반석 위에 내 교회를 세우리니, 음부의 권세가 이기지 못하리라. 내가 천국 열쇠를 네게 주리니, 네가 땅에서 무엇이든지 매면 하늘에서도 매일 것이요, 네가 땅에서 무엇이든지 풀면 하늘에서도 풀리리라." 하시고

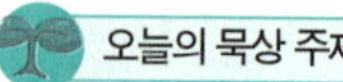 **오늘의 묵상 주제**

◉ 천국 열쇠를 소유한 사람이 되자!
◉ 베드로처럼 확실한 신앙고백자가 되자!

 **오늘의 기도**

천국의 주인이신 주님!

주님께서는 제자들에게 "너희는 나를 누구라고 생각하느냐?" 라는 질문을 하셨습니다. 이 질문에 시몬은 "주는 그리스도시요 살아계신 하나님의 아들이십니다." 라고 대답했습니다. 이것은 예수님에 대한 시몬의 신앙고백이었습니다. 이 대답을 들으신 예수님께서는 시몬을 크게 칭찬하셨습니다. 이것은 하나님 아버지께서 가르쳐주어야 알 수 있는 영적인 지식이었습니다. 주님께서는 시몬의 이름을 베드로라고 바꾸어주셨습니다. '베드로' 는 '반석' 이라는 뜻입니다. 베드로가 고백한 신앙고백이 교회의 기초가 될 것을 보여주시기 위함이었습니다. 주님께서는 베드로의 그 신앙고백 위에 주님의 교회를 세워주셨습니다. 베드로의 신앙고백 이후로 지금까지 예수님을 믿는 그리스도인들은 모두 같은 신앙을 고백을 하는 신앙공동체입니다. 이렇게 처음으로 분명하게 신앙고백을 했던 베드로에게 예수님께서는 천국의 열쇠를 주신다고 말씀하셨습니다.

주님! 주님께서는 "주는 그리스도시오 살아계신 하나님의 아들이십니다."라고 고백하는 베드로에게 천국의 열쇠를 주셨던 것처럼, 지금도 같은 고백을 하는 주님의 사람들에게도 천국의 열쇠를 주시는 줄 믿습니다. 주님께서는 천국의 주인이시고, 원하시는 자에게 천국의 좋은 것들을 베풀어주시는 분입니다. 누구라도 주님으로부터 천국의 열쇠를 받으면 천국의 문을 열고 들어갈 수 있는 천국의 시민이 됩니다. 또한 그 열쇠로 천국문을 열고 천국의 창고에서 모든 좋은 것들을 꺼낼 수 있는 특권을 갖게 됩니다.

주님! 저도 베드로와 같이 예수님께서 그리스도이심과 살아계신 하나님의 독생자이신 것을 믿고 고백합니다. 제게도 천국의 열쇠를 주시고, 천국의 복을 주실 줄 믿습니다. 천국 열쇠를 가지고 사는 제가 되게 해주세요. 예수님 이름으로 기도합니다. – 아멘.

고통과 죄악의 문제 해결을 구하는 기도

 **오늘의 말씀** 시 31 : 9,10

여호와여 내가 고통 중에 있사오니 내게 은혜를 베푸소서 내가 근심 때문에 눈과 영혼과 몸이 쇠하였나이다. 내 일생을 슬픔으로 보내며, 나의 연수를 탄식으로 보냄이여! 내 기력이 나의 죄악 때문에 약하여지며 나의 뼈가 쇠하도소이다.

 **오늘의 묵상 주제**

◉ 나의 모든 근심에서 벗어나자!
◉ 나를 약하게 만드는 죄악의 문제를 해결하자!

 **오늘의 기도**

우리의 고통을 돌아보시는 하나님!

하나님께서는 우리의 고통을 모른 척 하지 않는 분이십니다. 고통 중에 부르짖는 자의 기도를 외면하지 않는 분이십니다. 자기 자녀의 고통을 함께 당하는 부모의 심정으로 우리들이 고통에서 벗어날 수 있기를 원하십니다.

하나님 아버지! 다윗에게도 많은 고통스러운 사건, 사고, 환난이 있었습니다. 그가 근심 때문에 눈과 영혼과 몸이 쇠약해지기도 하였습니다. 많은 날들을 탄식으로 보내기도 했습니다. 기력이 약해지고 뼈가 쇠하는 슬픔을 겪기도 했습니다.

회개하는 심령을 사랑하시는 하나님! 다윗이 큰 죄를 저지른 일이 있었습니다. 자기의 충성스러운 부하장수 우리아의 아내인 것을 알면서도 밧세바라는 여인과 부정을 저질렀습니다. 자신의 불륜을 숨기려고 우리아를 전쟁에서 죽도록 계교를 부렸습니다. 우리아가 죽자 밧세바를 자기의 아내로 삼았습니다. 다윗이 일생일대 최대의 악한 일을 저질렀고, 큰 죄 가운데 빠지게 된 것입니다. 세상에는 숨기고 있지만 자기 양심은 슬픔과 고통 속에 빠져서 신음하게 되었습니다.

이런 다윗에게 하나님께서는 나단 선지자를 보내어 꾸짖으셨습니다. 다윗을 꾸짖고 정죄하기 위해서가 아니라, 회개하고 용서받을 수 있도록 기회를 주신 것입니다. 다윗은 숨겼던 자기의 죄를 드러내고 회개했습니다. 그리고 하나님께로부터 징계는 받았지만 새로운 삶을 얻게 되었습니다.

하나님 아버지! 그동안 죄를 짓고 회개하지 못한 것을 용서해주세요(이부분에서 정말 자신을 괴롭게 하고 근심하게 하는 죄를 고백하고 회개한다). 하나님, 제가 악을 행한 사람에게 저의 잘못을 고백하고 용서를 빌 수 있는 용기를 주세요. 내 몸과 영혼을 쇠하게 하는 죄악의 문제를 완전히 해결해 주시고, 그것 때문에 생긴 모든 근심에서 벗어나게 해주세요(하나님께서 용서해주셨음을 확실히 믿으라). 예수님 이름으로 기도합니다. – 아멘.

 **오늘의 말씀**) 시 50 : 5, 23

이르시되 "나의 성도들을 내 앞에 모으라. 그들은 제사로 나와 언약한 이들이니라." 하시도다. ……
감사로 제사를 드리는 자가 나를 영화롭게 하나니, 그의 행위를 옳게 하는 자에게 내가 하나님의 구
원을 보이리라.

 **오늘의 묵상 주제**

⊙ 하나님의 성도가 되자!
⊙ 내가 하나님과 제사(예배)로 언약한 성도임을 잊지 말자!

 **오늘의 기도**

성도를 귀하게 여기시는 하나님!

하나님께서는 세상의 많은 사람들 중에서 오직 성도(聖徒, 거룩한 무리, 하나
님의 백성들)를 귀하게 여기십니다. 세상 사람들은 왕족과 귀족, 신분이 높은 사
람, 관직이 높은 사람, 재물이 많은 사람, 외모가 잘 생긴 사람, 실력이 뛰어난 사
람을 귀하게 생각합니다. 그러나 이런 조건들은 하나님 앞에서는 귀한 사람의
기준이 되지 않습니다. 하나님께서는 오직 하나님의 선택한 백성들, 하나님을
믿고 섬기는 성도들을 귀하게 여기십니다.

예배를 기뻐하시는 여호와 하나님! 성도들은 제사(예배)로 하나님과 언약한 사
람들입니다. 하나님께 예배드리며 살기로 하나님과 약속한 사람들입니다. 성도
는 하나님께 예배하는 사람들입니다. 예배로 하나님을 찬송하며, 영광을 돌리며,
감사하며, 하나님과 하나님의 은혜를 기뻐하는 사람들입니다.

하나님! 저를 성도로 삼아주신 것을 감사드립니다. '성도'라는 이름에 걸맞지
않는 죄 된 모습이지만, 예수님 십자가의 은혜로 의롭게 해주셨음을 믿습니다.
이제 하나님과 '제사(예배)로 언약한 사람'이 된 것을 의식하면서 살겠습니다.

예배의 주인이신 하나님! 예배를 사모하는 제가 되게 해주세요.(주일예배를
빠지거나 지각하는 학생은 그 이유를 고백하고 용서를 빌라. 때로는 학원 때문
에, 시험 때문에, '귀차니즘' 때문에, 여행 때문에, 친척집이나 가족 행사 때문
에, 친구 때문에, 교회 사람들이 마음에 안 들어서 등등.) 이제 주일예배와 모든
예배(가정예배, 미션 스쿨 재학생은 학교채플)를 감사한 마음으로 기꺼이 드리
는 사람이 되겠습니다. 도와주세요. 예수님의 이름으로 기도합니다. – 아멘.

 **오늘의 말씀**　미가 6 : 6-8

내가 무엇을 가지고 여호와 앞에 나아가며 높으신 하나님께 경배할까? 내가 번제물로 일 년 된 송아지를 가지고 그 앞에 나아갈까? 여호와께서 천천의 숫양이나 만만의 강물 같은 기름을 기뻐하실까?…… 여호와께서 네게 구하시는 것은 오직 정의를 행하며, 인자를 사랑하며, 겸손하게 네 하나님과 함께 행하는 것이 아니냐?

 **오늘의 묵상 주제**

⊙ 하나님께서 기뻐하시는 제물이 무엇인지를 알자!
⊙ 하나님과 함께 행한 정의롭고, 인자하고, 겸손하게 행하자!

 **오늘의 기도**

　참 경배의 대상이 되시는 여호와 하나님!
　하나님께서는 온 우주 만물들의 예배와 경배를 받기에 합당하신 분이십니다. 하나님께 예배하러 나아가는 사람들은 예물을 드립니다. 구약의 성도들이 하나님께 제사할 때에 제물을 준비하여 드린 것과 같습니다.
　하나님 아버지! 구약시대의 성도들은, 가난한 사람은 비둘기를 제물로 드렸고, 자신의 경제력에 맞게 양이나 소를 제물로 드렸습니다. 그런데 하나님이 기뻐하시는 제물은 비둘기도 아니었고, 양이나 소도 아니었습니다. 천천(백만 마리)의 숫양을 드린다고 기뻐하실 하나님도 아니고, 만만의 기름(일억 마리의 소를 잡은 데서 나온 강물처럼 많은 기름)으로 기뻐하실 하나님도 아니십니다. 온 세상이 하나님의 것이고, 온 우주가 하나님의 것이기에 사람이 아무리 많은 제물을 드려도, 제물의 많음으로는 하나님의 환심을 살 수가 없습니다. 천억 원 대의 부자에게 백 원짜리 동전 몇 개로 환심을 사려는 것이나 다를 것이 없는 것입니다.
　하나님 아버지! 예배드리러 가는 자는 하나님께서 기뻐하실 제물을 가지고 갑니다. 오늘 말씀은 하나님이 정말로 기뻐하실 예물이 무엇인지를 가르쳐주고 있습니다. 하나님께서 기뻐하시는 제물은 물질이 아니라 삶과 마음이라고 깨우쳐주고 있습니다. 정의를 행한 삶(옳게 산 삶), 인자한 마음과 겸손한 마음으로 하나님과 함께 행한 것이 하나님이 기뻐하시는 예물입니다.
　하나님 아버지! 저도 하나님의 예배자가 되게 하신 것을 감사드립니다. 예배드릴 때 헌금 때문에 갈등하는 마음도 있었는데 용서해 주시고, 이제부터는 정성껏 아까운 마음이 아니라 감사한 마음으로 헌금을 드릴 수 있게 도와주세요. 그리고 정말로 좋은 예물은 사랑과 겸손으로 하나님과 함께 산 삶인 것을 깨닫고, 하나님께서 기대하시는 참된 예물을 드릴 수 있는 제가 되도록 도와주세요. 예수님 이름으로 기도합니다. – 아멘.

하나님의 지도하심을 구하는 기도

 **오늘의 말씀** 잠언 3 : 5, 6

너는 마음을 다하여 여호와를 신뢰하고 네 명철을 의지하지 말라. 너는 범사에 그를 인정하라. 그리하면 네 길을 지도하시리라.

 **오늘의 묵상 주제**

⊙ 내 명철을 의지하지 말고 하나님을 신뢰하자!
⊙ 모든 일에 하나님을 인정하고, 하나님의 지도를 받자!

 **오늘의 기도**

우리를 지도해주시는 하나님!

사람들은 누군가가 가르쳐주려고 하는 것을 싫어하는 경향이 있는 것 같습니다. 부모님이 가르쳐주려고 하면, 속으로 "엄마가 뭘 알아?"라고 무시하는 자녀들도 있습니다. 선생님이 지도하는 것에 대해서 속으로는 "선생님이나 잘 하세요!"라고 생각하는 학생도 있고, 아예 대놓고 반발하는 학생도 있습니다.

하나님 아버지! 많은 사람들이 자신의 일과 인생에 대하여 하나님의 가르침을 받는 데 적극적이지 않습니다. 하나님을 믿으면서도 하나님과는 상관없이 자기 생각대로 판단하고 행동하며 살아가는 사람들이 많습니다.

내 길을 지도하시는 하나님! 하나님께서는 저의 생각과 성품과 지혜와 능력 모두를 아십니다. 제가 무엇을 할 수 있고, 할 수 없는 지를 잘 아십니다. 그러므로 하나님께 지도를 받으면 하나님께서는 가장 좋은 길을 갈 수 있도록 지도해주실 것입니다. 하나님께 저의 인생을 맡기면, 하나님께서 가장 아름답고 영광스러운 모습으로 만들어 주실 것을 압니다.

하나님 아버지! 그럼에도 지금까지 하나님께 제 인생을 제대로 맡기지 못하고 있습니다. 제 자신의 작은 지혜와 능력으로 인생을 만들겠다고 발버둥치고 있습니다. 저를 용서해주세요. 이제부터는 내 자신의 똑똑함(?)을 의지하지 말고, 하나님의 지도를 따르는 제가 되게 해주세요. 모든 일을 하나님께 맡기고, 하나님의 뜻을 구하며, 하나님의 지혜와 능력을 힘입고 선을 이룰 수 있게 해주세요. 온전히 하나님을 신뢰하여 나의 인생 전부를 맡길 수 있는 믿음을 주세요. 예수님 이름으로 기도합니다. – 아멘.

 **오늘의 말씀**　시편 117 : 1, 2

너희 모든 나라들아 여호와를 찬양하며, 너희 모든 백성들아 그를 찬송할지어다. 우리에게 향하신 여호와의 인자하심이 크시고, 여호와의 신실하심이 영원함이로다. 할렐루야!

 **오늘의 묵상 주제**

⊙ 나에 대한 하나님의 크고 영원한 인자하심과 신실하심을 알자!
⊙ 하나님을 찬양하며 영광 돌리는 사람이 되자!

 **오늘의 기도**

하나님 아버지! 하나님께서는 찬양을 받으시기에 합당하신 분이십니다. 그런데 하나님을 찬양하기보다는 사람을 찬양하는 사람들이 많습니다. 예쁘고 잘 생긴 사람을 찬양하고, 출세하고 성공한 사람을 찬양하고, 높고 권세 있는 사람을 찬양합니다. 어떤 사람의 마음을 얻기 위해서 찬양하고, 그렇게 해서 어떤 유익을 얻고자 찬양합니다. 우리나라 역사상 최고의 성군이라고 하는 세종대왕도 용비어천가를 지어 자신의 조상들을 찬양했습니다. 지금도 누군가를 인정하고 높여주려고, 그래서 그의 은총을 입기 위한 목적에서 누군가를 찬양하는 말을 하는 사람들이 있습니다. 이런 사람들의 말을 '용비어천가' 라고 말하기도 합니다.

하나님 아버지! 사람을 찬양하지 않고 하나님을 찬양하는 제가 되게 도와주세요. 평생동안 시와 음악으로 하나님을 찬양하며 살았던 다윗처럼 저도 항상 하나님을 찬양하며 살게 해주세요. 찬양이 입에서 떠나지 않게 도와주세요.

하나님께서 제게 인색하셨거나 신실하지 않으셨다면 저는 벌써 망했을 지도 모릅니다. 오늘의 제가 있게 된 것은 하나님의 인자와 신실하심 때문임을 인정합니다. 그 하나님의 크신 인자하심과 저에 대한 신실하심을 찬양하며 살게 도와주세요. 하나님을 찬양하기를 기뻐하는 제가 되게 해주세요.

하나님! 오늘은 '그린 데이(Green Day)' 라고 해서 좋아하는 사람과 같이 숲길을 산책하거나, '뮤직 데이(Music Day)' 라고 해서 노래하고 춤추는 날로 지내는 사람들이 있습니다. 하나님! 저는 하나님과 동행하고, 하나님을 노래하기를 즐거워하는 사람으로 살겠습니다. 예수님 이름으로 기도합니다. – 아멘.

8월 15일 나라와 민족을 생각하는 큰 사람이 되기를 구하는 기도

✝ 오늘의 말씀) 에스더 4 : 16

"당신은 가서 수산에 있는 유다인을 다 모으고 나를 위하여 금식하되 밤낮 삼 일을 먹지도 말고 마시지도 마소서. 나도 나의 시녀와 더불어 이렇게 금식한 후에 규례를 어기고 왕에게 나아가리니, 죽으면 죽으리이다!" 하니라.

오늘의 묵상 주제

⊙ 에스더처럼 결단력 있는 사람이 되자!
⊙ 개인에 머물지 않고 민족과 인류까지 생각하는 사람이 되자!

오늘의 기도

나라와 민족의 운명을 좌우하시는 하나님!

하나님께서는 이스라엘 나라를 세우기도 하시고 무너지게도 하셨고, 다시 세워주시기도 하셨습니다. 이스라엘이 하나님을 섬기고 하나님의 율법에 순종할 때에는 든든히 세워주시고 번영하게 해주셨습니다. 그러나 하나님을 배반하고 불순종할 때에는 나라를 망하게 하고, 백성들을 세상에 흩으셨습니다. 유다왕국이 그렇게 멸망하고 백성들이 흩어졌을 때, 페르시아에서 생활하던 유다인들이 있었습니다. 왕이 총애하는 신하인 하만이 유다 민족을 멸절시킬 흉계를 꾸며서 유다민족 전체가 위험에 처하게 되었습니다. 그때 유다인으로 왕비가 되어 있던 에스더가 "죽으면 죽으리라!" 결단하고, 왕에게 나가서 하만의 흉계를 폭로하여 민족을 구원했습니다.

하나님 아버지! 민족의 위기 앞에서 자신의 생명을 내놓고 헌신하는 사람들 때문에 나라와 민족이 생존하여 역사를 이어갈 수 있었던 나라들이 많습니다. 우리나라도 마찬가지입니다. 하나님께서는 반만년 전부터 이 땅을 우리 민족에게 주어 살게 하시고, 지켜주셨습니다. 나라들이 흥망을 반복했어도 우리 민족은 이 땅에 뿌리를 내리고 역사를 이어왔습니다.

하나님 아버지! 오늘은 광복절입니다. 하나님께서는 일본 제국주의에 의해서 멸망당했던 우리나라를 해방시켜 대한민국을 세워주셨습니다. 그리고 전쟁과 가난을 극복하고, 이제는 세계열강 중의 한 나라가 되게 해주셨습니다. 이 모두가 목숨을 담보로 기도하며 애국하던 믿음의 선배들의 기도에 대한 응답인줄 압니다.

하나님! 세계에서 가장 열심히 하나님을 믿는 우리 민족이 되었으니, 더 큰 은혜를 내려주셔서, 세계에서 으뜸가는 나라가 되게 해주세요. 저도 개인주의적인 삶만 추구하지 않고, 민족적 차원과 인류적 차원까지 크게 생각하며 사는 사람이 되게 해주세요. 예수님 이름으로 기도합니다. – 아멘.

 **오늘의 말씀**　창세기 4 : 7

네가 선을 행하면 어찌 낯을 들지 못하겠느냐? 선을 행하지 아니하면 죄가 문에 엎드려 있느니라. 죄가 너를 원하나 너는 죄를 다스릴지니라.

 **오늘의 묵상 주제**

⊙ 얼굴을 들지 못하는 일이 발생하지 않도록 조심하며 살자!
⊙ 죄에 대한 욕구를 다스릴 줄 아는 사람이 되자!

 **오늘의 기도**

인생을 허락해 주신 하나님! 하나님께서는 사람들을 세상에 보내시고, 한 세상 살게 하셨습니다. 하나님께서 주신 생명으로 세상을 살면서 영광을 얻는 사람이 있습니다. 반면에 부끄러운 자취를 남기는 사람도 있습니다.

하나님 아버지! 인류의 첫 번째 사람 아담은 하나님과 온전한 교제 속에 있다가 하나님의 말씀을 어기고 선악과를 따먹고 죄를 지은 후에는 하나님이 두려워서 숨었습니다. 하나님 앞에서 낯을 들지 못하게 되었습니다. 인류의 첫 번째 아들로 태어난 가인은 동생을 질투하여 죽이는 엄청난 죄를 짓고 하나님 앞에서 얼굴을 들지 못하는 사람이 되었습니다. 인류의 역사 이래로 지금까지 하나님과 세상 앞에서 얼굴을 들지 못하는 인생을 산 사람들이 많습니다. 히틀러는 세계 대전을 일으켰을 뿐만 아니라 600만 명의 유태인을 학살함으로써 자신과 자신의 조국 독일과 게르만민족이 세계에 고개를 들지 못하게 만들었습니다. 소련을 공산화한 스탈린, 캄보디아를 킬링필드로 만든 폴 포트, 그 외에도 수많은 악독한 독재자들이 인류에 낯을 들지 못할 만행을 저질렀습니다.

하나님! 저의 인생을 인도해 주셔서, 복되고 영광스러운 인생이 되게 이끌어 주세요. 하나님과 사람 앞에서 얼굴을 들지 못하게 되는 일이 없도록 도와주세요. 누구라도 죄에 대한 욕구가 있는 것처럼 저도 죄에 대한 욕구가 있습니다. 저에게 분별력과 선에 대한 강한 의지를 주셔서 죄를 다스릴 수 있는 능력을 주세요. 절대로 죄에 지지 않게 도와주세요. 오직 믿음 안에서 선을 행하게 도와주셔서 저와 하나님께 동시에 영광이 되는 인생을 살게 해주세요. 예수님 이름으로 기도합니다. – 아멘.

 **오늘의 말씀**　시편 118 : 25, 26

여호와여! 구하옵나니, 이제 구원하소서. 여호와예! 우리가 구하옵나니, 이제 형통하게 하소서. 여호와의 이름으로 오는 자가 복이 있음이여, 우리가 여호와의 집에서 너희를 축복하였도다.

 **오늘의 묵상 주제**

⦿ 형통한 인생을 사는 사람이 되자!
⦿ 여호와의 이름으로 나아가는 사람이 되어 복을 받자!

 **오늘의 기도**

여호와 하나님!

세상을 창조하신 하나님, 우주만물과 사람을 만드신 하나님은 여호와 하나님이십니다. 아브라함의 하나님, 이삭의 하나님, 야곱의 하나님이 되셨고, 지금 우리의 하나님이 되신 하나님의 이름이 '여호와(야웨)'이십니다.

여호와 하나님의 이름이 너무 거룩하고 영광스러워서 이스라엘 사람들은 '야웨' 라고 써놓고 '아도나이(주님)' 라고 읽고 불렀다고 합니다. 구약 두루마리성경을 필사하던 서기관들은 '여호와' 라는 단어가 나올 때마다 목욕재계하고 그 단어를 썼다고 합니다. 지극히 높고 영광스러운 이름이기 때문입니다. '여호와 하나님', 그 크고 위대하신 이름, 영광스럽고 거룩하신 이름에 영광을 돌리며 경배합니다.

하나님 아버지! 하나님께서는 당신의 복되고 존귀하신 이름 앞에 나아오는 자들을 기뻐하십니다. 여호와의 이름을 부르는 자들을 기뻐하시며 복되고 형통하게 하셨습니다. 저도 평생 동안 여호와 하나님의 이름을 존귀하게 여기고, 그 이름 앞에 나아가기를 즐겨할 것을 약속드립니다. 여호와의 집 교회에 나아가 예배하는 것을 기뻐하겠습니다. 저를 복되고 형통한 사람이 되게 해주세요. 저의 인생을 형통한 인생으로 이끌어주세요. 나의 평생에 여호와 하나님의 이름을 존귀한 이름으로 가슴에 품고 살아가겠습니다. 저의 영광과 능력이 되는 이름으로 삼겠습니다. 모든 상황 속에서 저를 인도하시고 형통하게 하시고, 어떤 문제 가운데서도 구원해주세요. 예수님 이름으로 기도합니다. – 아멘.

 **오늘의 말씀** 　호세아 6 : 3

"그러므로 우리가 여호와를 알자! 힘써 여호와를 알자! 그의 나타나심은 새벽 빛 같이 어김없나니 비와 같이, 땅을 적시는 늦은 비와 같이 우리에게 임하시리라." 하니라.

 **오늘의 묵상 주제**

⊙ 여호와를 알기 위해 힘쓰자!
⊙ 하나님께서 은혜의 비와 같이 내게 임하시도록 하자!

 **오늘의 기도**

은혜로우신 하나님!

우리나라 격언에 "아는 것이 힘이다."라는 말이 있습니다. 아는 것이 없으면 사는 것이 어렵습니다. 학생이 아는 것이 없으면 시험을 망치고, 입시에서 좋은 결과를 얻을 수가 없습니다. 아는 것이 없으면 취직을 할 수도 없습니다. 직장생활을 해도 남들보다 아는 것이 많아야 성과도 올리고 승진도 할 수 있습니다. 장사를 하거나 사업을 하려면 알아야 하는 것이 참 많습니다. 아는 것이 힘이 되는 것은 사실입니다. 그러나 아는 것이 많다고 다 성공하는 것은 아닙니다. "재주 많은 사람, 밥 굶는다."는 격언이 그것을 말해줍니다. 아는 것 많고, 할 수 있는 것도 많은데, 인생에는 실패하는 사람이 많다는 뜻입니다.

힘이 되시는 하나님! 진짜 '아는 것이 힘' 인 것은 '하나님을 아는 것' 임을 믿습니다. '하나님을 아는 것이 참된 힘' 임을 믿습니다. 하나님은 창조주이시고, 섭리자이시고, 구원자이십니다. 하나님을 알지 못하고는 세상과 존재의 근원을 알 수도 없고, 구원의 길을 찾을 수도 없고, 문제를 해결할 수도 없습니다. 하나님을 모르고 사는 인생은 마르고 척박한 땅과 같은 인생이 될 수밖에 없습니다. 새벽 빛 같이 일정하고, 땅을 적시는 비와 같이 우리에게 임하시는 하나님을 알아야 기름지고 풍족한 삶을 살 수 있습니다.

복된 삶의 근원이신 하나님! 저로 힘써 하나님을 알아가게, 그래서 점점 더 은혜로운 삶을 살게 해주세요. 제가 살아가는 인생이 비 안 오는 척박한 땅과 같지 않고, 때를 따라 적당하게 비가 내려주는 은혜로운 초장 같은 인생이 되게 도와주세요. 예수님 이름으로 기도합니다. – 아멘.

 **오늘의 말씀** 마태복음 7 : 3-5

어찌하여 형제의 눈 속에 있는 티는 보고 네 눈 속에 있는 들보는 깨닫지 못하느냐? 보라! 네 눈 속에 들보가 있는데 어찌하여 형제에게 말하기를 "나로 네 눈 속에 있는 티를 빼게 하라" 하겠느냐? 외식하는 자여 먼저 네 눈 속에서 들보를 빼어라. 그 후에야 밝히 보고 형제의 눈 속에서 티를 빼리라.

 **오늘의 묵상 주제**

⊙ 내 자신의 허물을 알고 고치는 사람이 되자!
⊙ 남의 허물을 들추어 비난하지 말자!

 **오늘의 기도**

우리의 허물을 감싸주시는 주님!

주님께서는 우리들의 허물을 감싸주시고, 우리들의 흉칙한 죄들도 용서해 주십니다. 그런데도 사람들은 다른 사람의 허물을 들춰내고, 다른 사람의 죄를 정죄하기를 좋아합니다.

주님! 자신의 허물은 작게 보고, 다른 사람의 허물은 크게 보는 저의 눈을 고쳐주세요. 제 자신의 허물은 작은 것도 크게 볼 수 있게 하셔서, 주님께 회개하여 고칠 수 있게 도와주세요. 다른 사람의 허물은 큰 것도 작게 볼 수 있게 하셔서, 그것을 허물하거나 정죄하지 않게 도와주세요. 더구나 다른 사람의 허물과 잘못에 대하여 판단하고 정죄하는 사람이 되지 않게 도와주세요. 오직 감싸고 이해하는 마음을 허락해주세요.

주님! 주님께서 가르쳐 주신 기도문은 "우리가 우리에게 잘못한 사람을 용서하여 준 것 같이 우리 죄를 용서하여 주시"라고 합니다. 그런데 우리들은 자기에게 잘못한 사람을 용서해 주지는 않으면서, 자기의 죄만 용서해 달라고 기도하고 있습니다. 이렇게 허물 많은 저를 용납해주고 사랑해주시니 참 감사합니다.

주님께서는 저의 허물을 비난하고, 그 허물 때문에 멀리하는 분이 아님을 압니다. 오히려 저의 허물을 감싸주시고, 혹 그 허물 때문에 어려움을 겪게 되지 않을까 염려하며 보살펴 주는 분이십니다. 저도 주님을 닮게 해주세요.

주님! 제 자신이 허물 많은 사람인데, 저 자신을 고치려고 애쓰기보다는 다른 사람의 허물을 크게 보고 비난해 왔습니다. 이제부터는 다른 사람의 허물을 보지 않는 사람이 되게 해주세요. 그것을 감싸고, 용납하고, 감당해주는 사람으로 살게 해주세요. 오직 저 자신의 허물을 고쳐가며 온전한 사람으로 발전해 갈 수 있게 해주세요. 예수님 이름으로 기도합니다. – 아멘.

✝ 오늘의 말씀 느헤미야 1 : 11

"주여! 구하오니 귀를 기울이사 종의 기도와 주의 이름을 경외하기를 기뻐하는 종들의 기도를 들으시고, 오늘 종이 형통하여 이 사람들 앞에서 은혜를 입게 하옵소서" 하였나니, 그 때에 내가 왕의 술 관원이 되었느니라.

오늘의 묵상 주제

⊙ 사람들 앞에서 은혜를 입는 형통한 사람이 되자!
⊙ 주의 이름을 경외하기를 기뻐하는 사람이 되자!

오늘의 기도

기도를 들으시는 하나님!

하나님은 하나님의 이름을 경외하기를 기뻐하는 사람들의 기도를 들어주는 분이십니다. 하나님을 사랑하고 하나님으로 기쁨을 삼는 믿음의 사람들의 기도를 기쁨으로 응답해 주는 분이십니다.

하나님 아버지! 하나님께서는 느헤미야의 기도를 들어주셨습니다. 느헤미야는 이스라엘 포로의 후손으로 페르시아에서 왕의 술 맡은 관원으로 있었지만, 하나님을 깊이 경외하는 사람이었습니다. 그 느헤미야가 예루살렘의 소식을 들었습니다. 예루살렘이 황폐해 있다는 말을 듣고, 하나님의 성전이 있던 예루살렘, 하나님의 백성들의 도성을 재건하고 싶은 소망을 갖게 되었습니다. 그가 예루살렘으로 가는 것과, 성을 재건할 비용을 마련하기 위해서는 페르시아 왕의 은혜를 입어야 했습니다. 그래서 느헤미야는 먼저 왕과 대신들 앞에서 은혜를 입게 해달라고 기도했습니다.

하나님 아버지! 느헤미야가 믿음으로 페르시아의 아닥사스다왕과 그의 대신들 앞에서 예루살렘의 상황과 그 재건을 위해서 자기를 보내달라고 탄원을 했을 때, 하나님께서는 그들의 은총을 입게 해주셨습니다. 느헤미야는 예루살렘 총독으로 임명되어 모국으로 갈 수 있었습니다. 그리고 온갖 난관이 있음에도 그를 형통하게 하셔서 큰 사역을 완수할 수 있도록 해주셨습니다.

하나님 아버지! 저도 주의 이름을 경외하기를 기뻐하는 사람이 되겠습니다. 주의 종이 기도하는 것을 들어주세요. 저로 하여금 사람들에게 은혜를 받고 형통하는 사람이 되게 해주세요. 사람들의 미움의 대상이 되지 않게 도와주세요. 주변의 많은 사람들로부터 사랑을 받고 은혜를 입을 수 있도록 하나님께서 도와주세요. 예수님 이름으로 기도합니다. – 아멘.

 **오늘의 말씀**　로마서 10 : 9, 10

네가 만일 네 입으로 예수를 주로 시인하며, 또 하나님께서 그를 죽은 자 가운데서 살리신 것을 네 마음에 믿으면 구원을 받으리라. 사람이 마음으로 믿어 의에 이르고 입으로 시인하여 구원에 이르느니라.

 **오늘의 묵상 주제**

◉ 내 입으로 예수님을 주로 시인하자!
◉ 하나님께서 예수님을 죽은 자 가운데서 살리신 것을 마음으로 믿자!

 **오늘의 기도**

　구원의 주가 되시는 주 예수님!

　예수님께서는 하늘의 보좌를 버리고 세상에 사람으로 오셨습니다. 사람들이 죄 중에서 죽어가는 것을 구원하시기 위해서 '임마누엘(하나님께서 우리와 함께 계심)'로 오셨습니다. 세상에 오셔서 복음을 전해 주셨습니다. 이제 주님께서 십자가를 지실 것을 말씀하시면서, 그 십자가의 죽음이 세상의 모든 죄인들을 위한 대속의 죽음이 될 것을 말씀하셨습니다. 그리고 말씀하신 대로 주님께서는 십자가에 달려 죽으심으로 구원을 이루어놓으셨습니다.

　은혜의 주님! 주님께서는 주님이 하나님의 아들이신 것과 자신의 죄를 위해 십자가에 달리셨다는 사실을 믿기만 하면 구원을 주시겠다고 약속해주셨습니다. 주님께서는 아주 쉬운 조건만 충족하면 구원을 주시겠다고 약속하셨습니다. 오직 마음으로 하나님께서 예수님을 죽은 자 가운데서 살리신 것을 믿고, 자기 입으로 예수를 주로 시인하기만 하면 되는 것입니다. 많은 돈도 아니고, 특별한 지식이나 능력이 필요한 것도 아닙니다. 그렇기 때문에 세상 모든 사람들에게 공평한 조건이고, 누구라도 원하기만 하면 얻을 수 있게 되었습니다.

　주님! "평양 감사도 제 싫으면 그만이다."라는 격언 같이, 예수님을 주로 믿고 시인하면 구원을 얻을 수 있는데도 예수님을 믿지 않는 사람들이 많습니다. 주님! 제가 예수님이 하나님의 아들이심과 나를 위해서 죽으심을 믿고 입으로 시인하게 하여 구원받게 해주신 것 감사드립니다. 이 믿음과 구원을 평생 소중하게 지킬 수 있게 해주세요. 예수님 이름으로 기도합니다. – 아멘.

 **오늘의 말씀** 레위기 20 : 26

너희는 나에게 거룩할지어다. 이는 나 여호와가 거룩하고, 내가 또 너희를 나의 소유로 삼으려고 너희를 만민 중에서 구별하였음이니라.

 **오늘의 묵상 주제**

⊙ 하나님께 거룩한 존재가 되자!
⊙ 하나님께서 나를 만민 중에서 구별하여 하나님의 소유로 삼으신 것을 알자!

 **오늘의 기도**

거룩하신 하나님!

하나님은 지극히 거룩하신 분이십니다. 그래서 거룩하지 못한 것, 순수하고 깨끗하지 못한 것을 용납하지 않는 분이십니다. '거룩하다'는 히브리어는 '구별되다' '구분되다'라는 뜻을 가지고 있다고 합니다. '거룩한 제물'이라고 하면, 하나님께 제물로 바치기 위해서 양이나 소 등 구별해 놓은 제물을 의미한다고 합니다. '거룩한 사람'은 다른 사람들처럼 세속에 물들어 있는 사람들과는 구별된 사람을 의미합니다. '거룩한 삶'은 거룩한 척 하는 태도가 아니라 속되게 사는 세상 사람들과는 확연하게 구별되는 삶을 의미합니다.

거룩하신 하나님! 거룩하신 하나님께서 당신의 소유로 삼으시기 위해서 저를 세상 만민 중에서 구별해주셨습니다. 세상의 많은 사람들 중에서 특별히 구별해서 하나님의 사람이 되게 해주셨습니다. 이 사실은 참으로 감격스러운 일입니다. 그러나 동시에 두렵고 떨리는 일이기도 합니다.

하나님 아버지! 저를 하나님 앞에 설 수 있는 거룩한 사람이 될 수 있게 도와주세요. 하나님 앞에 설 수 있도록 예수님의 대속의 피로 저의 죄를 씻어 의롭다고 인정해주신 것을 감사드립니다. 그 예수님을 힘입어 감히 하나님 앞에 나아갈 수 있게 되었으니, 이제는 하나님 앞에 서는 것이 부끄럽지 않도록 세상과 구별되는 거룩한 생활, 거룩한 삶을 삶으로써 거룩한 존재가 되게 해주세요. 예수님 이름으로 기도합니다. – 아멘.

 **오늘의 말씀** 열왕기상 10 : 6, 7

왕께 말하되 "내가 내 나라에서 당신의 행위와 당신의 지혜에 대하여 들은 소문이 사실이로다. 내가 그 말들을 믿지 아니하였더니, 이제 와서 친히 본즉 내게 말한 것은 절반도 못되니, 당신의 지혜와 복이 내가 들은 소문보다 더하도다.".

 **오늘의 묵상 주제**

◉ 세상에 널리 소문나는 삶을 살자!
◉ 행위, 지혜, 복이 소문보다 더 많은 사람이 되자!

 **오늘의 기도**

복된 삶으로 인도하시는 하나님!

하나님께서는 솔로몬왕에게 지혜를 주셨습니다. 솔로몬왕은 하나님이 주신 지혜로 세상에서 가장 지혜로운 판결을 할 수 있었고, 크고 아름다운 성전과 왕궁과 도성을 건설했습니다. 솔로몬왕의 지혜와 치적으로 이스라엘왕국은 평화롭고 풍요로운 나라가 되었습니다. 솔로몬의 풍성한 삶과 하나님께 받은 복들로 말미암아 그에 대한 소문이 세상에 널리 퍼졌습니다.

솔로몬왕에 대한 소문은 스바(에티오피아)의 여왕에게까지 퍼졌습니다. 그러나 스바의 여왕은 자기가 들은 소문에 대해서 있는 그대로 믿을 수가 없었습니다. 너무 엄청난 소문들이었기 때문입니다. 또 소문이라는 것이 눈덩이처럼 부풀려지는 경우가 많기 때문입니다. 빈 수레가 요란한 법이고, 소문난 잔치에 먹을 것이 없는 법이기 때문입니다.

그러나 스바의 여왕은 소문의 반만큼이라도 지혜로운 왕이 있다면 만나보고 싶었습니다. 그래서 많은 예물을 가지고 예루살렘의 솔로몬왕궁을 찾아왔습니다. 여왕은 여러 가지 어려운 질문으로 솔로몬왕의 지혜를 시험해 보았습니다. 그런데 솔로몬왕은 막히는 바가 없이 모든 것에 대하여 해박한 지식과 어떤 어려운 일도 해결할 수 있는 지혜를 가지고 있었습니다. 게다가 솔로몬왕이 건축한 도성과 모든 건축물들이 소문에 듣던 것보다 훨씬 더 훌륭했습니다. 그래서 여왕은 솔로몬왕에게 소문보다 훨씬 더 지혜롭고 훌륭한 왕이라고 인정해주었습니다.

하나님 아버지! 저도 솔로몬처럼 복을 많이 받는 사람이 되게 해주세요. 세상에 좋은 소문이 나는 사람이 되게 해주세요. 부풀려지거나 거짓된 소문이 아니라 오히려 소문보다 더 나은 복되고 지혜로운 인생을 살게 해주세요. 절대로 나쁜 것으로 소문나는 사람이 되지 않게 해주세요. 예수님 이름으로 기도합니다. – 아멘.

 눈동자처럼 지켜주심을 구하는 기도

 **오늘의 말씀** 신명기 32 : 9, 10

여호와의 분깃은 자기 백성이라. 야곱은 그가 택하신 기업이로다. 여호와께서 그를 황무지에서, 짐승이 부르짖는 광야에서 만나시고 호위하시며 보호하시며, 자기의 눈동자 같이 지키셨도다.

 **오늘의 묵상 주제**

◉ 내가 하나님의 택하신 기업인 '야곱' 이라는 사실을 알자!
◉ 하나님께서 자기의 눈동자와 같이 나를 지켜주신다는 사실을 알자!

 **오늘의 기도**

　야곱의 하나님! 하나님께서는 '야곱' 의 하나님이십니다. 야곱은 아브라함의 손자이고, 이삭의 아들로 이스라엘의 12지파의 족장이 되는 12아들을 낳은 사람입니다. 그런데 야곱의 이름을 하나님께서는 '이스라엘' 이라고 바꾸어주셨습니다. '이스라엘' 은 '하나님과 겨루어 이겼다' 는 뜻입니다. 하나님께 끈질기게 매달려서 하나님의 은총을 얻은 사람이라는 뜻입니다. 아브라함의 후손들은 가나안 땅에 나라를 세우며 이름을 '아브라함' 이라고 하지 않고 '이스라엘' 이라고 했습니다. 하나님도 하나님의 선민들을 '이스라엘' 이라고 하셨습니다. 하나님의 백성을 때로는 '야곱' 이라고 하기도 하셨습니다. 오늘 말씀에 있는 '야곱' 은 이스라엘 백성, 하나님께서 택하신 백성들을 가리키는 말씀입니다.

　하나님께서는 이스라엘 백성들이 출애굽하여 가나안으로 가는 40년 광야생활 내내 그들을 보호해 주셨습니다. 자기의 눈동자 같이 지켜주셨습니다. 이스라엘 백성은 하나님의 택하신 기업이요, 하나님의 분깃이었기 때문이었습니다.

　하나님 아버지! '야곱' 은 하나님께서 택하여 자기 백성으로 삼은 모든 사람들의 이름이기도 합니다. 그러므로 하나님 앞에서 저도 하나의 '야곱' 이 되고, 하나님께서 특별히 택하신 기업이요 분깃임을 믿습니다. 제가 하나님의 것이기에 하나님께서 저를 특별하게 인도해주심을 믿습니다. 제가 인생을 살아갈 때에 혹 황무지를 만나거나, 짐승이 부르짖는 광야를 걷게 될 때에 저를 만나주시고, 호위하시며, 보호하시며, 하나님의 눈동자 같이 지켜주세요. 지금까지도 그렇게 애지중지 지켜주셨음을 믿습니다. 앞으로도 그렇게 지켜주실 것을 믿고 담대하게 살겠습니다. 예수님 이름으로 기도합니다. – 아멘.

오늘의 말씀) 히브리서 3 : 14

우리가 시작할 때에 확신한 것을 끝까지 견고히 잡고 있으면 그리스도와 함께 참여한 자가 되리라.

오늘의 묵상 주제

⊙ 무엇이든지 시작할 때 가졌던 확신을 끝까지 가지고 가자!
⊙ 공부의 결심에 있어서 작심삼일(作心三日)이 되지 않도록 하자!

오늘의 기도

하나님 아버지! 하나님은 알파와 오메가, 처음과 나중이시고, 처음과 나중이 동일하신 분입니다. 처음 계획을 변경하거나 중도에 포기하지 않는 분이십니다. 저에 대한 사랑도, 저에 대한 구원도 끝까지 변함없는 줄 믿고 감사드립니다.

하나님 아버지! 그런데 사람들은 시작한 것을 완성하지 못할 때가 많습니다. 어떤 결심을 하고는 삼일을 넘기기가 어렵다고 해서 '작심삼일' 이라는 사자성어를 만들어냈습니다. 삼일은 고사하고 아침저녁으로 변한다고 해서 '조석변개(朝夕變改)' 라는 말도 합니다. 일생동안 담배와 술을 수십 번도 더 끊는 사람들이 있습니다. 결심은 하는데 그때마다 실패해서 결심만 반복한 사람들입니다. 공부를 열심히 했다고 결심하고 실천하지 못하는 학생들도 많습니다. 게임을 절제 하겠다는 결심도, 욕을 하지 않고 좋은 말을 사용하겠다는 결심도, 잠을 줄이겠다는 결심도 중간에 포기할 때가 많습니다.

하나님 아버지! 저도 하나님처럼 처음과 나중이 같은 사람이 되게 해주세요. 시작할 때의 확신을 끝까지 견고하게 붙잡을 수 있는 사람이 되게 도와주세요. 지금까지의 저는 거창한 계획과 결심으로 시작하고는, 그 결심과 자신감을 끝까지 가지고 가지 못하고, 중도에 변경하거나 쉽게 포기하는 사람이었습니다. 그러나 이제부터는 무슨 일이든지 용두사미(龍頭蛇尾)를 만드는 사람이 되지 않게 해주세요. 선하게 되겠다는 결심, 믿음 좋은 사람이 되겠다는 결심, 실력을 끌어올리겠다는 성적에 대한 결심, 크고 아름다운 성공을 꿈꾸는 꿈에 대해서 이룰 수 있다는 확신을 끝까지 유지할 수 있게 해주세요. 예수님 이름으로 기도합니다. ― 아멘.

 **오늘의 말씀**   잠언 30 : 24-29

땅에 작고도 가장 지혜로운 것 넷이 있나니, 곧 힘이 없는 종류로되 먹을 것을 여름에 준비하는 개미와, 약한 종류로되 집을 바위 사이에 짓는 사반과, 임금이 없으되 다 떼를 지어 나아가는 메뚜기와, 손에 잡힐 만하여도 왕궁에 있는 도마뱀이니라.

 **오늘의 묵상 주제**

⊙ 가장 지혜롭게 사는 사람이 되자!
⊙ '여름'(현재)에 '겨울'(미래)을 준비하는 사람이 되자!

 **오늘의 기도**

지혜를 주시는 하나님!

하나님께서는 어리석음을 싫어하시고 지혜로운 것을 좋아하십니다. 우리들이 지혜로운 사람이 되고, 지혜롭게 살 것을 원하십니다. 동물들도 생존을 위한 지혜를 가지고 있습니다. 그래서 동물에게서도 지혜를 배우라고 말씀하십니다. 오늘의 말씀에서 지혜자는 네 종류의 동물에게서 지혜를 배우라고 했습니다. 비록 크고 강한 동물은 아니지만 지혜가 있어서 약육강식의 환경에서 잘 살아가는 생물들입니다.

첫째는 개미의 지혜를 배우라고 하셨습니다. 개미는 여름에 겨울에 먹을 양식을 미리 미리 준비하는 지혜가 있습니다. 둘째는 사반의 지혜를 배우라고 하셨습니다. 사반은 약한 동물이지만 험한 바위 사이에 집을 지어 안전을 도모하는 지혜가 있습니다. 셋째는 메뚜기의 지혜를 배우라고 하셨습니다. 메뚜기는 떼를 지어 날아다니는데 감독자가 없이도 질서 있게 한 방향으로 날아갑니다. 넷째는 도마뱀의 지혜를 배우라고 하셨습니다. 금방 손에 잡힐 듯 하지만 쉽게 잡히지 않을 만큼 빠르고, 꼬리를 잡히면 자르고 도망하는 지혜를 가지고 있습니다.

하나님 아버지! 제게도 지혜를 주세요. 미래를 준비하는 지혜, 남이 침범하지 못하는 안전한 곳에 집을 짓는 지혜, 누군가의 지시가 없어도 스스로 질서 있게 살아가는 지혜, 민첩하게 도망하고 올무를 벗어나는 지혜를 주세요. 험한 세상에서 살아남을 뿐 아니라 영광스런 존재가 될 수 있는 삶의 지혜를 허락해주세요.

하나님 아버지! 어느새 여름방학이 다 끝나고 새롭게 2학기가 시작되고 있습니다. 여름방학을 보람 있게 보내게 해주셔서 감사합니다. (그렇지 못한 사람은 반성하고 회개하면서, 더 열심을 낼 것을 결심하자.) 2학기에는 더 열심히 공부하게 해주시고, 내신과 입시에서 좋은 성과를 낼 수 있게 해주세요. 미리 미리 입시를 준비하는 지혜로운 학생이 되게 해주세요. 예수님 이름으로 기도합니다. - 아멘.

 **오늘의 말씀**　베드로전서 2:5

사람에게는 버린 바가 되었으나 하나님께는 택하심을 입은 보배로운 산 돌이신 예수께 나아가, 너희도 산 돌 같이 신령한 집으로 세워지고, 예수 그리스도로 말미암아 하나님이 기쁘게 받으실 신령한 제사를 드릴 거룩한 제사장이 될지니라.

 **오늘의 묵상 주제**

⊙ 살아있는 돌 같은 존재가 되자!
⊙ 신령한 집으로 세워지는 존재가 되자!

오늘의 기도

　산 돌이신 주님! 주님께서는 사람에게는 버린 바가 되었으나 하나님께는 택하심을 입은 보배로운 산 돌(living stone)이라고 하셨습니다. 주님께서 사람에게 버린 바가 되었다는 말씀은 사람들에 의해서 거부당하고 십자가의 처형을 당해 죽임을 당하신 것을 뜻합니다. 주님께서는 사람들을 구원해 주시려고 오셨는데 사람들은 주님을 버렸습니다. 지금도 자신의 죄를 위해 죽으신 예수님을 믿지 않는 사람들이 많이 있습니다. 나를 위해서 자신의 몸을 희생해 주신 주님의 은혜를 마음에 새기고 평생 마음에 주님을 모시고 살게 도와주세요.

　주님! '산 돌' 은 'living stone' 으로 '살아 있는 돌' 이라는 뜻은 이해하겠는데, 그 속 뜻을 이해하기가 쉽지는 않습니다. 오늘 말씀은 산 돌은 예수님이라고 하셨습니다. 그리고 우리에게 산 돌 같이 신령한 집으로 세워지라고 하셨습니다. 이 말씀을 분석하고 종합하는 방식으로 산 돌의 뜻을 생각해 봅니다. 돌은 집을 짓는 재료입니다. 보통은 돌 스스로가 집을 지을 수 없고 사람들에 의해서 지어집니다. 그런데 주님은 생명이 있는 돌, 살아 있는 돌이셨습니다. 그래서 스스로 집을 지으셨습니다. 산 돌이신 주님께서 지으신 집은 '신령한 집' 이었고, 그것은 '구원의 집' 이요, '교회' 이기도 합니다. 주님께서는 우리 자신이 하나님의 성전이라고도 하셨습니다. 그리고 우리 스스로 이 성전의 거룩한 제사장이 되어, 하나님이 받으실 신령한 제사를 드리라고 말씀하셨습니다.

　주님! 저도 주님처럼 산 돌이 되게 도와주세요. 밖으로는 교회를 세우고, 안으로는 마음의 성전을 세워서, 하나님께서 기쁘게 받으실만한 예배를 드리는 거룩한 제사장이 되게 도와주세요. 예수님 이름으로 기도합니다. - 아멘.

구별된 삶을 구하는 기도

 **오늘의 말씀** 레위기 20 : 26

너희는 나에게 거룩할지어다. 이는 나 여호와가 거룩하고, 내가 또 너희를 나의 소유로 삼으려고 너희를 만민 중에서 구별하였음이니라.

 **오늘의 묵상 주제**

⊙ 하나님께 거룩한 존재가 되자!
⊙ 하나님께서 나를 만민 중에서 구별하여 하나님의 소유로 삼으신 것을 알자!

 **오늘의 기도**

거룩하신 하나님!

하나님은 지극히 거룩하신 분이십니다. 그래서 거룩하지 못한 것, 순수하고 깨끗하지 못한 것을 용납하지 않는 분이십니다. '거룩하다'는 히브리어는 '구별되다' '구분되다'라는 뜻을 가지고 있다고 합니다. '거룩한 제물'이라고 하면, 하나님께 제물로 바치기 위해서 양이나 소 등 구별해 놓은 제물을 의미한다고 합니다. '거룩한 사람'은 다른 사람들처럼 세속에 물들어 있는 사람들과는 구별된 사람을 의미합니다. '거룩한 삶'은 거룩한 척 하는 태도가 아니라 속되게 사는 세상 사람들과는 확연하게 구별되는 삶을 의미합니다.

거룩하신 하나님! 거룩하신 하나님께서 당신의 소유로 삼으시기 위해서 저를 세상 만민 중에서 구별해주셨습니다. 세상의 많은 사람들 중에서 특별히 구별해서 하나님의 사람이 되게 해주셨습니다. 이 사실은 참으로 감격스러운 일입니다. 그러나 동시에 두렵고 떨리는 일이기도 합니다.

하나님 아버지! 저를 하나님 앞에 설 수 있는 거룩한 사람이 될 수 있게 도와주세요. 하나님 앞에 설 수 있도록 예수님의 대속의 피로 저의 죄를 씻어 의롭다고 인정해주신 것을 감사드립니다. 그 예수님을 힘입어 감히 하나님 앞에 나아갈 수 있게 되었으니, 이제는 하나님 앞에 서는 것이 부끄럽지 않도록 세상과 구별되는 거룩한 생활, 거룩한 삶을 삶으로써 거룩한 존재가 되게 해주세요. 예수님 이름으로 기도합니다. - 아멘.

 **오늘의 말씀**　열왕기상 10 : 6, 7

왕께 말하되 "내가 내 나라에서 당신의 행위와 당신의 지혜에 대하여 들은 소문이 사실이로다. 내가 그 말들을 믿지 아니하였더니, 이제 와서 친히 본즉 내게 말한 것은 절반도 못되니, 당신의 지혜와 복이 내가 들은 소문보다 더하도다.".

 **오늘의 묵상 주제**

◉ 세상에 널리 소문나는 삶을 살자!
◉ 행위, 지혜, 복이 소문보다 더 많은 사람이 되자!

 **오늘의 기도**

　복된 삶으로 인도하시는 하나님!

　하나님께서는 솔로몬왕에게 지혜를 주셨습니다. 솔로몬왕은 하나님이 주신 지혜로 세상에서 가장 지혜로운 판결을 할 수 있었고, 크고 아름다운 성전과 왕궁과 도성을 건설했습니다. 솔로몬왕의 지혜와 치적으로 이스라엘왕국은 평화롭고 풍요로운 나라가 되었습니다. 솔로몬의 풍성한 삶과 하나님께 받은 복들로 말미암아 그에 대한 소문이 세상에 널리 퍼졌습니다.

　솔로몬왕에 대한 소문은 스바(에티오피아)의 여왕에게까지 퍼졌습니다. 그러나 스바의 여왕은 자기가 들은 소문에 대해서 있는 그대로 믿을 수가 없었습니다. 너무 엄청난 소문들이었기 때문입니다. 또 소문이라는 것이 눈덩이처럼 부풀려지는 경우가 많기 때문입니다. 빈 수레가 요란한 법이고, 소문난 잔치에 먹을 것이 없는 법이기 때문입니다.

　그러나 스바의 여왕은 소문의 반만큼이라도 지혜로운 왕이 있다면 만나보고 싶었습니다. 그래서 많은 예물을 가지고 예루살렘의 솔로몬왕궁을 찾아왔습니다. 여왕은 여러 가지 어려운 질문으로 솔로몬왕의 지혜를 시험해 보았습니다. 그런데 솔로몬왕은 막히는 바가 없이 모든 것에 대하여 해박한 지식과 어떤 어려운 일도 해결할 수 있는 지혜를 가지고 있었습니다. 게다가 솔로몬왕이 건축한 도성과 모든 건축물들이 소문에 듣던 것보다 훨씬 더 훌륭했습니다. 그래서 여왕은 솔로몬왕에게 소문보다 훨씬 더 지혜롭고 훌륭한 왕이라고 인정해주었습니다.

　하나님 아버지! 저도 솔로몬처럼 복을 많이 받는 사람이 되게 해주세요. 세상에 좋은 소문이 나는 사람이 되게 해주세요. 부풀려지거나 거짓된 소문이 아니라 오히려 소문보다 더 나은 복되고 지혜로운 인생을 살게 해주세요. 절대로 나쁜 것으로 소문나는 사람이 되지 않게 해주세요. 예수님 이름으로 기도합니다. – 아멘.

 **오늘의 말씀**　에베소서 5 : 8-10

너희가 전에는 어둠이더니 이제는 주 안에서 빛이라. 빛의 자녀들처럼 행하라. 빛의 열매는 모든 착함과 의로움과 진실함에 있느니라. '주를 기쁘시게 할 것이 무엇인가?' 시험하여 보라.

 **오늘의 묵상 주제**

◉ 빛의 자녀처럼 행하고, 빛의 열매를 맺자!
◉ 주님을 기쁘시게 할 것이 무엇인가를 늘 생각하며 살자!

 **오늘의 기도**

빛 되시는 주님!

주님께서는 빛으로 세상에 오셨습니다. 세상 사람들에게 빛을 주시기 위해서 오셨습니다. 주님 안에 들어간 사람, 주님을 마음속에 모셔 들인 사람은 주님의 빛을 나누어 가질 수 있습니다.

빛을 주신 주님! 악도 많고 죄도 많은 세상은 어둠입니다. 악을 행하며 죄를 짓는 사람들은 어둠입니다. 주님이 오시기 전의 세상은 어둠이었습니다. 어둠 속에서 어둠의 열매를 맺으며 살았습니다. 그러나 주님께서 어둠을 밝히는 빛으로 세상에 오셨습니다. 그리고 어둠 속에 있는 사람들에게 빛을 주셨습니다.

주님! 이제 주 안에 있으면 빛이 됩니다. 주 안에 있는 사람은 빛입니다. 주님 안에 있는 사람은 이전의 어둠을 벗어버리고 빛의 자녀로 밝은 삶을 살 수 있게 됩니다.

주님! 저도 주님 안에 있는 사람입니다. 주 안에서 빛이 되게 해주시고, 빛의 자녀로서 행동하게 해주세요. 빛의 열매는 모든 착함과 의로움과 진실함에 있다고 하셨습니다. 저도 빛의 열매를 맺는 사람이 되게 도와주세요. 착함과 의로움과 진실함을 가지고 빛의 열매를 맺으며 사는 제가 되게 해주세요. 언제나 '어떻게 하면 주님을 기쁘시게 할까?' 를 생각하며, 주님을 기쁘시게 하는 일만 하면서 살게 해주세요. 주님이 기뻐하시는 일을 행하면 그것이 곧 빛의 열매를 맺는 행위가 됨을 믿습니다. 예수님의 이름으로 기도합니다. – 아멘.

 **오늘의 말씀** 잠언 25 : 9, 10

너는 이웃과 다투거든 변론만 하고 남의 은밀한 일은 누설하지 말라. 듣는 자가 너를 꾸짖을 터이요, 또 네게 대한 악평이 네게서 떠나지 아니할까 두려우니라.

 **오늘의 묵상 주제**

◉ 남의 은밀한 일을 누설하지 말자!
◉ 악평이 아닌 호평을 받는 사람이 되자!

 **오늘의 기도**

화평의 주님! 주님께서는 이웃과 사랑하며 화목하게 살기를 원하시는데, 사람들은 갈등하고 다투면서 삽니다. 다투지 않고 살 수 있으면 좋겠지만, 어쩔 수 없이 다투게 될 때도 있습니다.

오늘 말씀은 이렇게 다투게 될 때에도 지혜롭게 다투어야 할 것을 가르쳐 주고 있습니다. 다툴 때에 변론만 하고 상대방을 무시하거나, 욕을 하거나, 공격하지 말아야 하는 것이 다툼의 지혜입니다. 상대방에 대한 최악의 공격이 은밀한 일을 누설하고 폭로하는 일입니다. 그런데 다른 사람의 은밀한 일을 누설하면, 당사자는 분노가 폭발하게 되고, 듣는 사람들도 폭로한 사람에 대하여 비난하게 되기 때문입니다. 주님! 다툴 때 뿐 만 아니라 언제라도 다른 사람의 은밀한 일을 누설하지 않게 도와주세요. 사람들은 남의 비밀을 혼자만 알고 있지 못하고 누구에겐가 말하고 싶은 유혹이 생깁니다. 어떤 사람은 남의 비밀을 동네방네 떠들고 다닙니다. 그러나 이런 사람을 칭찬하는 사람은 없습니다.

주님! 저로 하여금 될 수 있는 대로 이웃과, 친구와 다투거나 싸우지 않게 해주세요. 혹 다투는 일이 생기더라도 변론만하고, 남의 은밀한 일을 폭로하는 일이 없게 해주세요. 싸울 때 뿐 아니라 언제라도 다른 사람의 비밀과 약점을 누설하지 않도록 제 입을 지켜주세요. 입이 가벼운 사람이 아니라 무거운 사람이 되게 해주시고, 자신의 감정을 잘 다스리는 자가 되게 해주세요. 그래서 저를 아는 모든 사람들로부터 '좋은 사람'이라는 말을 들을 수 있는 삶을 살게 해주세요. 예수님 이름으로 기도합니다. – 아멘.

 **오늘의 말씀**　고린도후서 5 : 17

그런즉 누구든지 그리스도 안에 있으면 새로운 피조물이라. 이전 것은 지나갔으니, 보라, 새 것이 되었도다!

 **오늘의 묵상 주제**

◉ 새로운 피조물이 되자!
◉ 예전의 나를 버리고 새로운 나로 살자!

 **오늘의 기도**

새롭게 하시는 주님!

세상은 낡아지는 것 뿐 입니다. 인생도 낡아집니다. 세월이 가면서 사람은 늙어가고, 결국 죽게 됩니다. 전도서는 세상과 인생에 새 것도 없고 영원한 것도 없다고 했습니다.

주님! 그런데 그리스도 안에 있으면 새로운 피조물이라고 하셨습니다. 예수 그리스도께서는 우리를 새로운 존재로 바꾸어 주십니다. 주님께서는 죄인을 의인이 되게 해주십니다. 죽을 사람을 살리시고, 죽어 있는 영을 살려 새 영이 되게 해주십니다. 세상의 모든 죄와 악을 녹여 새로운 의와 선으로 만들어주십니다. 죽을 수밖에 없는 인생에게 부활의 생명을 주시고, 영원한 생명으로 바꾸어 주십니다.

주님! 저도 주님 안에 있습니다. 당연히 주님 안에 있는 저도 새로운 피조물이 될 줄 믿습니다. 이전의 나, 이전의 나의 성품과 생활, 이전의 게으르고 악한 나의 모습을 모두 버리게 해주세요. 완전히 새로운 나, 새로운 생활을 만들어 주세요. 맑고 깨끗한 마음, 선하고 의로운 행실, 온유하고 덕스러운 말, 신실하고 돈독한 믿음, 고상하고 예민한 영의 사람으로 완전히 새 사람을 만들어 주세요.

주님! "이전 것은 지나갔으니, 보라, 새 것이 되었도다!"라는 고백을 세상을 향해서 당당하게 외칠 수 있는 새로운 제가 되도록 도와주세요. 예수님 이름으로 기도합니다. – 아멘.

 **오늘의 말씀** 디모데후서 2 : 20, 21

큰 집에는 금 그릇과 은 그릇 뿐 아니라 나무 그릇과 질그릇도 있어, 귀하게 쓰는 것도 있고 천하게 쓰는 것도 있나니, 그러므로 누구든지 이런 것에서 자기를 깨끗하게 하면 귀히 쓰는 그릇이 되어, 거룩하고, 주인의 쓰심에 합당하며, 모든 선한 일에 준비함이 되리라.

 **오늘의 묵상 주제**

⊙ 하나님께서 언제라도 쓰실 수 있는 깨끗한 그릇이 되자!
⊙ 기왕이면 하나님께 귀하게 쓰임 받는 그릇이 되자!

 **오늘의 기도**

토기장이가 되시는 조물주 하나님!

세상에는 그릇이 많습니다. 사람들은 용도에 맞게 그릇을 만들어 사용합니다. 장독대로 쓰는 커다란 옹기 항아리도 있고, 주방에 두고 음식을 담아 식탁에 올리는 도자기 그릇들도 있고, 호텔에서 VIP고객들에게만 사용하는 아주 비싼 그릇도 있습니다. 아무 때나 쓰는 막그릇도 있고, 귀한 사람에게만 내놓은 귀한 그릇도 있습니다.

토기장이가 되시는 하나님! 하나님께서는 사람그릇을 만드는 토기장이십니다. 하나님께서 쓰시기 위해서 크고 작은, 귀하고 천한 그릇을 만드십니다. 우리 사람들은 그릇과 같은 피조물이기 때문에, '왜 나를 이렇게 만들었습니까? 라고 항거할 수 없는 줄 압니다. 그런데 사람들은 하나님께서 귀한 그릇으로 만들어 주지 않은 것을 원망하기도 합니다. 그러나 중요한 것은 무엇으로 만든 그릇이냐가 아니라 필요할 때 쓸 수 있도록 깨끗한 그릇이냐 라는 것이라고 말씀하셨습니다. 자기를 깨끗하게 한 그릇이라면 하나님께서 언제라도 유용하고 귀하게 사용해 주신다고 하셨습니다.

하나님 아버지! 저를 만든 분도 하나님이시고, 쓰실 분도 하나님이십니다. 하나님께서 원하시는 그릇(사람)으로 만들어주시고, 하나님께서 원하시는 대로 사용해주세요. 무엇보다도 제가 하나님께서 언제라도 사용할 수 있는 깨끗한 그릇이 되게 해주세요. 죄악에 물들어 하나님께서 도저히 쓰실 수 없는 사람이 되지 않게 해주세요. 하나님께서 언제라도 사용하실 수 있도록 모든 선한 일에 준비된 제가 되게 해주세요.

하나님 아버지! 하나님의 쓰심에 저 자신을 기꺼이 드릴 수 있는 믿음의 사람이 되게 해주세요. 예수님 이름으로 기도합니다. – 아멘.

●9월을 성공적으로 보내는 방법

9월은 2학기의 시작이고, 어느새 가을이 시작된다.

경험해 봐서 알겠지만 2학기는 금방 지나간다.

1학기는 3월, 4월, 5월, 6월에다 7월 말까지 거의 다섯 달 동안 공부하고 공식적으로는 여름방학이 끝나고 개학하고 8월이 끝나야 1학기가 끝난다.

2학기는 9월부터 시작되면, 9월, 10월, 11월, 12월 네 달이면 끝난다. 겨울방학이 끝나고 졸업식을 위한 개학이 있지만, 수업과는 상관이 없다. 그리고 겨울방학이 시작하고 새학년이 되기까지 1월, 2월, 3월 세 달은 공백기와 같은 어정쩡한 기간이 되기 쉽다.

1학기 중간고사는 3, 4월 두 달 진도 나가고 시험을 치르게 되지만 2학기 중간고사는 9월 한 달 진도 나가고 시험을 치르게 된다. 당연히 시험범위가 많지 않다.

시험범위가 많지 않다는 것은 더 철저히 준비할 수 있다는 것도 된다.

2학기는 시작 하자마자 중간고사를 준비한다고 생각하자.

고3은 수능원서를 쓰는 달이다. 아직 수능을 위한 준비는 많이 안 되어 있는데, 수능원서를 쓰는 마음은 착잡하고 초조해진다. 더 집중해서 준비하자.

수시를 준비해야 할 때이기도 하다. 요즘 대학입시는 실력과 정보를 겸해야 한다. 대학마다 입시 요강이 다르고, 같은 대학이라도 학과에 따라서 입시 요강이 다르다.

수시모집이 점점 많아지므로 가급적 수시전형에 응하는 것이 좋겠다.

수시모집에 한 곳이라도 합격하면 정시에 원하는 대학에 응시할 수 없다. 아무데나 걸리라는 식으로 자기 실력보다 너무 낮은 대학에 응시하지 말자. 합격하고도 돌이킬 수 없어서 후회할 수 있기 때문이다.

 **9월 1일** 소망의 항구로 인도되기를 구하는 기도

 **오늘의 말씀**) 시편 107 : 30, 31

그들이 평온함으로 말미암아 기뻐하는 중에 여호와께서 그들이 바라는 항구로 인도하시는도다. 여호와의 인자하심과 인생에게 행하신 기적으로 말미암아 그를 찬송할지로다.

 **오늘의 묵상 주제**

⊙ 평온함 중에 내가 바라는 항구로 인도하시는 하나님을 바라자!
⊙ 하나님께서 인자와 기적을 베푸시는 대상이 되자!

오늘의 기도

우리에게 평온함을 주시는 하나님!

사람들은 평온함을 원하지만 세상은 평온함을 주려하시 않습니다. 평화공존은 인류의 이상이지만 적자생존이 세상의 현실입니다. 공부하는 것도 경쟁이고 투쟁입니다. 공부가 그저 배움에서 끝나지 않고 경쟁을 통해서 등급이 매겨집니다. 점수와 등급에 따라서 합격과 불합격으로 갈리는 입시를 위해 공부합니다. 공부가 힘들 수밖에 없고, 마음이 평화롭기가 어렵습니다.

평온함을 주시는 하나님! 제 마음과 생활에 평온함을 주시기를 원합니다. 공부를 해도 평온한 마음으로 하게 해주세요. 전투하며 고지를 점령 하듯 공부하는 것이 아니라, 배우고 익히는 것, 지식과 앎의 지평을 넓히는 것을 즐거워하는 마음으로 공부하게 하시고, 그것이 실력이 되고, 좋은 성적이 되고, 입시와 취업에서 좋은 결과를 얻을 수도 있게 해주세요. 또한 학교생활도 가정생활도 평온하게 해주세요. 하나님께서는 하나님의 사람들이 평온함과 기쁨으로 사는 중에 소원의 항구로 인도해 주시는 분입니다. 저에게도 그렇게 해주세요.

하나님 아버지! 여름방학이 끝나고 며칠이 지났지만, 실제로는 오늘부터가 2학기가 시작되는 날입니다. 2학기 때에도 지혜와 힘과 끈기를 주셔서 목표점에 도달할 수 있도록 인도해주세요.

하나님 아버지! 목표를 이룬다는 것이 몹시 힘들다는 것을 절감합니다. 때로는 제 자신의 머리와 체력과 능력의 한계를 느낄 때도 있고, 때로는 제도나 환경들 때문에 어려움을 겪기도 합니다. 그러나 어떤 경우라도 제가 바라는 소원의 항구로 인도하실 하나님의 도우심을 믿고, 마음의 평온을 유지하면서 공부할 수 있도록 도와주세요. 예수님 이름으로 기도합니다. – 아멘.

 **오늘의 말씀**　이사야 43 : 4

네가 내 눈에 보배롭고 존귀하며, 내가 너를 사랑하였은즉, 내가 네 대신 사람들을 내어 주며 백성들이 네 생명을 대신하리니

 **오늘의 묵상 주제**

⊙ 내가 하나님의 눈에 보배롭고 존귀한 존재임을 잊지 말자!
⊙ 하나님께서 나를 사랑하시는 것을 기억하자!

 **오늘의 기도**

　나를 귀하게 여기시는 하나님!
　자기 스스로를 귀하게 여기는 자존감이 높은 사람일수록 성공할 가능성이 많다고 합니다. 자존감이 높은 사람이 자신에 대하여 긍정적인 생각을 가질 수 있습니다. 인생관도 세계관도 긍정적이고 적극적일 수 있습니다. 자존감이 높은 사람이라야 다른 사람을 존중하게 되고, 인생도 세상도 긍정적으로 바라볼 수 있습니다.
　반면에 자존감이 낮은 사람은 자기 스스로를 존중하지 못하고, 그렇기 때문에 좋은 것을 꿈꾸지 못하며, 긍정적이고 적극적인 인생을 만들어가지 못합니다. 자존감이 낮은 사람일수록 다른 사람도 존중하지 못하고, 세상을 아름답게 바라볼 수 없게 됩니다. 하나님 아버지! 사랑과 인정을 많이 받으며 자란 사람은 자존감이 생기지만 그렇지 못한 사람은 자존감이 형성되기 어렵다고 합니다. 그런데 오늘 말씀을 통해서 하나님께서는 저를 참 많이 사랑하시고 귀하게 여기신다는 것을 깨달았습니다. 나를 가장 아끼고 사랑해 주시는 부모님보다도 하나님께서 더 사랑해 주시고 인정해 주시는 것을 깨달았습니다.
　나를 보배롭게 여기시는 하나님 아버지! 저 자신도 때로는 제 자신에 대한 자존감을 잃어버릴 때도 있는데, 하나님께서 저를 보배롭고 존귀하게 여겨주시니 감사합니다. 이제부터는 제가 하나님께 보배롭고 존귀하여 여김 받는 존재임을 깨닫고 저 자신을 존귀하게 여기며, 존귀한 자로서 살아가게 해주세요. 또한 하나님께서 나 대신 다른 사람들을 내어주고 생명을 대신하게 하시기까지 저를 사랑해주셨다는 말씀을 접하고는 전율(戰慄 ; 소름이 끼치도록 두려움)을 느낍니다. 특히 저를 위해서 예수님의 생명까지 희생해주셨음도 기억합니다. 이제 하나님 앞에서 존귀한 자로 살면서, 하나님께서 원하시는 존귀한 일을 이룰 수 있는 제가 되게 해주세요. 예수님 이름으로 기도합니다. – 아멘.

 **오늘의 말씀** 마태복음 7 : 12

그러므로 무엇이든지 남에게 대접을 받고자 하는 대로 너희도 남을 대접하라. 이것이 율법이요 선지자니라.

 **오늘의 묵상 주제**

⊙ 남에게 대접받기를 바라기보다는 대접하려는 사람이 되자!
⊙ 남에게 대접받기를 바라는 대로 남을 대접하는 사람이 되자!

 **오늘의 기도**

모든 사람을 귀하게 대접하시는 주님!

사람들은 남을 대접하기보다는 남에게 대접 받기를 좋아합니다. 다른 사람을 대접할 줄 모르는 사람일수록 자기는 더 대접을 받으려는 경향이 있습니다. 대접을 받으려고 하는 사람일수록 교만하고 거만한 사람이 많습니다. 나보다 남을 낮게 보기 때문입니다. 겸손한 사람은 남에게 대접 받으려고 하기보다는 남을 대접 하려고 합니다. 남을 나보다 낮게 여기기 때문입니다.

못난 사람도 귀하게 대접해 주시는 주님! 주님께서는 남에게 대접을 받기를 바라는 것 만큼 남을 대접하라고 가르치셨습니다. 사람들은 이 말씀을 황금율(黃金律)이라고 합니다. 가장 귀한 율법이라는 뜻입니다. 주님께서는 남을 대접하는 것이 '율법'이요 '선지자'라고 하셨습니다. 이렇게 말씀하신 것은 성경의 율법책(토라, 율법서)과 선지자들의 책(느비임, 예언서)이 가르치는 핵심 정신이라는 것을 가르쳐 주시기 위함입니다.(구약성경은 율법책인 토라, 선지자들의 책인 느비임, 거룩한 문학의 책인 케투빔의 세 두루마리로 구성되어 있다.).

주님! 지금까지 저 역시도 다른 사람들로부터 대접받기를 바라며 살았습니다. 다른 사람을 어떻게 대접할까를 가지고 고민하지는 않았습니다. 이제부터는 내가 대접받고 싶은 대로 남을 대접하는 사람이 되도록 노력하겠습니다. 그렇게 해서 주님이 가르쳐주신 이웃 사랑을 실천할 수 있도록 노력하겠습니다. 이제 부모님, 형제자매, 친구들, 선생님들, 그리고 주변의 모든 사람들을 대접하며 살게 도와주세요. 예수님 이름으로 기도합니다. – 아멘.

 **오늘의 말씀**　잠언 22 : 9

선한 눈을 가진 자는 복을 받으리니, 이는 양식을 가난한 자에게 줌이니라.

 **오늘의 묵상 주제**

⊙ 선한 눈을 가진 사람이 되자!
⊙ 베풀 줄 아는 사람이 되자!

오늘의 기도

　선한 눈을 주신 하나님! 하나님께서는 눈을 주셔서 세상을 밝히 보며 살 수 있게 해주셨습니다. 하나님께서는 세상 모든 것에서 하나님을 볼 수 있게 하셨고, 선하고 아름다운 것을 발견할 수 있도록 해주셨습니다. 육신의 눈은 사물을 보지만, 사람에게는 마음의 눈도 있습니다. 마음의 눈으로 선하고 아름답고 긍정적인 것을 볼 수 있습니다. 그런데 하나님께서 주신 눈을 가지고 선을 보지 못하고 악을 보는 사람들이 있습니다. 세상을 악하게 보고, 사람에게서 악한 모습을 보려고 합니다. 가난한 자들에 대해서 선한 눈을 가진 사람은 동정하고 양식을 나누어 주지만, 악한 눈을 가진 자는 멸시하고 양식을 나누어 달라고 할까봐 멀리합니다.

　하나님 아버지! 저의 눈을 선하게 만들어 주신줄 믿습니다. 저의 마음의 눈에서 악한 색채를 모두 지워주시고 선한 것만 남겨주세요. 어떤 것을 볼 때에 선하고 긍정적으로 보는 사람이 되게 해주세요. 지금까지 다른 사람을 볼 때에 장점보다는 단점을, 강점보다는 약점을, 칭찬거리보다는 비판거리를 먼저 보았습니다. 그래서 다른 사람을 업신여기고 무시할 때도 있었고 흉을 볼 때도 있었습니다. 혹 나보다 나은 면이 보이면 칭찬하고 배우려고 하기보다는 시기하고 질투하기도 했습니다. 이 모두가 제가 선한 눈을 가지고 있지 못한 때문입니다.

　주님! 이런 저를 용서해주요. 그리고 제 눈에서 악하고 부정적인 요소를 다 제거해 주시고, 주님처럼 저도 선한 눈의 소유자가 되게 해주세요. 또한 나보다 가난한 사람들에게 베풀어줄 수 있는 사람이 되게 해주세요. 잘 되고 성공하기만 꿈꾸는 것이 아니라 그 이유가 많은 사람들에게 베풀기 위함이 되게 해주세요. 예수님 이름으로 기도합니다. – 아멘.

용서하는 삶을 구하는 기도

 **오늘의 말씀** 고린도후서 2 : 10, 11

너희가 무슨 일에든지 누구를 용서하면 나도 그리하고, 내가 만일 용서한 일이 있으면 용서한 그것은 너희를 위하여 그리스도 앞에서 한 것이니, 이는 우리로 사탄에게 속지 않게 하려 함이라. 우리는 그 계책을 알지 못하는 바가 아니로라.

 **오늘의 묵상 주제**

⊙ 용서하고 용서받을 줄 아는 사람이 되자!
⊙ 사탄의 계책을 바로 알아 속지 말자!

 **오늘의 기도**

화목하기를 원하시는 주님!

베드로가 예수님께 같은 사람을 몇 번이나 용서해 주면 좋겠느냐고 물은 일이 있었습니다. 베드로는 일곱 번 용서해 주면 충분한지를 물었습니다. 이에 대해서 예수님께서는 일흔 번씩 일곱 번이라도 용서해 주라고 대답하셨습니다. 70번 곱하기 7번은 490번이 됩니다. 주님께서는 490번까지만 용서하라고도 하지 않으시고, 490번 '이라도' 용서해 주라고 하셨습니다. 같은 사람을 490번 용서하게 되는 일은 거의 발생하지 않기 때문에, 이 말씀은 용서를 빌면 몇 번이든지 용서해 주라는 말씀입니다.

주님! 주님께서 그렇게 가르치신 것은 하나님께서 사람들을 용서해 주시는 것처럼 계속 용서해 주라는 뜻인 줄 압니다. 사람들은 평생 잘못하고 하나님께 용서받을 일들이 490번만 되는 것이 아니라, 그 수십 배 수백 배나 많을 것입니다.

주님! 지금까지 살아오면서 제가 다른 사람에게 잘못한 일도 있고, 다른 사람이 제게 잘못한 일도 있었습니다. 그런데 저는 자신의 잘못을 인정하는 것도, 잘못한 사람에게 용서를 구하는 것도 잘 하지 못했습니다. 그릇된 자존심 때문인 것 같습니다. 이제는 저의 잘못을 인정하고 용서를 구할 줄 아는 사람이 되도록 노력하겠습니다.

주님! 또한 제게 잘못한 사람이 용서를 구할 때는 진심으로 용서해주고, 섭섭함이나 적개심을 조금도 남기지 않게 그 일을 완전히 잊어버리게 해주세요. 제 자신을 위해서는 불가능한 경우라도 주님을 위해서 화해를 이루어 화목하게 살게 해주세요. 사람들과 불화하고 원수 맺게 하여 불행 속에 빠뜨리려고 하는 사탄의 계책을 무력화시키는 삶을 살게 도와주세요. 예수님 이름으로 기도합니다. – 아멘.

 **오늘의 말씀** 시 108 : 13

우리가 하나님을 의지하고 용감히 행하리니, 그는 우리의 대적들을 밟으실 자이심이로다.

 **오늘의 묵상 주제**

⊙ 하나님을 의지하고 용감하게 행하자!
⊙ 대적에게 밟히는 자가 아니라 대적을 밟는 자가 되자!

 **오늘의 기도**

용기를 주시는 하나님!

사람마다 두려움을 가지고 사는 것 같습니다. 자신만만하게 사는 것 같은 사람도 속으로는 두려워하는 것이 있습니다. 누군가 사람을 두려워하는 사람, 실패를 두려워하는 사람, 생계를 두려워하는 사람, 공부를 두려워하는 사람, 막연한 공포에 공황공포증에 시달리는 사람들까지 많은 사람들이 두려움을 가지고 살고 있습니다.

하나님 아버지! 저도 때때로 자신감을 잃고 무기력해지고, 불안해지고, 실패에 대한 두려움에 사로잡히곤 합니다. 제 믿음이 부족한 때문이고, 제가 하나님을 온전히 의지하지 못하기 때문인 것 같습니다. 저의 믿음 없음을 용서해주시고, 제게 하나님께 대한 믿음을 더해주세요.

하나님 아버지! 저에 대한 하나님의 인자와 사랑을 믿고, 하나님 주시는 힘으로 용감하고 씩씩하게 행하는 제가 되게 해주세요. 공부도 용감하게 하고, 친구들과의 인간관계에서도 자신감을 가지고 씩씩하게 행동하게 하시고, 꿈을 가꿔가는 일에 대해서도 용감하게 행동하게 해주세요. 대적에게 밟히는 약한 존재가 되지 않게 해주세요. 나 자신의 삶과 꿈에 자신감을 가지고 용감하게 행동하며 살게 해주세요. 예수님 이름으로 기도합니다. – 아멘.

섬기는 자의 삶을 위한 기도

 **오늘의 말씀** 마태복음 20 : 26-28

너희 중에는 그렇지 않아야 하나니, 너희 중에 누구든지 크고자 하는 자는 너희를 섬기는 자가 되고, 너희 중에 누구든지 으뜸이 되고자 하는 자는 너희의 종이 되어야 하리라. 인자가 온 것은 섬김을 받으려 함이 아니라 도리어 섬기려 하고, 자기 목숨을 많은 사람의 대속물로 주려 함이니라.

 **오늘의 묵상 주제**

◉ 섬김을 받으려고 하기보다는 섬기는 자가 되자!
◉ 으뜸이 되고자 하기보다는 종이 되자!

 **오늘의 기도**

섬김의 본을 보이신 주님!

주님께서는 세상 모든 사람과 온 주주의 섬김을 받으셔야 하는 영광의 주이십니다. 그런 주님께서 오히려 사람을 섬기기 위해서 세상에 오셨습니다. 낮은 사람, 천한 사람, 멸시받는 사람, 따돌림 받는 사람, 병든 사람, 손가락질 받는 사람, 온갖 죄인들까지 섬기러 오셨습니다. 그렇게 세상 모든 사람들을 섬기시다가 세상 모든 사람들의 죄를 대신 지시고 당신의 목숨을 사람의 대속물로 주시기까지 하며 사람을 섬기셨습니다. 그렇게 섬김의 본을 보이신 주님께서 주님의 사람들에게 섬김의 삶을 살라고 부탁하셨습니다.

주님! 그런데 세상 사람들은 섬기려고 하지 않고 섬김을 받으려고 합니다. 으뜸이 되고, 최고가 되고, 어느 케이 팝(K-Pop) 걸그룹의 노래처럼 "내가 제일 잘나가"를 뽐내려고 합니다. 그러나 주님의 사람들은 주님을 본받아야 할 줄 압니다.

주님! 저도 주님 닮기를 원합니다. 그런데 저도 다른 그리스도인들처럼 섬김의 주님을 본받기보다는 영광을 받으시는 주님, 뭇 사람의 높임을 받으시는 주님을 닮고자 했습니다. 그러나 이제부터는 낮아지신 주님, 겸손하신 주님을 닮고자 하는 마음으로 살도록 도와주세요. 크고자 하기보다는 다른 사람의 종이 되어 섬기는 사람이 되게 해주세요. 주님께서 이 세상에 오신 목적이 섬김을 받기 위해서가 아니라 도리어 사람들을 섬기려 하고, 사람들의 대속물로 목숨을 주기 위해서임을 제대로 알게 해주세요. 섬김과 희생의 주님을 닮을 수 있게 해주세요. 예수님 이름으로 기도합니다. – 아멘.

 **오늘의 말씀** 　빌립보서 2 : 13, 14

너희 안에서 행하시는 이는 하나님이시니 자기의 기쁘신 뜻을 위하여 너희에게 소원을 두고 행하게 하시나니, 모든 일을 원망과 시비가 없이 하라.

 **오늘의 묵상 주제**

◉ 내 안에서 행하시는 하나님을 발견하자!
◉ 나의 꿈과 비전이 하나님의 기쁘신 뜻을 위해 이루어지게 하자!

 **오늘의 기도**

　내 안에서 행하시는 하나님!

　사람 안에는 영이 있습니다. 자기 자신의 영이 있습니다. 그러나 때로는 다른 영이 들어와서 자리를 잡기도 합니다. 마귀가 부리는 영이 들어와 휘둘리는 사람들도 많습니다. 악한 영, 사특한 영, 거짓의 영, 정욕의 영, 맘몬의 영, 질투의 영, 미움의 영, 포악의 영, 속이는 영 등이 안에서 행하는데, 그것이 마귀의 영인지도 모르면서 죄악 속에 사는 사람들이 있습니다.

　주님! 그러나 주님의 사람 안에는 하나님의 영이 함께 하십니다. 하나님의 영은 사랑의 영, 평안의 영, 화목의 영, 협력의 영, 도움의 영, 나눔의 영, 진실의 영, 성결의 영, 거룩의 영, 긍정의 영, 섬김의 영, 존귀의 영으로 행하십니다. 하나님, 내 안에 오시고, 내 안에서 행하심을 감사드립니다.

　주님! 또한 우리 안에서 행하시는 하나님의 영은 소원(꿈, 비전)을 두고 살도록 역사하신다고 하셨습니다. 제가 소원(꿈과 비전)을 가지고 살게 하시는 이가 하나님인 것을 깨닫습니다. 제가 꿈과 비전을 가지고 살게 하신 것은 저를 위함이기도 하지만, 하나님의 기쁘신 뜻을 위해서이기도 하다고 하셨습니다.

　주님! 오늘의 말씀을 통해서 제가 하나님의 사명자로 쓰임 받고 있다는 것을 깨닫습니다. 이제 나의 꿈이 반드시 이루어질 것을 믿습니다. 나의 꿈과 비전을 통해서 하나님께서 하나님의 기쁘신 뜻을 이루어야 하기 때문입니다.

　주님! 저 또한 나의 꿈과 비전을 이루는 것이 하나님의 뜻을 이루는 것임을 깨닫고, 사명감을 가지고 이루기 위해서 최선을 다해서 노력할 것을 다짐합니다. 하나님께서 도와주세요. 예수님 이름으로 기도합니다. – 아멘.

잠자는 나를 깨우기 위한 기도

 **오늘의 말씀** 사사기 5 : 12

깰지어다. 깰지어다. 드보라여, 깰지어다. 깰지어다. 너는 노래할지어다. 일어날지어다. 바락이여, 아비노암의 아들이여, 네가 사로잡은 자를 끌고 갈지어다!

 **오늘의 묵상 주제**

⊙ 잠자는 나를 깨우자!
♤ 승리의 노래를 부를 수 있는 사람이 되자!

 **오늘의 기도**

잠자는 자를 깨워주시는 하나님!

하나님께서는 잠자는 사람들의 영혼을 깨워주셨습니다. 절망에 빠져있는 사람을 깨워서 희망을 가지고 살게 해주셨습니다. 패배하고 실패하여 좌절해 있는 용사를 일깨워 강한 적과 맞서 싸우게 해주셨습니다. 실의에 빠져 있는 사람을 깨워 일으켜 큰 뜻을 품고 행하게 해주셨습니다.

하나님 아버지! 하나님께서는 사사시대에 시스라의 군대가 철병거를 동원하여 이스라엘을 짓밟을 때에 여선지자 드보라를 깨워서 분연히 일어나게 해주셨습니다. 하나님은 드보라를 통해서 아비노암의 아들 바락을 일깨워 용사로 거듭나게 해주셨습니다. 하나님이 깨워주신 드보라와 바락의 군사들은 시스라의 철병거 군대를 파하고 많은 적군을 사로잡았습니다. 성경에서 하나님이 깨워주신 사람들은 모든 상황을 극복하고 승리하는 삶을 살 수 있었습니다.

승리의 신이신 하나님! 사람들은 '여호와 닛시(깃발, 승리의 표식)'를 노래합니다. 하나님은 전쟁에 능하십니다. 잠자는 의식을 깨워 싸우게 하시며, 무기력한 자에게 힘을 주셔서 승리하게 하시며, 사로잡혔던 자로 대적을 사로잡게 만들어주십니다. 하나님의 깃발은 승리의 표식이며, 모든 전쟁에서 이기게 하시고 승리의 깃발을 꽂게 해주십니다. 하나님! 저를 깨워주세요. 제 안에 아직도 잠자는 요소가 있다면 모두 깨워주세요. 정신, 의식, 지혜, 재능, 성실, 잠재력, 꿈(비전)을 깨워 일으키고, 싸움터로 나가 전력을 다해 싸우고, 하나님의 이름으로 승리를 거두는 인생을 살게 해주세요. 예수님 이름으로 기도합니다. – 아멘.

 **오늘의 말씀**) 베드로전서 3 : 15

너희 마음에 그리스도를 주로 삼아 거룩하게 하고, 너희 속에 있는 소망에 관한 이유를 묻는 자에게는 대답할 것을 항상 준비하되 온유와 두려움으로 하고, 선한 양심을 가지라. 이는 그리스도 안에 있는 너희의 선행을 욕하는 자들로 그 비방하는 일에 부끄러움을 당하게 하려 함이라.

 **오늘의 묵상 주제**

⊙ 내 마음에 그리스도를 주로 모시고 거룩한 마음이 되도록 노력하자!
⊙ 크고 분명한 소망과 소망에 대한 분명한 이유를 가지자!

 **오늘의 기도**

　사람 마음의 주인이신 주님!

　사람마다 마음에 모시고 있는 주인이 있습니다. 어쩌면 자신도 의식하지 못하면서 마음 속에 들어앉아 있는 어떤 주인에게 지배를 받으며 살 수도 있습니다. 돈과 재물을 주인 삼은 사람들이 있습니다. 출세와 성공을 주인 삼은 사람들도 있습니다. 명예와 인기를 주인 삼은 사람들도 있습니다. 자리와 권력을 주인 삼은 사람도 있습니다. 쾌락과 안일을 주인 삼은 사람도 있습니다. 이런 사람에게는 선한 것을 기대할 수 없습니다. 이런 사람들이 소망하는 것은 소망이라고 할 수도 없습니다. 오직 욕 먹을 일만 하고, 드러나면 부끄러움을 당할 일만하면서 살게 됩니다.

　그리스도인의 마음에 주인이 되시는 주님! 주님께서는 주님의 사람에게 그리스도로 마음에 주인을 삼으라고 말씀하십니다. 그리스도를 마음의 주인으로 삼은 사람은 마음도 생각도 삶도 거룩하게 합니다. 자기도 좋고, 이웃도 좋고, 하나님도 좋은 참된 소망을 가지고 살게 됩니다. 그리스도를 마음에 주인으로 모신 사람들은 선한 양심을 갖게 됩니다. 선한 양심을 가진 사람은 당연히 선행을 하게 됩니다. 당연히 누구도 욕할 수 없는 선하고 아름다운 삶을 살게 됩니다.

　내 마음의 주인이신 주님! 주님을 제 마음에 주인으로 모십니다. 제 마음에 계시면서, 저를 인도해주세요. 저의 지저분하고 정리되지 못한 마음을 주님께서 깨끗하고 맑게 해주시고, 차분하게 정리해주세요. 그리고 제게 분명한 소망을 주세요. 제가 바라보며 살 소망, 바라보면 새로운 힘이 생기는 소망을 불어넣어 주세요. 제 마음에서 악한 것과 어두운 것들은 다 물리쳐주시고, 선한 양심을 가지고 살게 해주세요. 주님 안에서 선을 행하며 사는 제가 되게 해주세요. 누구에게도 비방을 받지 않는, 온전한 삶으로 저를 인도해 주세요. 예수님 이름으로 기도합니다. – 아멘.

 **오늘의 말씀** 로마서 16 : 19

너희의 순종함이 모든 사람에게 들리는지라, 그러므로 내가 너희로 말미암아 기뻐하노니, 너희가 선한 데 지혜롭고 악한 데 미련하기를 원하노라.

 **오늘의 묵상 주제**

⊙ 하나님과 많은 사람에게 기쁨을 주는 믿음의 사람이 되자!
⊙ 선한 데는 지혜롭고 악한 데는 미련한 사람이 되자!

 **오늘의 기도**

지혜를 주시는 주님!

오늘 말씀은 한동안 씨씨엠(CCM)노래로 유명했던 말씀입니다. 로마서 16장 19절, "로맨 씩스틴 나인틴 세이(Roman sixteen nineteen say~")를 반복하면서, "선한 데는 지혜롭고, 악한 데는 미련하라."라고 부르는 노래입니다.

주님! 그런데 사람들은 반대로인 것 같습니다. 선한 데는 미련하고, 악한 데는 지혜로운 사람들이 많습니다. 선한 일은 할 생각도 못하면서 악한 일을 하는 데는 기발한 꾀를 잘 내는 사람들이 많습니다. 남을 속이는 일도 잘하고, 도와주는 척 하면서 남에게 해를 끼치는 사람도 있습니다. 믿음이 좋은 사람인 척 하면서 교회를 속이는 사람도 있습니다. 이런 사람들은 주님을 기쁘시게 할 수 없는 사람들입니다.

주님! 로마에 있던 초대교회 성도들은 말씀에 대한 순종으로 주님과 주님의 사도들을 기쁘게 했습니다. 저도 그들처럼 주님께 기쁨을 드리는 사람이 되기를 원합니다. 주님과 주님의 말씀에 대한 저의 순종이 모든 사람과 하나님께 들릴 정도로 말씀에 순종하는 사람이 되게 해주세요. 또한 바울 사도의 가르침과 같이 선한 데는 지혜로운 사람이 되어, 선한 일을 많이 그리고 잘 하는 사람이 되게 해주세요. 반면에 악한 데는 미련하게 해주세요. 악한 것은 생각하지도 않고, 어떻게 악을 행하는지를 알지도 못하는 사람이 되게 해주세요. 오직 하나님께서 원하시고 기뻐하시는 선을 이루기 위해 최선을 다하도록 도와주세요. 예수님 이름으로 기도합니다. – 아멘.

 **오늘의 말씀**) 잠언 11 : 22

아름다운 여인이 삼가지 아니하는 것은 마치 돼지 코에 금 고리 같으니라.

 **오늘의 묵상 주제**

⊙ 아름다운 사람이 되자!
⊙ 언행을 삼가 할 줄 아는 사람이 되자!

 **오늘의 기도**

아름다움을 주시는 하나님!

세상에는 아름다운 여인들도 꽤 많이 있습니다. 그러나 아름다운 외모를 가진 여인들 중에서 세상을 뒤집어 놓는 구설수에 오르는 여인들도 꽤 있습니다. 양귀비는 아름다운 외모를 가지고 있었지만 국운을 기울게 했기에 '경국지색' 이라는 말을 만들어 냈습니다. 외모가 아름답다고 마음과 영혼까지 아름다운 것은 아닙니다. 오히려 아름다운 여인이 삼가지 않으면, 그 아름다움이라는 것이 돼지 코에 금 고리와 다를 바가 없을 것입니다. 물론 남자도 마찬가지입니다. 키 크고 잘 생겼다고 좋은 사람이 되고, 훌륭한 인생을 사는 것은 아닙니다.

하나님 아버지! 저도 아름다운 사람이 되기를 원합니다. 그러나 외모의 아름다움보다는 아름다운 마음, 아름다운 영혼, 아름다운 성품, 아름다운 정신, 아름다운 행실, 아름다운 삶의 소유자가 되게 해주세요.

오늘의 말씀을 통해서 아름다운 사람이 되기 위한 핵심 덕목으로 삼가는 능력을 가져야 한다는 것을 깨달았습니다. 저에게 자신을 조절하고 억제하는 능력을 주세요. 하고 싶은 말을 되는 대로 다 하지 않고, 필요하고 적절한 말만 하는 사람, 하고 싶은 일과 행동 다 하지 않고, 선하고 유익한 일만 하는 사람이 되게 해주세요. 공부하기 싫고 놀고 싶어도 미래의 아름다운 인생을 위해서 삼가며 노력하여 최선의 결과를 얻는 사람이 되게 해주세요. 돼지 코에 금 고리 같이 아름다운 사람에게 어울리지 않는 행동은 하지 않는 제가 되게 해주세요. 예수님 이름으로 기도합니다. – 아멘.

 **오늘의 말씀** 고린도전서 6 : 19, 20

너희 몸은 너희가 하나님께로부터 받은 바 너희 가운데 계신 성령의 전인 줄을 알지 못하느냐? 너희는 너희 자신의 것이 아니라. 값으로 산 것이 되었으니 그런즉 너희 몸으로 하나님께 영광을 돌리라.

 **오늘의 묵상 주제**

◉ 내 몸이 성령의 전인 것을 알자!
◉ 내 몸을 하나님께 영광을 돌리는 곳에 사용하자!

 **오늘의 기도**

우리에게 몸을 주신 하나님!

하나님께서는 우리에게 몸을 주셨습니다. 우리의 몸은 그냥 '몸뚱아리' 가 아닙니다. 하나님께서 주신 생명입니다. 죽으면 썩어져 없어질 몸이라고 생각하는 사람들이 많지만, 마지막 날에 부활의 몸으로 다시 살아날 몸입니다. 하나님께서 주신 귀한 몸입니다.

하나님 아버지! 하나님께서는 우리의 몸이 성령의 전(殿, 큰 집 전, 궁궐)인 것을 알라고 말씀하십니다. 우리의 몸 가운데는 성령이 계십니다. 그래서 몸은 단지 나의 것만이 아닙니다. 성령님이 주인으로 계시는 성전이므로 성령님께서 주인이십니다. 내 몸 안에 계신 성령님을 모시는 마음으로 내 몸을 깨끗하고 거룩하게 가꾸어야합니다. 자신의 몸을 죄 짓는데 사용해서는 안 될 것입니다. 폭력의 도구로 사용해도 안 되고, 쾌락의 도구로 사용해도 안 될 것입니다. 술, 담배, 마약 같은 것으로 몸을 버려서도 안 될 것입니다.

나의 주인이신 하나님! 하나님께서 나의 주인이심을 다시 한 번 고백합니다. 하나님께서는 외아들 예수 그리스도의 생명으로 값을 치르고 저를 사셨습니다. 죄로 이미 죽어 있던 저를 살려주셨고, 제 안에 하나님의 영이신 성령님을 거하게 하셨으므로, 제 몸은 하나님의 것입니다. 그 몸으로 사는 저의 인생도 하나님의 것입니다.

하나님 아버지! 내가 하나님의 것이 되었다는 것은 '그래서 내가 없다' 는 것이 아니라 '더 귀한 존재가 되었다' 는 것입니다.

하나님 아버지! 내 안에 성령님이 계신 것을 생각하며, 늘 성령님과 함께 살게 해주세요. 그래서 내 몸을 하나님께 영광 돌리는 일에만 사용하게 하시고, 하나님의 영광을 가리는 죄 된 일에는 절대로 사용하지 않게 해주세요. 예수님 이름으로 기도합니다. - 아멘.

 **오늘의 말씀**　이사야 27 : 2, 3

그 날에 너희는 아름다운 포도원을 두고 노래를 부를지어다. 나 여호와는 포도원지기가 됨이여, 때때로 물을 주며, 밤낮으로 간수하여 아무든지 이를 해치지 못하게 하리로다.

 **오늘의 묵상 주제**

◉ 아름다운 포도원(실현된 꿈)을 두고 노래 부르는 자가 되자!
◉ 하나님이 내 포도원의 지킴이가 되심을 기억하자!

오늘의 기도

　꿈을 주시는 하나님! 하나님은 우리로 하여금 꿈을 꿀 수 있게 해주시는 분이십니다. 하나님께서는 '아름다운 포도원'을 두고 노래 부르라고 말씀하셨습니다. 이것은 아름다운 포도원을 가지게 해주실 것이라는 약속의 말씀입니다. '아름다운 포도원'은 농부의 소망을 빗대어, 인생의 아름다운 꿈을 상징하는 말입니다. 하나님께서는 우리로 하여금 이상적인 삶을 꿈꾸게 하시고, 꿈꾸는 것을 이루고, 그 꿈이 이루어진 현실을 보면서 기쁨의 노래를 부를 수 있게 해주실 것을 약속해주셨습니다.

　하나님 아버지! 제게도 '아름다운 포도원(아름다운 꿈)'을 허락해 주세요. 크고 아름다운 꿈을 갖게 하시고, 한시도 잊지 않고 바라보며 이루어가게 하시고, 결국은 이루어진 현실을 살면서 기쁨의 노래를 부를 수 있게 도와주세요.

　하나님 아버지! 하나님은 나의 포도원의 포도원지기가 되어 주실 것을 약속해 주셨습니다. 가장 훌륭한 포도원을 만들 수 있고, 포도를 가장 잘 기를 수 있는 하나님께서 내 포도원의 포도원지기가 되어 주실 것을 믿습니다. 내 포도원에 하나님께서 때때로 물을 주시고, 밤낮으로 간수해 주셔서 아무도 나의 포도원을 해치지 못하게 지켜주실 것에 대한 약속을 믿습니다. 하나님께서는 내 꿈을 이루어 주시는 '꿈지기'가 되어 주시고, 내 꿈을 위해서 필요한 때에 필요한 것을 공급해 주시며, 누구라도 내 꿈을 파괴하지 못하게 지켜주실 것을 믿습니다.

　하나님 아버지! 하나님께서 제 꿈을 이루어 주시기 위해서 발벗고 나서주시는 것을 믿고 감사를 드립니다. 하나님의 돌보심과 지켜주심으로 제가 아름다운 꿈을 이룰 수 있게 해주세요.

　하나님 아버지! 오늘은 사람들이 포토데이라고 하는 날입니다. 사랑하는 사람들이 사진을 찍어서 기념으로 남기는 날입니다. 제 꿈을 배경으로 저와 하나님이 사진을 찍는다고 생각하시고, 제 꿈의 증인이 되어 주시고, 제 꿈의 증인이 되어 주세요. 예수님 이름으로 기도합니다. – 아멘.

 낙심하지 않고 선을 행하기 위한 기도

 **오늘의 말씀** 갈라디아서 6 : 8~10

자기의 육체를 위하여 심는 자는 육체로부터 썩어질 것을 거두고, 성령을 위하여 심는 자는 성령으로부터 영생을 거두리라. 우리가 선을 행하되 낙심하지 말지니 포기하지 아니하면 때가 이르매 거두리라. 그러므로 우리는 기회 있는 대로 모든 이에게 착한 일을 하되 더욱 믿음의 가정들에게 할지니라.

 **오늘의 묵상 주제**

⊙ 선을 행하되 낙심하지 말고 포기하지 말자!
⊙ 기회가 있는 대로 모든 사람에게 착한 일을 하자!

 **오늘의 기도**

성령의 열매를 맺게 하시는 성령님!

세상에는 참 열심히 사는 사람들도 많이 있습니다. 그런데 자기의 육체를 위하여 열심히 사는 사람도 있고, 영을 위하여 열심히 사는 사람도 있습니다.

성령님! 육체를 위하여 일하는 것은 세상적인 것들을 위해서 사는 것을 말합니다. 돈을 벌고 재물을 모으기 위해서 열심히 사는 것, 상위권과 일류 대학을 위해서 열심히 공부하는 것, 출세와 성공을 위해서 열심히 노력하는 것도 육체를 위하여 열심을 내는 것일 수가 있습니다. 이런 사람은 썩어질 것을 거두게 됩니다. 영원을 위해서는 아무것도 줄 수가 없습니다.

그러나 성령을 위해서 열심히 일하는 사람은 다릅니다. 성령이 주시는 선한 생각, 선한 일, 영적인 일, 천국과 연관된 일을 위해서 열심히 일하는 사람은 세상의 것 외에 영원한 생명을 얻게 됩니다. 세상의 것을 얻어도, 그것이 세상에서 사는 동안만 영향을 끼치는 것이 아니라 영원한 것을 위해서도 영향을 끼치는 일이 됩니다. 재물, 권력, 지식, 명예, 성취, 성공, 인기 등도 자신의 욕심을 위해서 사용되어 썩어질 것이 되지 않고, 하나님을 위하여 영적인 것에 사용되어 영원한 상급이 될 수가 있습니다.

성령님! 저도 그렇게 제대로 인생을 사는 사람이 되게 도와주세요. 장래의 꿈을 위해 밤낮 애쓰는 저의 노력이 저의 '육체를 위하여 심는 일(세상적인 삶만 위한 일)'이 되지 않고, 성령님을 위하여 심어 영생과 영광을 얻는 일이 되게 해주세요. 선한 의지를 가지고 선한 꿈을 위해 노력하게 하시되, 힘들다고 낙심하거나 포기하지 않게 해주세요. 특히 공부하는 것이 힘들고, 원하는 만큼 점수가 오르지 않아 낙심될 때가 많습니다. 그러나 저 자신만을 위한 공부와 성공이 아니라 하나님을 위한 것이기에 끝까지 견디고 승리하게 해주세요. 기회 있는 대로 모든 사람들에게 착한 일을 하는 제가 되게 해주시고, 악한 일을 하지 않는 제가 되게 해주세요. 예수님 이름으로 기도합니다. – 아멘.

 **오늘의 말씀**　데살로니가후서 3 : 6

형제들아! 우리 주 예수 그리스도의 이름으로 너희를 명하노니, 게으르게 행하고, 우리에게서 받은 전통대로 행하지 아니하는 모든 형제에게서 떠나라.

 **오늘의 묵상 주제**

◉ 게으르고 성실하지 않은 친구들을 멀리하자!
◉ 믿음으로 사는 데 장애가 되는 친구들에게서 떠나자!

 **오늘의 기도**

　그리스도의 전통을 세워주신 주님! 예수 그리스도께서는 세상에 오셔서 복음을 가르쳐 주셨습니다. 어떻게 하나님을 믿고, 예수님을 어떻게 생각할 것이며, 어떻게 예수 그리스도의 가르침을 따를 것인지 하는 믿음의 도를 세워주셨습니다.

　예수님께서 십자가에 달려 돌아가시고, 부활하시고, 승천하신 이후 제자들은 주님의 복음을 전하며, 교회를 세웠습니다. 그리고 주님을 섬기는 모범을 보여주었습니다. 주님을 섬기며 주님의 가르침을 따르는 훌륭한 사도들의 모범과 교회의 관습들은 전통이 되었습니다. 이 전통을 잘 따르는 것은 주님을 잘 섬기는 방법이 됩니다.

　주님! 하나님께서는 이방인 자체를 싫어하시는 분이기보다는 이방인의 관습을 따르는 것을 싫어하시는 분이신 것으로 압니다. 이방인이 하나님을 믿고 하나님의 법을 따르면 그도 '아브라함의 자손'으로 받아주셨지만, 유대인이라도 바알과 우상을 섬기는 이방의 관습을 따르면 버리셨습니다. 더구나 주님의 복음 안에서는 이방인과 유대인의 구분이 사라졌습니다. 어떤 사람이라도 예수님을 주로 고백하면 하나님의 권속이 되고, 구원을 받은 성도가 됩니다. 이런 성도들은 서로 돕고 의지하며 아름다운 구원의 공동체를 이루어가는 것이 주님의 뜻입니다. 그러나 교제를 끊고 떠나야 할 사람들이 있다고 가르쳐 주셨습니다. 그 한 부류는 게으르게 사는 사람이고, 다른 한 부류는 주님을 섬기고 따르는 교회의 전통을 버린 사람들입니다.

　주님! 제가 언제라도 하나님의 말씀 안에 거하고, 말씀을 따르는 그리스도인으로 살게 도와주세요. 교회의 전통과 믿음을 지키며 살게 도와주시고, 게으르거나 교회 생활에 장애가 되는 친구들과는 과감하게 관계를 끊게 해주세요. 오히려 믿음에 도움이 되는 친구들을 가까이 하게 해주세요. 게으르고 불성실하고 악한 언행을 일삼는 사람들에게서 떠날 수 있게 해주세요. 대신에 부지런하고 성실하고 선을 행하는 친구들을 많이 허락해 주세요. 예수님 이름으로 기도합니다. ― 아멘.

 **오늘의 말씀**   신명기 30 : 15, 16

보라! 내가 오늘 생명과 복과 사망과 화를 네 앞에 두었나니, 곧 내가 오늘 네게 명령하여 "네 하나님 여호와를 사랑하고, 그 모든 길로 행하며, 그의 명령과 규례와 법도를 지키라." 하는 것이라. 그리하면 네가 생존하며 번성할 것이요, 또 네 하나님 여호와께서 네가 가서 차지할 땅에서 네게 복을 주실 것임이니라.

 **오늘의 묵상 주제**

⊙ 생명과 복의 길을 가는 사람이 되자!
⊙ 하나님을 사랑하고, 하나님의 말씀을 지키며 살자!

 **오늘의 기도**

인생에게 길을 주신 하나님!

하나님께서는 인생 앞에 두 개의 길을 두셨다고 말씀하십니다. 하나의 길은 생명과 복의 길이고, 다른 하나의 길은 사망과 화의 길입니다. 그리고 생명과 복을 얻기 위해서는 ①하나님을 사랑하고 ②하나님의 모든 길로 행하며 ③하나님의 명령과 규례와 법도를 지키라고 말씀하셨습니다. 그렇게 하는 사람에게는 생명을 얻게 해주시고, 번성하게 해주시고, 땅을 차지하게 해주시고, 그 땅에서 복을 받게 해주실 것을 약속해 주셨습니다.

하나님! 하나님께서는 이렇게 아주 간단하고 명확한 복의 길과 재앙의 길을 가르쳐 주셨는데, 사람들은 복의 길과 재앙의 길을 잘 찾지 못하고 있습니다. 그리고 하나님 없이 살면서, 하나님과 상관없이 행하고, 하나님의 말씀을 지키지 않고 살면서도 오히려 복을 받고 잘 살 것을 기대하는 사람들도 있습니다. 그것이 사망의 길인 줄도 모르고 가는 어리석은 사람도 있고, 그것이 사망의 길인 줄 알면서 고집스럽게 가는 악한 사람도 있습니다. 이런 사람들은 결코 하나님께 복을 받을 수 없습니다.

하나님! 저도 하나님께서 가르쳐 주시는 두 개의 길 중에서 생명과 복의 길을 가도록 노력하겠습니다. 제 생각과 발걸음을 인도해 주시고 지켜주세요. 절대로 사망과 재앙의 길을 선택하지 않게 도와주세요. 하나님께서 저를 생존하며 번성하게 해주시고, 사망과 화를 피하게 해주세요. 제가 차지해야 할 땅을 차지하게 하시고, 그 땅에서 복을 받고 살게 해주세요. 예수님의 이름으로 기도합니다. ─ 아멘.

 **오늘의 말씀**　신명기 5 : 2, 3

우리 하나님 여호와께서 호렙 산에서 우리와 언약을 세우셨나니, 이 언약은 여호와께서 우리 조상들과 세우신 것이 아니요, 오늘 여기 살아 있는 우리 곧 우리와 세우신 것이라.

 **오늘의 묵상 주제**

⊙ 언약의 하나님임을 알자!
⊙ 성경 속의 하나님의 약속은 지금의 나와 세우신 것임을 알자!

 **오늘의 기도**

언약의 하나님!

사람들은 약속을 하는데 매우 신중합니다. 가급적 손해 보는 약속을 하지 않으려 합니다. 아쉬운 사람은 약속을 원하지만, 아쉬울 것 없는 사람은 약속에 관심이 없습니다. 사람이 짐승들과 약속을 맺지는 않습니다. 사람이 소나 돼지, 개나 닭과 약속을 맺지는 않습니다. 존재적 위상의 차이가 절대적이기 때문입니다.

하나님 아버지! 그런데 하나님께서는 신과 인간, 창조주와 피조물이라는 절대적 위상의 차이가 있음에도 불구하고 사람들과 언약을 맺어주셨습니다. 기쁨으로 흔쾌히 사람들을 약속의 자녀로 받아주셨습니다.

하나님께서는 호렙산에서 모세를 통해서 계명을 주심으로써 이스라엘과 언약을 맺으셨습니다. 이스라엘이 하나님의 계명을 지키면 하나님께서 그들의 하나님이 되시고, 그들의 보호자가 되시고, 넘치도록 많은 복을 주시겠다고 언약을 맺어주셨습니다. 이 언약은 조상들에게도 세워주신 것이지만, 옛날의 그 조상들에게만 세워주신 것이 아니요, 오늘 여기 살아 있는 우리와도 세우신 것임을 가르쳐 주시니 감사합니다.

하나님 아버지! 하나님께서 차이가 나도 너무 나는 존재인 사람들과 언약을 맺어 주셨다는 사실을 생각하니, 한편 놀랍기도 하고 한편 감사하기도 합니다. 사람들이 하나님과 언약을 맺으면, 사람 편에서는 손해는 없고 유익만 있는 약속입니다. 게다가 하나님께서는 너무 신실하셔서 약속을 어길 수 없는 분이십니다. 우리가 약속만 지키면 복된 삶과, 영원한 생명까지 보장해주십니다.

하나님 아버지! 믿음의 조상 아브라함, 이삭, 야곱이 하나님과 맺었던 언약을 제가 받아들이기만 하면, 저와 하나님이 맺은 언약이 된다는 것을 믿게 해주세요. 그리고 제가 그 언약을 지킴으로써 하나님께서 그 믿음의 조상들에게 베푸셨던 복들을 받을 수 있게 도와주세요. 예수님의 이름으로 기도합니다. – 아멘.

 소망이 부끄럽지 않기를 구하는 기도

 **오늘의 말씀** 시편 119 : 116, 117

주의 말씀대로 나를 붙들어 살게 하시고, 내 소망이 부끄럽지 않게 하소서! 나를 붙드소서! 그리하시면 내가 구원을 얻고, 주의 율례들에 항상 주의하리이다.

 **오늘의 묵상 주제**

⊙ 주님께 붙들려 사는 사람이 되자!
⊙ 주님의 율례들에 항상 주의하며 살자!
⊙ 소망이 부끄럽게 되지 않는 삶을 살자!

 **오늘의 기도**

나를 붙들어 주시는 주님!

주님, 현대를 살아가는 사람들의 인생은 참 힘든 인생을 사는 것 같습니다. 어른들은 어른들 대로, 학생들은 학생들 대로 힘이 듭니다.

주님! 사는 것이 너무 힘들어서 스스로 죽음의 길을 가는 사람들도 있습니다. 특히 우리나라가 자살률 세계 상위권에 올라 있습니다. 우리나라에서 산다는 것이 그만큼 힘들기 때문이라고 생각됩니다.

주님, 특히 우리나라에서 학생으로 산다는 것은 많이 힘든 일입니다. 우리나라 학생들은 세계에서 가장 많은 시간을 공부해야 한다고 합니다. 초등학교 과정에서는 가장 어려운 내용을 공부해야 한다고도 합니다. 고등학생이 되면 0교시를 하고 나서, 1교시부터 7,8교시까지 수업하고, 방과 후 보충수업, 자율학습, 그리고 학원까지 다니는 학생들이 많습니다. 외국 학생들이 보고는 믿기 어려운 일이라고 한답니다. 그렇게 공부해도 일류대학에 진학하는 것은 몹시 힘들고, 일류대학을 나왔어도 좋은 직장에 취업하는 것도 어렵다고 합니다. 무한경쟁에서 몸도 마음도 지치고 힘든데, 부모님과 선생님들의 기대가 어깨를 무겁게 합니다. 이렇게 힘든 과정을 못 견디고 중도에 포기하는 학생들도 있고, 비관해서 세상을 버리는 학생들도 있습니다.

주님! 그래도 주님께서는 나를 붙들어 살게 해주십니다. 주님께서 나를 붙들어 주심을 믿습니다. 주님께서 나를 살게 하실 뿐만 아니라, 나의 소망이 부끄럽지 않게 해주실 것을 믿습니다.

소망의 주님! 주님의 사람인 제가 소망을 이루지 못한다면 저와 제 소망이, 무엇보다도 주님에 대한 믿음이 부끄럽게 됩니다. 꿈을 이룰 수 있는 힘과 지혜, 이루고자 하는 열정을 주세요. 구원 얻은 사람으로 주님께 붙들려서 주님의 뜻대로 사는 제가 되게 해주세요. 예수님 이름으로 기도합니다. – 아멘.

 **오늘의 말씀**　히브리서 2 : 3, 4

우리가 이같이 큰 구원을 등한히 여기면 어찌 그 보응을 피하리요? 이 구원은 처음에 주로 말씀하신 바요, 들은 자들이 우리에게 확증한 바니, 하나님도 표적들과 기사들과 여러 가지 능력과 및 자기의 뜻을 따라 성령이 나누어 주신 것으로써 그들과 함께 증언하셨느니라.

 **오늘의 묵상 주제**

⊙ 하나님의 은혜로 받은 구원을 귀하게 간직하며 살자!
⊙ 구원은 성령님이 나누어 주신 것임을 알자!

 **오늘의 기도**

　하나님께서는 예수님의 복음 사역을 통해서 인류의 구원을 이루어주셨습니다. 죄인들을 위해서 성자 하나님께서 인간으로 태어나셨고, 그렇게 태어나신 예수 그리스도께서는 인간의 죄를 대신 지시고 십자가에서 대속의 죽음을 당하셨다가 부활하시고 하늘에 올라가셔서 주님을 믿는 사람들이 있을 곳을 예비해 놓고 기다리십니다.

　주님께서 생명을 희생하여 이루어주신 큰 구원을 등한히 여긴다면 심판을 받을 수밖에 없습니다. 그러나 주님의 구원을 귀하게 여기고 주님을 주로 섬기면 세상에서도 천국에서도 구원을 베풀어주시고 영원한 생명을 얻게 해주십니다.

　주님! 주님을 통한 구원은 제일 먼저 주님께서 말씀해 주셨습니다. 그리고 주님의 구원을 주님으로부터 들었던 제자들과 믿음의 선배들이 확실한 증거를 보여주면서 전해준 것입니다. 성령님께서는 여러 가지 표적과 기사와 능력을 행함으로써 주님의 복음을 통한 구원의 도를 사람들에게 증언해 주셨습니다.

　주님! 주님께서는 성령님을 통해서 그 크고 귀한 구원을 저에게도 나누어 주셨습니다. 제가 의로워서도 아니고, 제가 선한 일을 해서도 아닙니다. 다만 하나님께서 저를 사랑하셔서 선물로 주셨다고 하셨습니다. 이 구원으로 제가 하나님의 사람이 되었고, 하나님께서 복을 주시는 대상이 되었고, 천국의 영생과 복락을 보장받았습니다. 이 구원을 나의 보장과 능력으로 삼고 등한히 여기지 않게 도와주세요. 주님께서 주신 구원을 세상에서 가장 귀한 것으로 여기게 해주세요. 예수님 이름으로 기도합니다. – 아멘.

부드럽고 순한 말을 다짐하는 기도

 **오늘의 말씀**) 잠언 15 : 1, 2

유순한 대답은 분노를 쉬게 하여도, 과격한 말은 노를 격동하느니라. 지혜 있는 자의 혀는 지식을 선히 베풀고, 미련한 자의 입은 미련한 것을 쏟느니라.

 **오늘의 묵상 주제**

⊙ 부드럽고 순한 말을 하고 과격한 말은 하지 않는 사람이 되자!
⊙ 지혜롭게 말하는 사람이 되자!

 **오늘의 기도**

온유함을 좋아하시는 하나님!

하나님께서는 온유(溫柔, 따뜻할 온, 부드러울 유)한 사람을 좋아하십니다. 따뜻하고 부드러운 사람을 좋아하십니다. 따뜻한 마음, 따뜻한 눈길, 따뜻한 손길, 따뜻한 발길, 따뜻한 말, 따뜻한 감싸줌, 따뜻한 눈물, 따뜻한 용서, 따뜻한 나눔을 기뻐하십니다. 하나님께서는 유순(柔順, 부드러울 유, 순할 순)한 사람을 좋아하십니다. 부드러운 말과 행동, 그리고 순한 태도와 말을 원하십니다.

하나님 아버지! 그런데 지금 사람들은 차갑고, 뻣뻣하고, 거칠기 짝이 없습니다. 친구의 어려움과 아픔을 차갑게 외면하는 아이들, 공손함을 모르는 굳은 태도, 거친 욕설과 말들이 넘쳐납니다. 유순한 말은 분노까지도 가라앉게 만드는데, 과격한 말로 분노를 폭발시키는 사람들이 많습니다. 지혜를 잃어버리고 미련한 것만 남겨 둔 때문인 것 같습니다.

유순한 대답을 원하시는 하나님! 제가 하나님께나 사람들에게 부드럽고 순하게 대답하는 자가 되게 해주세요. 지금까지는 과격하게 말하여 부모님이나 선생님, 그리고 친구들을 화나게 한 일이 있었습니다. 이제부터는 정말 유순하게 말하고 대답하는 사람이 되게 도와주세요. 부모님께, 선생님들께, 친구들에게, 그리고 만나서 말하게 되는 모든 사람들에게 유순한 말로 대화할 수 있는 사람이 되게 해주셔서, 화난 사람도 분노를 가라앉힐 수 있게 해주세요. 지식을 선하게 베푸는 지혜 있는 자의 말을 하게 하시고, 미련하고 추한 말을 쏟아내는 미련한 자가 되지 않게 해주세요. 말을 예쁘고 지혜롭게 하며 살게 해주세요. 예수님 이름으로 기도합니다. – 아멘.

 **오늘의 말씀**　히브리서 4:2

그들과 같이 우리도 복음 전함을 받은 자이나, 들은 바 그 말씀이 그들에게 유익하지 못한 것은 듣는 자가 믿음과 결부시키지 아니함이라.

 **오늘의 묵상 주제**

◉ 말씀을 믿음과 결부시킬 줄 아는 사람이 되자!
◉ 복음의 말씀으로 유익을 받는 사람이 되자!

 **오늘의 기도**

　복음의 주이신 주님!
　세상에 복음을 주신 것을 감사드립니다. 주님께서 주신 복음은 우리의 인생과 삶에 필요한 모든 것이 담겨 있는 능력의 보고(寶庫, 보물창고)입니다. 복음으로 유익한 존재가 되고, 유익한 삶을 살고, 유익한 일을 행하고, 능력을 행한 사람들이 많습니다. 주님! 어떤 사람은 복음의 능력으로 병 고침을 받았습니다. 어떤 사람은 복음의 능력으로 귀신들을 내쫓았습니다. 복음이 주는 능력으로 인생을 바꾸고 성공한 사람들이 많습니다. 주님과 복음에 대한 제대로 된 믿음만 있으면 복음으로 능력을 행할 수 있습니다. 그럼에도 복음을 가지고도 능력을 행하지 못하는 것은 복음을 듣고도 믿음과 결부시키지 못하기 때문이라고 오늘 말씀을 통해서 가르쳐 주고 있습니다.
　주님! 저도 설교를 통해서나 성경을 읽어서 성경말씀과 복음을 알고 있음에도, 그 말씀들을 가지고 능력으로 삼지 못하고 있습니다. 때로는 하나님의 말씀의 능력을 의심하기도 했습니다. 그러나 오늘의 말씀을 통해서, 그 모든 것이 저의 믿음이 부족했기 때문이라는 것을 알게 되었습니다.
　주님! 저에게도 능력이 되는 하나님의 말씀, 주님의 복음을 주신 것을 감사드립니다. 이제 주님의 복음과 성경말씀이 저에게 유익하게 되고, 능력이 되도록 말씀을 믿음과 결부시킬 수 있게 도와주세요. 말씀을 믿고, 말씀대로 살아서, 제 삶과 생활에서 말씀이 일으키는 능력을 체험하며 살게 해주세요. 예수님 이름으로 기도합니다. – 아멘.

 뿌리 깊은 나무가 되기를 구하는 기도

 **오늘의 말씀** 이사야 27 : 6

후일에는 야곱의 뿌리가 박히며, 이스라엘의 움이 돋고, 꽃이 필 것이라. 그들이 그 결실로 지면을 채우리로다.

 **오늘의 묵상 주제**

⊙ 땅 속 깊이 뿌리가 박힌 나무와 같이 든든한 인생을 살자!
⊙ 많은 열매로 세상을 채우는 유익한 존재가 되자!

 **오늘의 기도**

뿌리 깊은 나무가 되게 해주시는 하나님!

뿌리를 깊이 내린 나무는 튼튼하게 잘 자라서, 가지에 움이 돋고, 잎사귀가 무성해지며, 때가 되면 꽃을 피우고, 철을 맞아 탐스러운 열매를 맺게 됩니다. 그러나 땅에 뿌리를 내리지 못한 나무는 시들시들하다가 움도 틔우지 못하고 약한 햇볕에도 말라죽고 맙니다. 열매를 맺는 것은 불가능한 일입니다.

인생의 뿌리를 내려주시는 하나님! 어떤 사람은 땅 속 깊이 뿌리를 내린 사람처럼 인생의 뿌리를 잘 내리고 번성하고 큰 인생을 살아갑니다. 어떤 사람은 뿌리 없는 나무처럼 어려운 인생을 살아갑니다. 자기 발전과 성장을 이루지도 못하고, 뭔가 뚜렷한 성과를 거두지도 못하고, 늘 어렵고 늘 피곤하고 늘 궁핍한 인생을 살아갑니다. 사람들은 이런 차이가 개인의 능력과 부지런함의 차이 때문이라고 생각하기도 합니다. 그러나 오늘 말씀은 하나님께서 뿌리 깊은 나무와 같은 인생을 야곱에게 베풀어 주신다고 가르쳐 주고 있습니다.

인생의 주관자이신 하나님! 사람이 나무를 심을 수도 있고 뽑을 수도 있는 것처럼, 하나님은 사람을 심을 수도 있고 뽑을 수도 있는 분이십니다. 하나님께서는 정착할 곳 없이 떠돌던 아브라함('히브리인'은 '떠돌아다니는 사람'이라는 뜻)을 당대에 크고 존귀한 자로 살게 해주셨습니다. 그의 후손인 야곱의 12아들로 12지파를 이루어 크고 복된 민족이 되게 해주셨습니다. 그리고 그들에게 젖과 꿀이 흐르는 가나안 땅을 주어 다윗과 솔로몬 시대에는 영광스러운 나라가 되게 해주셨습니다.

하나님 아버지! 저와 제 집을 그렇게 뿌리 깊은 나무가 되게 도와주세요. 제가 부평초와 같은 불안정한 삶을 살지 않게 하시고, 이 땅에 든든하게 뿌리를 박고, 많은 꽃을 피우고 열매를 맺는 복된 인생이 되게 해주실 것을 믿습니다. 예수님 이름으로 기도합니다. – 아멘.

 **오늘의 말씀**　요나 2:7

내 영혼이 내 속에서 피곤할 때에 내가 여호와를 생각하였더니, 내 기도가 주께 이르렀사 오며 주의 성전에 미쳤나이다.

 **오늘의 묵상 주제**

⊙ 영혼이 피곤할 때에 하나님을 생각하자!
⊙ 하나님께 기도가 상달 되는 사람이 되자!

 **오늘의 기도**

힘의 원천이신 하나님!

삶을 힘들어 하는 사람들이 많이 있습니다. 일이 힘든 사람도 있습니다. 어렵고(difficult), 더럽고(dirty), 위험한(dangerous) 일인 3D업종에서 일하는 사람들은 참 힘들게 일을 합니다. 정신적으로 힘든 일을 하는 사람들도 많이 있습니다. 사람들은 쉬운 직장은 없다고 말합니다. 가정 때문에 힘들고 피곤해 하는 사람도 있고, 인간관계 때문에 힘들고 피곤해 하는 사람도 있고, 공부와 경쟁으로 힘들고 피곤해 하는 사람들도 있습니다.

하나님! 몸이 피곤한 것도 힘들지만 영혼이 피곤한 것은 더욱 힘듭니다. 요나 선지자는 영혼이 피곤할 때에 하나님을 생각하였더니 자기의 기도가 하나님께 응답되었다고 말했습니다. 기도의 응답을 받은 요나 선지자의 영혼은 모든 피곤함을 극복할 수 있었습니다.

새로운 힘을 주시는 하나님! 하나님께서는 피곤한 자에게 새 힘을 주는 분이십니다. 피곤한 영혼이 하나님께 부르짖어 기도하면 그 기도를 응답해 주시기를 기뻐하는 분입니다. 하나님, 제 영혼이 피곤함을 벗어버리고 힘 있게 살게 해주세요. 지치고 피곤하지 않게 힘을 주세요. 지금 저에게는 하나님께서 공급해주시는 힘이 꼭 필요합니다. 공부에 지치고, 아직 어린 데도 삶이 피곤해질 때가 있습니다. 몸과 마음이 지칠 때도 있고, 내 속에 있는 영혼이 피곤할 때도 있습니다. 그럴 때면 모든 것을 포기하고 싶은 유혹에 빠지기도 합니다.

하나님! 지치고 피곤할 때마다 현실을 도피하려 하거나, 세상적인 방법을 추구하지 않고, 오직 하나님을 생각하고 바라보는 제가 되게 해주세요. 제가 기도할 때에 주께 상달되는 기도가 되게 해주시고, 꼭 응답해주셔서 제게 새 힘을 공급해 주세요. 하나님 주시는 힘으로 공부, 시험, 입시에서 뿐만 아니라 인생에서 승리하는 삶을 살게 해주세요. 예수님 이름으로 기도합니다. – 아멘.

 **오늘의 말씀**   시편 139 : 2-4

주께서 내가 앉고 일어섬을 아시고, 멀리서도 나의 생각을 밝히 아시오며, 나의 모든 길과 내가 눕는 것을 살펴보셨으므로 나의 모든 행위를 익히 아시오니, 여호와예! 내 혀의 말을 알지 못하시는 것이 하나도 없으시니이다.

 **오늘의 묵상 주제**

◉ 하나님께서 나를 살펴보신다는 것을 기억하며 살자!
◉ 코람 데오(Coram Deo, 하나님 앞에서)의 삶을 살자!

오늘의 기도

전지(全知)하신 하나님!

하나님께서는 모든 것을 아십니다. 모르는 것이 하나도 없으십니다. 저를 지켜보시는 하나님께서는 저의 과거와 현재를 아십니다. 제 일거수일투족을 모두 아십니다. 제가 어디를 갔으며 무엇을 했는지 저의 모든 행위를 아실뿐만 아니라, 제가 한 말들까지 모두 아십니다. 밖으로 나타난 행동과 말 뿐만 아니라 밖으로 나온 적이 없는 생각까지도 다 아십니다.

하나님 아버지! 하나님께서는 이렇게 우리들의 모든 것을 아시는데, 사람들은 하나님이 지켜보고 있다는 사실을 생각하지 못하고 살고 있습니다. 사람들의 눈을 의식하며 살고, 사람들의 눈을 피할 수 있을 때는 자기만 알고 아무도 모른다고 생각하며 행동할 때도 있습니다.

하나님 아버지! 사실, 저도 하나님께서 나를 지켜보고 있다는 생각을 하지 않고 살 때가 많았습니다. 그래서 때로는 게으르고, 불성실하며, 남을 속이고 거짓말을 했으며, 남에게 상처를 입히는 말과 행동을 하기도 했습니다. 하나님께서 기뻐하실 수 없는 언행을 일삼았습니다.

하나님! 이런 저를 용서해주세요. 이제부터는 하나님이 지켜보는 앞에서 산다는 생각으로 살도록 노력하겠습니다. '하나님 앞에서' 의 뜻을 가진 라틴어가 '코람 데오' 인데요, 저도 코람 데오의 삶을 삶으로써 하나님 기뻐하시는 삶을 살도록 도와주세요. 예수님 이름으로 기도합니다. – 아멘.

어리석은 일을 반복하지 않기 위한 기도

 **오늘의 말씀** 잠언 26 : 11

개가 그 토한 것을 도로 먹는 것 같이 미련한 자는 그 미련한 것을 거듭 행하느니라.

 **오늘의 묵상 주제**

⊙ 미련한 짓을 거듭하는 미련한 자가 되지 말자!
⊙ 한 번 버린 좋지 않은 생각과 습관으로 되돌아가지 말자!

 **오늘의 기도**

미련한 것을 싫어하시는 하나님!

하나님께서는 지혜 있는 자를 좋아하시고 미련한 자를 싫어하신다고 말씀하셨습니다. 누구라도 실수도 할 수 있고 죄를 지을 수도 있지만, 지혜로운 사람은 한 번 실수에서 크게 배우는 바가 있기 때문에 같은 실수를 반복하지 않으려고 애를 씁니다. 한 번 죄를 짓고는 크게 후회하고 크게 깨닫기 때문에 같은 죄를 반복해서 짓지 않습니다. 그러나 미련한 사람은 실수를 해도 배우는 바도 없고, 죄를 지어도 후회나 반성이 없기 때문에 같은 실수를 반복하고, 같은 죄를 반복해서 저지르게 됩니다. 오늘 말씀은 이런 사람을 개에게 비유했습니다. 개는 토했던 것을 도로 먹는데, 미련한 사람이 같은 실수와 죄를 반복하는 것도 이와 같은 것이라고 하셨습니다.

하나님 아버지! 지혜 있는 사람은 좋은 것을 결심하면 실천하여 유익을 얻습니다. 그러나 미련한 사람은 좋은 것을 결심하고도 실천하지 않아서 유익을 얻지 못합니다. 하나님 아버지, 작심삼일(作心三日)이라는 말이 적용되는 사람들이 많이 있습니다. 저 또한 한 번 마음먹은 것을 실천하지 못할 때가 많습니다. 좋지 않은 말을 사용하지 않겠다, 게으른 성격을 고치겠다, 정말 열심히 공부해서 성적을 올리겠다, 피나는 노력을 기울여 재능을 꽃피우겠다, 하나님을 잘 믿겠다, 좋지 않은 일은 하지 않겠다, 등의 결심을 하고도 온전히 실천하지 못했습니다. 저에게 결단력과 실천력을 주세요. 버리겠다고 생각했던 언행과 습관으로 되돌아가는 것은 토한 것을 다시 먹는 미련하고 어리석은 일임을 뼈저리게 느낍니다. 다시는 그러지 않는 제가 되도록 노력하겠습니다.

하나님 아버지! 이제는 나에게 있는 좋지 않은 것들을 토해 버릴 수 있게 도와주시고, 한 번 토해버린 나쁜 습관으로 돌아가지 않도록 도와주세요. 이제는 좋은 말과 행동, 신실한 믿음의 습관만 가질 수 있는 제가 되게 해주세요. 예수님 이름으로 기도합니다. – 아멘.

학자의 혀와 귀를 구하는 기도

 **오늘의 말씀**   이사야 50 : 4

주 여호와께서 학자들의 혀를 내게 주사, 나로 곤고한 자를 말로 어떻게 도와 줄 줄을 알게 하시고, 아침마다 깨우치시되 나의 귀를 깨우치사, 학자들 같이 알아듣게 하시도다.

 **오늘의 묵상 주제**

◉ 곤고한 사람을 말로 잘 도와줄 줄 아는 학자의 혀를 갖자!
◉ 하나님의 깨우치심을 잘 알아들을 수 있는 학자의 귀를 갖자!

 **오늘의 기도**

　우리에게 입과 귀를 주신 하나님! 사람에게 입과 귀를 주신 하나님을 찬양합니다. 하나님께서는 다른 동물들에게도 입과 귀를 주셨지만 사람에게 주신 입과 귀는 차원이 다른 입과 귀를 주셨습니다. 동물들의 입은 '소리'를 낼 뿐이지만, 사람의 입은 '말'을 할 수 있게 해주셨습니다. 동물들의 귀는 '소리'를 들을 수 있지만 사람의 귀는 '말'을 알아들을 수 있게 해주셨습니다.

　하나님 아버지! 하나님께서는 우리에게 주신 입과 혀로 좋은 말을 하는데 사용하기를 원하십니다. 그런데 사람들 중에는 좋지 않은 말을 하는데 혀를 사용하는 사람들이 많습니다. 거친 말, 상스러운 말, 욕, 원망하는 말, 흉보는 말, 저주하는 말을 해댑니다. 말로 상처를 주기도 하고, 죽음에 이르게도 합니다.

　하나님 아버지! 생각해 보면 저도 말을 지혜롭게 못하고, 예쁘게 하지 못하는 사람입니다. 이제 저에게 '학자의 혀'와 같은 좋은 혀를 주셔서, 슬픈 자가 위로 받을 수 있는 말, 낙심한 자가 용기를 낼 수 있는 말, 실망한 자가 희망을 가질 수 있는 말, 어려움에 처한 자에게 최선의 도움이 되는 말을 할 줄 알게 도와주세요. 다른 사람의 마음을 상하게 하고 언짢게 하는 말을 하지 않게 하시고, 나의 말을 통해서 기분이 좋아지는 예쁜 말을 하며 살게 해주세요.

　하나님 아버지! 사람들 중에는 귀가 순하지 않은 사람들도 있습니다. 다른 사람의 말을 오해 하기도 합니다. 다른 사람의 말을 순하고 선하게 알아듣지 못하고 거꾸로 알아듣기도 하고 반발하는 귀를 갖기도 합니다. 하나님, 저 또한 아니라고 말할 자신이 없습니다. 이제 저에게 '학자의 귀'를 주셔서, 다른 사람의 말을 귀담아 잘 들을 수 있게 하시고, 들은 말을 통해서 순간순간 깨달음을 얻고, 인생에 큰 도움으로 삼을 수 있게 해주세요. 특히 아침마다 저를 깨우쳐주시는 성령님의 말씀을 잘 들을 수 있게 해주세요. 예수님 이름으로 기도합니다. – 아멘.

 **오늘의 말씀**　여호수아 1:9

내가 네게 명령한 것이 아니냐? 강하고 담대하라! 두려워하지 말며, 놀라지 말라! 네가 어디로 가든지 네 하나님 여호와가 너와 함께 하느니라 하시니라.

 **오늘의 묵상 주제**

⊙ 하나님이 나와 함께 하심을 확실하게 느끼며 살자!
⊙ 두려워하지도 놀라지도 말고 강하고 담대하게 살자!

 **오늘의 기도**

　전능하신 하나님!

　하나님께는 모든 것이 가능함을 믿습니다. 하나님께서 이루지 못하실 것이 아무것도 없음을 믿습니다. 그 전능하신 하나님께서 강하고 담대하라고 여호수아에게 명령하셨습니다. 이 말씀을 들은 여호수아는 강하고 담대한 사람이 되었습니다. 여호수아는 위대한 지도자 모세의 뒤를 이어 이스라엘을 이끄는 민족의 지도자가 되었습니다. 말 안 듣기로 유명한 구약성경 속의 이스라엘 백성들을 이끌고 가나안 땅을 정복하고, 각 지파들에게 땅을 나누어 주는 일을 완수했습니다.

　강하고 담대하게 해주시는 하나님! 저도 하나님을 믿고, 하나님께서 함께 해주시는 것을 믿고 강하고 담대하게 살겠습니다. 약한 존재가 되지 않게 해주시고 강한 제가 되게 해주세요. 남에게 밟히는 삶을 살지 않게 도와주시고, 가나안을 정복했던 여호수아 처럼 저의 가나안(꿈, 목표, 인생의 목적)을 이룰 수 있게 도와주세요. 주저하며 앞으로 나아가지 못하는 인생을 살지 않게 하시고, 담대하게 도전하며 사는 제가 되게 해주세요.

　힘을 주시는 하나님! 약할 때 강함 되시는 하나님을 믿고, 어떤 일을 만나도 두려하지 않게 하시며, 놀라지 않게 해주세요. 나의 하나님 여호와께서 함께 하심을 피부로, 삶으로 느끼며 살게 해주세요. 하나님을 힘입고 승리하는 인생을 살게 이끌어 주세요. 예수님 이름으로 기도합니다. – 아멘.

 **오늘의 말씀** 누가복음 9 : 62

예수께서 이르시되 "손에 쟁기를 잡고 뒤를 돌아보는 자는 하나님의 나라에 합당하지 아니하니라 하시니라.".

 **오늘의 묵상 주제**

◉ 손에 쟁기를 잡고 뒤를 돌아보는 자가 되지 말자!
◉ 목적을 이루는 자가 되자!

 **오늘의 기도**

　인생길을 지도해 주시는 하나님!

　사람들은 인생길을 가면서 앞만 보면서 똑바로 걷기보다는, 자꾸 뒤를 돌아보게 되고, 그래서 인생길이 삐뚤삐뚤하게 되는 경향이 있습니다. 한 번 선택한 인생길에 대해서 확신이 부족하기 때문입니다. 선택하지 않은 다른 길에 대한 아쉬움이 남기 때문입니다. 프로스트가 쓴 〈가지 않은 길〉이라는 시가 이것을 잘 말해 줍니다. 인생의 길을 숲 속의 갈래 길에 비유하여 가지 않은 길을 뒤돌아 보는 내용인데, 그 마지막 연은 이렇게 되어 있습니다.

　　훗날에 훗날에 나는 어디선가 / 한숨을 쉬며 이야기할 것입니다.
　　숲 속에 두 갈래 길이 있었다고, / 나는 사람이 적게 간 길을 택하였다고,
　　그리고 그것 때문에 모든 것이 달라졌다고.

　하늘나라의 소망을 주신 주님! 주님께서는 우리에게 하늘나라에 대한 소망을 주셨습니다. 영원을 소망하며 믿음의 길을 가도록 해주셨습니다. 그런데 믿음의 길을 가면서 자꾸만 뒤를 돌아보는 사람들이 있습니다. 하늘나라를 향해 가면서 세상에 대한 미련 때문에 자꾸 세상을 돌아보는 사람들이 있습니다. 이런 사람들에게 주님께서는 "쟁기를 잡고 뒤를 돌아보는 자는 하나님의 나라에 합당하지 않다."고 말씀하셨습니다. 하나님 아버지! 말씀 속의 농부는 어떤 목적을 가지고 행동을 시작한 모든 사람들이요, 인생의 목적(꿈)을 이루고자 하는 저 자신을 말하고 있습니다. 저도 목표(꿈)을 이루기 위해서 힘써 공부하고 있는 중입니다. 때로는 저도 지금 잘 해나가고 있는 것인지, 결국 목적을 이룰 수 있을 것인지에 대한 믿음이 흔들릴 때도 있습니다.

　하나님! 하늘나라를 향해 가는 믿음의 삶과, 목적(꿈)을 추구하는 길에서 확신을 가지고 뒤를 돌아보지 않고 앞을 보면서 똑바로 쟁기질 하는 삶을 살게 도와주세요. 예수님 이름으로 기도합니다. – 아멘.

 **오늘의 말씀** 창세기 22 : 14

아브라함이 그 땅 이름을 '여호와 이레'라 하였으므로 오늘날까지 사람들이 이르기를 '여호와의 산에서 준비되리라.' 하더라.

 **오늘의 묵상 주제**

⊙ '여호와 이레'의 하나님을 믿자!
⊙ 하나님께서 나를 위해 좋은 것을 준비해 놓으신 것을 믿자!

 **오늘의 기도**

　여호와 이레의 하나님!

　사람들이 행복한 인생을 살기를 원하시는 하나님께서는 사람들을 위해서 좋은 것을 준비해 놓으시는 분입니다. 사람들이 미리 알 수가 없어서 그렇지, 지내놓고 보면 힘들고 어려웠던 시절에도 하나님께서는 그를 위해서 좋은 것을 예비해 놓고 기다리셨던 것을 알 수 있습니다.

　하나님! 하나님께서는 아브라함에게 100세에 낳은 외아들 이삭을 번제로 드리라는 명령을 내리셨습니다. 아브라함은 자기의 목숨보다 더 소중한 외아들을 불에 태우는 제물로 드려야 했습니다. 그는 매우 고통스럽고 아팠지만, 믿음으로 순종할 것을 결심하고 모리아산으로 갔습니다. 아브라함이 이삭을 결박하고 칼을 대려는 순간에 하나님께서 급하게 아브라함을 불러 이삭을 죽이지 말라고 하셨습니다. 하나님께서는 아브라함이 순종할 때를 위해서 숫양을 미리 준비해 놓으셨고, 이삭 대신에 제물로 삼게 하셨습니다. 믿음으로 어려움을 극복하는 사람들을 위해서 하나님께서는 좋은 것을 미리 준비해 놓으시는 분입니다.

　인생을 시험하시는 하나님! 그런데 하나님의 시험의 과정에서 실패하는 사람들이 많습니다. 고난의 시기를 살아가면서, 하나님의 사랑과 은혜를 의심하기도 하고, 하나님을 부정하기도 하고, 하나님에 대한 믿음을 버리기도 합니다. 하나님, 공부하는 과정도 마찬가지라고 생각합니다. 힘들고 어려운 지금을 믿음으로 잘 견디고 통과하면 하나님께서 준비해 놓으신 좋은 것이 있다는 것을 믿습니다.

　예비하시는 하나님! 저도 '여호와 이레(하나님이 준비하신다)'를 믿습니다. 나의 미래에 하나님께서 나를 위해서 준비해 놓으신 좋은 것이 있음을 믿고 오직 믿음으로 말씀을 따르겠습니다. 아브라함처럼 제게도 큰 복을 허락해 주세요. 예수님 이름으로 기도합니다. – 아멘.

●10월을 성공적으로 보내는 방법

10월 초에는 많은 학교들이 중간고사를 본다.

시험이 끝나면 많은 학교들에서 1, 2학년 수련회와 수학여행이 있다.

백일장, 사생대회도 있지만, 하루 소풍의 성격이 강하다.

특히 1, 2학년들은 1학기의 5월 같이 수업 없는 날이 많아 긴장을 풀고 시간을 보내기 쉬운 달이다. 공부에 집중하지 않게 되거나, 열심히 하던 공부에 맥이 끊기기 쉬운 달이다. 공부하는 습관에 맥이 끊기면 다시 집중하기까지 상당한 시간이 걸린다.

공부의 맥이 끊어지지 않도록 공부하는 습관을 놓지 말자.

고3은 수시전형으로 신경도 많이 쓰고 바쁜데, 수능 바로 전 달이기도 하다.

수능을 준비하는 마지막 달이라서, 혼신의 힘을 다해서 수능 준비에 집중해야 할 때이다.

수능 보는 과목을 하나씩 확실하게 끝내놓자.

수학, 영어, 국어는 매일 일정 시간 계속하면서, 다른 과목들은 하나씩 완전하게 정복해 놓자.

중3은 고등학교 진학에 대해서 구체적으로 고민하고 결정해야 하는 달이다.

특목고, 일반고, 특성화고 중에서 어떤 쪽으로 진학하는 것이 가장 좋을 지를 고민하자.

특히 일반고와 특성화고를 놓고 고민할 때 졸업 후 진로와 사회 진출 방법에 대해서 잘 알아보고 결정하자.

 **오늘의 말씀** 요한1서 5:4, 5

무릇 하나님께로부터 난 자마다 세상을 이기느니라. 세상을 이기는 승리는 이것이니 우리의 믿음이니라. 예수께서 하나님의 아들이심을 믿는 자가 아니면 세상을 이기는 자가 누구냐?

 **오늘의 묵상 주제**

⊙ 세상을 이기는 사람이 되자!
⊙ 세상을 이길 수 있게 하는 강한 믿음의 소유자가 되자!

 **오늘의 기도**

세상을 이기신 주님! 주님께서는 사람의 몸으로 세상에 오셔서, 사람으로 세상을 사셨습니다. 우리들과 똑같은 육체를 가지셨기 때문에 못 먹으면 배가 고팠고, 물을 못 마시면 갈증이 났고, 매를 맞으면 아팠고, 창에 찔리면 피가 났습니다. 그러나 주님께서는 육체를 수련하거나, 강인한 체력과 주먹으로 세상을 이기려 하지 않으셨습니다. 예수님께서 세상을 이기는 방법은 사람들이 이기는 방식과는 아주 달랐습니다. 주님께서는 십자가의 방식으로 세상을 이기셨습니다.

죽음과 부활을 통해서 승리하신 주님! 주님께서는 약자와 같이 로마 군병들에게 잡히셨고, 그들의 채찍에 맞았습니다. 유대 군중들의 조롱을 받았고, 가시관을 쓰시고 십자가를 지고 골고다 언덕을 오르셨습니다. 그렇게 십자가에 못 박혀 죽으신 예수님은 세상 사람들 눈에는 패배자요 실패자처럼 보였습니다. 그러나 무덤에 묻히셨던 예수님께서는 사망의 권세를 깨트리고 부활하시는 방식으로 세상을 이기셨습니다. 죄와 악으로 세상을 지배하려는 마귀에게 승리하셨습니다.

인자가 되셨던 주님! 인자(人子;사람의 아들)가 되셨던 주님이시기에 사람의 연약함을 아십니다. 세상을 이기는 방법도 아시고, 이길 수 있는 힘도 주실 수 있습니다. 초대교회 성도들은 박해를 받고 순교를 당했지만 주님처럼 패배자 같은 승리자가 되어 온 세상에 복음을 전파했습니다. 복음은 가는 곳마다 실패하는 듯 보였지만 결국 세상 구석까지 전하고 교회를 세우는데 성공했습니다.

주님! 오늘 말씀을 통해서, 예수님께서 하나님의 아들이심을 믿는 믿음만 있으면 세상을 이기는 자가 된다는 확신을 얻었습니다.

주님! 제가 이 확신을 가지고 세상에 패배하지 않고 승리하게 해주세요. 모든 패배의식을 버리고, 승리의 확신을 가지고 살게 도와주세요. 예수님 이름으로 기도합니다. – 아멘.

 **오늘의 말씀**　시편 121 : 1, 2

내가 산을 향하여 눈을 들리라. 나의 도움이 어디서 올까? 나의 도움은 천지를 지으신 여호와에게 서로다!

 **오늘의 묵상 주제**

- 산(하나님의 산, 시온산)을 향하여 눈을 들자!
- 천지를 지으신 여호와에게서 오는 도움을 받는 사람이 되자!

 **오늘의 기도**

　도움의 하나님!
　하나님께서는 기꺼이 인생을 도우시는 분입니다. 하나님께서는 약한 자, 환난을 당하는 자, 재난에 빠진 자, 지치고 피곤한 자, 낙심하고 절망 중에 있는 자의 부르짖음을 외면하지 않으십니다.
　하나님 아버지! 이스라엘 백성들이 애굽에서 강제노동에 시달리며, 아들을 낳으면 강물에 버려야 하는 폭정 아래서 신음할 때에, 그 고통에서 구원해 달라고, 하나님께 부르짖었습니다. 하나님께서는 모세를 보내셔서 10가지 재앙과 홍해를 가르는 기적들을 행하시면서 이스라엘을 이끌어 내셨습니다. 광야로 나온 이스라엘 백성들이 하나님을 원망하며 불순종할 때에 하나님께서는 불뱀을 보내어 징벌하셨습니다. 그러나 불뱀에 물려서 고통 중에 죽어가는 자들을 위해서, 하나께서는 놋 뱀을 만들어 세우게 하시고, 그것을 쳐다보는 사람은 모두 죽음을 면하게 하셨습니다. 놋 뱀을 바라보는 것은 곧 하나님을 바라보는 것이었기 때문입니다.
　하나님 아버지! 예루살렘의 시온산에 하나님의 성전이 지어진 후에, 하나님의 구원의 도우심을 바라고 성전이 있는 시온산을 향하여 부르짖는 기도에 응답해 구원을 베풀어주셨습니다. 오늘의 말씀에서 "내가 산을 향하여 눈을 들리라."라고 하는 것은 하나님의 성전이 있는 시온산을 향하여 눈을 들겠다는 뜻입니다. 이것은 하나님의 성전을 바라보겠다는 뜻이고, 결국 하나님을 바라보며 도움을 구하겠다는 뜻입니다. 그렇게 하나님을 바라보는 자에게 하나님께서 도움을 베풀어 주시기 때문입니다.
　하나님 아버지! 구약의 이스라엘 백성이 시온산을 향하여 눈을 드는 심정으로, 이제 저도 '산'을 향하여 눈을 듭니다. 하나님을 바라봅니다. 하나님! 저를 도와주세요!(여기에서 구체적인 도움 제목을 말씀드리라.). 천지를 지으신 여호와여 하나님께서 나를 도와주실 줄 믿습니다. 예수님 이름으로 기도합니다. – 아멘.

하나님을 소망으로 삼기 위한 기도

오늘의 말씀) 시편 71 : 5, 6

주 여호와여! 주는 나의 소망이시요, 내가 어릴 때부터 신뢰한 이시라. 내가 모태에서부터 주를 의지하였으며, 나의 어머니의 배에서부터 주께서 나를 택하셨사오니, 나는 항상 주를 찬송하리이다.

오늘의 묵상 주제

◉ 주님을 신뢰하며 나의 소망으로 삼자!
◉ 주님께서 모태에서부터 나를 택하셨음을 기억하자!

오늘의 기도

인류의 소망이신 하나님!

오늘은 우리나라가 처음 건국되었다는 개천절입니다. 단군이 조선을 세움으로써 이 땅에 우리나라가 처음으로 세워졌다고 합니다. 사람들은 단군조선을 신화적으로 이해를 해왔습니다. 그런데 요즘에 와서 어떤 분들은 단군의 이야기를 성경의 창세기와 연관시켜 연구하기도 하는데, 노아의 5대손이요 셈의 4대손인 '욕단'을 '단군'으로 연결하기도 합니다. 성경에 보면 셈의 3대손인 에벨에게는 벨렉과 욕단 두 아들이 있었습니다. 그 중에 욕단은 동쪽으로 산을 넘어 이주를 했다고 기록되고, 그 뒤로는 그의 후손들에 대한 이야기는 없고, 아브라함의 계보로 이어지는 벨렉의 후손들에 대한 기록만 나오고 있습니다. 그런데 바로 그 욕단이 파미르고원을 넘어 해가 뜨는 밝은 곳, 환한 곳을 찾아 나라를 세우고 정착했는데 그것이 한자로 표기되어 '단군' '조선'이 된 것 같다고 말합니다.

하나님 아버지! 그것이 사실일 수도 있고 아닐 수도 있을 것입니다. 그러나 분명한 것은 세상에 인간을 창조하신 것도, 인류가 번성하고 각 민족들로 나뉜 것도, 한민족을 있게 하시고, 이 땅에 나라를 세우게 한 것도 모두 하나님이라는 것입니다. 하나님께서는 우리나라를 세워주셨고, 지금까지 지켜주셨습니다. 한국전쟁 때까지도 세상에서 가장 가난한 나라였던 우리나라를 세계 10대 경제대국이 되도록 발전시켜 주셨습니다. 이제 우리나라가 세계와 인류를 위해서, 그리고 하나님의 나라를 위해서 큰 역할을 할 수 있도록 이끌어 주세요.

하나님 아버지! 하나님께서는 어머니의 배에서부터 저를 택하여주셔서 하나님의 사람, 믿음의 사람으로 살게 하셨습니다. 하나님은 나의 소망이십니다. 내가 어릴 때부터 믿고 의지하는 분이십니다. 평생 하나님을 소망 삼고, 의지하며 사는 제가 되게 붙들어주세요. 그리고 우리나라와 민족이 하나님을 소망으로 삼고 의지하게 해주세요. 예수님의 이름으로 기도합니다. – 아멘.

 **오늘의 말씀**　신명기 31 : 6, 8

너희는 강하고 담대하라! 두려워하지 말래! 그들 앞에서 떨지 말래! 이는 네 하나님 여호와 그가 너와 함께 가시며, 결코 너를 떠나지 아니하시며, 버리지 아니하실 것임이라, 하고……그리하면 여호와 그가 네 앞에서 가시며, 너와 함께 하사 너를 떠나지 아니하시며, 버리지 아니하시리니, 너는 두려워하지 말라 놀라지 말래!

 **오늘의 묵상 주제**

⊙ 누구 앞에서도, 어떤 일을 앞에 두고도 떨지 말재!
⊙ 하나님께서 내 앞에 가신다는 사실을 잊지 말재!

 **오늘의 기도**

　임마누엘 되시는 하나님! 하나님은 임마누엘(우리와 함께 계시는 하나님)이 되는 하나님이십니다. 임마누엘 되시는 하나님께서는 이스라엘과 함께 하셨습니다. 하나님께서는 자기 나라와 고향과 아버지의 집을 떠나 가나안 땅으로 간 아브라함과 함께 해주셨습니다. 아브라함이 어디를 가든지 멸시받지 않고 도리어 존경받도록 해주셨습니다. 아브라함이 어려움을 당할 때에는 도움이 되어주셨습니다. 하나님 께서는 이스라엘이 애굽에서 노예생활을 할 때에도 함께 해주셨고, 압제에 신음하는 이스라엘 백성을 해방시켜 주셨습니다. 광야생활 40년 동안의 모든 의식주를 해결해 주셨습니다. 이스라엘 백성들이 크고 강한 가나안 사람들을 물리치면서 땅을 정복하여 차지하도록 도와주셨습니다. 모세는 하나님을 의지하고 강하고 담대했습니다. 어떤 일에도 두려워하거나 놀라지 않았습니다. 여호수아 또한 그러하였고, 이스라엘을 이끌던 지도자들도 그러하였습니다. 임마누엘 되시는 하나님을 믿고 의지하였기 때문입니다.

　하나님 아버지! 하나님께서 나와 함께 하시는 것을 믿고 감사드립니다. 전지전능(全知全能)하신 하나님께서 나와 함께 해주시고, 결코 나를 떠나지 않으시며 버리지 않으실 것을 약속해 주셨습니다. 나와 함께 하시는 하나님을 믿고 의지함으로써 강하고 담대하게 살겠습니다. 어떤 일도, 어떤 사람도 두려워하지 않고, 누구 앞에서도 떨지 않겠습니다.

　하나님! 그렇게 할 수 있도록 저를 붙들어주시고, 제 길을 앞장서 가시는 인도자가 되어주세요. 오늘의 놀라우신 약속을 한시도 잊지 않고 되새기면서 강하고 담대한 삶을 살게 도와주세요. 예수님 이름으로 기도합니다. – 아멘.

 **오늘의 말씀**   열왕기상 3 : 10-13

솔로몬이 이것을 구하매 그 말씀이 주의 마음에 든지라, 이에 하나님이 그에게 이르시되 "네가 이것을 구하도다! 자기를 위하여 장수하기를 구하지 아니하며, 부도 구하지 아니하며, 자기 원수의 생명을 멸하기도 구하지 아니하고, 오직 송사를 듣고 분별하는 지혜를 구하였으니, 내가 네 말대로 하여 네게 지혜롭고 총명한 마음을 주노니, 네 앞에도 너와 같은 자가 없었거니와 네 뒤에도 너와 같은 자가 일어남이 없으리라.".

 **오늘의 묵상 주제**

⊙ 하나님의 마음에 드는 사람이 되자!
⊙ 하나님께서 아낌없이 베풀어주고 싶은 사람이 되자!

 **오늘의 기도**

아낌없이 주시는 하나님!

솔로몬왕은 처음 왕이 되었을 때 참 막막했었습니다. 솔로몬에게 왕위를 물려준 아버지는 다윗왕이었는데, 다윗왕은 전쟁에 능하고 절대적인 카리스마로 온 이스라엘의 존경을 받는 최고의 왕이었습니다. 그러나 솔로몬은 다윗의 장자도 아니었고, 다윗의 모든 신하들의 지지를 받으며 왕이 된 것도 아니었습니다. 솔로몬은 자신의 능력과 지도력을 인정받아 왕이 된 것이 아니라 어머니 밧세바의 정치력에 의해서 왕위에 오르게 되었습니다. 아직 정적들도 많았고, 정치적인 경험도 없었고, 어떻게 국가를 통솔해야 할지도 잘 몰랐습니다. 이때 솔로몬은 하나님께 매달렸습니다. 여러 날 산당에 머물면서 하나님께 제사를 드리면서 하나님의 응답을 기다렸습니다. 솔로몬왕이 1000마리의 번제물을 바쳤을 때에 하나님께서 솔로몬의 꿈에 나타나시고 들어줄 소원이 무엇이냐고 물으셨습니다.

하나님! 그때 솔로몬왕은 다른 것을 구하지 않고 오직 지혜를 달라고 소원하였습니다. 왕으로서 재판을 잘하기 위해서는 지혜가 필요하기 때문이고, 지혜가 있어야 하나님의 백성을 잘 다스릴 수 있기 때문이었습니다. 솔로몬왕의 이 말에 하나님께서는 크게 기뻐하셨습니다. 그리고 지혜를 주시되 전무후무한 지혜와 총명을 주셨고, 그가 구하지 아니한 부와 영광까지 베풀어주셨습니다.

하나님 아버지! 저는 지금까지는 주로 제가 원하는 것을 기도하며 구했습니다. 그러나 내 욕심을 위한 소원으로는 하나님을 정말 기쁘시게 해드릴 수 없음을 깨달았습니다. 이제부터는 저의 사명과 꿈을 이루기 위한 것, 하나님과 교회와 세상을 유익하게 할 것을 위해서 필요한 것과 능력을 구하는 기도를 하도록 노력하겠습니다. 제가 꿈을 이루어 하나님께 영광 돌릴 수 있도록 기쁨으로 응답해주세요. 예수님 이름으로 기도합니다. – 아멘.

 **오늘의 말씀**　베드로후서 1 : 10, 11

그러므로 형제들아 더욱 힘써 너희 부르심과 택하심을 굳게 하라. 너희가 이것을 행한즉 언제든지 실족하지 아니하리라. 이같이 하면 우리 주 곧 구주 예수 그리스도의 영원한 나라에 들어감을 넉넉히 너희에게 주시리라.

 **오늘의 묵상 주제**

⊙ 나의 부르심과 택하심을 굳게 하자!
⊙ 언제든지 실족하지 않는 삶을 살자!

 **오늘의 기도**

　우리를 믿음으로 불러주시는 주님!

　나를 믿음으로 불러주신 것을 감사드립니다. 나로 하여금 주님을 알게 하시고 만나게 하신 것은 주님께서 나를 사랑하시기 때문임을 고백합니다. 내가 못나고 내세울 것이 없어도 주님께서는 예수 그리스도의 영원한 나라, 천국에 들어갈 수 있도록 은혜를 베풀어 주셨습니다.

　영원한 나라의 주인이신 주님! 영원한 주님의 나라, 천국을 허락하시기 위해서 저를 택하시고, 불러주심을 감사드립니다. 주님의 이 택하심과 부르심을 소중하게 여기며 굳게 지키도록 최선을 다해 노력하겠습니다. 세상의 소망보다 천국의 소망을 더 크게 가지며, 세상에서 이루고 누리는 것보다 천국에서 얻을 것을 더 귀하여 여기며 살겠습니다.

　주님! 주님께서 주신 믿음은 우리가 하나님의 나라에 들어가서 영원히 행복하게 살게 하는 귀한 선물입니다. 주님께로 불러주시고 믿음을 갖게 해주신 것은 귀하고도 귀한 특권입니다. 주님의 그 귀한 택하심과 부르심을 소중하게 간직할 수 있도록 믿음을 굳게 하여 주세요. 믿음을 세상 그 어떤 것보다 더 귀하게 여기고 더 굳세게 붙잡게 도와주세요. 믿음을 놓치지 않는 사람이 되어 영원한 그리스도의 나라에 넉넉하게 들어갈 수 있게 해주세요.

　주님! 그 주님의 영원한 나라에 들어가기를 소망합니다. 그때까지 믿음에서 실족하지 않게 저를 지켜주세요. 또한 공부, 입시, 취업, 자기계발, 사업, 활동, 꿈 등에서도 실족하지 않도록, 믿음으로 세상에서의 모든 삶에서 능력을 발휘하도록 저를 도와주세요. 예수님 이름으로 기도합니다. - 아멘.

 **오늘의 말씀** 　베드로전서 4 : 8-10

무엇보다도 뜨겁게 서로 사랑할지니 사랑은 허다한 죄를 덮느니라. 서로 대접하기를 원망 없이 하고, 각각 은사를 받은 대로 하나님의 여러 가지 은혜를 맡은 선한 청지기 같이 서로 봉사하라.

 **오늘의 묵상 주제**

⊙ 사람을 뜨겁게 사랑하는 사람이 되자!
⊙ 남을 원망하지 않고 대접하며 살자!

 **오늘의 기도**

사랑의 하나님!

하나님은 사랑이라고 하셨습니다. 사랑의 하나님께서는 사람을 사랑하시되 무한히 사랑하시고 끝까지 사랑하신다고 하셨습니다. 사람을 위해서 성자 하나님을 사람으로 태어나게 하시고 사람을 대신하여 죽음에 내어주셨습니다. 우리를 사랑으로 구원해 주신 하나님께서 우리에게 사랑하는 사람이 되기를 명령하셨습니다. 위로는 하나님을 사랑하고, 아래로는 이웃을 사랑하라고 말씀하셨습니다. 사람을 사랑하되 뜨겁게 서로 사랑하라고 말씀하셨습니다. 뜨겁게 사랑하면 허다한 죄를 덮어줄 수 있게 됩니다.

하나님 아버지! 사람들 중에는 다른 사람의 허물을 들춰내고 비난하고 정죄하고 망신을 주려는 사람들이 있습니다. 사랑이 없기 때문입니다. 뜨겁게 사랑하지 않기 때문입니다. 하나님, 저에게 사랑의 마음을 부어주셔서 사람을 뜨겁게 사랑하는 사람이 되게 해주세요. 부모님, 친구들, 선생님들, 교회의 모든 사람들을 사랑하게 해주세요. 누구의 죄라도 덮어줄 줄 아는 사람이 되게 도와주세요.

하나님 아버지! 누구도 원망하지 않는 사람이 되게 도와주세요. 가능한 대로 모든 사람을 대접할 줄 아는 사람이 되게 해주세요. 부모님을 부모님으로 대접하는 사람, 선생님을 선생님으로 대접하는 사람, 윗사람을 윗사람으로 대접하는 사람, 친구를 친구로 대접하는 사람, 모든 사람을 인격으로 대접하는 사람이 될 수 있게 도와주세요.

하나님 아버지! 제가 하나님께 받은 은사는 무엇일까요? 하나님께서 주시는 좋은 것들을 많이 받는 제가 되게 해주세요. 하나님께 받은 은사를 활용해서 선한 청지기로 봉사하는 제가 되도록 최선을 다하게 이끌어주세요. 예수님 이름으로 기도합니다. – 아멘.

 **오늘의 말씀**　잠언 27 : 23

네 양 떼의 형편을 부지런히 살피며, 네 소 떼에게 마음을 두라. 게으른 자는 마음으로 원하여도 얻지 못하나, 부지런한 자의 마음은 풍족함을 얻느니라.

 **오늘의 묵상 주제**

⊙ 내 '양 떼'와 '소 떼(내가 해야 할 일들)의 형편을 부지런히 살피자!
⊙ 마음으로 원하는 풍족함을 얻을 수 있도록 부지런한 자가 되자!

 **오늘의 기도**

　선한 목자이신 주님!

　주님께서는 선한 목자십니다. 절대로 게으른 목자가 아닙니다. 무책임한 목자가 아닙니다. 양 떼의 수가 아무리 많아도 각각의 이름으로 양들을 알고 불러주시는 목자입니다. 사나운 짐승들과 싸워 자기의 양을 지키고, 길을 잃어버린 양을 끝까지 찾아내시는 참된 목자가 되십니다. 주님은 자신의 양 떼와 소 떼, 주님께서 복음으로 부르신 성도들에게 마음을 두고 그 형편을 부지런히 살피시는 선한 목자입니다.

　주님! 저도 주님의 그 성실함과 부지런함을 배우기를 원합니다. 오늘 말씀에서 지혜자는 "네 양 떼의 형편을 부지런히 살피며, 네 소 떼에게 마음을 두라."고 하셨습니다. '네 양 떼'나 '네 소 떼'는 자기가 해야 할 일입니다. 자기가 이루어야 할 일입니다. 자기가 감당해야 할 사명입니다. 주님, 저는 제가 할 일에 마음을 다 쏟지도 못하고, 제가 해야 할 일들을 부지런히 살피지도 못하고 있습니다. 용서해 주세요. 주님, 말씀에 게으른 자는 마음으로 원하여도 얻지 못하지만, 부지런 자의 마음은 풍족함을 얻는다고 하셨습니다.

　주님! 마음으로는 뭔가 하고 싶은 것과 이루고 싶은 것이 있으면서도 게으른 자가 되어 얻지 못하는 사람이 되지 않도록 도와주세요. 부지런한 자가 되어, 부지런하게 자신의 양 떼와 소 떼의 형편을 잘 살펴서 풍족한 삶을 누릴 수 있는 사람이 되게 도와주세요.

　주님! 이제부터 제가 할 일들(공부하기, 실력 키우기, 좋은 성품 만들기, 좋은 믿음, 맡은 일들)을 나 스스로, 누가 뭐라고 하지 않아도, 마음을 다해서 부지런히 돌보는 사람이 되게 도와주세요. 내가 해야 할 일을 게을러서 하지 못하는 사람이 되지 않게 도와주세요. 예수님 이름으로 기도합니다. – 아멘.

 **오늘의 말씀** 잠언 30 : 7-9

내가 두 가지 일을 주께 구하였사오니 내가 죽기 전에 내게 거절하지 마시옵소서. 곧 헛된 것과 거짓말을 내게서 멀리 하옵시며, 나를 가난하게도 마옵시고 부하게도 마옵시고 오직 필요한 양식으로 나를 먹이시옵소서. 혹 내가 배불러서 '하나님을 모른다, 여호와가 누구냐?' 할까 하오며, 혹 내가 가난하여 도둑질하고 내 하나님의 이름을 욕되게 할까 두려워함이니이다.

 **오늘의 묵상 주제**

◉ 헛된 것과 거짓말을 멀리 하자!
◉ 하나님을 부인하거나 욕되게 하지 말자!

 **오늘의 기도**

　부요하신 하나님!
　하나님께는 없는 것이 없고 모자란 것이 없습니다. 세상의 부자들의 재물이 하나님께는 푼돈도 안 되는 작은 것에 불과합니다. 그런데도 세상의 부자들 중에는 교만하고 거만한 사람들이 많습니다. 자신의 능력을 의지하고, 자신의 힘을 과시합니다. 누구의 도움도 필요없다고 생각합니다. 하나님 없이도 잘 살 수 있다고 큰소리칩니다. 겸손하라, 가난한 이웃을 도우라, 하나님을 경외하라 하는 하나님의 말씀을 외면합니다. 그래서 예수님께서는 부자가 하나님의 나라에 들어가는 것이 낙타가 바늘귀로 들어가는 것보다 더 어렵다고까지 말씀하셨습니다. 욥처럼 부자이면서 겸손하고 하나님을 잘 경외하는 사람이 흔치 않습니다.
　하나님 아버지! 오늘의 말씀에서 지혜자 아굴은 하나님께 두 가지를 구했습니다. 먼저 아굴은 헛된 것과 거짓말을 멀리 하게 해달라고 기도했습니다. 헛된 것을 추구하며 산 인생은 결국 헛된 인생이 되기 때문입니다. 다음으로 아굴은 너무 가난하거나 부하게 하지 말아달라고 기도했습니다. 너무 가난하면 도둑질을 하게 되고, 그러면 하나님께 욕이 되기 때문입니다. 너무 부요하면 하나님을 잊고 하나님을 모르는 것처럼 살게 될 위험이 있는데, 그러면 하나님의 은총과 구원을 잃어버리게 되기 때문입니다.
　하나님 아버지! 저도 헛되거나 거짓된 것을 버리고 진실 된 것을 추구하는 사람이 되게 해주세요. 그리고 하나님을 믿는 제가 너무 가난하면 그 자체만으로도 하나님의 영광을 가리게 됩니다. 가난 때문에 유혹에 넘어가 죄를 짓게 되면 하나님을 욕되게 합니다. 그러니 가난하게 살지 않게 해주세요. 부요하되 관리능력과 감당할 수 있는 믿음 또한 주세요. 하나님의 영광을 위해서 재물을 사용해 하나님께 영광을 돌리는 사람이 되게 해주세요. 혹 부자가 되었을 때 하나님을 떠날 위험이 있다면 차라리 부자가 되지 않게 해주세요. 예수님 이름으로 기도합니다. – 아멘.

화목한 사람이 되기를 구하는 기도

 **오늘의 말씀** 로마서 12 : 17, 18, 21

아무에게도 악을 악으로 갚지 말고, 모든 사람 앞에서 선한 일을 도모하라. 할 수 있거든 너희로서는 모든 사람과 더불어 화목하라.……악에게 지지 말고, 선으로 악을 이기라.

 **오늘의 묵상 주제**

◉ 가능한 대로 선한 일을 도모하자!
◉ 악에게 지지 말고, 선으로 악을 이기자!
◉ 할 수 있는 대로 모든 사람과 화목하게 지내자!

 **오늘의 기도**

선하신 하나님!

세상에는 악한 사람들이 있습니다. 악한 일을 하는 사람들이 있습니다. 아직 청소년들 중에도 악한 일을 하면서 그것이 악한 것인지 조차 모르는 아이들도 있습니다. 약하다고, 조금 다르다고, 가난하다고, 장애가 있다고, 공부를 못한다고, 좋은 옷을 못 입었다고, 별별 이유로 같은 반 친구를 왕따 시키는 아이들이 있다고 합니다. 때리고, 괴롭히고, 빼앗는 아이들이 있다고 합니다.

하나님 아버지! 저를 지켜주셔서 누구도 저를 괴롭히지 못하게 막아주세요. 제 주변에 그렇게 악한 사람이 없게 만들어 주세요.

하나님 아버지! 악을 악으로 갚는 사람들도 많습니다. 자기를 못살게 구는 악한 친구에게 칼로 복수를 하는 사람들도 있습니다. 그러나 주님께서는 악을 악으로 갚지 말라고 말씀하십니다. 하나님, 어떤 사람 앞에서나 선한 일을 도모하는 제가 되도록 도와주세요.

선을 기뻐하시는 하나님 아버지! 저도 악을 멀리하고 선을 행하며 살도록 노력하겠습니다. 저의 마음이 악에 물들지 않도록 지켜주세요. 악한 사람과는 어울리지 않도록 하겠습니다. 제가 악한 사람과 얽히지 않게 도와주세요. 혹 저에게 악을 행하는 자가 있더라도 악을 악으로 갚지 않게 해주세요. 또한 악에게 지지 말고 선으로 악을 이길 수 있는 제가 되게 해주세요. 다른 사람을 악하게 대하거나 악을 행하지 않으며, 모든 사람 앞에서 선한 일을 도모하는 제가 되게 해주세요. 가능한 대로 모든 사람들과 더불어 화목하게 지낼 수 있게 해주세요. 선한 마음을 가지고, 선한 일을 행하는 선한 사람이 되게 도와주세요. 예수님 이름으로 기도합니다. - 아멘.

 **오늘의 말씀**   시 29 : 1, 2

너희 권능 있는 자들아 영광과 능력을 여호와께 돌리고 돌릴지어다. 여호와께 그의 이름에 합당한 영광을 돌리며 거룩한 옷을 입고(거룩함의 아름다움에서) 여호와께 예배할지어다.

 **오늘의 묵상 주제**

⊙ 권능 있는 자로 살며 영광과 능력을 하나님께 돌리는 사람이 되자!
⊙ 거룩한 옷을 입고 하나님께 예배하는 참된 예배자가 되자!

 **오늘의 기도**

권능과 영광으로 충만하신 하나님!

세상에는 권능이 있는 사람도 있고 아무런 능력도 없이 사는 사람도 있습니다. 큰 권능으로 시대를 앞서가며, 크고 작은 무리를 이끌어 나가는 사람이 있습니다. 어떤 이는 기업을 이루어 세계적인 기업으로 키워나갑니다. 어떤 이는 나라와 민족을 이끌어 나갑니다. 어떤 이는 세계사적 의미가 있는 일들을 행하며 인류와 역사를 이끌어 가기도 합니다. 그러나 어떤 사람들은 자기 한 사람의 인생도 감당하지 못하는 사람들이 있습니다. 공부도 스스로 하지 못하는 학생도 있고, 대학까지 졸업했어도 백수로 지내는 사람도 있고, 결혼하고 부모가 되었어도 자기 부모에게 의존하며 사는 사람들이 있습니다.

하나님 아버지! 능력 있고 권능 있는 자로 세상을 살아갈 수 있게 도와주세요. 무능력하여 사람들의 눈총을 받으며 사는 인생을 살지 않게 도와주세요. 저 자신의 삶을 잘 살아갈 뿐 아니라 다른 사람들에게 좋은 영향력을 끼치는 삶을 살게 이끌어주세요. 그리고 제가 얻게 되는 모든 영광과 능력으로 교만해지지 않고 모든 영광과 능력을 하나님께 돌리는 하나님의 사람으로 살게 해주세요.

예배를 받으시기에 합당하신 하나님 아버지! 하나님께 예배하는 자로 살게 이끌어주세요. 여호와 하나님의 크고 거룩한 이름에 합당한 영광을 돌리는 사람이 되게 해주세요. 그리고 거룩한 옷을 입고 하나님께 예배드리는 예배자로 살게 이끌어주세요. 거룩한 옷을 입고 예배드린는다는 것은 하나님께서 원하시는 선하고 경건한 아름다운 삶을 가지고 하나님께 예배드리는 것을 의미합니다.

하나님 아버지! 하나님께서 원하시는 선하고 아름다운 생활을 통해서, 평생동안 하나님께서 기뻐하시는 예배자로 살게 해주세요. 예수님 이름으로 기도합니다. – 아멘.

 **오늘의 말씀**　예레미야 7 : 7

만군의 여호와 이스라엘의 하나님께서 이와 같이 말씀하시되 "너희 길과 행위를 바르게 하라. 그리하면 내가 너희로 이 곳에 살게 하리라.".

 **오늘의 묵상 주제**

⊙ 나의 길과 행위를 바르게 하자!
⊙ 하나님께서 복되게 한 곳에서 사는 사람이 되자!

 **오늘의 기도**

　바른 것을 좋아하시는 하나님!

　하나님께서는 굽은 것을 싫어하시고 바른 것을 기뻐하십니다. 그런데 사람들은 바른 것이 옳다는 것을 알면서도 굽은 것에 대한 유혹에 빠질 때가 많습니다. 그래서 대부분의 사람이 곧고 바른 인생을 살지 못하고 굽은 인생을 살게 됩니다.

　이런 인간의 속성을 잘 보여주는 동화가 〈피노키오〉입니다. 이탈리아의 동화작가 카를로 클로디가 1883년에 쓴 이 동화는 세상의 어린이들에게 '바르게 자라는 것'을 가르쳐 주고 있습니다. 그러나 이 책을 보고 자란 아이들도, 이것을 읽어준 어른들도 피노키오처럼 거짓에 이끌리는 삶을 살아갑니다.

　하나님! 피노키오는 제페로 할아버지가 나무로 만들었지만 말하고 움직이고 배울 수 있는 꼭두각시입니다. 할아버지는 자신의 외투를 팔아서 피노키오에게 책을 사줍니다. 학교에 가서 공부를 할 수 있게 하기 위함이었습니다. 그러나 피노키오는 공부하는 것도 싫고 학교에 가는 것도 싫어서 그 소중한 책을 팔아서 인형극을 보러 갑니다. 아플 때도 병을 고쳐줄 약은 먹기 싫어하고 달콤한 사탕만 먹으려고 합니다. 거짓말을 할 때마다 코가 커지는데, 얼마 살지 않아서 코가 한 발이나 길어집니다. 매일 즐겁게 놀아도 되는 재미있는 세상을 꿈꾸다가 악당의 유혹에 빠져 당나귀가 되어버립니다.

　하나님 아버지! 이런 피노키오 이야기는 창조주 하나님과 피조물 인간의 이야기와 똑같은 구조를 가지고 있습니다. 바르게 살면서 행복한 인생을 살기를 바라는 하나님과 그것이 옳다는 것은 알지만 거짓과 달콤함과 쾌락을 추구하다가 사탄의 유혹에 넘어가 멸망당할 운명에 처하는 인간에 대한 이야기입니다.

　하나님 아버지! "너희 길과 행위를 바르게 하라. 그리하면 내가 너희로 이 곳에 살게 하리라."는 말씀처럼, 나의 길과 행위를 바르게 할 수 있게 도와주세요. 하나님께서 이끌어 살게 해주실 '이곳', 진실과 행복과 영원한 생명이 있는 곳, 하나님의 나라에서 살 수 있는 제가 되게 도와주세요. 예수님 이름으로 기도합니다. – 아멘.

 **오늘의 말씀**　다니엘 9 : 17, 19

그러하온즉 우리 하나님이여! 지금 주의 종의 기도와 간구를 들으시고, 주를 위하여 주의 얼굴 빛을 주의 황폐한 성소에 비취시옵소서! …… 주여! 들으소서. 주여! 용서하소서. 주여! 들으시고 행하소서. 지체치 마옵소서. 나의 하나님이여! 주 자신을 위하여 하시옵소서. 이는 주의 성과 주의 백성이 주의 이름으로 일컫는 바 됨이니이다.

 **오늘의 묵상 주제**

⊙ 나 자신이 주의 이름으로 일컬어지는 주의 백성임을 자각하자!
⊙ 주님의 교회와 주님의 사람들을 위해 기도하는 사람이 되자!

 **오늘의 기도**

　성소에 임재하심을 기뻐하시는 하나님!

　하나님께서는 광야생활을 하는 이스라엘과 함께 하시기 위해서 모세로 하여금 성막을 짓게 하시고, 성막에서 이스라엘을 만나시고 복을 주시며 인도해 주셨습니다. 하나님께서는 솔로몬왕 때에 성전 짓는 것을 허락해 주셨습니다. 그리고 솔로몬왕이 지은 성전이 완성되었을 때에 기뻐하시며 성전에 임재하시며 이스라엘과 함께 해주셨습니다.

　성전을 버릴 수도 있는 하나님! 하나님께서는 성전을 사랑하시지만, 사람들이 성전을 더럽힐 때는 언제라도 성전을 버리고 떠날 수도 있으십니다. 이스라엘 백성들은 성전만 있으면 언제라도, 어떻게 해도, 하나님께서 성전에 머물러 계실 것으로 생각했습니다. 그러나 이스라엘이 하나님께 범죄하고, 하나님을 소홀히 하고, 하나님의 말씀을 버렸을 때에 하나님께서는 이스라엘이 멸망하도록 버려두셨습니다. 예루살렘성도 예루살렘성전도 다 무너지게되고, 백성들은 포로로 잡혀가게 되었습니다.

　하나님 아버지! 다니엘은 하나님의 성 예루살렘과 성소와 그 백성들이 황폐한 채 방치된 것을 마음 아파하여, 그 회복을 기원하는 기도를 올렸습니다. 다니엘은 예루살렘과 그 백성을 용서하고 은총을 내려 회복시켜야 할 이유가 하나님 자신을 위해서라고 하였습니다. 하나님의 성소와 백성이 황폐한 채로 있는 것은 하나님의 이름에 누가 되기 때문입니다. 이제 하나님 자신을 위해서 얼굴빛을 황폐한 성소에 비춰 예전의 영광을 회복되어야 하나님의 이름이 높임을 받게 되기 때문입니다.

　하나님 아버지! 마찬가지 이유로 오늘의 한국교회와 저를 용서하시고, 얼굴빛을 하나님의 영광을 잃어가는 한국교회에도, 또 저에게도 비추어 주세요. 한국교회와 저의 영광된 모습을 통해서 하나님의 이름이 높임을 받게 해주세요. 예수님 이름으로 기도합니다. – 아멘.

술을 멀리 할 것을 다짐하는 기도

 **오늘의 말씀** 잠언 23 : 29-32

재앙이 뉘게 있느뇨? 근심이 뉘게 있느뇨? 분쟁이 뉘게 있느뇨? 원망이 뉘게 있느뇨? 까닭 없는 상처가 뉘게 있느뇨? 붉은 눈이 뉘게 있느뇨? 술에 잠긴 자에게 있고, 혼합한 술을 구하러 다니는 자에게 있느니라. 포도주는 붉고, 잔에서 번쩍이며, 순하게 내려가나니, 너는 그것을 보지도 말지어다. 그것이 마침내 뱀 같이 물 것이요, 독사 같이 쏠 것이며……

 **오늘의 묵상 주제**

◉ 술을 멀리하며 살자!
◉ 술 때문에 낭패를 당하는 인생이 되지 말자!

 **오늘의 기도**

제 정신으로 살기를 원하시는 주님!

주님께서는 존귀하신 성자하나님이셨는데 사람으로 태어나셨고, 사람들에게 복음을 가르쳐 주시고 영원한 생명과 구원을 주시기 위한 거룩한 일을 하셨습니다. 그런데도 사람들 중에는 주님을 미워하고, 멸시하고, 조롱하고, 고통을 주고, 때리고, 벌거벗기고, 십자가에 못 박아 죽였던 사람들이 있었습니다. 참기 힘들고, 제 정신으로 견디기 힘든 고난이요 치욕이었습니다. 그러나 주님께서는 그 모든 것을 제 정신으로 당하며 견뎌내셨습니다.

주님! 그런데 사람들 중에는 어려운 일을 당할 때 제 정신으로 견디기 힘들어 하는 사람들이 있습니다. 이런 사람들 중에 현실을 잊거나 도피하려는 심리에서 술을 먹고 취하는 사람들이 있습니다. 이런 저런 이유로 술을 좋아하는 사람들이 세상에 참 많이 있습니다.

주님! 오늘 말씀은 술에 잠긴 자(알콜중독자), 혼합한 술을 구하러 다니는 사람에게는 재앙이 있고, 근심이 있고, 분쟁이 있고, 원망이 있게 된다고 하셨습니다. 이런 사람은 까닭 없이 상처를 주고받으며, 붉게 충혈된 눈으로 산다고 하셨습니다. 포도주는 색깔도 좋고, 반짝이는 아름다운 잔으로 마시며, 순하게 목으로 넘어가서, 포도주를 마시는 것이 근사하게 보일 수도 있습니다. 그러나 포도주를 비롯한 모든 술은 마침내 뱀 같이 물고, 독사 같이 쏘아 인생에 큰 해악을 끼치게 되므로, 그것을 보지도 말라고 말씀하셨습니다.

주님! 술 때문에 실수하는 사람도 많고, 알콜중독에 걸려서 인생을 망치는 사람도 많습니다. 주님! 술은 개인의 인생도 망치고, 사회를 부패시키는 악마의 도구가 분명합니다. 주님, 오늘은 '와인 데이' 라고 해서 연인들끼리 포도주를 마시며 기분을 내는 날이랍니다. 주님! 저는 술을 멀리하며 살도록 이끌어주세요. 예수님 이름으로 기도합니다. – 아멘.

 **10월 15일** # 하나님과 연합하기를 구하는 기도

 **오늘의 말씀** 이사야 56 : 6, 7

또 여호와와 연합하여 그를 섬기며, 여호와의 이름을 사랑하며, 그의 종이 되며, 안식일을 지켜 더럽히지 아니하며, 나의 언약을 굳게 지키는 이방인마다, 내가 곧 그들을 나의 성산으로 인도하여 기도하는 내 집에서 그들을 기쁘게 할 것이며, 그들의 번제와 희생을 나의 제단에서 기꺼이 받게 되리니, 이는 내 집은 만민이 기도하는 집이라 일컬음이 될 것임이라.

 **오늘의 묵상 주제**

⦿ 하나님과 연합하여 하나님을 섬기는 자가 되자!
⦿ 안식일(주일)을 꼭 지키는 참된 예배자가 되자!

오늘의 기도

사람을 기쁘게 하시는 하나님!

하나님께서는 사람을 기쁘게 해주기를 기뻐하는 분이십니다. 하나님께서 기쁘게 해주는 사람들은 마음이 기쁘고, 영혼이 기쁘고, 기뻐할 일들이 많게 됩니다. 하나님께서 형통하고 복된 인생이 되도록 인도해 주시기 때문입니다. 하나님께서 기쁨을 주는 사람에 대해서 오늘 말씀해 주셨습니다.

하나님과 연합하여 하나님을 섬기는 사람, 여호와의 이름을 사랑하는 사람, 하나님의 종이 되는 사람, 안식일을 지키며 더럽히지 아니하는 사람, 하나님의 언약을 굳게 지키는 사람이 하나님께서 기쁘게 하는 사람이라고 하셨습니다. 이렇게 하는 사람은, 그가 비록 이방인일지라도, 하나님께서 하나님의 거룩한 산(시온산, 하나님의 성전이 있는 산)으로 인도하여, 하나님의 집 성전(교회)에서 기쁘게 해주신다고 약속하셨습니다. 이런 사람들이 하나님의 집에서 드리는 제사(예배)를 기쁘게 받으시고, 이들의 기도를 들어주신다고 약속하셨습니다.

하나님 아버지! 저도 세상이 아니라 하나님과 연합하기를 원합니다. 요즘은 학원 때문에(결국은 공부와 입시 때문에) 주일에 교회에 가서 예배하지 않는 학생들이 있습니다.

복된 인생을 위해서 정말 필요한 것은 점수가 아니라 하나님이 주시는 복인 줄 압니다. 저를 하나님과 연합한 인생, 철저히 주일을 지키는 예배자로 살게 도와주세요. 저의 인생을 하나님께 맡기는 온전한 믿음을 갖게 해주시고, 하나님이 주시는 복되고 기쁜 인생을 살게 해주세요. 예수님 이름으로 기도합니다. – 아멘.

오늘의 말씀　마태복음 12 : 31, 32

그러므로 내가 너희에게 이르노니, 사람에 대한 모든 죄와 모독은 사하심을 얻되, 성령을 모독하는 것은 사하심을 얻지 못하겠고, 또 누구든지 말로 인자를 거역하면 사하심을 얻되, 누구든지 말로 성령을 거역하면 이 세상과 오는 세상에서도 사하심을 얻지 못하리라.

오늘의 묵상 주제

◉ 절대로 성령님을 모독하는 죄를 짓지 말자!
◉ 성령님의 명령을 거역하지 않는 사람이 되자!

오늘의 기도

　우리를 인도해 주시는 성령님!

　성령님께서는 보혜사(保惠師) 되셔서, 하나님께 받은바 은혜를 보존해 주고 저희들의 갈 길을 인도해 주는 스승이십니다. 성령님께서는 하나님의 영이시요, 주님께서 주님의 사람들을 보호하고 은혜로 인도해주기 위해서 보내주는 영이십니다. 제게 찾아오신 성령님을 마음에 영접하고, 잘 모시는 제가 되도록 최선을 다하겠습니다.

　나를 인도해 주시는 성령님! 성령님께서 제게 주시는 감동, 양심의 목소리, 선한 생각, 믿음에의 의지를 잘 들을 수 있게 도와주시고, 순종할 수 있도록 저를 감동해 주세요. 성령님의 목소리에 귀를 기울이고, 그 인도하심 대로 따라가는 제가 되게 해주세요.

　모독하는 자를 용납하지 않으시는 성령님! 오늘 말씀은 성령님을 모독하거나 거역하는 말을 하면 영원히 용서받지 못한다고 했습니다. 성령님! 그동안 제가 성령님을 거역하거나 모독한 일이 없었는지 심히 걱정됩니다. 성령님께서 들려주시는 음성을 듣지 않는 것도 모독이 될 수 있고, 성령님의 가르침을 깨닫고도 순종하지 않는 것도 모독이 될 수 있을 것 같은데, 지금까지 부족한 것에 대해서 용서해 주세요. 이제부터는 성령님께 순종하고, 저를 통해서 성령님의 선하신 사역이 영광을 얻을 수 있게 해주세요.

　성령님! 특별히 성령님께서 하시는 일을 거부하거나 훼방하는 것은 성령님께 대한 직접적인 모독이 됩니다. 그런데 지금 세상에는 복음을 훼방하고, 구원을 위한 하나님의 일을 비난하는 사람들이 많이 있습니다. 성령님을 모독하고 용서받지 못하는 자가 되지 않도록 사람들의 마음을 완악함에서 구해주세요. 하나님의 일, 주님의 구원사역, 복음이 전파되는 일에 방해하는 세력이 사라지게 도와주세요. 예수님 이름으로 기도합니다. – 아멘.

승리를 위한 기도

 **오늘의 말씀** 고린도전서 9 : 24, 25

운동장에서 달음질하는 자들이 다 달릴지라도 오직 상을 받는 사람은 한 사람인 줄을 너희가 알지 못하느냐? 너희도 상을 받도록 이와 같이 달음질하라. 이기기를 다투는 자마다 모든 일에 절제하나니, 그들은 썩을 승리자의 관을 얻고자 하되, 우리는 썩지 아니할 것을 얻고자 하노라.

 **오늘의 묵상 주제**

⊙ 학업의 경주와 인생의 경주에서 이기는 자가 되자!
⊙ 모든 일에 절제할 줄 아는 사람이 되자!

 **오늘의 기도**

달릴 수 있는 힘을 주시는 하나님!

인생을 산다는 것은 어떤 면에서 달리기 경주와 같다고 비교하시는 오늘의 말씀을 생각해 봅니다. 학교생활 특히 공부하는 것도 달리기 경주를 하는 것과 같습니다. 정말 열심히 달리는 친구들도 있습니다. 토끼처럼 빨리 달리는 아이들도 있고, 거북이처럼 끊임없이 달리는 아이들도 있습니다. 마라톤 선수처럼 호흡을 가다듬으며 페이스 조절을 하면서 달리는 아이들도 있고, 백미터 달리기 선수처럼 호흡을 멈추고 전력질주하는 아이들도 있습니다. 아직도 지치지 않고 한결같이 공부하는 아이들도 있고, 이미 지쳐서 피곤에 절어 있는 아이들도 있습니다.

하나님 아버지! 저는 어떻게 달리는 학생인지 다시금 돌아봅니다. 마라톤 선수는 오래 전부터 체계적으로 훈련하여 경기에 출전합니다. 100M 달리기 선수는 한 번의 호흡으로 혼신의 힘을 다해서 결승선까지 달립니다. 그런데 저는 아직 그렇게 체계적으로 공부하지도 못했고, 혼신의 힘을 다해서 공부하지도 못했습니다. 그러나 하나님, 저도 승리의 월계관을 쓰는 승리자가 되기를 소망합니다. 그러기 위해서는 많은 일들을 절제하면서 공부에 힘써야 한다는 것을 압니다. 운동, 게임, TV 시청, 친구들과 어울려 놀기 등에서 절제할 수 있는 힘을 주세요. 그리고 정말 후회 없이 공부하고, 성과를 올리면서, 미래의 나를 위해 더 성공적인 오늘을 만들어 가게 해주세요.

하나님 아버지! 공부에서 뿐만 아니라 인생에서도 성공의 면류관, 승리의 월계관을 쓸 수 있는 사람이 되게 도와주세요. 또한 믿음에서 승리하는 사람이 되어서, 천국에서 상을 받는 사람이 되게 도와주세요. 모든 면에서 상 받기를 소망하며, 최선을 다해서 달리는 사람이 되게 도와주세요. 예수님 이름으로 기도합니다. – 아멘.

'여호와 닛시'를 구하는 기도

 **오늘의 말씀** 출 17 : 15, 16

모세가 제단을 쌓고 그 이름을 여호와 닛시라 하고, 이르되 '여호와께서 맹세하시기를 여호와가 아말렉과 더불어 대대로 싸우리라 하셨다' 하였더라.

 **오늘의 묵상 주제**

⊙ '여호와 닛시'의 사람이 되자!
⊙ 하나님께서 대신 싸워주시는 하나님의 사람이 되자!

 **오늘의 기도**

여호와 닛시의 하나님!

하나님께서는 이스라엘을 위해서 대신 싸워주는 분이십니다. 이스라엘 백성들이 출애굽하여 광야를 지나갈 때에 아말렉 사람들이 공격해 왔습니다. 여호수아가 군사를 이끌고 르비딤 골짜기에서 맞서 싸웠지만 쉽게 이길 수 있는 상대가 아니었습니다. 그때 모세는 산에 올라가서 하나님의 도움을 구하는 기도를 했습니다. 모세가 팔을 들고 기도할 때에 하나님께서 도와주셔서 이스라엘이 이기게 하셨습니다. 그러나 기도하던 모세가 팔이 아파서 팔을 내리면 이스라엘이 졌습니다. 이런 일이 반복되자 아론과 훌이 모세의 두 팔을 붙잡아 주어 내려오지 않도록 했습니다. 그러자 이스라엘은 해가 질 때까지 아말렉을 쳐서 승리를 거두었습니다. 모세가 기도하는 동안 하나님께서 이스라엘을 위해서 아말렉과 싸워주셨던 결과입니다. 모세는 승리 후에 한 제단을 쌓고 '여호와 닛시'(여호와의 깃발)라고 이름을 붙였습니다. 하나님께서 싸워주셔서 승리를 할 수 있었던 것을 기념하기 위해서 였습니다. 그리고 대대로 하나님께서 이스라엘을 위해서 싸워주실 것에 대한 소망을 표현하기 위해서 였습니다.

하나님 아버지! 하나님은 지금도 하나님의 백성을 위해서 싸워주시고 승리를 주시는 분인 줄 믿습니다. 하나님을 믿고, 하나님의 도우심을 믿고 기도하는 사람들에게 능력을 베풀어 주셨습니다. 약한 자도 강한 자를 이기도록 해주셨고, 작은 자로 큰 자를 이기도록 해주셨습니다. 기드온의 300명의 군사로 미디안의 수십만의 군사를 이기고 승리하게 해주셨습니다. 칼도 들지 않은 목동 다윗으로 거대한 장수 골리앗을 쓰러뜨리고 승리하게 해주셨습니다.

하나님 아버지! 저를 위해서도 여호와 닛시의 하나님이 되어주실 것을 믿습니다. 저를 위해서 싸워주실 것을 믿습니다. 하나님의 도우심으로 세상과의 싸움에서 이기게 하시고, 어떤 적과도 싸워서 승리하게 도와주세요. 저로 하여금 여호와 닛시의 믿음을 가지고 승리하는 인생을 살게 해주세요. 예수님 이름으로 기도합니다. – 아멘.

하나님의 세워주심을 구하는 기도

 **오늘의 말씀** 다니엘 4 : 34, 36

그 기한이 차매 나 느부갓네살이 하늘을 우러러 보았더니, 내 총명이 다시 내게로 돌아온지라, 이에 내가 지극히 높으신 이에게 감사하며, 영생하시는 이를 찬양하고 경배하였나니, 그 권세는 영원한 권세요, 그 나라는 대대에 이르리로다. …… 그 동시에 내 총명이 내게로 돌아왔고, 또 내 나라 영광에 대하여도 내 위엄과 광명이 내게로 돌아왔고, 또 나의 모사들과 관원들이 내게 조회하니, 내가 내 나라에서 다시 세움을 입고 또 지극한 위세가 내게 더하였으니라.

 **오늘의 묵상 주제**

⊙ 하나님의 지극히 높으심과 절대 주권을 인정하고 경배하자!
⊙ 하나님의 세우심을 입어 나의 총명과 영광을 회복하자!

 **오늘의 기도**

사람을 세워주시는 하나님!

하나님은 창조주이고 역사의 섭리자이십니다. 하나님은 사람을 올리기도 하시고 내리기도 하는 절대 주권자이십니다.

바벨론의 느브갓네살왕은 당시 세상에서 가장 크고 강한 제국을 건설하고 스스로 교만해졌습니다. 그는 세상에서 가장 크고 강하고 번성한 바벨론제국을 건설하고 스스로 높아진 것으로 착각을 했습니다. 그러나 하나님께서 그 교만을 꺾기 위해서 그의 총명을 빼앗아버렸습니다. 총명이 사라진 느브갓네살은 왕궁에서 쫓겨났습니다. 왕좌를 잃은 그는 7년 동안이나 들짐승처럼 살았습니다. 그가 여호와 하나님의 권세를 깨닫고 겸손하게 하늘을 우러러 보았습니다. 그리고 높으신 하나님을 찬양하고 경배했습니다. 겸손하게 되어 하나님의 영광과 주권을 인정하며 찬송하는 느브갓네살왕에게, 하나님은 옛 위엄과 광명과 영광을 회복시켜 주시고, 지극한 위세를 더하여 다시 세워주셨습니다. 하나님께서는 그의 총명을 다시 돌려주셨습니다. 총명을 다시 얻은 느브갓네살은 왕의 자리를 되찾고, 다시 바벨론제국의 왕이 되었지만 교만할 수 없었습니다. 그는 사람을 세우고 파하는 것이 오직 하나님에게 달려 있음을 인정하며 살았습니다.

나를 세워주시는 하나님! 하나님은 지금도 사람을 세워주는 분이십니다. 하나님의 영광과 주권을 인정하며 찬송하는 자, 하나님의 높고 크신 영광과 권세를 찬송하며 경배드리는 자를 세워주십니다. 그러나 지금도 느브갓네살왕처럼 자기가 잘나서 성공하고 출세한 것처럼 세상을 향해 교만하고, 하나님의 은총을 부인하는 사람들이 있습니다. 하나님, 인생을 세울 수 있는 총명을 제게 허락해 주시고, 위엄과 위세를 더하여 저를 세워주세요. 예수님 이름으로 기도합니다. – 아멘.

 **오늘의 말씀**　디모데전서 4 : 8

육체의 연단은 약간의 유익이 있으나 경건은 범사에 유익하니 금생과 내생에 약속이 있느니라.

 **오늘의 묵상 주제**

⊙ 몸과 정신의 건강관리를 잘하자!
⊙ 영적인 건강관리는 더 잘하자!

 **오늘의 기도**

인생을 연단시켜 주시는 하나님!

요즘에는 건강에 관심을 갖는 사람들이 많습니다. 몸을 위해서 온갖 영양제와 보약을 먹는 사람이 있습니다. 보양식이나 건강에 좋다는 음식과 유기농 먹거리를 찾는 사람들도 많습니다. 정기적으로 건강검진을 하기도 합니다. 건강한 몸이 인생을 살아가는데 매우 중요한 것을 알기 때문입니다. 건강을 잃으면 마음껏 일하고 꿈을 펼칠 수가 없기 때문입니다.

하나님! 요즘 특히 사람들이 헬스클럽이나 각종 운동으로 체력을 단련하는 사람들이 많습니다. 걷기 운동을 하는 사람, 조깅을 하는 사람, 마라톤을 하는 사람, 싸이클을 하는 사람, 수영을 하는 사람, 갖가지 운동으로 체력을 단련하고 건강하게 살려고 노력하는 사람들이 많습니다. 생명의 주인이 되시는 하나님께서는, 육체를 단련시키는 것은 유익하기는 하지만 약간의 유익이 있을 뿐이라고 말씀하셨습니다. 인생에서 정말 유익한 것은 경건(敬虔, 공경할 경, 정성 건)이라고 했습니다. 경건이라는 것은 예의 바르고 단정한 모습을 뜻하고, 하나님을 공경하되 믿음을 굳게 잡고 정성을 다하는 삶을 뜻합니다. 몸을 단련하는 것은 몸을 건강하게 하는 데는 유익하지만 영적인 유익까지 주지는 못합니다. 그러나 경건에 대한 훈련은 몸에도 유익하지만 영적인 것과 영원한 하나님의 나라까지 유익하게 합니다.

하나님! 제게도 건강의 복을 주세요. 평생 큰 병에 걸리거나 사고를 당하지 않고 건강한 몸으로 살게 해주세요. 그리고 경건의 훈련을 통해서 영적인 유익을 얻는 믿음의 사람이 되게 도와주세요. 예수님 이름으로 기도합니다. – 아멘.

감정 조절 능력을 구하는 기도

 **오늘의 말씀** 잠언 29 : 11

어리석은 자는 자기의 노를 다 드러내어도, 지혜로운 자는 그것을 억제하느니라.

 **오늘의 묵상 주제**

⊙ 자신의 분노를 드러내지 않는 사람이 되자!
⊙ 자신의 감정을 잘 조절할 줄 아는 사람이 되자.

오늘의 기도

참고 기다려 주시는 하나님!

하나님께서는 악하고 죄 된 사람들에 대해서도 아주 오래 참고 기다려 주셨습니다. 사람들의 죄 때문에 하나님께서는 세상을 심판하기로 작정하셨습니다. 그러나 하나님께서는 세상을 금방 심판하지 않고, 1000년을 기다린 후에야(에녹-므두셀라-라멕-노아로 이어지는 이야기에서 알 수 있음) 홍수로 세상을 심판하셨습니다. 하나님께서는 사람들이 죄를 회개하고 돌아와서 구원 받기를 기다려 주셨던 것입니다.

하나님 아버지! 요즘 사람들은 참을성이 참 부족합니다. 말 한마디에 화가 나서 싸우는 사람이 많습니다. 부모님 선생님의 훈계에 조차 화를 내고 대드는 학생들도 있습니다. 지나가는 사람이 바라보는 눈초리 하나에 화가 나서 폭력을 휘두르는 사람도 있습니다. 한 순간의 화를 참지 못해서 인생을 망치는 사람들이 적지 않습니다. 그래서 "참을 인(忍) 자가 세 개이면 살인도 면한다."는 말이 있습니다. 화가 나더라도 조금만 참으면 화를 면할 수 있게 된다는 말입니다.

하나님 아버지! 저도 참을성이 부족한 사람입니다. 작은 일에도 즉각적이고도 크게 짜증을 부리거나 화를 냅니다. 이제부터는 부모님, 형제, 친구들, 선생님들, 그리고 부대끼며 함께 살아가는 모든 사람들에게 짜증과 화를 내지 않는 제가 되도록 노력하겠습니다. 어떤 경우라도 분노를 억제하고, 다 드러내지 않는 지혜를 허락해주세요. 자기의 노를 다 드러내는 사람은 어리석은 자라고 했습니다. 가급적 노하지 않는 사람이 되게 도와주시고, 화가 나더라도 잘 참는 사람이 되게 도와주세요. 화를 참지 못해서 인생에 큰 해를 당하는 어리석은 자가 되지 않게 이끌어주세요. 예수님 이름으로 기도합니다. – 아멘.

 **오늘의 말씀** 베드로전서 3 : 10, 11

그러므로 생명을 사랑하고 좋은 날 보기를 원하는 자는 혀를 금하여 악한 말을 그치며, 그 입술로 거짓을 말하지 말고, 악에서 떠나 선을 행하고, 화평을 구하며 그것을 따르라.

 **오늘의 묵상 주제**

◉ 생명을 사랑하고 좋은 날 보기를 원하는 자가 되자!
◉ 거짓과 악한 말과 행위를 버리고 선과 화평을 행하자!

 **오늘의 기도**

　생명을 사랑하시는 주님!
　주님이 가장 귀하게 여기시는 것은 생명인 줄 압니다. 모든 생명은 귀하되 사람의 생명이 가장 귀한 줄 압니다. 주님께서도 사람의 생명을 위해서, 사람으로 하여금 영원한 생명을 얻게 하시기 위해서 세상에 오셨고, 십자가를 지시기까지 하셨습니다. 주님께서는 한 사람의 생명을 온 세상보다 더 귀하게 여기신다고 하셨습니다.
　주님! 저도 생명을 사랑하는 사람이 되게 해주세요. 먼저 제 자신의 생명을 사랑하게 해주세요. 때로는 제 자신의 생명이 하찮게 느껴지고, 세상에서의 삶이 귀찮고 허무하고 고통스럽게 느껴질 때도 있습니다. 그러나 언제라도 저 자신의 생명이 주님께서도 사랑하시는 귀한 생명인 것을 잊지 않게 도와주세요.
　주님! 우리나라에서 1년에 12,000명 이상이 자살한다고 합니다. 하루 34명 정도가 스스로의 생명을 버리고, 10대 청소년도 37시간에 1명 정도가 스스로 생명을 버린다고 합니다. 모두 자신의 생명을 사랑하지 않기 때문입니다. 생명은 하나님께서 주신 것이요, 인생과 삶은 하나님께서 주신 복이라는 사실을 알지 못하기 때문입니다. 주님께서 자기를 얼마나 사랑하시고 귀하게 여기시는 줄 모르기 때문입니다. 이런 비극적인 일이 제 주변에서 일어나지 않도록 주님께서 도와주세요. 제 주위에 있는 사람들 모두가 주님께서 자기를 얼마나 귀하게 여기고 사랑하시는지를 깨닫고 살게 도와주세요.
　주님! 그리고 절대로 저 자신의 생명을 무가치 하게 여기거나, 삶을 하찮게 여겨 망치는 일이 없도록 저를 지켜주세요. 다른 사람의 생명도 사랑하는 제가 되게 해주세요. 오직 좋은 날 보기를 원하면서 악과 거짓을 버리고 선과 화평을 구하며 따르는 제가 되게 해주세요. 예수님 이름으로 기도합니다. － 아멘.

 **오늘의 말씀** 고린도후서 12 : 9

나에게 이르시기를 "내 은혜가 네게 족하도다. 이는 내 능력이 약한 데서 온전하여짐이라." 하신지라, 그러므로 도리어 크게 기뻐함으로 나의 여러 약한 것들에 대하여 자랑하리니, 이는 그리스도의 능력이 내게 머물게 하려 함이라.

 **오늘의 묵상 주제**

⊙ 하나님께서 내게 주신 은혜에 만족할 줄 아는 사람이 되자!
⊙ 나의 약한 데서 주님의 능력이 온전하여짐을 깨닫자!

 **오늘의 기도**

우리의 약한 것을 담당해 주시는 주님!

주님께서는 우리들의 약한 것을 담당해 주는 분이십니다. 때로는 질병을 고쳐주십니다. 그러나 질병을 고쳐주시는 직접적인 방법보다 약하지만 약함을 가지고도 큰 일을 감당할 수 있게 해주시는 간접적인 방법을 더 많이 사용하시는 것 같습니다.

바울 사도는 육체에 질병을 가지고 있었습니다. 심한 안질이 있었고, 또한 간질도 있었다고 합니다. 이 두 가지는 세계 여러 나라를 다니면서 복음을 전하는 바울 사도에게는 아주 불편한 것이었습니다. 복음 사역을 하는데 안질과 간질이 심각한 장애가 된다고 생각한 바울 사도는 자기의 병을 고쳐달라고 기도했습니다. 그러나 주님께서는 그의 질병을 고쳐주지 않으셨습니다. 바울 사도는 같은 기도를 세 번 했습니다. 그래도 주님께서는 바울 사도의 질병을 고쳐주지 않으셨습니다. 병을 고쳐주시는 대신 주님께서는 "내 은혜가 네게 족하도다. 이는 내 능력이 약한 데서 온전하여짐이라."라는 말씀을 들려주셨습니다. 질병을 가지고 약함 중에도 주님의 능력을 온전히 행할 수 있게 해주신다는 응답이었습니다. 바울 사도는 육체적인 약함이 있음에도 불구하고 역사상 가장 위대한 선교사가 되었습니다. 그것은 바울 사도의 능력이 아니라 주님의 능력으로 행한 것임을 바울 사도와 세상 사람들에게 증거가되었습니다.

주님! 저는 지금까지 저의 약함과 인간적인 부족함들에 대해서 콤플렉스를 가져왔습니다. 그리고 약한 것을 강한 것으로 바꾸어주시고, 가능한 대로 완벽한 사람을 만들어달라고 기도해왔습니다. 그런데 오늘 말씀을 통해서 나의 약함이 주님의 능력을 가져오는 은혜의 통로가 된다는 사실을 깨달았습니다. 나의 약점은 주님께서 감당해 주시면서 나로 하여금 큰 일을 감당하게 해주실 것을 믿습니다. 강하고 잘난 것을 많이 가진 사람도 할 수 없는 일들을 약한 제가 할 수 있게 해주세요. 내가 잘나서 해냈다고 교만하지 않고, 모든 것은 주님의 은혜요 주님께서 주신 능력에 힘 입었기 때문이라고 겸손과 감사로 주님께 영광을 돌리는 사람이 되게 해주세요. 예수님 이름으로 기도합니다. – 아멘.

 **오늘의 말씀** 에베소서 1 : 13, 14

그 안에서 너희도 진리의 말씀 곧 너희의 구원의 복음을 듣고, 그 안에서 또한 믿어 약속의 성령으로 인치심을 받았으니, 이는 우리 기업의 보증이 되사 그 얻으신 것을 속량하시고, 그의 영광을 찬송하게 하려 하심이라.

 **오늘의 묵상 주제**

◉ 약속의 성령으로 구원을 보장받은 것을 기억하자!
◉ 주님의 영광을 찬송하는 사람이 되자!

 **오늘의 기도**

복음을 믿게 하시는 성령님!

주님과 제자들 이래로 주님의 복음을 세상에 전하는 사람들이 많습니다. 시대마다 생명을 바쳐가며 복음을 전한 전도자들이 있었습니다. 믿으면 복을 받고 구원을 얻을 귀중한 말씀인데 한사코 듣지 않으려 했던 사람들도 있었습니다. 어떤 사람들은 복음을 들었지만 귀로만 들었을 뿐 마음으로 듣고 받아들이지 못했습니다. 오직 성령님께서 감동하셔서서 귀를 열어주시고, 감동해 주신 사람들만 마음을 열고 복음을 받아들였습니다.

믿음을 주신 성령님! 성령님께서는 저에게 복음을 들을 수 있는 기회를 주셨고, 들은 복음을 믿게 해주셨습니다. 그리고 구원의 보증으로 도장(인,印)을 찍어 주셨습니다. 진리의 말씀, 곧 구원의 복음을 듣게 하신 것을 감사드립니다. 그 말씀을 믿을 수 있도록 감동하시고 믿음을 주신 것을 감사드립니다.

그렇게 해주신 목적은, 하나는 제가 천국에서 받아 누릴 기업을 보증해주시기 위함이요, 또 하나는 주님의 영광을 찬송하게 하려 하심이라고 하셨습니다.

성령님! 성령님께서 저에게 구원을 주신 목적대로, 제가 주님의 영광을 찬송하게 해주세요. 기회가 있을 때마다 세상 모든 사람들에게 주님의 영광과 복음의 능력을 담대히 증거하는 사람이 되게 해주세요. 예수님 이름으로 기도합니다. - 아멘.

 **오늘의 말씀**　디모데전서 6 : 9, 10

부하려 하는 자들은 시험과 올무와 여러 가지 어리석고 해로운 욕심에 떨어지나니, 곧 사람으로 파멸과 멸망에 빠지게 하는 것이라. 돈을 사랑함이 일만 악의 뿌리가 되나니, 이것을 탐내는 자들은 미혹을 받아 믿음에서 떠나 많은 근심으로써 자기를 찔렀도다.

 **오늘의 묵상 주제**

⊙ 부자가 되려고 하기보다는 선한 일을 많이 하려는 자가 되자!
⊙ 돈을 사랑하기보다는 유익하게 사용하는 자가 되자!
⊙ 돈 욕심에 악에 빠지거나 믿음에서 떠나지 않도록 조심하자!

 **오늘의 기도**

부의 원천이 되시는 하나님!

세상에는 부자가 되려는 사람들이 참 많습니다. 돈을 벌기 위해서 애쓰는 사람들이 많습니다. 성실하고 정직하게 땀 흘리며 돈을 벌려는 사람들도 있지만, 돈을 벌기 위해서 수단과 방법을 가리지 않는 사람들도 있습니다. 부자가 되려는 것 자체를 비난할 것은 아니지만, 부자가 되려는 욕망이 강한 사람들은 시험과 올무와 어리석고 해로운 욕심에 이끌리기 쉽습니다. 이런 사람들은 파멸을 당할 위험이 많습니다.

하나님 아버지! 돈을 사랑하는 것이 일만 가지 악의 뿌리가 된다고 하셨습니다. 돈을 탐내는 자들은 미혹을 받아서 믿음에서 떠나게 되고, 많은 근심으로 자기를 찌르게 된다고 말씀하셨습니다.

하나님 아버지! 하나님은 사람을 부하게도 하고 가난하게도 하는 분이신 줄 믿습니다. 그리고 하나님께서 복을 주신 사람들 중에 부자가 된 사람들도 많습니다. 그러나 부자가 되는 것이 중요한 것이 아니라 생명을 얻고 구원을 이루는 것이 더 중요한 것임을 깨닫습니다.

하나님 아버지! 저도 부자가 되고 싶은 것이 사실입니다. 그러나 이제부터는 돈을 많이 버는 것을 인생의 목표와 진로 선택의 기준으로 생각하지 않게 도와주세요. 하나님께서 부요하게 해주실 것을 소망하며 믿음 안에서 성실하게 살게 해주시고, 돈을 사랑하여 돈에 집착하는 사람이 되지 않게 도와주세요.

하나님 아버지! 이제부터는 돈과 재물을 목표가 아니라 수단으로만 삼게 도와주세요. 돈을 버는 것을 목적으로 삼지 않고, 하나님과 세상을 위해 크고 유익한 일을 하는 사람이 되는 것을 목적으로 삼게 해주세요. 그에 필요한 재물은 하나님께서 넉넉히 공급해 주실 것을 믿고 성실하게 노력하는 삶을 살게 도와주세요. 예수님 이름으로 기도합니다. – 아멘.

 **오늘의 말씀**　사도행전 4 : 18, 19

그들을 불러 경고하여 "도무지 예수의 이름으로 말하지도 말고 가르치지도 말라." 하니, 베드로와 요한이 대답하여 이르되 "하나님 앞에서 너희의 말을 듣는 것이 하나님의 말씀을 듣는 것보다 옳은가 판단하라.".

 **오늘의 묵상 주제**

⊙ 사람의 말을 듣기보다는 하나님의 말씀을 듣는 자가 되자!
⊙ 하나님이 기뻐하는 삶을 살자!

 **오늘의 기도**

　하나님의 말씀을 듣는 것을 기뻐하시는 주님!

　세상은 신앙인으로 사는 것이 힘들 때도 있습니다. 믿지 않는 사람들이 많은 집단에서 신앙인의 정체성을 드러내며 살기 위해서는 용기가 필요합니다. 세속적인 문화에 젖어 사는 사람들 속에서 성경적인 가치관을 따르며 사는 것은 외로움을 감내해야 할 용기가 필요합니다. 작은 허물에도, 그리스도인이라는 이유 하나 때문에, 큰 비난을 받게 될 수도 있습니다. 때로는 하나님의 가르침과 반대되는 일을 하도록 강요당할 수도 있습니다. 때로는 신앙생활을 침해받는 일이 생길 수도 있습니다. 이런 모든 것들을 이기면서, 때로는 손해를 감내하면서 신앙인으로 살기 위해서는 세상에 대한 두려움을 극복하는 용기와 큰 믿음이 필요합니다.

　주님! 베드로와 요한 사도는 복음을 전하기 위해서 최선을 다했습니다. 땅 끝까지 복음을 전하라는 주님의 말씀을 따르기 위해서였습니다. 그런데 예루살렘의 관리, 장로, 서기관, 대제사장 등은 예수의 이름으로 말하지도 말고 가르치지도 말라고 위협했습니다. 생명을 걸어야 하는 순간에도, 베드로와 요한 사도는 사람의 말을 듣는 것보다 하나님의 말씀을 따르는 용기를 냈습니다. 사람이나 세상을 두려워하지 않았고, 손해나 죽음도 두려워하지 않았습니다. 그래서 "하나님 앞에서 너희의 말을 듣는 것이 하나님의 말씀을 듣는 것보다 옳은가 판단하라."라고 담대하게 말할 수 있었습니다.

　주님! 저도 하나님의 말씀과 사람의 말이 다를 때에는 하나님 말씀을 따르게 이끌어 주세요. 하나님을 따르는 길과 세상을 따르는 길이 다를 때에는 주저하지 않고 하나님을 따라가는 사람이 되게 하여주세요. 세상의 유혹, 위협, 이해관계 때문에 믿음으로 사는 길, 하나님의 말씀을 순종하는 길을 버리지 않게 도와주세요. 예수님 이름으로 기도합니다. – 아멘.

 **오늘의 말씀**   히브리서 11 : 6

믿음이 없이는 하나님을 기쁘시게 하지 못하나니, 하나님께 나아가는 자는 반드시 그가 계신 것과, 또한 그가 자기를 찾는 자들에게 상 주시는 이심을 믿어야 할지니라.

 **오늘의 묵상 주제**

⊙ 하나님을 기쁘시게 하는 사람이 되자!
⊙ 하나님께 상 받는 자가 되자!

 **오늘의 기도**

유일하신 창조의 신이신 하나님!

세상에는 많은 신들이 있고, 그 신들을 믿는 사람들이 있습니다. 그러나 하나님께서는 여호와 하나님 외에는 참신이 아니라고 말씀하셨습니다. 오직 우리가 믿고 경배해야 할 절대적이고 유일하신 참 신은 여호와 하나님이심을 고백합니다.

하나님 아버지! 믿음이 없이는 하나님을 기쁘시게 할 수가 없다고 하셨습니다. 저에게 하나님에 대한 믿음을 주신 것을 감사드립니다. 하나님을 믿는 믿음이 있다는 것으로, 이제 하나님을 기쁘시게 할 수 있는 최소한의 조건은 갖춘 제가 되었음을 감사드립니다.

하나님 아버지! 오늘 말씀은 하나님을 믿는 사람이 믿어야 하는 것 두 가지를 가르쳐 주고 있습니다. 하나는 하나님이 계신 것을 믿는 것입니다. 세상과 우주, 만물과 인간을 만드신 창조주 여호와 하나님이 계신 것을 믿는 믿음입니다. 우주의 운행과 자연의 섭리와 인생과 역사를 이끌어 가시는 하나님을 믿는 믿음입니다. 또한 여호와 하나님만이 유일한 경배의 대상이 되심을 믿는 믿음입니다.

하나님께 대하여 믿어야 할 또 한 가지는, 하나님께서는 자기를 찾는 자들에게 상을 주는 분이심을 믿는 것입니다. 여기서 참 귀한 은혜를 깨닫게 됩니다. 하나님께서는 뭔가 좋은 일을 하고, 훌륭한 업적을 이룬 사람에게 상 주신다고 말씀하지 않으시고, 하나님을 찾는 자에게 상을 주시는 분이라고 말씀하셨습니다. 하나님을 찾는 사람, 하나님께 나아가는 사람에게 하나님께서 상을 주십니다. 한 것도 없고, 이룬 것도 없는데 하나님께서는 상을 주신다고 하셨습니다. 믿는 사람 모두에게 주시는 하나님의 상입니다.

하나님 아버지! 하나님을 찾고, 하나님께 나아가는 믿음 하나로 하나님을 기쁘시게 해 드릴 수도 있고, 상까지 받을 수 있다는 것이 얼마나 좋은지 모르겠습니다. 이런 믿음 가지고 하나님을 기쁘시게 하고, 상도 받는 제가 되게 해주세요. 예수님 이름으로 기도합니다. – 아멘.

 **오늘의 말씀**　빌립보서 2 : 2-5

마음을 같이하여 같은 사랑을 가지고 뜻을 합하며 한마음을 품어, 아무 일에든지 다툼이나 허영으로 하지 말고, 오직 겸손한 마음으로 각각 자기보다 남을 낮게 여기고, 각각 자기 일을 돌볼뿐더러 또한 각각 다른 사람들의 일을 돌보아 나의 기쁨을 충만하게 하라. 너희 안에 이 마음을 품으라. 곧 그리스도 예수의 마음이니……

 **오늘의 묵상 주제**

⊙ 나보다 남을 낮게 여기는 사람이 되자!
⊙ 나의 일 뿐만 아니라 다른 사람들의 일까지 돌봐주는 사람이 되자!

 **오늘의 기도**

　겸손의 본을 보여주신 주님!
　주님께서는 스스로 낮아지고 섬기는 겸손의 모범을 보여주셨습니다. 주님께서는 높고 크신 영광의 신 성자 하나님이신데 사람의 몸을 입고 세상에 오시기까지 낮아지셨습니다. 왕의 영광을 받아도 부족한데 그 어떤 영광도 추구하지 않으셨습니다. 도리어 제자들의 발을 씻어주기까지 하는 섬김의 삶을 사셨습니다.
　섬김의 주님! 이렇게 주님은 낮아지고 종이 되어 섬기는 삶을 사셨는데, 사람들은 높아지려고만 합니다. 섬김을 받으려고만 합니다. 사람들을 종처럼 부리며 지배하고 싶어 합니다. 다른 사람을 무시하고 업신여기기를 좋아합니다. 다른 사람이 자기보다 낫다는 것을 인정하기 싫어합니다. 그리고 자기보다 나은 것이 분명한 사람에 대해서는 시기하고 질투합니다. 모함하고 끌어내려 망하게 하려는 악한 사람들도 있습니다.
　주님! 이런 교만한 마음, 높아진 마음으로는 다른 사람을 섬길 수가 없습니다. 주님의 섬김의 본을 따를 수가 없습니다. 낮아지고 섬기셨던 주님의 마음을 품을 수 있는 제가 되게 도와주세요. 지금까지의 남보다 나를 낮게 여기고 교만했던 저를 용서해 주세요. 나보다 나은 자에게 시기 질투했던 것을 회개하오니 용서해 주세요. 이제부터는 모든 사람을 나보다낫게 여기는 사람이 되게 도와주세요. 이제 스스로 낮아져 다른 사람을 섬길 수 있게 도와주세요.
　주님! 오늘의 말씀처럼 어떤 일을 하더라도 다툼이나 허영으로 하지 않게 도와주세요. 진심을 다하면서 협력하며 함께 일을 할 수 있는 사람이 되게 도와주세요. 내가 해야 할 일을 잘 감당하게 해주시고, 혹 도와주어야 할 사람이 있으면 겸손한 마음으로 도와서 일이 잘 성취되도록 하는 제가 되게 도와주세요. 예수님 이름으로 기도합니다. – 아멘.

 **오늘의 말씀**   창세기 28 : 16, 17

야곱이 잠이 깨어 이르되 "여호와께서 과연 여기 계시거늘 내가 알지 못하였도다". 이에 두려워하여 이르되 "두렵도다, 이 곳이여! 이것은 다름 아닌 하나님의 집이요, 이는 하늘의 문이로다." 하고……

 **오늘의 묵상 주제**

⊙ 어디에나 계신 하나님이심을 알자!
⊙ 내 삶의 현장에서 하나님께서 나와 함께 계시는 것을 깨닫자!

 **오늘의 기도**

어디에나 계신 하나님!

하나님은 안 계신 곳 없이 어디에나 계신데, 사람들은 자기가 있는 곳에 하나님이 없는 것처럼 살고 있습니다. 하나님 앞이라면 도저히 할 수 없는 말을 하고 행동을 합니다. 자기가 어느 곳에 있든지 그곳에 하나님도 함께 계신다는 것을 알고 의식하는 사람은 정직하고 진실하고 성실한 삶을 살게 됩니다. 거짓되고 불성실하고 죄 된 삶을 살 수 없게 됩니다. 또한 의와 진리를 위해 용기를 낼 수도 있습니다. 하나님이 함께 계시고, 함께 계신 하나님이 도와주실 것을 믿기 때문입니다.

하나님 아버지! 야곱이 속임수의 방법으로 장자의 축복을 받은 후에 형을 피하여 도망하게 되었습니다. 야곱은 거친 광야를 홀로 걸으며 피곤에 지쳐 돌을 베고 잠이 들었습니다. 그렇게 잠든 꿈 속에서 하나님을 보았습니다. 자기가 누운 곳에서 사다리가 하늘까지 연결되어 있고, 천사들이 오르락 내리락 하고 있는데, 하늘에는 하나님이 계셨습니다. 그리고 야곱에게 함께 해주실 것을 약속해 주셨습니다.

하나님! 꿈에서 깨어난 야곱은 그곳에도 하나님이 계시다는 사실을 깨달았습니다. 자신이 있는 곳 어디에나 하나님이 함께 해주실 것을 믿게 되고, 힘과 용기를 얻었습니다. 그리고 그곳의 이름을 '벧엘(하나님의 집)' 이라고 지었습니다. 하나님이 임재하시는 곳이 하나님의 집이 되고, 하늘의 문이 되는 것을 깨달았습니다. 그 사실은 한편으로는 기쁨을 주었고, 다른 한편으로는 두려움을 주었습니다. 하나님이 함께 계시다는 사실은 큰 위로와 기쁨이지만, 함부로 할 수 없는 거룩한 곳이기에 두려운 곳이기도 한 것입니다.

하나님 아버지! 제가 언제 어느 곳에 있든지, 어떤 상황 속에 있든지 하나님께서 저와 함께 계시는 것을 깨닫고 든든한 마음으로 용감하게 살도록 하겠습니다. 예수님 이름으로 기도합니다. – 아멘.

자기 안의 불순물을 제거하기 위한 기도

 **오늘의 말씀**) 잠언 25 : 4

은에서 찌꺼기를 제하라. 그리하면 장색의 쓸 만한 그릇이 나올 것이요.

 **오늘의 묵상 주제**

⊙ 내 마음, 생각, 습관에서 찌꺼기를 제거하자!
⊙ 하나님께서 쓰실 만한 그릇이 되자!

 **오늘의 기도**

　순결한 것을 좋아하시는 하나님!
　하나님께서는 순수한 것을 좋아하고 혼합된 것을 싫어하는 분이십니다. 그래서 구약 시대의 제사에서는 혼합된 것을 제물로 사용하지 못하게 하셨습니다. 더구나 부패하게 하는 누룩은 제물에 절대로 사용할 수 없게 하셨습니다. 찌꺼기가 섞여 있는 은으로는 쓸 만한 그릇을 만들 수 없다고 하셨습니다. 이는 찌꺼기 같은 불순한 생각, 마음, 행동, 습관, 성품이 있는 사람은 하나님께서 쓰실 만한 사람이 될 수 없다는 것을 가르쳐 주시는 말씀입니다.
　하나님 아버지! 그런데 사람들은 혼합된 것을 좋아하는 것 같습니다. 예로부터 사람들은 술도 혼합된 술을 마셨다고 합니다. 음식도 퓨전요리라고 하여 동양식과 서양식이 혼합된 요리를 많이 합니다. 퓨전이라는 이름으로 동서양의 음악을 혼합하고, 문화를 혼합시킵니다. 이런 것들에 대해서 종교적으로 판단하기는 어렵다는 생각이 들기도 합니다.
　그러나 동물들을 교잡하여 잡종을 만들어 내는 것은 하나님이 기뻐하실 것 같지는 않습니다. 사람들은 암말과 수탕나귀를 교배시켜서 노새를 만들어 내고, 수탕나귀와 암말을 교배시켜서 버새를 만들어 냅니다. 숫사자와 암호랑이를 교배시켜서 라이거를 만들고, 숫호랑이와 암사자를 교배시켜서 타이온을 만들어 냅니다.
　하나님 아버지! 구약성경에서 보면 하나님께서 극도로 싫어하셨던 것이 종교를 혼합하는 것이었음을 알 수 있습니다. 하나님께서는 하나님의 말씀대로 하나님을 섬기는 것을 기뻐하셨습니다. 그러나 여호와 종교를 바알종교나 이교도적인 요소를 혼합했을 때 매우 진노하셨던 것을 알 수 있습니다. 혼합종교를 싫어하시고 순수한 기독교 신앙을 기뻐하시는 것은 지금도 변함없을 것입니다.
　하나님 아버지! 제 안의 모든 찌꺼기들을 없애도록 도와주세요. 순수한 믿음, 순수하고 깨끗한 생각, 성품, 삶이 되도록 도와주시고, 하나님께서 유용하게 사용해 주세요. 예수님 이름으로 기도합니다. – 아멘.

 **오늘의 말씀** 이사야 49 : 3, 8

내게 이르시되 "너는 나의 종이요, 내 영광을 네 속에 나타낼 이스라엘이라" 하셨느니라. …… 여호와께서 이같이 이르시되 은혜의 때에 내가 네게 응답하였고, 구원의 날에 내가 너를 도왔도다. 내가 장차 너를 보호하여 너를 백성의 언약으로 삼으며, 나라를 일으켜 그들에게 그 황무하였던 땅을 기업으로 상속하게 하리라.

 **오늘의 묵상 주제**

⊙ 내가 하나님의 영광을 나타낼 하나님의 종임을 마음에 새기자!
⊙ 하나님의 응답과 도우심으로 은혜의 때와 구원의 날을 살자!

 **오늘의 기도**

영광의 하나님!

하나님께서는 영광중에 거하시면서, 이스라엘(하나님께서 택하신 사람들)을 통해서 그 영광을 세상에 나타내셨습니다. 하나님께서는 이스라엘을 위해서 많은 기사와 이적을 베풀어주셨습니다. 이스라엘의 해방을 위해서 이집트의 모든 강물을 피로 만드시는 것을 시작으로 처음 난 것은 사람이나 가축이나 모두 죽게 하는 것까지 열 가지의 재앙으로 하나님의 능력과 영광을 드러내셨습니다. 모두 이스라엘을 위해서 베푸신 기사와 이적들이었습니다. 홍해를 가르고 이스라엘을 건너게 하시고, 만나와 메추라기로 40년 동안 식량 걱정 없이 살게 해주신 것도 이스라엘을 위해서 베푸신 능력이었습니다.

하나님께서는 아브라함, 요셉, 모세, 다윗, 엘리야, 다니엘 등 하나님의 사람들을 통해서 여러 가지 모양으로 하나님의 영광을 세상에 나타내셨습니다. 그들이 하나님의 종이었고 이스라엘이 되었기 때문입니다. 하나님께서는 이스라엘이 은혜를 필요로 할 때에 언제나 응답해 주셨습니다. 하나님께서는 이스라엘에 구원이 필요할 때에는 언제나 구원을 베풀어 주셨습니다. 그들을 언약의 백성으로 삼으셨기 때문에, 그들을 보호해 주셨던 것입니다. 이스라엘을 보호하고 구원하시기 위해 베푸셨던 하나님의 행사를 통해서 하나님의 영광이 세상에 드러났습니다.

하나님 아버지! 이제 저와 같이 부족한 사람에게도 "너는 나의 종이요, 내 영광을 네 속에 나타낼 이스라엘이라"고 말씀해 주시는 것을 믿고 감사를 드립니다. 이제부터는 제가 하나님의 영광을 나타낼 영광된 존재라는 것을 마음에 새기고 살게 도와주세요. 나에게 은혜가 필요 할 때에 응답해주시고, 구원이 필요한 날에 저를 구원해 주세요. 저를 보호하여 백성의 언약으로 삼으시고, 나라를 일으켜 땅을 기업으로 상속받게 해주세요. 나를 도와주시는 하나님의 손길을 통해서 하나님의 영광이 세상에 드러나게 해주세요. 예수님 이름으로 기도합니다. – 아멘.

●11월을 성공적으로 보내는 방법

11월은 고3에게는 결정적인 달이다.

초, 중, 고의 12년을 공부한 총결산이 수능에서 이루어진다.

11월이 시작되면 2 주밖에 시간이 없다.

100미터 달리기 선수 처럼 혼신의 힘을 다해서 수능을 위한 마지막 총정리에 총력을 다하자.

중3은 중학시절의 마지막 시험으로 기말고사를 본다.

이 시험을 마지막으로 중학교 성적이 %로 매겨지고, 그 %가 고등학교 입학을 결정한다.

중3은 담임선생님과 진학을 위한 상담을 받는다.

특성화고등학교를 갈 것인가 인문계고등학교를 갈 것인가를 잘 결정해야 한다.

인문계고 진학에서도 일반고, 자율고, 자사고 등을 잘 선택해야 한다.

1, 2학년도 1년 후, 2년 후에 닥칠 일이다.

아주 먼 이야기 같지만, 너무 빨리 시간이 다가온다.

발등에 불이 떨어졌을 때 호들갑을 떨지 않기 위해서는 미리미리 준비하는 것이 상책이다.

11월은 추수감사절이 있는 달이다.

한 해를 잘 살게 해주신 하나님께, 지금까지 보호해 주시고 인도해 주신 하나님께 감사한 마음을 마음 깊이 새기며 살자.

열심히 살기 위한 기도

 **오늘의 말씀** 잠언 14 : 4

소가 없으면 구유는 깨끗하려니와 소의 힘으로 얻는 것이 많으니라.

 **오늘의 묵상 주제**

⊙ 크고 아름다운 비전을 가진 사람으로 살자!
⊙ 비전의 삶을 통해서 유익한 것을 많이 얻는 사람이 되자!

 **오늘의 기도**

일하는 자를 기뻐하시는 하나님!

소를 기르는 것은 쉬운 일은 아닌데, 옛 농부들은 너나없이 소를 길렀습니다. 매일 몇 차례씩 소의 먹이를 주어야 하는데, 소가 먹는 양이 참 많습니다. 매일 꼴을 베어와야 하고, 겨우내 먹을 것을 산더미 같이 쌓아놓고 매일 쇠죽을 쑤어 먹여야 했습니다. 더러워진 구유와 외양간도 치워주고 새 짚을 깔아주어 외양간을 깨끗하게 유지해 주어야 하는 수고를 해야 했습니다. 그러나 그런 수고가 아깝지 않았습니다. 소의 힘으로 밭과 논을 갈고, 짐을 나르고, 수레를 끌고, 또 새끼를 쳐서 재산을 불리는 등 얻는 것이 많기 때문이었습니다.

하나님 아버지! 일을 하는 것은 힘듭니다. 그래도 사람들이 열심히 일을 하는 것은 일을 해서 얻는 것이 많기 때문입니다. 일하는 것이 힘들기는 하지만 일을 해서 돈을 벌고, 가족들이 먹을 양식을 살 수 있고, 입을 옷을 살 수 있고, 따뜻하게 지낼 집을 마련할 수 있습니다. 자녀들을 학교에 보낼 수 있고, 자녀들의 꿈을 위해서 뒷바라지 해줄 수 있습니다. 일을 통해서 자신의 발전과 크기를 키울 수 있고, 꿈을 이룰 수 있기에 힘들고 어려워도 일을 합니다. 일하는 것은 힘들지만 일을 통해서 얻는 것이 많기 때문입니다.

하나님 아버지! 공부하는 것도 마찬가지입니다. 공부하는 것이 힘들고 귀찮은 일일 수는 있지만, 공부를 통해서 얻는 것이 많습니다. 공부를 하면 실력이 쌓이고, 성적이 높아지고, 입시에서 성공할 수 있고, 각종 시험에서 합격할 수가 있게 됩니다. 공부를 통해서 얻게 된 지식과 실력은 자신에게 많은 기회를 제공해 주어 성공적인 인생을 살 수 있게 만들어 줍니다. 꿈을 이루기 위해서 노력하는 것은 힘들지만, 그 노력으로 얻는 유익들과, 꿈과 비전이 이루어졌을 때 얻는 유익함을 생각하면서, 기쁨으로 공부하고 노력하는 제가 되어야 하겠습니다.

하나님 아버지! 소를 기르는 것이 힘들다 하여 기르지 않는 어리석은 사람이 되지 않게 도와주세요. 힘들어도 소를 기르고, 그 소를 통해서 많은 유익을 얻는 인생을 사는 제가 되게 도와주세요. 예수님 이름으로 기도합니다. – 아멘.

 **오늘의 말씀**　히브리서 12 : 2-3

믿음의 주요 또 온전하게 하시는 이인 예수를 바라보자. 그는 그 앞에 있는 기쁨을 위하여 십자가를 참으사 부끄러움을 개의치 아니하시더니, 하나님 보좌 우편에 앉으셨느니라. 너희가 피곤하여 낙심하지 않기 위하여, 죄인들이 이같이 자기에게 거역한 일을 참으신 이를 생각하라.

 **오늘의 묵상 주제**

⊙ 앞에 있는 기쁨을 위하여 현재의 고난을 참는 사람이 되자!
⊙ 예수님을 바라보며 예수님을 배우는 사람이 되자!

 **오늘의 기도**

　온전하게 하시는 예수님!

　저로 하여금 예수님을 바라보고 배우는 사람이 되게 해주세요. 예수님께서는 세상에 계실 때에 사람들의 조롱을 받고, 핍박과 채찍질을 당하시며 고통스럽고 저주스러운 십자가 처형을 당하셨습니다. 주님께서 이렇게 온갖 부끄러움을 참으신 것은 앞으로 받게 될 기쁨을 알고 있었기 때문이었습니다. 십자가를 진 후에는 영광스런 부활과 승천, 그리고 영광의 하늘 보좌가 기다리고 있었기 때문입니다. 그 기쁨은 십자가의 고통과 부끄러움을 능히 견디게 해주었고, 세상의 부끄러움을 개의치 않게 해주었습니다.

　주님! 많은 사람들이 세상에서의 기쁨과 영광을 얻으려고 합니다. 지금의 영광을 기뻐하고 미래의 영광이 주는 기쁨을 소망하지 않습니다. 지금의 작은 부끄러움에 크게 부끄러워하며, 신경을 많이 씁니다. 좋은 옷을 입지 못한 것도 부끄러워하고, 명품 백을 들지 못한 것을 부끄러워합니다. 그러나 허름한 옷을 입고, '싼티' 제품을 가지고 살아도 부끄러워하지 않는 사람들이 있습니다. 쌓여가는 예금통장을 가지고 미래의 기쁨과 축적될 부가 주는 영광을 볼 수 있는 사람들입니다.

　주님! 저의 미래에도 큰 영광과 그 영광이 주는 기쁨이 있음을 알게 해주세요. 그 앞에 있는 기쁨과 영광을 바라보면서 현재의 어려움들을 잘 견디게 해주세요. 현재의 어려움과 피곤 때문에 낙심하지 않게, 그리고 현재의 고난과 부끄러움을 잘 참게, 결국 영광의 자리에 앉아 기쁨을 얻을 수 있게 도와주세요.

　주님! 특히 이 세상 이후에 있을 천국의 영광과 기쁨을 바라보며 살 수 있는 제가 되게 도와주세요. 천국에서 얻을 영광과 기쁨을 바라보면서, 혹 믿음 때문에 받게 되는 작은 손해와 부끄러움들에 대해서 개의치 않는(신경쓰지 않는) 제가 되게 도와주세요. 예수님 이름으로 기도합니다. – 아멘.

큰 산이 평지가 되기를 구하는 기도

 **오늘의 말씀** 스가랴 4 : 6, 7

그가 내게 대답하여 이르되, 여호와께서 스룹바벨에게 하신 말씀이 이러하니라. 만군의 여호와께서 말씀하시되, "이는 힘으로 되지 아니하며, 능력으로 되지 아니하고, 오직 나의 영으로 되느니라. 큰 산아 네가 무엇이냐? 네가 스룹바벨 앞에서 평지가 되리라."…

 **오늘의 묵상 주제**

⊙ 하나님의 영이 함께 하는 사람이 되자!
⊙ 하나님의 영으로 큰 산이 평지가 되는 삶을 살자!

 **오늘의 기도**

능력으로 함께 하시는 하나님!

스룹바벨은 유다왕국이 바벨론에 멸망당할 때 포로가 되어 바벨론으로 잡혀갔던 유다인의 후손이었습니다. 세월이 흐르면서 바벨론은 멸망했고, 그 대신 페르시아제국이 세워졌습니다. 스룹바벨은 페르시아제국의 왕의 총애를 받는 자리에 올랐습니다. 고레스왕이 하나님의 계시를 받아 무너진 예루살렘성과 성전을 다시 세우기 위해서 유다인들 중에서 원하는 자들을 돌아갈 수 있도록 칙령을 내렸습니다. 스룹바벨은 편안하고 풍족한 삶을 버리고 자원하여 예루살렘으로 갈 것을 왕에게 간청했습니다. 왕은 스룹바벨을 예루살렘의 총독으로 임명하여 유다인들을 이끌고 귀환할 수 있도록 해주었습니다. 예루살렘에 온 스룹바벨에게는 어려운 일들이 많았습니다. 솔로몬이 지었던 예루살렘성전은 철저하게 파괴당해 있었습니다. 성전을 다시 세우는 것은, 스룹바벨의 개인적인 능력이 아무리 뛰어나다 하더라도, 여러 상황을 볼 때에는 거의 불가능해 보였습니다. 그러나 하나님께서는 이는 힘으로나 능력으로 되지 아니하고 오직 하나님의 영으로 된다고 말씀해 주셨습니다. 스룹바벨 앞에서는 '큰 산'(어려운 일)도 '평지'(쉬운 일)가 되게 해주겠다고 약속하셨습니다. 결국 많은 어려움을 극복하고 스룹바벨은 예루살렘성전을 다시 지어 놓았습니다. 그래서 이 두 번째의 예루살렘성전을 스룹바벨성전이라고 부르기도 했습니다.

하나님 아버지! 인생을 살면서 크고 어려운 일들을 만나게 되기도 합니다. 정말 감당할 수 없는 커다란 일을 책임질 수도 있습니다. 그러나 하나님의 영이 오시면 불가능한 일도 가능지는 것을 믿습니다.

하나님 아버지! 저에게도 하나님의 영을 보내셔서 큰 산을 평지로 만들어주세요. 큰 산처럼 어렵고 힘든 일도 평지처럼 쉽게 넘을 수 있게 도와주세요. 스룹바벨처럼 능력으로 함께 하시는 하나님의 은총의 사람이 되게 해주세요. 예수님 이름으로 기도합니다. – 아멘.

 **오늘의 말씀** 　시 42 : 5

내 영혼아 네가 어찌하여 낙심하며, 어찌하여 내 속에서 불안해하는가? 너는 하나님께 소망을 두라. 그가 나타나 도우심으로 말미암아 내가 여전히 찬송하리로다.

 **오늘의 묵상 주제**

⊙ 낙심하며 불안해하지 말자!
⊙ 하나님께 소망을 두자!

 **오늘의 기도**

소망의 하나님!

사람들의 마음속에는 불안이 많습니다. 때로는 이유도 모르는 불안이 찾아오기도 하고, 때로는 여러 이유들로 불안해집니다. 매슬로우라는 심리학자는 사람에게는 5가지의 기본욕구가 있다고 했습니다. 첫째로는 먹고 마시고 자는 등의 생리적인 욕구, 둘째로는 신변과 생활의 안전에 대한 욕구, 셋째로는 어디엔가 소속되고 인정받고 싶어 하는 사회적 욕구, 넷째로는 일을 하고 뭔가를 이루어내기 위한 성취의 욕구, 다섯째로는 자신의 꿈을 이루어 자아실현을 하고자 하는 욕구입니다.

하나님 아버지! 사람들은 그런 욕구들이 채워지지 않아도 불안해하고, 채워지지 않을까봐 또 불안해합니다. 예를 들어 불면증에 시달리는 사람은 잠을 못자는 것을 걱정하고, 또 잠을 못잘까 봐 불안해합니다. 많은 청소년들이 친구 집단에 소속되지 못하는 것을 걱정하고, 왕따를 당할까 봐 불안해합니다. 자기가 목표하는 것을 이루지 못할까 봐 걱정하고, 자기의 꿈이 이루어지지 않을 것을 불안해합니다. 소소하게 작은 것부터 큰 것에 이르기까지 사람이 살아가는 데는 남녀노소 모두가 걱정하고 불안해하는 것들이 많이 있습니다. 키에르케고르라는 철학자는 불안이 발전해서 공포가 되는데, 이 불안과 공포가 죽음에 이르는 병이라고 말했습니다.

하나님 아버지! 저도 자꾸 불안해지는 것들이 있습니다. 소망을 갖지 못하고 낙심이 될 때가 있습니다. 제 믿음이 작고 약하기 때문인 줄 압니다. 제 믿음을 크고 강하게 해주세요. 그와 더불어 현재의 부족하고 약한 저를 도와주세요. 생각도 의지도 강하게 해주세요. 하나님께서 내게 나타나서 도와주심으로 말미암아 지금 제가 당면한 모든 문제들을 해결해 주세요. 제 미래를 위해서도 불안해하지 않게 해주세요. 오직 하나님께 소망을 두고, 하나님께서 미래로 인도해 주실 것을 믿으면서 평안 중에, 성실하게 노력하며 살게 해주세요. 예수님 이름으로 기도합니다.

 **오늘의 말씀** 빌립보서 4 : 12, 13

나는 비천에 처할 줄도 알고 풍부에 처할 줄도 알아 모든 일 곧 배부름과 배고픔과 풍부와 궁핍에도 처할 줄 아는 일체의 비결을 배웠노라. 내게 능력 주시는 자 안에서 내가 모든 것을 할 수 있느니라.

 **오늘의 묵상 주제**

◉ 어떤 환경에도 적응할 줄 아는 사람이 되자!
◉ 내게 능력 주시는 자 안에서 모든 것을 할 수 있다는 믿음을 갖자!

오늘의 기도

능력을 주시는 하나님!

성경속의 위인들은 하나님께서 주시는 능력으로 온갖 어려움을 이겨냈던 것을 기억합니다. 노아는 당시의 사람들이 상상할 수도 없을 만큼 큰 배를 만들어 자신과 가족들과 세상의 동물들을 태우고 대홍수 심판에서 구원을 얻었습니다. 아브라함은 낯선 땅을 전전하는 나그네로 살았지만 가는 곳마다 사람들이 두려워하고 존경하는 능력 있는 삶을 살면서 믿음의 조상이 되었습니다. 사사 삼손은 나귀턱뼈 하나 주워들고 블레셋 군사 1000명을 쳐죽이는 승리를 거두었습니다. 다윗은 아직 소년일 때에 하나님만 의지하고 골리앗과 맞서 세상 제일의 전사를 쓰러뜨렸습니다. 엘리야 선지자는 우상숭배자 850명과 맞대결을 불사하면서 하늘에서 불이 내려와 제단을 태우는 능력을 보임으로써 하나님만이 참신이신 것을 세상에 증명해 보였습니다.

하나님 아버지! 바울 사도는 믿음으로 모든 상황에 대처하는 방법을 얻을 수 있었다고 말합니다. 풍부와 궁핍에 처할 줄 아는 일체의 비결을 배웠다고 했습니다. 그는 능력 주시는 자 안에서 모든 것을 할 수 있다는 확고한 믿음을 가지고 세상을 이기는 삶을 살았습니다. 실제로 바울 사도는 온갖 어려운 환경이 주어졌지만 그 모든 환경에 때로는 적응하면서, 때로는 극복하면서 세계 복음화를 이룩하였습니다.

하나님 아버지! 저도 어떤 환경에나 잘 적응하고, 어떤 어려운 환경도 극복하며 승리하는 인생을 살 수 있는 능력을 갖게 해주세요. 하나님께서 주시는 능력으로 모든 것을 할 수 있다는 확실한 믿음을 갖게 도와주세요. 현재의 어려운 환경들을 극복하고 공부에 대한 목표를 이루는 일, 미래의 꿈을 이루는 것 등 모든 것을 할 수 있는 믿음을 갖게 해주세요. 예수님 이름으로 기도합니다. – 아멘.

 **오늘의 말씀**　에스겔 37 : 9, 10

또 내게 이르시되 "인자야! 너는 생기를 향하여 대언하라. 생기에게 대언하여 이르기를 '주 여호와 께서 이같이 말씀하시기를, 생기야! 사방에서부터 와서 이 죽음을 당한 자에게 불어서 살아나게 하 라.' 하셨다 하라.". 이에 내가 그 명령대로 대언하였더니, 생기가 그들에게 들어가매, 그들이 곧 살 아나서 일어나 서는데 극히 큰 군대더라.

 **오늘의 묵상 주제**

⦿ 생기가 넘치는 사람이 되자!
⦿ 마른 뼈도 살리는 하나님의 생기를 받고 살자!

 **오늘의 기도**

사람에게 생기를 불어넣어 생령이 되게 하신 하나님!

하나님께서는 생기를 주관하시는 분이심을 고백합니다. 하나님께서는 만물에게 생 기를 불어넣기도 하고 거두기도 하십니다. 처음 사람 아담을 흙으로 빚으신 후에 그 에게 생기를 불어넣으셨을 때 아담이 생령이 되었음을 기억합니다. 하나님께서 생기 를 불어넣으시면 흙덩어리도 생명체가 됨을 믿습니다. 마른 해골들이 씩씩한 군사로 살아나는 것을 믿습니다.

하나님 아버지! 하나님께서는 에스겔 선지자를 뼈가 가득한 골짜기로 데리고 가셨 습니다. 그리고 에스겔에게 "내가 생기로 너희에게 들어가게 하리니 너희가 살리라" 는 말씀을 대언하게 하셨습니다. 그가 말씀을 대언하자, 갑자기 뼈들이 들어맞기 시 작했습니다. 그리고 그렇게 맞추어진 뼈들 위에 힘줄과 핏줄이 생기고 살이 오르고 가죽이 덮였습니다. 하나님께서는 다시 "생기야 사방에서부터 와서 이 사망을 당한 자에게 불어서 살게 하라"는 말씀을 대언하게 하셨습니다. 선지자가 말씀을 대언하자 그 모든 사람들이 살아 일어나 걸어나오는데, 큰 군대가 되었습니다.

하나님 아버지! 하나님께서는 지금의 이스라엘은 죽은 뼈들로 가득한 골짜기와 같 이 죽어 있는데, 그래도 절망하지 말라고 이 일을 행하여 주셨습니다. 죽은 뼈도 큰 군 대로 만드시는 하나님의 능력이 죽은 것 같은 이스라엘을 온전한 이스라엘로 회복시 켜 주실 것에 대한 소망을 주셨던 것입니다.

능력과 소망의 하나님! 제게도 하나님의 생기가 흐르는 것을 믿습니다. 제가 약해 질 때마다, 제가 생기를 잃을 때마다 하나님께서 생기를 향하여 명령해주시기를 바 랍니다. 제게 충만하도록 생기를 불어넣어주셔서 생명력이 넘치게 해주시고, 군대처 럼 씩씩하고 강하게 살며 승리하게 해주세요. 언제나 제가 하나님의 능력에 대한 소 망을 가지고 실망하지 않고 살아가게 도와주세요. 예수님 이름으로 기도합니다. - 아멘.

 **오늘의 말씀** 야고보서 2 : 8, 9

너희가 만일 성경에 기록된 대로 '네 이웃 사랑하기를 네 몸과 같이 하라' 하신 최고의 법을 지키면 잘하는 것이거니와, 만일 너희가 사람을 차별하여 대하면 죄를 짓는 것이니 율법이 너희를 범법자로 정죄하리라.

 **오늘의 묵상 주제**

⊙ 내 이웃을 내 몸과 같이 사랑하는 사람이 되자!
♤ 사람을 차별하여 대하지 않는 사람이 되자!

오늘의 기도

사랑과 공평으로 사람을 대하시는 주님!

주님께서는 세상에 계실 때에 이웃 사랑을 몸소 실천하여 보여주셨습니다. 남들이 죄인이라고 손가락질하며 피하는 죄 지은 사람들, 세리, 창기들도 가까이 하며 친구가 되셨습니다. 불쌍한 병자들을 보면 그냥 지나치지 못하고 모두 고쳐주셨습니다. 소외된 사람들을 찾아주셨습니다. 제자들의 발을 씻겨주시면서 남을 섬기는 본을 보여주셨습니다. 주님께서는 높은 자라고 굽실대지 않았고 낮은 자라고 우쭐대지 않으셨습니다. 있는 자라고 더 귀하게 보지 않았고 없는 자라고 더 천하게 보지 않으셨습니다. 빈부귀천 남녀노소 모두를 공평하게 대하였고, 똑같이 귀하게 대접해 주셨습니다.

주님께서는 우리에게 이웃 사랑을 가르쳐 주시면서, 이웃을 사랑하면 율법을 완성하는 것이라고 하셨습니다. 주님! 주님처럼 이웃사랑을 실천하는 것이 하나님의 율법을 완성한다는 것을 다시 한 번 깨닫습니다.

주님! 주님께서는 율법의 큰 줄기는 두 가지라고 말씀하셨습니다. 그 하나는 하나님에 대한 사랑이고, 다른 하나는 이웃에 대한 사랑이라고 하셨습니다. 하나님께서 사람들에게 율법을 주시고 지키게 하셨습니다. 그 이유는 사람을 율법에 얽매이게 하려는 것이 아니라, 율법을 지키면 하나님도 사랑하게 되고, 만나는 모든 사람을 사랑하게 되는 것이기 때문입니다.

주님! 저의 부족함을 용서해주세요. '있는 집' 친구라고 더 존중하거나 비굴해하지 않고, '없는 집' 아이라고 멸시하거나 거만하지 않고, 모두를 공평하게 인격으로 존중하며 살게 해주세요. 또한 내가 만나고 더불어 사는 모든 사람을 사랑으로 대하는 제가 되게 해주셔서, 이웃사랑을 실천하며 사는 주님의 사람이 되게 도와주세요. 예수님 이름으로 기도합니다. – 아멘.

 **오늘의 말씀** 시편 121 : 7, 8

여호와께서 너를 지켜 모든 환난을 면하게 하시며, 또 네 영혼을 지키시리로다. 여호와께서 너의 출입을 지금부터 영원까지 지키시리로다.

 **오늘의 묵상 주제**

⊙ 하나님께서 내 영혼을 지켜주심을 기억하자!
⊙ 하나님께서 나를 지켜 모든 환난을 면하게 하실 것을 믿자!

 **오늘의 기도**

나의 지킴이가 되시는 하나님!

세상을 살면서 환난을 당하는 사람들이 많습니다. 갑자기 당하게 되는 사건 사고로 인생의 방향이 바뀌고, 고통의 나락으로 떨어지는 경우가 있습니다. 강도들이 날뛰고, 성폭력범이 도사리고 있고, 질 나쁜 아이들이 학교에서 함께 생활하기도 합니다. 부모님, 학교, 경찰, 사회, 국가 모두가 지켜주려고 하지만 다 지켜주지 못하는 것이 현실입니다. 초, 중, 고등학교마다 보안관과 지킴이를 두고 있지만, 그것으로 안전이 다 지켜지지 못합니다.

하나님 아버지! 학교에 다니는 것이 참 괴롭고 어려운 아이들이 있습니다. 그 모든 환난을 면할 수 있게 도와주세요. 학생들 뿐 만 아니라 어른들도 환난을 당하는 사람들이 많이 있습니다. 직장을 잃은 사람들, 암과 불치의 병에 걸린 사람들, 교통사고나 화재 또는 안전사고 때문에 환난을 당하는 사람들이 많습니다.

나를 지켜주시는 하나님! 내 삶의 자리에 있는 모든 환난을 물러가게 해주세요. 제 삶의 안녕, 제 마음의 평안, 제 생활의 평화, 제 몸의 건강, 제 영혼의 순결함을 지켜주세요. 제가 환난을 당하지 않게 지켜주시고, 저에게 다가오는 모든 환난을 미리 막아주세요. 깡패나 강도 등 나쁜 사람들로부터 해를 당하지 않게 해주세요. 좋지 않은 사람들에게 속거나 이용당하지 않도록 지켜주세요. 질병이나 사고를 당하지 않도록 지켜주세요. 마귀의 시험에 들지 않도록 지켜주세요. 하나님께서 저의 출입(出入;들고 남)을 지금부터 영원까지 지켜주실 것을 믿습니다. 집에서나 학교에서나 어디에서나 저를 지켜주셔서, 제가 평화로운 삶을 살 수 있게 해주세요. 예수님 이름으로 기도합니다. – 아멘.

 **오늘의 말씀**　시편 128 : 1, 2

여호와를 경외하며 그의 길을 걷는 자마다 복이 있도다. 네가 네 손이 수고한 대로 먹을 것이라. 네가 복되고 형통하리로다.

 **오늘의 묵상 주제**

⊙ 여호와를 경외하며 하나님의 길을 걷는 자가 되자!
⊙ 노력한 대로 좋은 열매를 맺는 복되고 형통한 사람이 되자!

 **오늘의 기도**

일을 이루시는 하나님!

세상에는 땀 흘려 수고하기를 싫어해서 좋은 결과를 얻지 못하는 사람들이 있습니다. 그렇게 게으른 삶을 살지 않도록 저를 분발시켜 주세요. 그런데 세상에는 수고를 많이 하고도 열매를 거두지 못하는 사람들도 있습니다. 헛고생만 하고 열매를 맺지 못하기 때문입니다. 하나님, 수고가 열매를 맺지 못하는, 복 없는 자가 되지 않도록 저와 함께 해주세요.

하나님 아버지! 그런데 세상에는 수고한 대로 많은 열매를 거두는 사람도 있습니다. 하는 일마다 잘 되고, 수고하는 대로 열매를 맺어 풍성한 삶을 누리는 사람들입니다. 참 복되고 형통한 삶을 사는 사람들입니다. 하나님 아버지! 오늘 말씀을 통해서, 복이 있는 자라야 자기 손이 수고한 대로 열매를 맺어 풍족하게 먹을 수 있게 되는데, 그 복을 하나님께서 주시는 것을 깨달았습니다.

하나님 아버지! 저도 하나님을 경외하며, 하나님께서 가르쳐주시는 길을 걷는 자가 되겠습니다. 수고한 대로 거두게 되는 복되고 형통한 인생이 되게 해주세요. 공부하는 만큼 성적이 오르고, 노력한 대로 실력이 쌓이고, 시험마다 합격하는 사람이 되게 도와주세요. 하는 일마다 잘 되고, 하는 사업마다 형통해서 풍성하고 복된 인생을 사는 복된 사람이 되도록 이끌어주세요. (수험생은, 수능시험과 대입에서 좋은 성적 얻을 수 있기를 위해서 기도하세요). 예수님 이름으로 기도합니다. ― 아멘.

 **오늘의 말씀**　여호수아 17 : 17, 18

여호수아가 다시 요셉의 족속 곧 에브라임과 므낫세에게 말하여 이르되 "너는 큰 민족이요 큰 권능이 있은즉 한 분깃만 가질 것이 아니라. 그 산지도 네 것이 되리니 비록 삼림이라도 네가 개척하라. 그 끝까지 네 것이 되리라. 가나안 족속이 비록 철 병거를 가졌고 강할지라도 네가 능히 그를 쫓아내리라." 하였더라.

 **오늘의 묵상 주제**

⊙ 내가 큰 민족이요 큰 권능을 가진 존재임을 깨닫자!
⊙ 큰 비전을 가지고 스스로 개척하여 끝까지 내 것으로 만들자!

 **오늘의 기도**

　권능을 주시는 하나님!

　하나님께서는 사람들에게 무한한 잠재력을 주시고, 그것을 통하여 큰 일을 감당하며, 자신을 세상에 보내신 하나님의 목적을 이룰 수 있게 해주는 분이십니다.

　이스라엘이 가나안을 정복할 때에 하나님께서는 그들이 얼마나 큰 민족이고 큰 권능이 있는 존재인지를 깨닫게 해주셨습니다. 여호수아는 이스라엘 열두 지파 중에 에브라임지파와 므낫세 지파가 강한 가나안 족속 때문에 정복 전쟁에 소극적일 때에 "너는 큰 민족이요 큰 권능이 있은즉 한 분깃만 가질 것이 아니라. 그 산지도 네 것이 되리니 비록 삼림이라도 네가 개척하라. 그 끝까지 네 것이 되리라."고 말했습니다. 하나님이 함께 하실 때에 자신들이 얼마나 큰 권능을 발휘할 수 있는지를 깨우쳐 준 것입니다.

　능력을 주시는 하나님! 제가 가진 권능을 깨닫게 해주세요. 저의 능력을 최대한으로 계발할 수 있게 하시고, 제 스스로의 인생을 개척하게 하시고, 어떤 난관이라도 극복하고 큰 일을 이룰 수 있게 해주세요. 산지라도 정복할 수 있게 하시고, 비록 나무들이 빽빽한 삼림이라도 스스로 개척할 수 있게 도와주세요.(수능 시험을 보는 고3생은 수능 목표점수를 정복하게 해달라고 기도하라. 목표한 대학을 내 것으로 만들 수 있게 해달라고 기도하라.). 비록 가나안 족속들이 철병거로 무장을 했어도 이스라엘이 능히 이길 수 있도록 권능을 주셨던 하나님께서, 저에게도 산지(목표, 꿈)를 개척할 수 있는 능력을 주실 것을 믿습니다. 예수님 이름으로 기도합니다. – 아멘.

 **오늘의 말씀** 고린도전서 1 : 27-29

그러나 하나님께서 세상의 미련한 것들을 택하사 지혜 있는 자들을 부끄럽게 하려 하시고, 세상의 약한 것들을 택하사 강한 것들을 부끄럽게 하려 하시며, 하나님께서 세상의 천한 것들과 멸시 받는 것들과 없는 것들을 택하사 있는 것들을 폐하려 하시나니, 이는 아무 육체도 하나님 앞에서 자랑하지 못하게 하려 하심이라.

 **오늘의 묵상 주제**

⊙ 약한 것과 없는 것을 한탄하지 말고 하나님께 쓰임을 받는 사람이 되자!
⊙ 하나님 앞에서는 자랑거리가 없음을 인정하자!

 **오늘의 기도**

약한 자를 강하게 사용하시는 하나님!

세상의 법칙은 강한 사람이 이기고 약한 사람이 지는 것입니다. 똑똑한 사람이 똑똑하지 못한 사람을 이기고, 있는 사람이 없는 사람을 이기고, 발 빠른 사람이 느린 사람을 이기는 것이 세상의 법칙입니다. 그래서 사람들은 강한 사람이 되려고 애를 씁니다. 있는 사람이 되려고 수고를 아끼지 않습니다.

하나님 아버지! 강한 자, 지혜자, 높은 자, 있는 자들이 성공하고 승리하게 되면 자기 힘과 능력으로 된 줄로 생각합니다. 그래서 하나님의 은혜를 깨닫지 못하게 되고, 하나님께 감사할 줄도 모르게 됩니다. 그러나 무능하고 미련하고 낮고 천하고 없는 사람들이 성공하게 되면, 그 모든 것은 자기의 힘이 아니라 하나님의 은혜라고 생각하게 됩니다. 하나님의 은혜로 알고 하나님께 감사하며 살게 됩니다. 그렇기 때문에 하나님께서는 강한 자가 아니라 약한 자를, 있는 자가 아니라 없는 자를, 높고 귀한 자가 아니라 낮고 천한 자를 선택해서 승리하게 해주신다고 하셨습니다.

하나님! 초대교회의 성도들 중에는 가문 좋고 학벌 좋은 사람들이 적었지만 세상에 복음을 전파하며 교회를 세우고, 로마제국을 기독교화 하는 승리를 얻음으로써 강한 사람들과 있는 사람들을 부끄럽게 했습니다. 하나님의 지혜와 능력을 힘입으면 미련한 자라도 지혜 있는 자를 이기고, 약한 사람도 강한 사람을 이길 수 있음을 압니다.

하나님! 저는 가진 것도 없고 힘도 없는 사람입니다. 많이 알지도 못하고, 남들보다 똑똑하지도 못합니다. 그러나 저를 택하여 주셨사오니 누구도 이룰 수 없는 큰 일을 이루어낼 수 있도록 도와주세요. 하나님의 은혜의 법칙으로 승리하는 인생이 되게 해주시고, 하나님의 은혜를 찬송하며 살게 도와주세요. 예수님 이름으로 기도합니다. – 아멘.

 **오늘의 말씀**　민수기 14 : 8

여호와께서 우리를 기뻐하시면 우리를 그 땅으로 인도하여 들이시고, 그 땅을 우리에게 주시리라. 이는 과연 젖과 꿀이 흐르는 땅이니라.

 **오늘의 묵상 주제**

⊙ 하나님께서 기뻐하시는 사람이 되자!
⊙ 비전의 땅(젖과 꿀이 흐르는 땅)으로 인도하심을 받자!

 **오늘의 기도**

　이스라엘의 인도자가 되시는 여호와 하나님!

　하나님께서는 애굽의 이스라엘을 가나안땅으로 인도해주셨음을 압니다. 애굽 땅은 이스라엘에게 압제와 고통의 땅이요, 고난과 환난의 땅이었습니다. 그런 이스라엘을 해방시켜, 젖과 꿀이 흐르는 가나안땅으로 인도해 들이시고, 풍성하고 평안한 삶을 허락해주셨습니다. 이스라엘에게 이런 은혜를 베푸신 것은, 그들이 크고 잘나서가 아니라, 다만 하나님께서 그들을 사랑하시고 기뻐하셨기 때문이라고 하셨습니다.

　하나님 아버지! 하나님께서 이스라엘에게 젖과 꿀이 흐르는 땅 가나안으로 인도해 주신 이래로, '가나안'은 사람들의 꿈이 실현되는 이상세계를 상징하게 되었습니다. 가나안은 평화롭게 살 수 있는 곳, 풍성하게 살 수 있는 곳, 가장 이상적인 정착지입니다. 하나님이 예비하신 땅이요, 그 땅은 복된 삶이 보장된 곳입니다. 모든 고난과 역경이 끝나고 온갖 좋은 것들만 누리면서 안심하고 행복하게 살 수 있는 곳입니다. 하나님께서 기뻐하시는 사람들에게 허락해 주시는 복된 땅이요, 복된 삶이 실현되는 곳이 '가나안'입니다.

　하나님 아버지! 하나님께서는 하나님을 믿는 사람을 기뻐하시는 줄 압니다. 저도 하나님을 믿습니다. 그러므로 하나님께서는 저도 사랑하시는 줄 믿습니다. 이제 저에게도 젖과 꿀이 흐르는 땅 가나안을 바라보게 하시고, 그 땅으로 인도하여 주실 줄 믿습니다. 제가 목표하는 것들을 이룰 수 있게 도와주세요. 제가 꿈꾸는 가나안에 들어갈 수 있게 이끌어주세요. 예수님 이름으로 기도합니다. – 아멘.

 **오늘의 말씀**   로마서 8 : 6-8

육신의 생각은 사망이요 영의 생각은 평안이니라. 육신의 생각은 하나님과 원수가 되나니 이는 하나님의 법에 굴복하지 아니할 뿐 아니라 할 수도 없음이라. 육신에 있는 자들은 하나님을 기쁘시게 할 수 없느니라.

 **오늘의 묵상 주제**

⊙ 육신의 생각을 버리고 영의 생각으로 살자!
⊙ 하나님과 원수가 되지 말고 친구가 되자!

 **오늘의 기도**

평안을 주시는 하나님!

하나님께서는 모든 사람에 평안 주시기를 원하십니다. 그럼에도 많은 사람들이 평안을 갖지 못하는 것은 육신의 생각에 사로잡혀 있기 때문임을 오늘의 말씀을 통해 깨닫습니다. 오늘의 말씀은 육신의 생각이 가져오는 무서운 결과들을 잘 말해줍니다.

하나님 아버지! 육신의 생각은 우리에게 사망을 가져다 줍니다. 육신의 생각은 하나님과 원수가 되게 합니다. 육신의 생각은 하나님의 법(율법, 계명, 말씀)에 굴복하지 않게 할 뿐아니라 굴복할 수도 없게 합니다. 육신의 생각에 사로잡혀 있는 사람들은 하나님을 기쁘시게 할 수가 없습니다. 오직 영의 생각이 평안을 주고, 하나님의 말씀에 순종하게 하며, 하나님을 기쁘시게 할 수 있습니다.

하나님 아버지! '육신(肉身, 고기 육, 몸 신)'은 몸뚱아리를 말하지만, 세상에 속한 것, 세속적인 것, 속된 것, 추한 것, 더러운 것, 죄된 것, 욕심에 이끌리는 것, 악한 것, 거짓된 것, 욕정에 사로잡힌 것 등을 모두 상징하는 말입니다. 이런 것들에 사로잡힌 사람들, 이런 것들을 추구하는 사람들은 하나님을 기쁘시게 할 수가 없습니다. 하나님께서 이런 사람들을 기뻐하실 수도 없습니다. 오직 마귀가 좋아하는 일만 하다가 하나님과 원수가 되고, 결국 지옥의 영원한 죽음에 들어갈 수밖에 없게 됩니다.

하나님 아버지! 제 마음에 평안이 없었던 이유를 오늘의 말씀을 통해서 깨달았습니다. 제가 영적인 생각을 하지 않고 육적인 생각에 사로잡혀 있었기 때문이었음을 고백합니다. 용서하여 주세요. 이제부터는 육적인 생각을 벗어버리고 영적인 생각을 하며 살게 도와주세요. 세상 것만 생각하는 것이 아니라 하늘의 것을 생각하게 도와주세요. 나를 중심으로 생각하지 않고 하나님 중심으로 생각하게 도와주세요. 세상에서 성공하는 것만 생각하지 않고 하나님을 기쁘시게 할 수 있는 삶을 생각하며 살게 도와주세요. 이제 영적으로 생각하여 평안을 누리며, 하나님을 기쁘시게 하며 사는 제가 되게 해주세요. 예수님 이름으로 기도합니다. – 아멘.

구원의 우물들을 구하는 기도

 **오늘의 말씀** 이사야 12 : 2, 3

보라! 하나님은 나의 구원이시라. 내가 신뢰하고 두려움이 없으리니 주 여호와는 나의 힘이시며, 나의 노래시며, 나의 구원이심이라. 그러므로 너희가 기쁨으로 구원의 우물들에서 물을 길으리로다.

 **오늘의 묵상 주제**

⊙ 기쁨으로 구원의 우물들에서 물을 긷는 사람이 되자!
⊙ 하나님을 신뢰하며 두려움 없이 살자!

 **오늘의 기도**

구원의 우물이 되시는 하나님!

하나님은 우리에게 구원을 베풀어 주는 분이십니다. 이스라엘 백성들은 위기의 순간마다 하나님께 부르짖어 구원을 받았습니다. 애굽에서 종노릇하며 압제에 고통을 당할 때에 하나님께 부르짖어 해방의 구원을 얻었습니다. 해방된 이스라엘 백성들은 광야에서 40년을 사는 동안 남자 성인만 60만 명이 되는 엄청난 사람들의 의식주 문제를 해결 받았습니다. 적들이 공격해 올 때는 하나님께서 싸워주셔서 전쟁마다 승리하게 해주셨습니다. 하나님은 이스라엘의 구원의 우물이셨습니다. 이스라엘이 필요할 때 구원의 물을 얻을 수 있는 구원의 우물이셨습니다.

하나님 아버지! 오늘은 무비 데이라고 해서, 좋아하는 사람들과 영화를 보는 날이랍니다. 그런데 오늘 말씀의 배경이 되는 출애굽 사건은 정말 영화보다 더 극적인 모습입니다. 그래서 '십계'라는 영화와 '이집트 왕자'라는 애니메이션영화도 만들어졌고, 많은 사람들에게 감동을 주었습니다. 제 인생도 극적으로 반전되게 도와주셔서 승리자로 우뚝 설 수 있게 도와주세요.

하나님 아버지! 하나님은 믿는 사람들 모두를 이스라엘로 여기십니다. 믿는 사람들 모두에게 필요할 때 필요한 구원을 베풀어주셨습니다. 때로는 지혜로, 때로는 용기로, 때로는 소망으로, 때로는 물질로, 때로는 건강으로, 때로는 기적으로 구원을 받도록 해주셨습니다. 물 없는 사막의 반석에서 물을 주시는 것과 같은 기적 같은 방식으로 하나님을 찾는 사람마다 구원을 받았습니다. 하나님은 믿는 모든 이들에게 구원의 우물이 되셨습니다.

하나님 아버지! 하나님은 나에게도 구원의 우물이 되시는 것을 믿습니다. 나의 힘과 노래가 되어주실 줄 믿습니다. 하나님을 신뢰함으로 세상과 인생을 두려워하지 않게 도와주세요. 하나님께서 베풀어주시는 구원의 우물들에서 기쁨으로 물을 긷는 복된 인생이 되게 해주세요. 예수님 이름으로 기도합니다. – 아멘.

 **오늘의 말씀**　시편 135 : 2~4

여호와의 집, 우리 여호와의 성전, 곧 우리 하나님의 성전 뜰에 서 있는 너희여! 여호와를 찬송하라. 여호와는 선하시며 그의 이름이 아름다우니 그의 이름을 찬양하라. 여호와께서 자기를 위하여 야곱 곧 이스라엘을 자기의 특별한 소유로 택하셨음이로다.

 **오늘의 묵상 주제**

⊙ 여호와의 선하심과 아름다운 이름을 찬양하는 자가 되자!
⊙ 하나님께서 자기의 특별한 소유로 택하신 사람임을 기억하자!

 **오늘의 기도**

아름다운 이름의 여호와 하나님!

하나님의 아름다우신 이름을 찬송합니다. 하나님의 이름이 아름다운 것은 하나님께서 은혜를 베풀어주시기 때문입니다. 하나님의 선하신 행사를 찬양합니다. 하나님은 세상의 모든 사람들에게 선하고 복된 일들을 베풀어주시기 때문입니다.

하나님 아버지! 하나님께서는 이스라엘을 하나님의 특별한 소유로 택하셨습니다. 그리고 스라엘로 하여금 하나님의 집에 설 수 있도록 허락해 주셨습니다. 하나님의 집은 성전이고 교회입니다. 하나님께 예배할 수 있는 곳이고, 하나님께서 은혜를 베푸시는 곳입니다. 하나님을 섬길 수 있는 곳입니다. 하나님의 성전에 들어갈 수 있는 것은 참으로 귀한 은총이요 특권이었습니다.

하나님 아버지! 어떤 사람이 자기 집에 들어오게 한다는 것은 특별히 친밀한 관계임을 뜻합니다. 보통 사람들의 집에 들어가는 것도 주인의 특별한 배려가 있어야 가능한 일입니다. 대통령이 사는 청와대를 들어가는 것은 몹시 힘든 일입니다. 특별한 직책에 임명되지 않은 사람이라면 여러 달 전부터 예약을 해야 하고, 신분증을 소지하고 확인받아야 하고, 경호원들의 안내를 따라서 건물 밖을 휘둘러 나오는 것이 전부입니다. 어떤 방에도 들어갈 수가 없습니다. 그런데 하나님의 집에 마음대로 들어갈 수 있고, 원하는 대로 머물 수 있고, 원하는 대로 구할 수 있다는 것은 엄청난 특권임이 분명합니다.

하나님 아버지! 평생에 하나님의 집, 교회에서 하나님을 찬송하며 살 것을 결심합니다. 하나님의 교회를 떠나거나, 교회에 어려움을 끼치지 않는 제가 되게 해주시고, 아름다운 성도로서 하나님께 충성하며, 교회를 섬기게 해주세요. 저를 하나님의 특별한 소유로 택하여주심을 믿고, 하나님께 유익한 존재가 되고, 영광을 돌리는 복된 삶을 살게 해주세요. 예수님 이름으로 기도합니다. – 아멘.

 **오늘의 말씀**　히브리서 12 : 14, 15

모든 사람과 더불어 화평함과 거룩함을 따르라. 이것이 없이는 아무도 주를 보지 못하리라. 너희는 하나님의 은혜에 이르지 못하는 자가 없도록 하고, 또 쓴 뿌리가 나서 괴롭게 하여 많은 사람이 이로 말미암아 더럽게 되지 않게 하며

 **오늘의 묵상 주제**

⊙ 모든 사람과 더불어 화평하도록 노력하자!
⊙ 하나님의 은혜에 이르는 자가 되자!

 **오늘의 기도**

　화평의 주님!

　주님은 서로 원수처럼 살아가는 세상 사람들에게 사랑하며 사는 방법을 가르쳐 주셨습니다. 남에게 사랑을 받으려고 하기보다는 내가 먼저 사랑하고, 남에게 섬김을 받으려고 하기보다는 내가 먼저 남을 섬기고, 높아지기보다는 낮아지고 종이 되라고 가르치셨습니다. 원수에게 복수하기보다는 일흔 번 씩 일곱 번이라도 용서하며 원수를 사랑하라고 하셨습니다. 세상의 모든 사람을 사랑하고, 모든 사람과 더불어 화평하게 지내라고 가르치셨습니다.

　주님! 주님께서는 하나님과 원수 되었던 사람들을 하나님과 화평하게 만드셨습니다. 죄인 된 사람에 대한 하나님의 징계를 만족시켜 주시기 위해서 십자가 희생을 감내하면서 이루어주신 화평입니다. 하나님과 사람 사이에 죄로 막혀 있던 담을 헐어버리고 화목하게 해주셨습니다.

　주님! 모든 사람들과 더불어 화평하게 살려고 노력하고, 속된 것을 버리고 거룩하게 지내는 사람만이 주님을 볼 수 있다고 하셨습니다. 주님 저로 먼저 하나님과 화평한 관계 속에 살게 해주세요. 다음으로는 다른 사람들도 주님께서 목숨을 바쳐 대속해주신 귀한 존재임을 인정하고, 세상의 모든 사람들과 더불어 화평하게 살기 위해 노력하게 해주세요.

　주님! 제 생각과 마음속에서 저의 영혼을 괴롭히고 저의 삶을 더럽히는 쓴 뿌리가 나지 않도록 지켜주세요. '쓴 뿌리' 는 내 속에서 자리 잡고 있는 악하고 좋지 못한 모든 생각과 습성들입니다. 모두 사탄이 나를 괴롭히고, 타락시키고, 망하게 하려고 나에게 심어준 것들입니다. 이런 좋지 못한 것들을 모두 뽑아버리게 도와주세요. 주님, 저를 주님의 은혜에 이르게 하시고, 화평함과 거룩함을 따르는 은혜로운 삶을 살게 해주세요. 예수님 이름으로 기도합니다. － 아멘.

민첩한 마음을 구하는 기도

 **오늘의 말씀** 다니엘 6 : 3, 4

다니엘은 마음이 민첩하여 총리들과 고관들 위에 뛰어나므로 왕이 그를 세워 전국을 다스리게 하고자 한지라, 이에 총리들과 고관들이 국사에 대하여 다니엘을 고발할 근거를 찾고자 하였으나 아무 근거, 아무 허물도 찾지 못하였으니, 이는 그가 충성되어 아무 그릇됨도 없고 아무 허물도 없음이었더라.

 **오늘의 묵상 주제**

◉ 둔한 마음이 아니라 예민하고 빠른 마음의 소유자가 되자!
◉ 충성되어 그릇됨도 없고 허물도 없는 사람이 되도록 노력하자!

 **오늘의 기도**

허물을 보지 않으시는 하나님!

하나님께서 사람들의 허물에 관대하시다는 것이 얼마나 다행인지 모르겠습니다. 만약 하나님이 엄격한 분이시고, 사람의 작은 허물도 용납하지 않으시는 분이라면 한 사람도 하나님 앞에 설 수 없게 될 것입니다. 사람들은 모두 허물이 있기 때문입니다.

하나님 아버지! 생각해 보면 사람들에게는 허물들이 참 많습니다. 일부러 찾으려고 하지 않아도 허물이 보이는 사람들이 많습니다. 말에 허물이 있는 사람, 태도에 허물이 있는 사람, 일하는데 허물이 있는 사람, 습관에 허물이 있는 사람, 인간관계를 잘 못하는 사람, 신앙생활을 잘 못하는 사람 등 사람은 모두 허물을 가진 존재입니다.

하나님 아버지! 누구 다른 사람을 말할 것도 없이 저 자신도 허물이 참 많은 사람임을 인정합니다. 말과 행동에 온전하지 못했고, 공부하는 것과 학교생활에 성실하지 못했고, 부모님과 친구들과의 관계에서 신실하지 못했고, 내 자신의 재능과 꿈을 키우고 가꾸는데 최선을 다하지 못했습니다. 말로 상처를 입힌 사람들도 많고, 삶의 모습으로 실망시킨 사람들도 많습니다.

하나님 아버지! 다니엘은 마음이 민첩(敏捷;재빠르고 영리하여 싸움에서 이기는)했다고 했습니다. 다른 사람들이 다니엘을 고발하려고 허물을 찾았지만 어떤 허물도 찾아내지 못했다고 했습니다. 다니엘은 충성되어 그릇됨이나 허물이 하나도 없었다고 합니다. 하나님, 저도 다니엘처럼 민첩한 마음을 가질 수 있게 도와주세요. 공부에서, 내신과 입시에서, 재능 개발과 자아 계발에서, 세상을 살아갈 때 만나게 되는 모든 사람들과 온갖 종류의 문제에서 허물이 없게 도와주세요. 나를 허물 투성이로 만들려고 하는 사탄과의 싸움과 유혹에서 승리할 수 있게 도와주세요. 일부러 찾아도 허물을 찾을 수 없도록 충성스러운 사람으로 살게 해주세요. 예수님 이름으로 기도합니다. - 아멘.

감사하는 자로 살기를 결심하는 기도 11월 18일

 **오늘의 말씀** 시편 136 : 25, 26

모든 육체에게 먹을 것을 주신 이에게 감사하라. 그 인자하심이 영원함이로다. 하늘의 하나님께 감사하라. 그 인자하심이 영원함이로다.

 **오늘의 묵상 주제**

⊙ 하나님께 감사하며 살자!
⊙ 먹고 살게 해주시는 하나님께 감사하자!

 **오늘의 기도**

먹을 것을 주시는 하나님!

모든 살아있는 존재에게 먹는 것은 절대적으로 중요한 일입니다. 먹을 것이 없이는 생명을 유지할 수 없기 때문입니다. "삼일 굶어 군자 없다" "삼일 굶어 도둑질 안할 사람 없다"는 말이 있습니다. 아무리 인품이 높고 도덕적인 사람이라도 먹지 못하고 굶게 되면 먹을 것을 위해서 못할 짓이 없다는 것을 말해 줍니다.

하나님 아버지! 세상에는 가난 때문에 먹을 것이 없어서 안타깝게 사는 사람들도 있습니다. 젖먹이 아기가 먹을 분유를 살 돈이 없어서 마트에서 분유를 훔치다가 잡히는 엄마들도 있었습니다. 병원비가 없어서 아픈데도 병원에 가지 못하는 사람들도 있습니다. 먹을 것이 없어서 무료 급식소에서 주는 하루 한 끼의 밥으로 연명하는 사람들도 있습니다. 하나님 아버지! 세상에서 가장 가난했던 나라 중 하나였던 우리나라를 지금처럼 잘 살게 해주신 것을 감사드립니다. 그런데 아직도 세상에는 가난한 나라들이 많습니다. 가난한 나라들에서는 굶주림 때문에 굶어죽는 사람들도 많이 있습니다. 양식이 남는 나라들도 있는데 굶어죽는 사람들도 있습니다. 세상 모든 사람들과 나라들이 욕심을 버리고 기본적으로 세상 모든 사람들이 먹고는 살 수 있도록 나눌 수 있도록 도와주세요.

하나님 아버지! 저와 우리 가족의 먹을 것을 주신 것을 감사드립니다. 먹을 양식을 주신 것, 양식을 살 돈을 벌게 해주신 것을 감사드립니다. 먹을 것에 그치지 않고 쓸 것, 입을 것과 신을 것, 잠자고 생활하는 집을 주신 것을 감사드립니다.

하나님 아버지! 하나님께서 베풀어주신 은혜들을 하나 하나 모두 헤아리며 진심으로 감사하며 사는 제가 되도록 도와주세요. 무엇보다도 지금 살아 있도록 먹을 것을 주신 것만으로도 감사할 수 있는 제가 되게 해주세요. 저와 우리 집에 감사할 수 있는 일들을 더 많이 베풀어주실 것을 믿습니다. 예수님 이름으로 기도합니다. – 아멘.

 **오늘의 말씀** 이사야 43 : 7

내 이름으로 불려지는 모든 자 곧 내가 내 영광을 위하여 창조한 자를 오게 하라. 그를 내가 지었고, 그를 내가 만들었느니라.

 **오늘의 묵상 주제**

◉ 나는 하나님의 이름으로 불려지는 사람임을 기억하자!
◉ 나는 하나님의 영광을 위하여 창조된 사람임을 기억하자!

 **오늘의 기도**

창조주 되시는 하나님!

하나님께서 창조자가 되심을 믿습니다. 하나님께서는 태초에 우주와 천지 만물을 지으셨습니다. 사람도 지으셨습니다. 하나님께서 사람을 만드신 것은 하나님의 영광을 위해서입니다. 그리고 하나님께 영광을 돌릴 수 있도록 많은 은혜와 능력을 베풀어 주십니다. 선한 생각을 하게 하시고, 선하고 아름다운 일을 행하게 하십니다. 삶을 통해서 하나님께 영광을 돌릴 수 있도록 이끌어 주십니다. 예배와 찬송을 통해서 하나님께 영광을 올릴 수 있게 해주십니다.

하나님 아버지! 하나님께서 나의 창조자가 되심을 믿습니다. 이 믿음 주신 것을 감사드립니다. 그런데 제가 하나님의 영광을 위해서 창조된 존재임을 깊이 생각하지 못하고 살아왔습니다. 죄송합니다. 이제부터는 제가 하나님의 영광을 위해서 창조된 존재임을 기억하며, 하나님께 영광을 돌릴 수 있는 사람이 되도록 노력하겠습니다. 성품에 있어서나 사람 됨됨이에 있어서, 능력이나 실력을 갖추는 일에 있어서 하나님께 영광을 돌릴 수 있는 사람이 되게 도와주세요.

하나님 아버지! 제가 하나님의 이름으로 불려지는 사람이 되게 해주신 것을 감사드립니다. 하나님의 이름으로 불려지는 사람은 하나님의 사람이요 성도입니다. 성도라는 이름, 그리스도인이라는 이름이 부끄럽지 않은 삶을 살게 이끌어 주세요. 나의 삶을 통해서 하나님의 영광이 드러나는 인생을 살 수 있게 도와주세요. 예수님의 이름으로 기도합니다. – 아멘.

 **오늘의 말씀**　미가 4 : 5

만민이 각각 자기의 신의 이름을 의지하여 행하되, 오직 우리는 우리 하나님 여호와의 이름을 의지하여 영원히 행하리로다.

 **오늘의 묵상 주제**

⊙ 오직 나의 하나님 여호와의 이름을 의지하여 행하는 자가 되자!
⊙ 평생 하나님 이외에는 다른 신의 이름을 의지하지 말자!

 **오늘의 기도**

　모든 신들의 주가 되시는 여호와 하나님!

　세상에는 많은 신들의 이름이 있습니다. 사람들마다 각각 다른 신을 섬기며 자기 신의 이름을 의지하고, 다른 신을 섬겨 경배합니다. 그러나 이런 다른 신들은 사람들이 만든 신이거나 거짓신이라고 했습니다.

　하나님 아버지! 때로는 다른 신을 숭배하는 사람들이 하나님을 믿는 성도들을 핍박하기도 했습니다. 구약성경에서는 바알신과 아스다롯을 섬기던 사람들이 이스라엘을 핍박하기도 했습니다. 다곤신을 섬기던 사람들이 이스라엘을 이기는 것 같기도 했습니다. 사람들은 다곤이 여호와 하나님을 이겼다고 생각하기도 했습니다. 그러나 이스라엘에게서 빼앗은 법궤를 다곤의 신전에 놓았을 때, 다곤이 땅에 떨어져 엎어지고 목이 부러지는 일이 벌어졌습니다. 사람들은 하나님의 법궤를 감당하지 못하고 다시 돌려보내기도 했습니다. 여호와 하나님은 세상의 그 어떤 신도 감당할 수 없는 큰 신이십니다.

　하나님 아버지! 저도 신 중의 신, 유일하신 신은 여호와라 이름하는 하나님 한 분 뿐임을 믿습니다. 저로 다른 신의 이름을 찾지도 부르지도 않고 의지하지 않게 도와주세요. 여호와 하나님의 이름만 믿고 의지하여 행하게 해주세요. 조물주이시며, 모든 역사와 사람의 인생을 섭리하시는 하나님의 이름을 믿고 의지하게 해주세요. 하나님의 이름으로 행하는 제게 복을 주시고, 제 인생을 복되게 해주세요. 예수님 이름으로 기도합니다. – 아멘.

참된 기쁨을 깨닫기 위한 기도

 **오늘의 말씀** 하박국 3 : 17-18

비록 무화과나무가 무성하지 못하며, 포도나무에 열매가 없으며, 감람나무에 소출이 없으며, 밭에 먹을 것이 없으며, 우리에 양이 없으며, 외양간에 소가 없을지라도, 나는 여호와로 말미암아 즐거워하며, 나의 구원의 하나님으로 말미암아 기뻐하리로다.

 **오늘의 묵상 주제**

◉ 진정한 즐거움은 소유물에 있지 않음을 깨닫자!
◉ 구원의 하나님으로 말미암아 기뻐하는 사람이 되자!

 **오늘의 기도**

아버지 되시는 하나님!

하박국 선지자의 깨달음을 저도 깨닫기를 원합니다. 하박국 선지자의 시대(BC 600년대 초, 유다왕국 멸망 50여 년 전)의 유다는 죄악과 불의가 가득한 사회였습니다. 왕들은 패역했고, 관리들은 착취와 강탈을 일삼았고, 백성들은 하나님을 떠나 우상을 숭배하며 도덕적으로 타락했습니다.

하나님 아버지! 그때 이스라엘 백성들은 하나님께 대한 원망을 하게 되었습니다. 나아가 하나님이 계시면 이렇게 부조리한 사회가 될 수 있을까, 하는 의문을 갖게 되었습니다. 하박국 선지자도 하나님의 통치에 불평하며 원망하는 기도를 했습니다. 그러나 하나님의 때와 악인의 종말에 대한 하나님의 응답을 듣고서 오직 하나님 한 분 만으로 만족하며 기뻐하게 되었습니다.

하나님 아버지! 사람들은 소유가 적고, 자기가 바라는 조건들이 충족되지 않으면 하나님의 존재성과 은총을 의심하게 됩니다. 무화과나무가 무성하지 않으면, 포도나무에 열매가 없으면, 감람나무에 소출이 없으면, 밭에서 먹을 양식을 얻지 못하면, 외양간에 소가 없으면 하나님을 원망합니다. 기뻐할 수가 없습니다. 그러나 깊은 믿음의 눈으로 보면 그 모든 조건이 이루어지지 못했고, 조건과 환경이 좋지 않더라도 하나님 한분만으로도 만족하며 기뻐할 수 있게 됩니다.

하나님 아버지! 저도 지금까지 '소유'와 '조건들'로 즐거움을 삼아 살아왔습니다. 그러나 이제부터는 사회적인 여건이나, 주변의 환경이나, 개인적인 소유나 성취가 조건이 되지 않는 절대 믿음, 절대 기쁨을 허락해주세요. 어린 아기가 엄마의 존재와 손길만으로 만족하며 기뻐하는 것처럼 하나님의 존재와 은혜만으로 만족하며 즐겁게 살 수 있는 믿음의 사람이 되게 해주세요. 예수님 이름으로 기도합니다. - 아멘.

 **오늘의 말씀** 마태복음 4 : 4

예수께서 대답하여 이르시되 "기록되었으되, 사람이 떡으로만 살 것이 아니요, 하나님의 입으로부터 나오는 모든 말씀으로 살 것이라, 하였느니라." 하시니

 **오늘의 묵상 주제**

⊙ '떡'(의식주에 필요한 것들)으로만 살려고 하지 말자!
⊙ 하나님의 '말씀'으로 사는 사람이 되자!

 **오늘의 기도**

　말씀을 주시는 하나님!
　세상에는 육적인 삶을 추구하는 사람들이 많습니다. 세상적인 삶에 만족을 주는 '떡'으로만 살려고 하는 사람들이 많습니다. 오늘의 말씀에서 '떡'은 생존에 필요한 양식, 입맛을 만족시키는 좋은 음식, 세상적인 삶을 풍족하게 해주는 많은 재물, 사람들 위에 군림할 수 있는 큰 권력과 높은 명예 등을 의미합니다.
　하나님 아버지! 사람들이 그것을 의지해서 살려고 하는 그런 '사람의 떡'과 '세상의 떡'은 진정한 생명을 주지 못합니다. 하나님께서 사람을 영적인 존재로 창조하셨기 때문입니다. 성경은 영을 위해 필요한 양식은 하나님의 말씀이라고 가르쳐 줍니다. 그래서 영적인 존재인 사람이 살기 위해서는 하나님의 입으로부터 나오는 모든 말씀을 먹어야 합니다. 오늘 말씀을 통해서 하나님께서는 바로 그것을 가르쳐 주고 있는 것입니다.
　하나님 아버지! 감사하게도 지금은 말씀이 풍성한 시대입니다. 민족마다 자기 모국어로 번역된 성경을 가지고 있습니다. 세계의 언어는 6500여개가 되는데, 그 중에서 2508개 언어로 번역되었다고 합니다(2009년 기준). 아직도 자기 종족의 언어로 된 성경을 가지지 못한 사람들이 있어서 세계성서공회는 계속 번역하고 있는데, 그러나 소수 종족의 언어 외에는 거의 대부분의 언어로 번역이 되었다고 합니다. 게다가 수 많은 교회에서 여러 차례 드려지는 예배에서 말씀이 선포되고 있습니다. 방송으로도 말씀이 전해지고 있습니다. 말씀이 넘쳐나고 있는 시대가 되었습니다.
　하나님 아버지! 이제 저도 육신을 위한 떡으로만 살려고 하지 않고, 영적인 양식인 말씀의 떡으로 사는 사람이 되게 도와주세요. 하나님의 말씀으로 사는 사람, 영적인 차원에서 생각하고 추구하는 사람이 되게 해주세요. 세상적인 것도 육을 위해서가 아니라 영을 위해서 추구하는, 영적인 삶을 사는 믿음의 사람이 되게 해주세요. 예수님 이름으로 기도합니다. - 아멘.

슬픔대신 기쁨을 구하는 기도

오늘의 말씀 이사야 61 : 3

무릇 시온에서 슬퍼하는 자에게 화관을 주어 그 재를 대신하며, 기쁨의 기름으로 그 슬픔을 대신하며, 찬송의 옷으로 그 근심을 대신하시고, 그들이 의의 나무 곧 여호와께서 심으신 그 영광을 나타낼 자라 일컬음을 받게 하려 하심이라.

오늘의 묵상 주제

◉ 슬픔과 근심을 벗어버리재!
◉ 기쁨과 화관(花冠:꽃 모자)과 찬송의 사람이 되재!
◉ 나 자신이 하나님의 영광을 나타낼 자임을 알재!

오늘의 기도

시온 백성에게 은총을 베푸시는 하나님!

하나님께서는 시온 백성을 사랑하시고, 시온을 사랑하는 자에게 은총을 베풀어주는 분이십니다.

하나님 아버지! 세상에는 슬퍼하는 사람, 근심에 싸인 사람이 많습니다. 이런 사람들은 슬픔이 기쁨으로 변하고, 근심하는 상황을 벗어나 기쁨의 노래를 부를 수 있기를 소망합니다. 하나님은 그 소망을 들어주실 수 있는 능력이 있으십니다. 그러나 하나님께서 그렇게 해주시는 사람들은 따로 있습니다. 그들은 시온에 있는 자라고 했습니다. 시온에서 슬퍼하는 사람들에게 기쁨의 기름을 부어주시고, 찬송의 옷을 입혀 주신다고 하셨습니다.

하나님 아버지! 유다왕국이 멸망하고, 하나님의 성전이 무너져 황폐했을 때에 시온을 찾아 슬퍼하는 자에게 재(슬픔과 고통의 상징)대신 화관(꽃으로 장식된 모자)을, 슬픔대신 기쁨을, 근심대신 찬송의 옷을 입혀 주신다고 하셨습니다. 그렇게 시온에 몸과 마음이 있는 자, 하나님을 위한 간절함이 있는 자를 의의 나무, 여호와께서 심으신 영광을 나타낼 자로 삼아주신다고 하셨습니다.

하나님 아버지! 시온(하나님, 하나님이 이름을 두신 곳, 하나님을 예배하는 곳)에 몸과 마음을 두고 사는 제가 되겠습니다. 하나님의 영광을 나타낼 자라는 사명을 가지고 살겠습니다. 저의 평생에 모든 슬픔과 근심과 재를 기쁨과 찬송과 화관으로 바꾸어주실 줄 믿습니다. 예수님 이름으로 기도합니다. – 아멘.

 **오늘의 말씀**　시편 89 : 15-17

즐겁게 소리칠 줄 아는 백성은 복이 있나니, 여호와여! 그들이 주의 얼굴 빛 안에서 다니리로다. 그들은 종일 주의 이름 때문에 기뻐하며, 주의 공의로 말미암아 높아지오니, 주는 그들의 힘의 영광이심이라. 우리의 뿔이 주의 은총으로 높아지오리니

 **오늘의 묵상 주제**

◉ 즐겁게 소리치며 사는 인생이 되자!
◉ 주의 은총으로 뿔(영광)이 높아지는 사람이 되자!

 **오늘의 기도**

즐거움을 주시는 하나님!

사람들 중에는 즐거운 소리를 내지 못하고 사는 사람들이 있습니다. 슬픈 소리, 원망의 소리, 비난의 소리만 읊조리며, 아픔의 비명만 질러대며 사는 사람들이 있습니다. 이들의 얼굴은 어둡고 굳어 있습니다. 이들은 늘 부정적으로 생각하는 습성이 있습니다. 세상에서도 세상 밖에서도 이들이 받게 될 영광은 아무것도 없습니다.

하나님 아버지! 반면에 즐겁게 소리칠 줄 아는 사람들이 있습니다. 이들은 즐거운 일을 경험한 사람들입니다. 하나님의 은총을 느끼며 감사하는 사람들입니다. 주님께 받은 복도 많지만, 소유하고 성취한 것보다는 주의 이름 때문에 기뻐할 수 있는 주님의 백성들입니다. 이들의 얼굴은 주님의 얼굴 빛 처럼 밝고, 이들의 삶은 힘찹니다. 이들은 세상을 밝게 보고, 긍정적으로 생각하고 적극적으로 살아가는 사람들입니다. 이런 사람들은 주님의 은총으로 뿔이 높아지는(영광을 얻는) 인생을 살게 됩니다.

하나님 아버지! 주님의 얼굴 빛 안에서 사는 제가 되게 해주세요. 하나님께서 얼굴을 향하는 자에게는 은총이 쏟아져 기쁨과 즐거움, 형통함과 복됨, 능력과 영광이 있는 삶이 되는 줄 압니다. 기쁘게 소리칠 줄 아는 사람이 되게 해주세요. 기쁨을 누릴 줄 아는, 주님의 은총으로 기쁜 일이 많은 인생을 살게 해주세요. 주님을 힘입어 밝고 힘차게 살아가는 제가 되게 도와주세요.

하나님 아버지! 하나님의 이름 때문에 기뻐하는 제가 되게 해주세요. 하나님의 공의로 말미암아 높아지는 제가 되게 해주세요. 하나님의 이름을, 하나님께서 베풀어주신 은총을, 하나님께서 이루어주신 복된 삶을 즐겁게 소리쳐 외칠 줄 아는 하나님의 백성이 되게 해주세요. 예수님 이름으로 기도합니다. – 아멘.

선한 사람이 되기 위한 기도

 **오늘의 말씀** 잠언 12 : 2, 3

선인은 여호와께 은총을 받으려니와 악을 꾀하는 자는 정죄하심을 받으리라. 사람이 악으로서 굳게 서지 못하거니와 의인의 뿌리는 움직이지 아니하느니라.

 **오늘의 묵상 주제**

⊙ 의인으로 굳게 서는 인생이 되자!
⊙ 하나님께 은총을 받는 선한 사람이 되자!

 **오늘의 기도**

의인을 굳게 세우시는 하나님!

사람들은 뿌리 깊은 나무와 같은 인생을 소망합니다. 극심한 가뭄에도 살아남고, 태풍이 지나가도 굳게 서 있는 뿌리 깊은 나무처럼 온갖 어려움에도 쓰러지지 않는 인생을 만들어 놓으려고 합니다.

하나님! 그런데 많은 돈과 재물로 굳게 서려는 사람들도 있고, 큰 권력으로 인생을 세우려는 자도 있고, 유명 인사가 되는 것으로 인생을 세우려는 사람들도 있습니다. 그들은 그것들이 자신의 인생을 굳게 세워줄 것으로 생각합니다. 그래서 때로는 악을 꾀하고, 불의를 저지르며, 수단과 방법을 가리지 않고 돈과 권력과 명예를 얻으려고 합니다. 그러나 불의하게 쌓은 것들은 결국 바벨탑처럼 무너지게 될 운명이요, 악인들은 하나님께 정죄될 존재가 될 뿐이라고 성경은 말씀하고 있습니다. 하나님께 은총을 입는 악인이 없으며, 하나님 앞에 굳게 세워줄 악이 없음을 철저하게 마음에 새기는 제가 되도록 도와주세요.

하나님 아버지! 오늘 말씀은 선한 사람이 하나님께 은총을 받게 된다고 가르쳐 주십니다. 사람이 악으로는 굳게 서지 못한다고 말씀하십니다. 악으로 세운 것은 한 순간에 무너지는 모래성에 불과합니다. 반면에 의인의 뿌리는 움직이지 않는다고 말씀하십니다. 의인의 인생은 하나님의 은총을 입고 뿌리 깊은 나무와 같이 든든히 세워지기 때문입니다.

하나님 아버지! 저도 선한 사람이 되어 하나님께 은총을 받으며, 뿌리 깊은 나무와 같이 움직이지 않는 의인으로 굳게 세워지는 사람이 되게 해주세요. 예수님 이름으로 기도합니다. – 아멘.

 **오늘의 말씀**　신명기 8 : 2

네 하나님 여호와께서 이 사십 년 동안에 네게 광야 길을 걷게 하신 것을 기억하라. 이는 너를 낮추시며 너를 시험하사 네 마음이 어떠한지, 그 명령을 지키는지 지키지 않는지 알려 하심이라.

 **오늘의 묵상 주제**

⊙ 고난의 이유를 신앙적으로 해석할 수 있는 사람이 되자!
⊙ 하나님의 시험을 잘 통과하는 사람이 되자!

 **오늘의 기도**

사람을 시험하시는 하나님!

하나님께서는 이스라엘을 무척 사랑하셨습니다. 그런데도 이스라엘은 많은 어려움을 당했습니다. 애굽에서 핍박당하며 종노릇 했고, 40년간 광야에서 떠돌아 다니며 어려운 생활을 했습니다. 그런데 하나님께서 이스라엘을 낮추신 것은 그들이 하나님의 명령을 지키는지 안지키는지를 알려고 하는 시험이었다고 말씀하십니다. 이 시험을 통과하기만 하면 젖과 꿀이 흐르는 가나안땅으로 인도해 들이고, 복을 주시기 위한 시험이었던 것입니다.

하나님 아버지! 하나님께서는 지금도 그렇게 복을 예비해 놓으시고 사람을 시험하십니다. 그런데 사람들은 현재의 고난만 생각하고 힘들어 하고 하나님을 원망하기도 합니다. 가나안에 대한 소망을 가지고 있던 이스라엘 백성들이 광야의 고난을 이기지 못하고 하나님을 원망했던 것과 같습니다. 광야생활이 끝나면 하나님이 주실 젖과 꿀이 흐르는 가나안땅에 들어간다는 것을 쉽게 잊었던 이스라엘 백성들의 어리석음을 되풀이 하는 것입니다.

하나님 아버지! 하나님께서는 이유 없는 고난을 주지 않으시는 분인 줄 압니다. 이스라엘의 마음이 어떠한지, 하나님의 명령을 지키는지 지키지 않는지를 시험하기 위해서 고난을 주셨습니다. 그 고난을 믿음으로 이겨내면 큰 복을 주시기 위한 시험입니다.

하나님 아버지! 사람들은 낮아지는 것을 견디지 못합니다. 고난을 힘들어 합니다. 그러나 그 모든 것이 더 큰 복을 주시기 위한 하나님의 시험인 것을 깨닫는 제가 되게 해주세요. 저의 모든 어려움도, 저를 낮추심도 결국은 하나님의 명령을 지키는지 안 지키는지를 시험하시기 위함인 줄 알게 도와주세요. 믿음으로 시험을 이기고 복된 삶으로 인도받게 해주세요. 예수님 이름으로 기도합니다. - 아멘.

 **오늘의 말씀**   이사야 54 : 1, 2

잉태하지 못하며 출산하지 못한 너는 노래할지어다! 산고를 겪지 못한 너는 외쳐 노래할지어다! 이는 홀로 된 여인의 자식이 남편 있는 자의 자식보다 많음이라. 여호와께서 말씀하셨느니라. 네 장막터를 넓히며, 네 처소의 휘장을 아끼지 말고 널리 펴되, 너의 줄을 길게 하며, 너의 말뚝을 견고히 할지어다.

 **오늘의 묵상 주제**

⊙ 내 장막터를 최대한으로 넓히자!
⊙ 나의 원대한 꿈을 이루어주실 것을 믿자!

오늘의 기도

   기적을 체험하게 하시는 하나님!

   하나님께는 불가능한 것이 없습니다. 100살의 아브라함과 90살 폐경의 사라 부부가 아들을 낳게 해주셨습니다. 마른 고목처럼 늙은 부부에게서, 생리학적으로는 설명할 수 없는 방법으로 하나님께서 아들을 낳게 해주신 것입니다. 과학을 뛰어넘는 초자연적인 하나님의 능력으로 아기를 낳게 해주신 것입니다. 하나님은 그렇게 아브라함의 후손을 별처럼 많아지게 해주셔서 이스라엘 민족을 이루어 주셨습니다. 하나님 아버지! 늙은 부부가 아들을 낳는 것이 사람에게는 기적과 같은 큰 일이지만 하나님께는 아주 작은 일에 불과합니다. 하나님께서는 아예 홀로 된 여인의 자식을 남편이 있는 여인의 자식보다 많게 해줄 수 있는 분이십니다. 홀홀단신 과부라도 믿음 안에서는 많은 자식을 소망하면서 장막터를 넓히고, 처소의 휘장을 넓게 펼 수 있게 하십니다. 그리고 그 넓은 장막에 자식들이 가득 차게 해주십니다.

   무능한 자로 유능하게 하시는 하나님 아버지! 그 하나님께서 '과부(무능력한 자)'에게 많은 '자식(기쁨의 열매)'들을 약속하시며 크고 튼튼한 장막(집)을 지으라고 명령해 주셨습니다. 이 말씀을 믿고 장막의 터를 넓게 잡고 크게 장막을 친 사람에게는 하나님께서 장막을 채울 자식을 주신다고 하셨습니다.

   하나님 아버지! 저도 약하고 무능합니다. 그러나 저에게도 장막터를 넓히고 크고 튼튼한 집을 지으라고 명령하시는 줄 믿습니다. 저로서는 이룰 수 없는 큰 꿈이지만 하나님께서 이루어주신다는 믿음을 가질 수 있게 도와주세요. 믿음 안에서 큰 꿈을 갖고 사는 제가 되게 도와주세요. 하나님의 능력으로 나의 큰 꿈을 이루어 주셔서 하나님의 기적을 체험하는 인생를 살게 해주세요. 예수님 이름으로 기도합니다. – 아멘.

 **오늘의 말씀**　마태복음 6 : 1

사람에게 보이려고 그들 앞에서 너희 의를 행하지 않도록 주의하라. 그리하지 아니하면 하늘에 계신 너희 아버지께 상을 받지 못하느니라.

 **오늘의 묵상 주제**

⊙ 사람에게 보이려는 삶을 살지 말자!
⊙ 하나님께 상을 받도록 진실하게 살자!

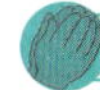 **오늘의 기도**

마음과 생각을 읽으시는 하나님!

사람들은 다른 사람들에게 보이는 것을 중요하게 생각합니다. 괜찮은 사람으로 보이는 것, 뭔가 있는 사람으로 보이는 것, 유능한 사람으로 보이는 것, 선한 사람으로 보이는 것을 좋아합니다. 그래서 그렇게 보이려고 노력합니다. 그러나 그 노력이 자신을 괜찮은 사람으로 만들고, 진심에서 정말 훌륭한 일을 행하는 사람이 되기 위한 노력이 아닐 때가 많습니다. 속사람은 그렇지 않은데 겉으로만 괜찮은 사람으로 보이기 위해서 위선을 행하기도 합니다. 남에게 보이려는 선행을 하기도 합니다. 선을 행하고 칭찬을 받으려고 하고, 칭찬을 받으려는 의도를 가지고 선을 행하기도 합니다.

하나님 아버지! 하나님께서는 사람들의 마음과 생각까지 다 읽는 분이십니다. 사람들이 선을 행할 때에도 그 동기가 진심인지 위선인지를 다 아십니다. 그래서 사람에게 보이려고 선을 행하는 것에 대해서는 상을 주지 않으십니다. 그러나 진정으로 하는 선행에 대해서는 큰 상을 주는 하나님이십니다. 세상에는 이렇게 진심으로 선을 행하는 사람들도 많습니다. 남들이 모르게 선을 베푸는 훌륭한 사람들도 많이 있습니다. 이런 사람들을 본받는 제가 되게 도와주세요.

하나님 아버지! 하나님께서는 저의 마음과 생각의 깊은 곳까지 속속들이 다 아는 분이십니다. 저의 행동의 동기가 진실인지 외식인지도 아십니다. 진실을 아시고, 진실을 원하시는 하나님께 저의 진실 되지 못했던 것들을 고백합니다. 저의 말과 행동 중에는 사람에게 잘 보이려고, 또는 저의 사악한 면을 숨기려고 진심 없이 꾸몄던 것들이 있었습니다. 용서해주세요. 그리고 이제부터는 사람에게 보이려고 의를 행하는 제가 되지 않도록, 진심에서 우러나는 진실한 의를 행하며 살도록 노력하겠습니다. 하나님께서 인정하시고 상 주실만한 진실한 의를 행하며 사는 제가 되게 해주세요. 예수님 이름으로 기도합니다. − 아멘.

 **오늘의 말씀**   시편 118 : 22, 23

건축자가 버린 돌이 집 모퉁이의 머릿돌이 되었나니, 이는 여호와께서 행하신 것이요, 우리 눈에 기이한 바로다.

 **오늘의 묵상 주제**

⊙ 세상의 기준으로는 부족해도 하나님께 귀하게 쓰인다는 것을 알자!
⊙ 하나님께 요긴하게 쓰임 받는 존재가 되자!

 **오늘의 기도**

기이한 방식으로 일하시는 하나님!

하나님의 생각은 깊고도 높아서 사람이 다 알 수가 없습니다. 하나님의 어리석음(?)이 사람의 가장 큰 지혜보다 더 지혜롭습니다. 하나님의 무능(?)이 세상 모든 사람의 능력을 합친 것보다 더 유능합니다. 하나님의 입김이 세상의 가장 강력한 태풍보다 더 강합니다. 그래서 세상의 버려진 것들로도 가장 유용한 것을 만들어 주실 수 있는 분이심을 믿습니다.

하나님 아버지! 세상에는 버려지는 사람들이 많습니다. 부모에게 버림받는 자식도 있고, 자식에게 버림받는 늙은 부모도 있습니다. 믿고 사랑하던 사람에게 버려지는 사람도 있습니다. 직장에서 쓸모없다고 버려지는 사람도 있습니다. 모두에게 버림받고 좌절감에 사로잡히는 사람들도 있습니다. 하나님 아버지! 오늘 말씀에 "건축자가 버린 돌이 집 모퉁이의 머릿돌이 되었다"고 말씀하셨습니다. 하나님께서는 버려진 돌로도 집 모퉁이의 머릿돌로 삼을 수 있는 분이십니다. 건축자는 사람들 중에는 돌을 가장 잘 아는 사람입니다. 그런 건축자가 버린 돌이라면 누구라도 쓸 수 없는 돌입니다. 이 쓸 모 없어 버려진 돌이라도 하나님의 손에서는 집 지을 때에 가장 중요한 모퉁이의 머릿돌로 변모될 수 있습니다.

버려진 돌까지도 가장 유익하게 사용해 주시는 하나님! 비록 제가 사람들의 눈에는 중요한 인물로 보이지 않을 지라도 하나님께서는 중요한 인물로 사용해 주실 수 있음을 믿습니다. 사람들에게는 혹 버려질지라도 하나님께서는 끝내 가장 중요한 일에 쓰임 받을 줄 믿습니다. 저를 하나님의 손에서 아주 중요한 인물로 쓰임 받게 해주세요. 예수님 이름으로 기도합니다. – 아멘.

 **오늘의 말씀**　에베소서 2 : 10

우리는 그가 만드신 바라. 그리스도 예수 안에서 선한 일을 위하여 지으심을 받은 자니, 이 일은 하나님이 전에 예비하사 우리로 그 가운데서 행하게 하려 하심이니라.

 **오늘의 묵상 주제**

◉ 선한 일을 위하여 지음 받은 존재임을 기억하자!
◉ 예수님 안에서 하나님께서 원하시는 선한 일을 행하자!

오늘의 기도

　사람을 만드신 하나님!

　모든 사람은 하나님께서 만드신 존재입니다. 하나님께서 사람을 만드신 이유는 선한 일을 하게 하기 위함입니다. 세상에 보내진 사람 중에서 악한 일을 위해서 지음을 받은 사람은 없습니다. 그런데도 악한 일을 하는 사람이 있는 것은 자기의 욕심을 따라 죄를 짓기 때문입니다. 이런 사람들은 하나님이 자기를 만드셨다는 사실을 깊이 생각하지 않습니다. 하나님이 선한 일을 위해서 자기를 세상에 태어나게 하셨다는 것을 알지 못합니다. 오직 자기 자신을 위해서 욕심을 따라 살기에 마귀의 유혹에 빠지고, 악한 일을 하게 되고, 멸망에 이르게 됩니다.

　저를 만드신 하나님! 저 자신도 하나님께서 만드신 존재임을 믿습니다. 오늘 말씀을 통해서, 저를 만드신 목적이 그리스도 예수 안에서 선한 일을 하게 하기 위함인 것을 깨달았습니다. 하나님이 저에게 행하고 이루기를 원하시는 ‘선한 일’은 하나님이 미리 예비해 놓으신 일입니다. 하나님이 맡겨주신 소명입니다. 하나님 앞에서 내가 감당하고 이루어야 할 사명입니다. 내가 꿈꾸고 이루어야 할 나의 비전입니다.

　하나님 아버지! 하나님께서 기대하시는 ‘선한 일’을 이루는 인생을 사는 제가 되게 이끌어주세요. 그러기 위해서 오늘의 말씀처럼 언제나 예수 그리스도 안에 있는 제가 되게 해주세요. 절대로 그리스도 밖에 머물지 않게 해주세요. 그리스도 안에서 생각하고 일하는 제가 되게 해주세요. 예수님 안에서 선한 일을 하도록 지으심을 받은 존재임을 명심하면서, 선한 일만 계획하고 행하는 제가 되게 해주세요. 하나님께서 예비하신 선한 일을 예수님 안에서 행하는 사람이 되어, 하나님의 창조의 목적을 완수하는 저의 삶이 되도록 최선을 다하는 제가 되게 도와주세요. 예수님 이름으로 기도합니다. – 아멘.

●12월을 성공적으로 보내는 방법

12월은 학년 마지막 기말고사가 있는 달이다. 학년을 잘 마무리하기 위해서 최선을 다해서 시험을 잘 보자.

중3은 고교입시가 시작된다.

특성화고등학교에 진학할 학생들은 자기 적성과 미래의 직업을 고려하여 학교를 선택하자.

중3은 기말고사가 끝나면서 방학 전에도 정상적인 수업이 진행되기 어렵다.

12월, 1월, 2월이 실제로 방학이나 마찬가지이다.

세 달 동안 영어와 수학만 붙들고 씨름해 보자.

영어 수학의 실력이 부족했던 학생들은 보충할 수 있는 절호의 기회이다.

영어 수학 잘하는 학생들은 한 단계 더 업그레이드 시킬 수 있다.

고3 대입 수험생은 자기 적성과 원하는 학과, 그리고 대학을 잘 선택하자.

대학별, 학과별로 입시전형이 다양하다.

부모님, 선생님, 전문가에게만 정보를 의존하지 말고 자기 스스로 자신에게 가장 적합한 대학과 학과와 전형방법을 적극적으로 알아보자.

원하는 학과가 있는 대학들을 검색해나가면 어느 정도는 스스로도 판단할 수 있게 된다.

12월을 한 해를 마무리 하는 달이다.

한 해를 돌아보면서 무엇을 이루고 잃었는지 잘 생각해 보고, 더 발전적인 새해를 계획해 보자!

아주 구체적으로 목표를 세우고, 계획을 세우는 것은 매우 유익한 일이 될 것이다.

 **오늘의 말씀** 잠언 16 : 1, 9

마음의 경영은 사람에게 있어도 말의 응답은 여호와께로부터 나오느니라. …… 사람이 마음으로 자기의 길을 계획할지라도 그의 걸음을 인도하시는 이는 여호와시니라.

 **오늘의 묵상 주제**

◉ 마음의 경영과 인생의 계획을 잘 하자!
◉ 하나님의 인도하심을 받아 인생의 목표를 이루는 자가 되자!

 **오늘의 기도**

인생길을 인도하시는 하나님!

많은 사람들이 새해를 맞을 때 일 년 동안의 계획을 세웁니다. 그러나 비슷하게 많은 사람들은 마음으로 계획한 것들을 이루지 못하고 마지막 달을 맞게 됩니다. 사람이 마음으로 자기의 길을 계획할지라도 그의 걸음을 인도하시어 이루게 하시는 이는 하나님이십니다. 결국 하나님께서 그 걸음을 인도해 주신 사람들이라야 마음의 경영과 인생의 계획을 이룰 수 있게 된다고 가르쳐 주십니다.

하나님 아버지! 제가 새해를 시작하면서 세운 목표들 중에 이룬 것도 있고, 이루지 못한 것도 있습니다. 한편으로는 이루고자 하는 의지와 노력이 부족한 면이 있기도 했었고, 또 한편으로는 생각지 못한 의외의 일들이 일어나 지장을 받기도 했습니다. 사람이 아무리 열심히 노력하고, 계획한 대로 살려고 해도 하나님이 허락하지 않으면 목표 지점에 도달할 수가 없음을 깨닫습니다. 오늘의 말씀처럼 마음으로 자신의 길을 계획하고, 마음을 잘 경영하기 위해서 최대한 노력할 수는 있어도 결국 계획이 이루어지도록 인도하시는 분은 하나님이신 것을 인정합니다.

하나님 아버지! 저의 걸음을 인도해주세요. 인생길에서 뜻밖의 사건 사고나 장애물을 만나지 않게 도와주세요. 제가 마음으로 계획하고 경영하는 것들이 다른 사람들이나 사탄의 방해받지 않고 하나님의 도우심으로 선하게 이루어지도록 인도해 주세요. 남은 한 달 동안 저를 도와주셔서 금년에 이루고자 했던 가장 큰 목표를 이룰 수 있게 도와주세요. 예수님 이름으로 기도합니다. – 아멘.

 **오늘의 말씀** 이사야 52 : 7

좋은 소식을 전하며, 평화를 공포하며, 복된 좋은 소식을 가져오며, 구원을 공포하며, 시온을 향하여 이르기를 "네 하나님이 통치하신다." 하는 자의 산을 넘는 발이 어찌 그리 아름다운가?

 **오늘의 묵상 주제**

⊙ 좋은 소식을 전하는 사람이 되자!
⊙ 하나님께서 통치하시도록 내 인생을 맡기자!

오늘의 기도

좋은 소식이 있게 하시는 하나님! 하

나님은 세상을 위해서 좋은 일을 행하는 분이십니다. 하나님은 사람들을 위해서 복된 일을 많이 베풀어 주는 분이십니다. 이렇게 좋은 일을 행하시는 하나님을 먼저 만난 사람은 복이 있는 사람입니다. 하나님께서 행하신 복된 일에 대한 좋은 소식을 전해주는 사람은 하나님과 사람들에게 사랑받는 사람입니다. 하나님 아버지! 마라톤의 유래를 만들었던 페이디피데스의 이야기를 생각해 봅니다. 페르시아의 다리우스대제는 아테네와 스파르타를 정복하기 위해서 BC490년에 원정군을 파병했습니다. 이 군대는 전함 6백 척, 보병 10만 명, 기병 1만 명의 엄청난 규모였습니다. 이에 밀티아데스 장군은 아테네를 구하기 위해서 1만 명의 군사를 이끌고 마라톤 평원에서 맞섰습니다. 그리고 그는 국가의 운명이 걸린 이 전쟁에서 대군을 섬멸시키며 승리를 거두었습니다.

이 승리의 좋은 소식을 전하기 위해서 밀티아데스 장군은 페이디피데스를 전령으로 파견했습니다. 페이디피데스는 이 좋은 복된 소식을 한 시라도 빨리 전하기 위해서 마라톤평원에서 아테네까지 42Km를 쉬지 않고 단숨에 달려왔습니다. 아테네에 도착한 그는 "우리 아테네가 전쟁에서 승리했다!"라는 소식을 전하고 쓰러져 숨을 거두었습니다. 하나님 아버지! 아테네 시민들은 전쟁에서 승리했다는 좋은 소식을 애타게 기다리고 있었습니다. 그렇게 좋은 복된 소식을 가지고 산을 넘는 페이디피데스의 발은 아테네 시민들에게 참으로 아름다운 발이었습니다.

저에게도 좋은 소식을 전해 주실 하나님 아버지! 하나님께서는 저를 위해서 좋은 일을 계획하시고, 그것을 이루어주시는 줄 믿습니다. 저를 위한 좋은 소식, 복된 소식을 전하는 복된 발길을 저에게 보내주세요. 저 또한 다른 사람들에게 하나님의 평화와 구원을 공포하는 복된 발이 되게 해주세요. 항상 복된 좋은 소식으로 함께 해주실 것을 믿습니다. 예수님 이름으로 기도합니다. – 아멘.

 **오늘의 말씀**　예레미야 33 : 2, 3

일을 행하시는 여호와, 그것을 만들며 성취하시는 여호와, 그의 이름을 여호와라 하는 이가 이와 같이 이르시도다. "너는 내게 부르짖으라! 내가 네게 응답하겠고, 네가 알지 못하는 크고 은밀한 일을 네게 보이리라."

 **오늘의 묵상 주제**

⊙ 일을 만들며 성취하시는 여호와 하나님을 의지하자!
⊙ 크고 은밀한 일에 응답받는 삶을 살자!

 **오늘의 기도**

성취의 하나님! 하나님은 일을 하는 분이십니다. 하나님은 일을 만들며 성취하는 분이십니다. 하나님께는 불가능한 일이 없습니다.

하나님 아버지! 나폴레옹은 "내 사전에 불가능은 없다."고 말했지만, 그에게도 불가능한 일들이 아주 많았습니다. 그는 전쟁에서 패배했고, 군중들의 마음을 끝까지 붙잡아 두는데 실패했습니다. 그는 사람이었고, 사람은 모든 것을 다 할 수는 없는 존재이기 때문입니다.

우리를 도와주시는 하나님! 하나님께서는 사람들의 연약함을 도와주십니다. 사람들의 무능함을 도와주십니다. 하나님이 도와주시면 어떤 어려운 일도 해결하는 지혜를 얻을 수 있습니다. 하나님이 도와주시면 아무리 힘든 일도 감당할 수 있고, 결국 일을 성취할 수 있게 됩니다.

하나님 아버지! 오늘 말씀을 통해서 지금까지 많은 계획을 거창하게 세웠지만 이루지 못했던 이유를 깨달았습니다. 하나님께 부르짖지 않았기 때문입니다. 하나님의 도움을 구하지 않았기 때문입니다. 하나님의 응답을 받지 못했기 때문입니다. 하나님 없이 나의 힘과 지혜를 가지고 일을 성취하려 했기 때문입니다.

부르짖음에 기쁨으로 응답해 주시는 하나님 아버지! 이제부터는 하나님께 부르짖어 응답을 받아 일을 이루는 삶을 살도록 하겠습니다. 하나님께서 저의 부르짖음에 응답해 주셔서, 제가 알지 못하는 크고 은밀한 일을 보여주세요. 저로 큰 꿈을 꾸게 하시고, 그것을 성취할 수 있게 도와주세요. 예수님 이름으로 기도합니다. – 아멘.

 **오늘의 말씀**　시편 99 : 6

그의 제사장들 중에는 모세와 아론이 있고, 그의 이름을 부르는 자들 중에는 사무엘이 있도다. 그들이 여호와께 간구하매 응답하셨도다.

 **오늘의 묵상 주제**

⊙ 간구하면 하나님께서 응답하실 만한 사람이 되자!
⊙ 하나님께 특별히 기억될 만한 사람이 되자!

 **오늘의 기도**

기도에 응답해 주시는 하나님!

하나님께서는 사람들의 기도를 들으시고 응답해 주시는 분입니다. 그런데 어떤 사람이 기도하는 것에는 응답을 잘 안 해 주는데, 어떤 사람이 기도하는 것에는 잘 응답해 주십니다. 사울왕은 답답하여 하나님의 뜻을 알고자 했지만 하나님께서는 전혀 응답해 주지 않으셨습니다. 하나님이 기뻐하지 않는 사람이고, 하나님이 이미 버린 사람이었기 때문입니다. 엘리 제사장 때에는 하나님의 계시와 이상을 쉽게 볼 수 없었습니다. 엘리 제사장이 영적으로 매우 무능한 제사장이었기 때문입니다.

응답해 주시는 것을 기뻐하시는 하나님! 그런데 어떤 사람들은 기도하는 것마다 응답을 받았습니다. 제사장들 중에는 모세와 아론에게 하나님이 응답을 잘해 주셨습니다. 그들은 신실한 제사장이었기 때문입니다. 하나님의 충직한 종이었기 때문입니다. 여호와 하나님의 이름을 부르는 자들 중에는 사무엘이 매번 응답을 받는 사람이었습니다. 이스라엘에 많은 선지자들이 있었지만, 그들 중에서도 사무엘은 더 많은 응답을 받은 선지자였습니다. 영이 맑은 선지자요, 사심도 없고 욕심도 없이 오직 하나님을 위해서 백성들을 돌본 선지자였기 때문입니다.

특별한 사람을 특별히 사랑해 주시는 하나님! 하나님께서는 모든 사람을 사랑하시지만, 특별히 더 사랑하셨던 사람들이 있었습니다. 모세, 아론, 사무엘 외에도 노아, 아브라함, 다윗, 엘리야, 엘리사 등 많은 성경의 위인들이 하나님의 응답을 많이 받았습니다. 그들은 모두 하나님께 대하여 특별한 믿음을 가진 사람들, 특별히 충성스러운 사람들, 특별히 신실한 사람들, 특별한 기도의 사람들이었습니다.

하나님 아버지! 저도 그들처럼 하나님께 특별한 존재로 기억되고, 기도하는 것마다 응답받는 사람이 되기를 소망합니다. 하나님께서 기쁜 마음으로 반겨주시고, 기쁨으로 응답해 주시는 믿음의 사람이 되게 도와주세요. 예수님 이름으로 기도합니다. – 아멘.

오늘의 말씀 이사야 61 : 6

오직 너희는 '여호와의 제사장'이라 일컬음을 받을 것이라. 사람들이 너희를 '우리 하나님의 봉사자'라 할 것이며, 너희가 이방 나라들의 재물을 먹으며, 그들의 영광을 얻어 자랑할 것이니라.

오늘의 묵상 주제

⊙ 하나님의 봉사자로 인정받는 삶을 살자!
⊙ 하나님께서 주시는 재물과 영광으로 자랑되는 사람이 되자!

오늘의 기도

칭호를 주시는 여호와 하나님!

옛날 사람들은 작위(爵位)를 받는 것을 큰 영광으로 여겼습니다. 공작 백작 후작 남작 등의 작위를 받으면 개인 뿐 만 아니라 가문의 영광이 되어, 그 영광과 특권이 자손대대로 이어졌습니다. 지금도 영국은 왕으로부터 작위를 받아 경(卿)의 칭호로 불리는 것을 세계적인 영광으로 여기고 있습니다. 작위를 좋아 하는 사람들은 우리나라가 일본의 식민지로 있을 때에, 일본의 왕으로부터 작위를 받는 것까지도 영광으로 생각했었습니다. 그러나 이런 사람들은 해방이 된 후에 몹시 부끄럽게 되었습니다. 이 작위가 친일파라는 멍에가 되어 후손 대대로 부끄러움이 되었기 때문입니다.

하나님 아버지! 세상의 권력자로부터 칭호를 받는 것도 이처럼 영광으로 생각하는데, 만왕의 왕이신 하나님으로부터 칭호를 받고 작위를 받는다면 크나 큰 영광이 아닐 수가 없습니다. 하나님이 주시는 칭호는 세상이 주는 것과는 다릅니다. 이 땅에서 뿐 만 아니라 천국에서도 영원한 영광이 되는 칭호입니다. 하나님이 칭호를 주시는 기준은 땅의 기준과는 다릅니다. 신분에 차별 없이 오직 믿음으로 충성하며 영과 진리로 예배하는 자들에게 주시는 칭호입니다.

하나님 아버지! 하나님께서는 주시는 칭호는 '여호와의 제사장'이나 '하나님의 봉사자'라는 것입니다. 여호와의 제사장은 하나님과 죄인들을 화목하게 해주는 역할입니다. 하나님의 봉사자는 하나님을 받들어 섬기는 사람들입니다. 이것은 세상에서 엄청난 권력을 행사할 수 있는 칭호가 아니지만 하나님의 나라에서는 큰 영광을 얻게 되는 칭호입니다. 하나님께서는 칭호를 받은 사람들이 이방 나라들의 재물로 먹게 되고, 영광을 얻어 자랑하게 될 것이라고 하셨습니다.

하나님 아버지! 저도 세상의 칭호보다 하나님의 칭호를 받는 믿음의 사람이 되게 이끌어 주세요. 예수님 이름으로 기도합니다. – 아멘.

 **오늘의 말씀**　에스겔 31 : 5, 6

그 나무가 물이 많으므로 키가 들의 모든 나무보다 크며, 굵은 가지가 번성하며, 가는 가지가 길게 뻗어 나갔고, 공중의 모든 새가 그 큰 가지에 깃들이며, 들의 모든 짐승이 그 가는 가지 밑에 새끼를 낳으며, 모든 큰 나라가 그 그늘 아래에 거주하였느니라.

 **오늘의 묵상 주제**

◉ 많은 물가에 심겨진 나무처럼 크고 번성한 나무가 되자!
◉ 많은 사람들에게 유익을 주는 사람으로 살자!

 **오늘의 기도**

　크게 자라게 하시는 하나님! 세상에는 나무들이 있지만, 나무들 중에는 특별히 크고 번성하는 나무들이 있습니다. 오늘의 말씀 속에 나오는 나무는 아주 큰 나무입니다. 물이 많은 곳에 심겨진 이 나무는 들의 모든 나무보다 크게 자라났습니다. 굵은 가지들이 번성했고, 가는 가지가 길게 뻗어 나가서 덩치가 아주 큰 나무가 되었습니다. 그러나 이 큰 나무는 자기가 크므로 교만해졌습니다. 그 교만 때문에 하나님께서는 여러 민족으로 나무를 찍어버리게 하였고, 나무의 가지들은 잘리고 꺾여서 땅에 흩어졌습니다.

　하나님 아버지! 말씀 속의 이 나무는 앗수르제국을 상징합니다. 하나님께서는 앗수르를 다른 나라보다 큰 나라로 만들어 주셨습니다. 그러나 앗수르는 교만하여 도리어 하나님이 세워주신 이스라엘을 멸망시켰습니다. 그래서 하나님께서는 앗수르를 멸망하도록 하셨습니다. 앗수르 뿐 만 아니라 애굽도 메대와 페르시아, 바벨론도 같은 길을 걸었습니다.

　하나님 아버지! 키가 큰 나무는 큰 인물들을 상징하기도 합니다. 어떤 사람은 구름에 닿을 듯 키가 큰 레바논 백향목 처럼 크고 높은 자리에 오르게 됩니다. 물가에 심기운 나무처럼 키가 크고 가지와 잎이 무성하게 되는 것은 하나님께서 형통하게 해주셨기 때문입니다. 그러나 큰 인물이 된 사람들 중에는 교만해지는 사람들이 많습니다. 하나님과 사람 앞에서 겸손하지 못하고 교만하게 굴 때에 하나님께서는 그를 나무처럼 찍어버리십니다. 하나님께서 키워주시는 것은 그 자신만을 위함이 아니요, 하나님과 사람들을 위해서 유익한 일을 하게 하기 위함입니다.

　하나님 아버지! 저도 많은 물가에 심겨진 나무처럼, 하나님이 형통하게 해주셔서 큰 나무가 되기를 원합니다. 그러나 교만하지 않고 하나님 앞에서 언제나 겸손하고, 하나님께서 원하시는 유익한 일을 더 많이 할 수 있는 사람으로 살 수 있게 해주실 것을 소망합니다. 예수님 이름으로 기도합니다. – 아멘.

나 자신을 알기 위한 기도

 **오늘의 말씀** 시편 119 : 169, 170

여호와여! 나의 부르짖음이 주의 앞에 이르게 하시고, 주의 말씀대로 나를 깨닫게 하소서. 나의 간구가 주의 앞에 이르게 하시고, 주의 말씀대로 나를 건지소서.

 **오늘의 묵상 주제**

⊙ 주의 말씀에 비추어 나 자신을 깨닫는 사람이 되자!
⊙ 주의 말씀대로 나 자신을 구원하자!

 **오늘의 기도**

부르짖으라 하시는 하나님!

세상에는 부르짖는 사람들이 많습니다. 자기의 잘난 것을 부르짖는 사람이 많습니다. 자기의 주장이 옳다고 부르짖고, 다른 사람은 그르다고 부르짖는 사람들이 많습니다. 정치하는 사람들은 그래서 자기를 뽑아달라고 국민들에게 부르짖습니다. 자기는 억울하다고 부르짖는 사람들도 많습니다. 이권 때문에 돈을 주고받았어도 그것은 뇌물이 아니었다고 법정에서 부르짖는 사람들이 많습니다. 그러나 재판장의 마음에도 국민의 마음에도 이르지 못하는 자기만의 부르짖음으로 끝나는 것들이 많습니다. 하나님 아버지! 세상에는 하나님께 부르짖는 사람들도 많이 있습니다. 많은 것으로 기도(祈禱;하나님께 빌고 그것이 이루어지기를 기원하는 것)하고 간구(懇求;간절하게 구하는 것)하며 부르짖습니다. 그러나 그 부르짖음들 중에는 하나님 앞에 이르는 것이 있고, 하나님 앞에까지 이르지 못하는 것들이 있습니다. 악한 것을 구하는 부르짖음, 자기 욕심을 위한 부르짖음, 하나님과 원수 되게 하는 것을 위한 부르짖음은 하나님 앞에 도달되지 않습니다. 하나님께서 들어줄 수가 없는 부르짖음입니다.

하나님 아버지! 하나님께서 원하시는 것이 무엇인지를 깨닫고, 그 깨달음을 따르는 제가 되게 해주세요. 또한 원하기는 하나님의 말씀에 비추어 저 자신이 어떤 사람인지, 어떤 상황에 있는지, 어떤 일을 해야 하는 사람인지를 깨닫기를 원합니다. 그리고 그것을 위해서 하나님께 부르짖게 하시고, 나의 부르짖음이 하나님 앞에 이르게 해주세요. 나의 간구하는 것 마다 주님께서 응답해 주세요. 예수님의 이름으로 기도합니다. – 아멘.

 **오늘의 말씀**　이사야 65 : 23

그들의 수고가 헛되지 않겠고, 그들이 생산한 것이 재난을 당하지 아니하리니, 그들은 여호와의 복된 자의 자손이요, 그들의 후손도 그들과 같을 것임이라.

 **오늘의 묵상 주제**

⊙ 수고가 헛되지 않는 사람이 되자!
⊙ 내가 생산한 것이 재난을 당하지 않는 복된 사람이 되자!

 **오늘의 기도**

수고가 헛되지 않게 해주시는 하나님!

세상에는 힘들게 일하는 사람들이 많이 있습니다. 참 위험한 일도 마다하지 않고 수고롭게 일하는 사람들도 많습니다. 베링해의 게잡이 어부들은 혹한의 날씨와 파도와 얼음 언 미끄러운 갑판에서 목숨을 걸고 일을 합니다. 요즘은 초고층 빌딩들을 많이 짓는데, 건물 외벽의 창을 마감하는 코킹작업자들은 밧줄 하나에 매달려 바람과 싸우며 일을 합니다. 깊은 갱 속의 광부, 산 속에서 거대한 나무들을 베어 넘기는 벌목꾼, 뜨거운 쇳물을 다루며 일하는 제철소 작업자, 냄새나는 쓰레기나 음식물 쓰레기와 씨름하는 환경미화원 등 수고를 아끼지 않고 일하는 사람들이 많습니다. 그렇게 수고하다가 재난을 당하는 사람들이 있습니다. 사고를 당한 사람에게는 수고가 헛된 것이 됩니다. 또한 그렇게 수고하여 얻은 재물을 재난을 당해 잃게 되어도 헛된 수고가 됩니다. 많이 수고하는 것도 필요하지만 수고를 통해서 좋은 결과를 얻는 것은 더 중요합니다.

우리를 지켜주시는 하나님! 사람이 아무리 조심하며 살아도 재난을 다 막아내지 못하는 것이 인생입니다. 오직 하나님께서 지켜주셔야만 재난을 당하지 않을 수 있음을 고백합니다. 저의 노력과 수고가 하나도 헛되지 않게 지켜주시고, 저의 수고가 모두 보람 있는 결과를 낳을 수 있도록 도와주세요.

하나님 아버지! 저로 여호와의 복된 자의 자손이 되게 해주세요. 노력하고 수고한 대로 실력이 쌓이고 성적이 오르게 하시고, 수고하여 이룬 결과물들이 재난을 당하지 않도록 저의 평생을 지켜주세요. 예수님 이름으로 기도합니다. - 아멘.

 **오늘의 말씀**) 에베소서 6 : 13~17

그러므로 하나님의 전신 갑주를 취하라. 이는 악한 날에 너희가 능히 대적하고, 모든 일을 행한 후에 서기 위함이라. 그런즉, 서서 진리로 너희 허리띠를 띠고 의의 호심경을 붙이고, 평안의 복음이 준비한 것으로 신을 신고, 모든 것 위에 믿음의 방패를 가지고, 이로써 능히 악한 자의 모든 불화살을 소멸하고, 구원의 투구와 성령의 검, 곧 하나님의 말씀을 가지라.

 **오늘의 묵상 주제**

◉ 하나님의 말씀으로 단단히 무장한 사람이 되자!
◉ 믿음으로 악을 대적하여 능히 이기는 사람이 되자!

 **오늘의 기도**

인생의 창과 방패가 되시는 하나님!

옛날 중국의 초나라에 무기를 파는 사람이 있었답니다. 그 장사꾼은 방패를 팔 때는 '어떤 창도 뚫지 못하는 견고한 방패'라고 하였고, 창을 팔 때는 '어떤 방패라도 뚫을 수 있는 예리한 창'이라고 하면서 팔았다고 합니다. 이 말을 듣던 사람 하나가 "그럼 그 창으로 그 방패를 뚫어보면 어떻게 되는 것이오?"라고 묻자 장사꾼은 할 말이 없었다고 합니다. 여기서 모순(矛盾;창과 방패)이라는 말이 나왔다고 합니다.

하나님 아버지! 사람에게는 모순이 있지만 하나님께는 모순이 없습니다. 하나님께서는 우리를 위해서 어떤 방패도 뚫을 수 있는 창으로 공격해 주시고, 어떤 창도 뚫을 수 없는 방패로 방어해주십니다. 하나님 아버지! 믿는 자들은 마귀와 싸울 때 하나님의 말씀을 창과 검으로 삼아 대적을 무찌를 수 있습니다. 동시에 하나님의 말씀은 방패가 되어 대적의 공격에서 보호를 받습니다. 말씀으로 무장한 사람은 어떤 창도 막을 수 있는 방패를 갖게 됩니다. 말씀으로 무장한 사람은 적의 어떤 방패도 뚫을 수 있는 강력한 창을 갖게 됩니다.

하나님 아버지! 말씀을 강력하게 붙들고 사는 것은 전신 갑주를 입는 것과 같다고 하셨습니다. 말씀을 통해서 진리로 허리띠를 삼게 해주시고, 의로 호심경(護心鏡, 심장을 보호하는 쇠붙이)을 붙이게 해주시고, 평안의 복음이 준비한 것으로 신을 신게 해주세요. 그리고 무엇보다도 모든 것 위에 믿음의 방패를 가지게 도와주시고, 그것으로 악한 자의 모든 불화살을 소멸하고, 구원의 투구와 성령의 검을 가질 수 있게 도와주세요. 말씀 안에서 두려움 없이 평안하게 살 수 있게 해주세요. 모든 악한 날들에 악한 것들을 능히 대적하고 승리자로 서게 도와주세요. 예수님 이름으로 기도합니다. – 아멘.

 **오늘의 말씀**　출애굽기 15 : 26

이르시되 "너희가 너희 하나님 나 여호와의 말을 들어 순종하고, 내가 보기에 의를 행하며, 내 계명에 귀를 기울이며 내 모든 규례를 지키면, 내가 애굽 사람에게 내린 모든 질병 중 하나도 너희에게 내리지 아니하리니, 나는 너희를 치료하는 여호와임이라."

 **오늘의 묵상 주제**

⊙ 나를 치료하시는 하나님임을 알자!
⊙ 나의 모든 병적인 요소들을 하나님께 고침받자!

 **오늘의 기도**

치료하시는 여호와 하나님!

세상에는 병든 사람들이 참 많습니다. 병원에 가보면 환자들이 정말 많다는 것을 알 수 있습니다. 질병의 종류도 많습니다. 투병생활로 아무것도 할 수 없는 사람들이 많습니다. 고통 중에 신음하는 사람들도 많습니다. 절망에 빠지는 사람도 많습니다. 의술이 발달해서 고칠 수 있는 질병들이 더 많아지지만, 고칠 수 없는 새로운 질병들이 더 많이 생겨나고 있습니다. 사람의 치료는 한계가 있습니다.

하나님 아버지! 하나님은 '여호와 라파'의 하나님이 되십니다. 육체와 영혼의 모든 병을 치료할 수 있고, 또 치료해 주시는 분입니다. 질병을 내리기도 하고, 면하게도 하는 분이십니다.

하나님 아버지! 오늘의 말씀은 모든 질병에서 피하는 사람이 되는 방법을 가르쳐 주고 있습니다. 하나님의 말씀을 듣고 순종하고 의를 행하는 사람, 하나님의 계명에 귀를 기울이며 하나님의 모든 규례를 지키는 사람이 되면, 하나님께서 애굽에 내리셨던 모든 질병 중에 하나도 걸리지 않게 해주십니다.

하나님 아버지! 저의 영육간의 모든 건강을 지켜주세요. 하나님 제 몸과 마음과 정신, 그리고 영혼에 스며있는 모든 약함과 병적인 요소들을 아주 작은 것까지 완전히 치료해주세요. 특히 정신과 마음의 병을 치료하여 건강한 심령으로 살게 해주세요. 저로 말씀을 듣고 순종하게 해주시고, 하나님의 모든 계명을 듣고 지키는 사람이 되게 도와주세요. 여호와 라파(하나님의 치료)!예수님 이름으로 기도합니다. – 아멘.

하나님께 돌아가기 위한 기도

 **오늘의 말씀**) 요엘 2 : 12~14

……너희는 옷을 찢지 말고 마음을 찢고 너희 하나님 여호와께로 돌아올지어다. 그는 은혜로우시며, 자비로우시며, 노하기를 더디 하시며, 인애가 크시사 뜻을 돌이켜 재앙을 내리지 아니하시나니, 주께서 혹시 마음과 뜻을 돌이키시고 그 뒤에 복을 내리사, 너희 하나님 여호와께 소제와 전제를 드리게 하지 아니하실는지 누가 알겠느냐?

 **오늘의 묵상 주제**

⊙ 마음을 다하여 애통하는 심정으로 하나님께로 돌아가쟤!
⊙ 하나님의 재앙의 대상이 아니라 복의 대상이 되쟤!

 **오늘의 기도**

참 마음을 알아주시는 하나님!

하나님은 은혜롭고 자비로우시며 노하기를 더디 하시고 인애가 크신 분이십니다. 이런 하나님을 생각하면 세상에 사는 모든 사람들이 복을 받으며 살 것 같은데도 재앙을 당하며 사는 사람들이 있습니다. 하나님은 제사를 기쁘게 받는 분이신데도, 어떤 사람이 드리는 소제와 전제는 받지 않으셨습니다. 하나님을 떠나 악을 먹고 마시며 사는 사람들, 그리고 오랫동안 하나님께로 돌아 오지 않는 악한 사람들의 제사는 받지 않으셨습니다. 하나님께 제사하기는 하지만 옷만 찢고(구약시대의 이스라엘 사람들은 회개의 표현으로 옷을 찢으며 기도했음) 마음을 찢지 않았기 때문입니다. 하나님 아버지! 하나님께서는 사람들에게 완전하기를 요구하지는 않으십니다. 온전한 사람이 되고, 늘 경건하고 진실하게 살 수 있다면 더 없이 좋겠지만, 하나님께서도 사람이 그럴 수 없다는 것을 아시기 때문입니다. 사람이 불완전한 존재임을 알기 때문에 한 번의 실수나 큰 죄를 지었다고 내쳐버리는 분이 아니십니다. 다만 하나님께서는 돌아오기를 기다려 주십니다. 돌아오기만 하면 언제라도 영접해 주는 분이십니다. 그리고 다시 복을 내려주십니다. 그러나 이런 하나님께서도 재앙을 면하게 하지 않는 사람들이 있습니다. 끝내 돌이키지 않는 사람들입니다. 돌아왔다고 하면서도 옷만 찢고 마음을 찢지 않은 것처럼 진심으로 회개하지 않는 사람들입니다.

하나님 아버지! 제가 그런 사람들처럼 되지 않은 것을 감사드립니다. 저도 잘못하고 죄를 지을 때도 있습니다. 하나님을 멀리 할 때도 있었습니다. 그렇더라도 아직 재앙이 내리지 않았을 때에 빨리 하나님께 돌아가는 제가 되게 해주시고, 돌아갈 때에는 진심으로 회개하고 새사람이 되어 하나님께 돌아가게 도와주세요. 예수님 이름으로 기도합니다. – 아멘.

 **오늘의 말씀**　고린도후서 6 : 1, 2

우리가 하나님과 함께 일하는 자로서 너희를 권하노니, 하나님의 은혜를 헛되이 받지 말라. 이르시되 "내가 은혜 베풀 때에 너에게 듣고 구원의 날에 너를 도왔다." 하셨으니, 보라! 지금은 은혜 받을 만한 때요, 보라! 지금은 구원의 날이로다.

 **오늘의 묵상 주제**

⊙ 하나님께 받은 은혜를 헛되게 하지 말자!
⊙ 은혜를 주신 하나님께서 기뻐하시도록 받은 은혜를 선용하자!

 **오늘의 기도**

　은혜를 주시는 하나님!

　하나님께서는 은혜를 베푸시되 아낌없이 베풀어 주십니다. 하나님은 죄가 있는 사람에게도 은혜를 베풀어 주십니다. 죄가 많은 곳에 은혜가 넘친다고 하는 성경 말씀은, 죄가 많은 사람일수록 더 많은 은혜를 받을 수 있음을 말해 줍니다. "지금은 은혜를 받을 만한 때"라는 말씀처럼, 지금은 은혜를 받고자 하면 차고 넘치도록 은혜를 받을 수 있는 때입니다. 우리나라에서는 더욱 그렇습니다. 신앙의 자유가 있고, 교회가 많고, 예배와 집회도 많고, 교회마다 많은 프로그램들을 개설해 놓고 있으며, 서점에는 신앙서적들이 넘쳐나고 있습니다.

　하나님 아버지! 그런데도 은혜를 받지 못하는 사람들이 있습니다. 은혜를 받고자 생각조차 하지 못하는 사람들이 있습니다. 손만 뻗으면 하나님의 손이 구원해 주실 텐데도 구원을 받지 못하는 사람들이 있습니다. 하나님을 믿는 사람들 중에는 은혜도 없고, 구원도 없는 사람들이 있습니다. 이런 사람들은 은혜를 헛되이 받은 사람들입니다. 하나님께서 은혜를 베푸시는 때에 은혜를 받지 않은 사람들입니다. 나를 도와 구원을 베푸시는 때에도 하나님의 손을 잡지 않은 사람들입니다.

　하나님 아버지! 제게도 때를 따라 은혜를 베풀어주신 것을 감사드립니다. 그러나 그동안 하나님의 은혜를 받고도 보람 있게 활용하지 못했던 것을 용서해 주세요. 하나님의 은혜를 헛되게 한 것은, 받은 보물을 간직하지 못하고 잃어버린 것과 같은 잘못입니다. 회개하오니 용서해주세요. 그리고 이제부터는 하나님께서 주신 은혜를 잘 간직할 뿐 아니라 잘 활용해서 몇 배의 열매를 맺을 수 있도록 노력하겠습니다. 그리고 무엇보다도 앞으로는 하나님의 은혜를 사모하는 자가 되겠습니다. 구하는 자에게 풍성한 은혜를 주시는 하나님께 마음껏 구하고 큰 은혜를 받아 누리는 제가 되게 해주세요. 예수님 이름으로 기도합니다. ― 아멘.

 **오늘의 말씀**   출애굽기 19 : 5, 6

세계가 다 내게 속하였나니, 너희가 내 말을 잘 듣고 내 언약을 지키면 너희는 모든 민족 중에서 내 소유가 되겠고, 너희가 내게 대하여 제사장 나라가 되며 거룩한 백성이 되리라. 너는 이 말을 이스라엘 자손에게 전할지니라.

 **오늘의 묵상 주제**

◉ 하나님의 말씀을 잘 듣고 하나님과의 약속을 잘 지키는 사람이 되자!
◉ 하나님의 사람으로 거룩한 백성이 되자!

 **오늘의 기도**

온 세상의 주인이 되시는 하나님!

하나님께서는 세상의 창조주이기에 세상의 주인이십니다. 세상의 모든 것이 다 하나님께 속하였습니다. 당연히 세상의 모든 사람의 주인도 하나님이십니다. 모든 사람들이 다 하나님께 속해 있습니다.

하나님께 속해 있다고 해서 모든 사람이 하나님의 소유가 되는 것이 아닙니다. '하나님의 소유'가 된 사람은 하나님께서 특별히 선별하시고 하나님의 것으로 삼은 사람들입니다. 하나님께 대하여 제사장 나라가 되게 한 사람들입니다. 하나님께서 거룩한 백성이 되게 해주신 사람들입니다.

하나님 아버지! 이렇게 하나님께서 구별한 거룩한 백성이 되고, 하나님의 소유가 되는 사람은 하나님의 말씀을 잘 듣는 사람들입니다. 하나님의 언약을 지키는 사람들입니다. 하나님의 말씀을 잘 듣지 않는 사람, 말씀을 거부하는 사람, 말씀에 순종하지 않는 사람, 하나님의 언약을 지키지 않는 사람은 하나님의 소유로 삼아주지 않으십니다.

하나님 아버지! 하나님께서는 하나님의 소유가 된 특별한 사람들에게 좋은 것을 주십니다. 제게도 좋은 것들을 베풀어주세요. 하나님께서 무엇이든지 주고 싶어 할 수 있는 사람이 되게 해주세요. 그러기 위해서 하나님의 말씀을 잘 듣는 사람이 되게 해주세요. 하나님의 언약을 지키는 사람이 되게 해주세요. 그래서 하나님의 소유가 되고, 하나님께 대하여 제사장(제 자신과 다른 사람들을 하나님과 화해시키는 역할을 하는 사람)과 거룩한 백성이 되게 해주세요. 예수님 이름으로 기도합니다. – 아멘.

 **오늘의 말씀**　이사야 66 : 11, 12

너희가 젖을 빠는 것 같이 그 위로하는 품에서 만족하겠고, 젖을 넉넉히 빤 것 같이 그 영광의 풍성함으로 말미암아 즐거워하리라. 여호와께서 이와 같이 말씀하시되 "보라! 내가 그에게 평강을 강 같이, 그에게 뭇 나라의 영광을 넘치는 시내 같이 주리니, 너희가 그 성읍의 젖을 빨 것이며, 너희가 옆에 안기며 그 무릎에서 놀 것이라.".

 **오늘의 묵상 주제**

⊙ 주님의 위로하는 품에서 만족한 삶을 살자!
⊙ 주님이 주시는 영광의 풍성함으로 즐거워하자!

 **오늘의 기도**

　만족과 즐거움을 주시는 하나님!

　오늘은 허그 데이(Hug-day)라고 해서 사람들이 서로 안아 주고 안기는 날입니다. 특히 연인들이 서로 안아주는 날이라고 합니다. 그래서 사람들은 안기고 싶은 사람에게 안아달라고 요구하는 날이기도 합니다.

　하나님 아버지! 사람들은 누구에겐가 안기고 싶은 사람이 있습니다. 사랑하는 사람, 좋아하는 사람에게 안기고 싶은 것이 당연합니다. 싫은 사람은 안아준다고 해도 도망가는 것이 사람입니다. 그렇다면 세상에서 가장 편안한 가슴은 누구의 가슴일까요? 누구의 품에 안기는 것이 가장 편안하고 따뜻하고 행복하고 만족스러울까요? 그것은 엄마의 품이라고 할 수 있을 것입니다. 젖을 먹는 아기는 엄마의 품에 안겨 만족을 얻습니다. 젖을 넉넉히 빤 아기들은 그 풍성함으로 즐거워하게 됩니다. 하나님의 품은 모든 사람에게 바로 아가에게의 엄마 품이 됩니다.

　하나님 아버지! 저는 사람의 품에 안기기보다 하나님 품에 안기기를 원합니다. 하나님께서는 엄마가 아기를 품에 안고 만족시키는 것처럼 우리를 안아주는 분이십니다. 우리를 품 안에서 위로해 주는 분이십니다. 하나님의 풍성한 영광으로 즐거워하게 해주십니다. 하나님께서는 하나님의 백성에게 강 같은 평강과 넘치는 시내 같은 영광을 주십니다. 제게도 그런 평강과 영광을 베풀어주세요. 그래서 엄마 품에서 젖을 넉넉히 먹은 아기가 만족하고 즐거워하는 것처럼, 하나님 은혜 안에서 만족하고 즐거워하는 삶을 살 수 있게 해주세요. 예수님 이름으로 기도합니다. – 아멘.

넓은 마음을 구하는 기도

 **오늘의 말씀** 고린도후서 6 : 11~13

고린도인들이여! 너희를 향하여 우리의 입이 열리고 우리의 마음이 넓어졌으니, 너희가 우리 안에서 좁아진 것이 아니라 오직 너희 심정에서 좁아진 것이니라. 내가 자녀에게 말하듯 하노니 보답하는 것으로 너희도 마음을 넓히라.

 **오늘의 묵상 주제**

◉ 마음을 넓히자!
◉ 넓은 마음의 소유자가 되기 위해서 힘쓰자!

 **오늘의 기도**

마음이 지극히 넓으신 주님!

어떤 사람을 향해서는 저절로 입이 열리기도 하고, 어떤 사람을 향해서는 입이 잘 열리지 않기도 합니다. 어떤 사람에게는 자꾸만 말을 하고 싶고, 할 말도 많습니다. 그러나 어떤 사람에게는 말하는 것이 거북하고, 할 말도 없습니다. 같이 있는 것 자체가 몹시 불편합니다. 좋아 하는 사람과 싫어하는 사람의 차이 때문입니다.

주님! 사랑하는 사람에게는 마음이 넓어집니다. 못생겨도 예쁘게 보이고, 실수를 해도 밉지 않고, 큰 잘못을 저질러도 용서가 됩니다. 그러나 미워하는 사람에게는 마음이 좁아집니다. 예쁘게 생겨도 미워 보이고, 좋은 일을 해도 잘 한 것 같아 보이지 않고, 작은 잘못 하나도 용납되지 않습니다.

주님! 그런데 어떤 사람은 자기 마음이 좁아져 있기 때문에 상대방이 자기를 부정적으로 보고 있다고 생각하기도 합니다. 자기가 그를 싫어하는 것 때문에, 그에 대해서 마음이 좁아져 있고, 그래서 그가 자기를 싫어한다고 생각하게 되는 것입니다. 자기 마음이 역으로 투사되기 때문입니다.

주님! 저의 좁은 마음을 넓혀주세요. 생각해보면 저는 지금까지 너무 좁은 마음을 가지고 살아왔습니다. 좁은 마음 때문에 가족들과 친구들, 그리고 제 주변의 사람들에게 섭섭해 한 적도 있고, 시기하고 질투한 일도 있고, 다투기도 했습니다. 이제 마음을 넓혀서 제 주변 사람들을 이해하고, 감싸주고, 위로하고 격려하며, 더불어 잘 지낼 수 있게 해주세요. 다른 사람의 마음이 좁다고 불평하고 원망하지 않게 도와주시고, 오직 제 자신의 마음을 넓힐 수 있게 도와주세요. 원수까지도 사랑할 자신은 없지만, 저를 아껴주는 사람들만큼은 넓은 마음으로 대하며 살 수 있게 해주세요. 넓은 마음으로 큰 인생을 살 수 있는 사람이 되게 해주세요. 예수님 이름으로 기도합니다. – 아멘.

 **오늘의 말씀**　신명기 6 : 4, 5

이스라엘아, 들으라! 우리 하나님 여호와는 오직 유일한 여호와이시니, 너는 마음을 다하고 뜻을 다하고 힘을 다하여 네 하나님 여호와를 사랑하라.

 **오늘의 묵상 주제**

⊙ 여호와 하나님이 유일하신 신이심을 인정하자!
⊙ 마음, 뜻, 힘을 다하여 여호와 하나님을 사랑하자!

 **오늘의 기도**

　유일하신 신이신 여호와 하나님!
　여호와 하나님은 유일한 신이십니다. 하나님은 천지만물과 인간의 창조자이시며, 우주와 만물을 질서 있게 운행하시면서, 창조의 목적지로 이끄시는 분입니다. 하나님께서는 우리를 세상에 보내 주셨으며, 하나님의 뜻을 이루면서 복되게 살도록 인도해 주셨습니다. 하나님께서는 우리를 하나님의 나라에서 영원한 생명으로 영원한 복락과 영광을 누리게 해줄 분이십니다. 하나님은 우리의 과거와 현재와 미래를 책임지고 계신 분이고, 사랑과 은혜로 보호하며 인도해주는 분이십니다. 우리가 이런 하나님을 사랑해야 하는 것은 당연한 일이라고 할 것입니다.
　하나님 아버지! 그런데도 많은 사람들이 하나님을 사랑하지 않고 있습니다. 하나님을 섬기지 않고 있습니다. 하나님을 거부하고 있습니다. 하나님을 제대로 알지 못하기 때문입니다. 하나님에 대해서 오해하고 있기 때문입니다. 하나님을 제대로 알게 되면 사랑하지 않을 수 없게 될 것입니다. 그런데 하나님을 알면서도 자기의 하나님 여호와를 사랑하지 못하고 있는 사람들도 있습니다. 수십 년을 함께 살면서도 사랑하지 않는 부부처럼, 하나님을 믿고 섬기면서도 하나님을 제대로 사랑하지 못하고 있는 사람이 있습니다.
　나의 하나님 여호와여! 사랑합니다. 그런데 마음과 뜻과 힘을 다해서 하나님을 사랑하고 있다고 말할 자신이 없습니다. 이런 저를 넓은 마음으로 받아주시고, 이제부터는 저의 온 존재와 삶을 바쳐서 하나님을 사랑하도록 도와주세요. 예수님 이름으로 기도합니다. – 아멘.

 **오늘의 말씀**   고린도후서 4 : 17, 18

우리가 잠시 받는 환난의 경한 것이 지극히 크고 영원한 영광의 중한 것을 우리에게 이루게 함이니, 우리가 주목하는 것은 보이는 것이 아니요 보이지 않는 것이니, 보이는 것은 잠깐이요 보이지 않는 것은 영원함이라.

 **오늘의 묵상 주제**

⊙ 보이지 않는 것을 바라볼 수 있는 사람이 되재!
⊙ 현재의 어려움이 크고 영원한 영광을 이루기 위한 것임을 알재!

 **오늘의 기도**

환난을 통해 영광을 이루시는 하나님!

사람들은 환난을 싫어합니다. 어렵고 힘든 것을 좋아할 사람은 없을 것입니다. 환난을 피하기 위해서 여러 가지 보험에 들기도 합니다. 그러나 그런다고 모든 환난이 면해지는 것은 아닙니다.

하나님 아버지! 환난을 당하는 순간에는 작은 환난도 큰 환난처럼 생각됩니다. 인생의 작은 부분이 걸려 있는 것 뿐인데도 인생 전부가 걸려 있는 것처럼 보이기도 합니다. 가벼운 환난에 잘못 대처하여 크게 일을 그르치는 경우도 있습니다.

하나님 아버지! 우리가 인생을 살면서 당하게 되는 환난에 대하여 생각해야 할 중요한 관점이 있습니다. 그 하나는 환난은 잠시 받는 것 뿐이라는 사실입니다. 영원한 환난은 없습니다. 환난은 일시적으로 지나가는 것입니다. 환난에 대한 또 하나의 중요한 관점은 모든 환난에는 우리를 위한 목적이 있다는 것입니다. 하나님께서 우리로 환난을 겪게 하시는 것은 우리를 망하게 하기 위함이 아니라, 지극히 큰 영광을 얻게 하기 위한 수단입니다. 지금 잠시 작은(미래에 얻을 영광에 비하면 상대적으로 아주 작은) 환난을 통해서 미래에 크고 중요한 일을 이룰 수 있습니다.

하나님 아버지! 그래서 하나님께서는 잠시 있다가 사라질 눈에 보이는 것에 주목하지 말고, 보이지 않지만 영원한 것에 주목하라고 말씀하십니다. 사람들은 보이는 것에 주목하고, 일시적일 뿐인 세상적인 가치에 집착하기 때문입니다.

하나님 아버지! 이 세상에서의 삶이 영원하지 않다는 것을 깨닫는 제가 되게 해주세요. 눈에 보이는 것과 일시적인 것들을 목적으로 삼고 살아가지 않도록 도와주세요. 영원한 것, 영적이고 참된 가치가 있는 것들을 중요하게 생각하도록 도와주세요. 혹 세상에서 만나는 고난이나 환난이 있더라도 가볍고 일시적인 것으로 여기며, 오히려 영광을 위한 과정으로 만들 수 있게 해주세요. 예수님 이름으로 기도합니다. – 아멘.

 **오늘의 말씀**　마태복음 10 : 32, 33

누구든지 사람 앞에서 나를 시인하면 나도 하늘에 계신 내 아버지 앞에서 그를 시인할 것이요, 누구든지 사람 앞에서 나를 부인하면 나도 하늘에 계신 내 아버지 앞에서 그를 부인하리라.

 **오늘의 묵상 주제**

⊙ 어떤 경우라도 주님을 시인하는 자가 되자!
⊙ 어떤 사람 앞에서도 그리스도인임을 부인하지 말자!

 **오늘의 기도**

　언제라도 나를 안다고 시인해 주실 주님!
　저는 제가 그리스도인이 된 것을 참 다행으로 생각합니다. 이 세상의 삶이 전부가 아니라 영원한 생명이 있음과, 제 영혼이 지극한 복과 기쁨으로 천국에서 영원히 살게 된다는 것, 그리고 주님을 믿음으로써 영생을 얻게 된다는 것을 알기 때문입니다.
　주님! 모든 사람이 인생이 끝난 후에는 하나님의 심판대 앞에 서게 됩니다. 그때 주님께서 '안다' 고 시인해주면 천국에 들어갈 수 있지만, '모른다' 라고 부인하면 지옥에 던져지게 됩니다. 그때 주님께서 우리를 시인하고 부인하는 기준이, 우리가 세상에서 주님을 시인했느냐 부인했느냐 라는 것입니다. 세상에 살면서 주님을 시인한 사람은 천국에 가지만, 주님을 부인하며 산 사람은 지옥에 가게 되는 것입니다.
　주님! 김소진이라는 소설가가 있었습니다. 그는 어릴 때 아버지를 참 부끄러워했습니다. 리어카를 끌면서 청소부를 하기도 했고, 아주 작은 구멍가게를 하기도 했던 아버지가 늘 가난했고 초라했기 때문입니다. 그는 친구들 앞에서 자기 아버지가 아니라고 세 번 부인한 적이 있다고 합니다. 그러나 철이 들고 나서는 그것이 참 부끄러운 일이고, 아버지에게 못할 짓이었다는 것을 깨달았습니다.
　주님! 주님은 그렇게 초라한 분이 아닙니다. 부끄러워할 분이 아닙니다. 그런데도 사람들은 작은 이해관계 때문에, 불편함 때문에, 또는 자신에 대한 자격지심 때문에 주님의 사람임을 숨기며 주님을 부인하기도 합니다. 그러나 주님을 부인하는 것이 부끄러운 것이지 주님이 부끄러운 것이 아님을 깨닫게 해주세요.
　주님! 복된 믿음과 소망을 주신 주님을 언제 어디에서나 시인하고 증거 할 수 있는 제가 되게 해주세요. 주님이 구세주 되심을 부인하거나, 제가 주님을 믿는 사람인 것을 부끄러워하지 않게 해주세요. 제 존재와 삶이 부족한 것 때문에 주님의 영광을 가릴까 염려는 되지만, 당당하게 주님의 사람으로 살아가게 해주세요. 예수님의 이름으로 기도합니다. – 아멘.

선한 사업을 위한 기도

 **오늘의 말씀** 디모데전서 6 : 17~19

네가 이 세대에서 부한 자들을 명하여 마음을 높이지 말고, 정함이 없는 재물에 소망을 두지 말고, 오직 우리에게 모든 것을 후히 주사 누리게 하시는 하나님께 두며, 선을 행하고 선한 사업을 많이 하고 나누어주기를 좋아하며 너그러운 자가 되게 하라. 이것이 장래에 자기를 위하여 좋은 터를 쌓아 참된 생명을 취하는 것이니라.

 **오늘의 묵상 주제**

⊙ 가난하기보다는 부유한 사람이 되자!
⊙ 재물을 가지고 선한 사업을 많이 하고 나누어주기를 좋아하는 자가 되자!

오늘의 기도

부하게 하시는 하나님!

모든 것이 넉넉하신 하나님께서는 기뻐하는 자에게 나누어주기를 좋아하십니다. 아브라함의 하나님으로 아브라함을, 이삭의 하나님으로 이삭을, 야곱의 하나님으로는 야곱을 부하게 해주셨습니다. 나의 하나님께서 나의 삶에 모든 것을 후하게 주시고 누리게 하실 것을 믿습니다.

참 소망을 주시는 하나님! 오늘 말씀의 가르침을 마음에 새기고 살 수 있게 도와주세요. 첫째, 하나님께 소망을 두고, 재물에 소망을 두지 않게 도와주세요. 돈을 많이 벌고, 많은 재산을 형성하는 것에 인생의 목표를 두는 사람이 있습니다. 그러나 재물에 소망을 두면 혹 많은 재물을 갖게 되어도 누리지 못하는 사람이 되지만, 하나님께 소망을 두는 사람은 하나님께서 후하게 주시는 것으로 누리는 삶을 살 수 있기 때문입니다.

둘째, 선을 행하고, 선한 사업을 많이 하고, 나누어주기를 좋아하며, 너그러운 사람이 되게 도와주세요. 악을 행하거나, 나누어줄 줄 모르는 인색한 사람이 되지 않게 해주세요.

셋째, 장래에 자신을 위하여 좋은 터를 쌓고, 참된 생명을 얻는 사람이 되게 해주세요. 미래를 생각하지 않고 사는 것은 어리석은 사람입니다. 미래에 자신을 위해서 좋지 않는 터를 쌓는 것은 미련한 사람입니다. 오직 지혜로운 사람이 되어 나 자신의 미래를 위해서 좋은 터를 쌓는 생활을 할 수 있게 도와주세요.

하나님 아버지! 저의 좋은 미래를 위해서 제가 해야 할 것들을 열심히 하며 살도록 노력하겠습니다. 정말 그렇게 살 수 있도록 하나님께서 도와주세요. 그러나 소유 자체를 목적으로 삼지 않게 도와주세요. 오직 하나님의 선한 청지기로 선한 사업을 많이 행하고, 많은 사람을 위해 유익하게 사용하게 해주세요. 세상의 부로 하늘의 생명과 상급을 얻는 도구로 삼게 해주세요. 예수님 이름으로 기도합니다. – 아멘.

예수 그리스도의 필요성을 깨닫는 기도 12월 20일

 **오늘의 말씀** 마가복음 2 : 17

예수께서 들으시고 그들에게 이르시되 "건강한 자에게는 의사가 쓸 데 없고 병든 자에게라야 쓸 데 있느니라. 나는 의인을 부르러 온 것이 아니요 죄인을 부르러 왔노라." 하시니라.

 **오늘의 묵상 주제**

⊙ 의사를 믿고 병든 몸의 치유를 맡기듯 주님께 나의 모든 문제를 맡기자!
⊙ 죄인이기에 예수 그리스도가 더 필요한 것을 알자!

 **오늘의 기도**

완전한 의사가 되시는 주님!

세상에는 의사가 많고, 명의로 소문난 사람들도 많습니다. 아무리 유명한 명의라고 하더라도 아무 병도 없고 건강한 사람에게는 별로 필요가 없습니다. 의사가 절실하게 필요한 사람들은 병든 사람입니다. 마찬가지로 죄가 많은 사람일수록 죄의 문제를 해결해 주실 주님이 절실하게 필요합니다.

주님! 사람들은 의사에게 자기의 병을 부끄러워하거나 숨기지 않습니다. 자신의 병을 고치기 위해서는 숨김없이 병의 증상들을 이야기합니다. 마찬가지로 죄의 문제를 해결받기를 원하는 사람은 자신의 죄들과 죄 때문에 일어난 모든 일들을 낱낱이 고백해야 합니다. 주님께서는 죄를 고백하고 회개하는 사람의 모든 죄를 용서해 주십니다. 주님! 주님께서는 영혼과 육체를 온전하게 치료하시는 완전한 의사가 되심을 믿습니다. 예수님께서는 세상의 온갖 병자들을 고쳐 건강한 삶을 회복시켜 주시는 능력의 의사이셨습니다. 더욱이 주님께서는 마음과 정신의 질병과 영적인 병도 모두 고쳐주셨습니다. 특히 죄인들이 죄와 죄책감을 벗고 영적으로 거듭나 새사람이 되도록 해주신 영혼의 의사이셨습니다.

주님! 저의 몸과 마음과 정신, 그리고 영혼의 병들을 온전히 고쳐주세요. 이제 겨울방학이 됩니다. 아직 학년이 끝나지는 않았지만 끝난 것이나 다름없는데, 한 학년 동안 공부에 지치고 피곤한 저의 몸과 마음을 가장 건강한 상태로 고쳐주세요. 방학 동안에도 내 년을 위해 준비하며 지낼 수 있게 해주셔서, 내년에는 모든 면에서 더욱 발전하는 제가 되게 해주세요. 예수님 이름으로 기도합니다. – 아멘.

예수님의 겸손을 배우기 위한 기도

 **오늘의 말씀** 스가랴 9 : 9

시온의 딸아, 크게 기뻐할지어다! 예루살렘의 딸아, 즐거이 부를지어다! 보라! 네 왕이 네게 임하시나니, 그는 공의로우시며, 구원을 베푸시며, 겸손하여서 나귀를 타시나니, 나귀의 작은 것 곧 나귀 새끼니라.

 **오늘의 묵상 주제**

◉ 그리스도의 오심을 기뻐하는 시온의 딸이 되자!
◉ 나귀를 타시는 그리스도의 겸손을 배우자!

 **오늘의 기도**

나의 왕으로 오신 주님!

성탄절이 가까이 다가왔습니다. 이 성탄의 계절에 주님의 오심을 다시 생각해 봅니다. 주님은 왕이십니다. 만왕의 왕이고, 하늘의 왕이십니다. 금과 보석으로 만든 왕궁이라도 모시기 황송한 영광의 왕이십니다. 온 세상에 구원을 베푸는 왕이십니다. 주님은 세상의 왕으로 오셨지만, 왕의 아들로 왕궁에서 태어나지 않고, 평범한 사람의 아들로 마굿간에서 태어나 구유에 누우셨습니다. 그래서 목자들과 소수의 사람들 외에는 왕이 오신 것을 알지 못했습니다. 왕이 태어나신 것을 기뻐하지 못했습니다.

주님! 지금은 주님께서 세상에 오셨던 것을 아는 사람들이 많습니다. 주님께서 태어나셨던 날을 성탄절로 지키며 기뻐하고 있습니다. 그런데 사람들이 세상의 왕, 자신의 왕으로 오신 예수 그리스도로 기뻐하기보다는 명절로서의 성탄절, 휴일로서의 성탄절, 선물을 주고 받는 성탄절로 기뻐하고 있습니다. 이제 저와 모든 그리스도인들은 주님을 기뻐하고, 주님이 베푸신 구원을 즐거이 외치며 크게 기뻐하는 성탄절을 맞을 수 있게 도와주세요. 세상 모든 사람들이 주님을 자신의 왕으로 모시고 기뻐할 수 있는 성탄절이 되게 만들어주세요.

세상의 왕으로 오신 주님! 왕으로 오신 주님께서는 말을 타지 않으시고 새끼 나귀를 타셨습니다. 세상의 제왕들은 말을 타고 세상을 정복하고 사람들 위에 군림하는 것을 좋아했습니다. 그러나 주님께서는 걸어다니셨고 어린 나귀를 타셨습니다. 겸손의 왕이요, 섬기는 왕이셨기 때문입니다.

주님! 저도 주님의 겸손을 배우도록 노력하겠습니다. 모든 사람을 인격으로 존중하고, 주님의 구원을 전하기 위해 애쓰겠습니다.

주님! 시온의 딸, 예루살렘의 딸처럼 주님의 오심을 크게 기뻐하며 즐거이 부르는 성탄의 계절을 지낼 수 있게 도와주세요. 예수님 이름으로 기도합니다. – 아멘.

 **오늘의 말씀**) 마태복음 1 : 23

보라! '처녀가 잉태하여 아들을 낳을 것이요, 그의 이름을 임마누엘이라 하리라.' 하셨으니, 이를 번역한즉 '하나님이 우리와 함께 계시다.' 함이라.

 **오늘의 묵상 주제**

◉ 나와 함께 계시는 하나님을 힘입고 살자!
◉ 성경의 모든 기적들을 그대로 믿는 절대믿음을 갖자!

 **오늘의 기도**

임마누엘 되시는 주님!

'예수'라는 이름으로 세상에 태어난 주님은 하나님이십니다. 성부 성자 성령의 삼위일체(三位一體;위격은 셋인데 몸체는 하나) 하나님 중 성자 하나님이십니다. 그 성자 하나님께서 사람의 모습으로 세상에 오신 것은 인간이 감당할 수 있는 모습으로 오기 위함입니다. 하나님의 영광은 너무 커서 사람이 감당할 수 없기 때문입니다.

주님! 출애굽 당시에 하나님께서 시내산 전체가 빽빽한 연기에 싸인 불 가운데서 이스라엘 백성들에게 강림하신 일이 있었습니다. 이스라엘 백성들은 하나님의 모습을 친히 볼 수도 없었고 오직 하나님의 음성만 들었을 뿐인데 모두 두려움에 떨었습니다. 하나님이 강림하시는 산에는 몸을 성결하게 한 제사장들 외에는 들어갈 수 없었습니다. 하나님의 거룩함을 침범하면 죽음을 면할 수 없기 때문입니다. 하나님의 영광을 접한 사람의 빛나는 얼굴조차도 사람들에게는 두려움을 주었습니다.

주님께서 사람의 모습으로 세상에 오신 것은 인간의 언어로 소통하시며 구원의 복음을 전하시기 위해서 였습니다. 사람의 모습으로 세상에 오셔서, 사람의 말로 하나님의 뜻과 복음과 구원의 길을 가르쳐 주기 위해서입니다.

주님! 주님께서 사람의 몸으로 태어나시는데 죄가 없는 사람으로 태어나야만 했습니다. 세상의 모든 죄를 대속할 제물이 되시기 위해서는 죄가 없는 몸으로 태어나야만 했기 때문입니다. 그래서 처녀의 몸을 빌어 성령으로 잉태되고 태어나셨습니다.

주님! 하나님이 세상에 오셔서 우리와 함께 계셨기 때문에 '임마누엘'(하나님이 우리와 함께 계시다)이라고 했습니다. 우리에게 오신 하나님께서 천국복음을 전하시고, 구원의 사역을 이루어주셨습니다. '임마누엘' 되시는 주님은 지금도 주님의 사람들과 함께 계십니다.

주님! 주님께서 저와 함께 계심을 믿습니다. 임마누엘 되시는 주님을 힘입어 세상을 향하여 담대하게 살아가게 해주세요. 예수님 이름으로 기도합니다. – 아멘.

 **오늘의 말씀** 미가 5:2

베들레헴 에브라다야! 너는 유다 족속 중에 작을지라도 이스라엘을 다스릴 자가 네게서 내게로 나올 것이라. 그의 근본은 상고에, 영원에 있느니라.

 **오늘의 묵상 주제**

⊙ 지금은 작지만 나중에는 인류에게 큰 역할을 하는 존재가 되자!
⊙ 생명의 떡이 되신 예수님을 기억하자!

 **오늘의 기도**

크고 존귀하신 주님!

세상에는 큰 사람도 있고 작은 사람도 있습니다. 그런데 세상이 평가하는 큰 사람의 기준은 주로 외형적인 것들입니다. 세상에서 큰 사람이란 실제로 키가 큰 사람을 가리킬 때도 있습니다. 때로는 높은 관직에 오른 사람을 큰 사람이라고 합니다. 때로는 재산이 많은 사람, 직책이 높은 사람, 커다란 일을 해낸 사람을 큰 사람이라고 말합니다. 그러나 대통령을 지낸 사람 중에도 쩨쩨한 사람도 있습니다. 재벌기업 회장이면서도 생각이 작은 사람도 있습니다. 겉보기만 크고 실제로는 아주 작은 사람들이 많습니다.

주님! 주님께서는 크고 작은 사람에 대한 판단 기준이 세상 사람들과는 다른 줄 압니다. 주님께서는 빈부귀천에 따라 사람의 크고 작음을 판단하지 않으셨습니다. 오직 믿음이 큰 사람을 큰 사람이라고 인정해 주셨습니다. 베들레헴에 오신 주심! 세상에는 크고 유명한 도시들이 많이 있었는데, 주님께서는 사람들의 주목을 받지 못하는 작은 고을 베들레헴에서 탄생하셨습니다. 주님께서 그곳에 오신 것은 그곳이 약속의 장소였기 때문입니다. 영원 전부터 계신 하나님께서 약속을 따라 베들레헴에 오신 것입니다. 그리스도 예수의 탄생으로 베들레헴은 작지만 인류에게 가장 큰 곳이 되었습니다. 세상에서 가장 의미 있는 곳이 되었기 때문입니다.

주님! 저도 베들레헴처럼 주님의 약속을 담고 있는 존재가 되기를 원합니다. 제가 지금은 예수님 태어나시기 전의 베들레헴처럼 아무도 주목하지 않는 작은 존재일지라도, 나중에는 예수님 오신 후의 베들레헴처럼 주님과 세상에 중요한 의미가 되는 삶을 살기를 원합니다. 저도 주님처럼 사람들에게 뭔가 의미 있는 '떡'(베들레헴의 뜻이 떡집임)을 줄 수 있는 사람이 되게 해주세요. 예수님 이름으로 기도합니다. - 아멘.

 **오늘의 말씀**　마태복음 2 : 9~11

박사들이 왕의 말을 듣고 갈새, 동방에서 보던 그 별이 문득 앞서 인도하여 가다가 아기 있는 곳 위에 머물러 서 있는지라. 그들이 별을 보고 매우 크게 기뻐하고 기뻐하더라. 집에 들어가 아기와 그의 어머니 마리아가 함께 있는 것을 보고 엎드려 아기께 경배하고, 보배합을 열어 황금과 유향과 몰약을 예물로 드리니라.

 **오늘의 묵상 주제**

⊙ 동방 박사들처럼 그리스도를 찾아 경배하는 자가 되자!
⊙ 보배합을 열어 아낌없이 주님께 드리는 자가 되자!

 **오늘의 기도**

　경배를 받으시기에 합당하신 주님!

　주님께서는 우주만물의 경배를 받기에 합당한 분이십니다. 모든 존재의 창조주요, 또한 섭리주(攝理;굳건히 쥐고 다스리리는 것)이시기 때문입니다.

　주님! 동방박사들은 주님께 경배하기 위해서 동방의 먼 나라에서 찾아왔습니다. 아주 먼 거리이고, 오랜 시간이 걸리는 일이었지만, 주님이 찾아 경배해야 할 존재라는 것을 알았기 때문입니다. 그들은 주님께 경배하기 위해서 보물을 예물로 준비하여 왔습니다. 그들이 주님께 드린 황금과 몰약과 유향이었습니다. 이 예물들은 왕, 죽음, 영원, 제사, 향기 등 주님이 하실 사역에 대한 상징을 담고 있다고 합니다. 그러나 이 예물들은 값비싼 보물들로 주님의 유년시절 가난한 삶에 실제적인 도움이 되었습니다.

　주님! 주님이 세상에 태어나셨을 때, 주님이 오셨다는 것을 아는 사람들은 많지 않았습니다. 지금도 예수님이 탄생했다는 사실을 알면서도 그 예수님이 세상과 자신을 구원할 그리스도라는 것을 알지 못하는 사람들이 많습니다. 한편 주님이 그리스도라는 것을 믿는 사람들도 이제는 많이 있습니다. 그런데 주님을 찾아오는 사람들 중에서 동방박사들처럼 진귀한 보물을 준비해서 온 마음으로 경배하기 위해서 찾아오는 사람은 많지 않아 보입니다.

　주님! 주님을 찾아 경배하기를 기뻐하는 제가 되게 해주세요. 또한 주님께 예물 드리는 것을 즐겨하는 자가 되게 해주세요. 이번 성탄절을 통해서 주님을 경배하는 마음, 기쁨으로 주님을 찾는 마음, 즐거움으로 예물을 드리는 마음을 가질 수 있게 해주세요. 예수님 이름으로 기도합니다. – 아멘.

 **오늘의 말씀** 누가복음 2 : 11~14

"오늘 다윗의 동네에 너희를 위하여 구주가 나셨으니 곧 그리스도 주시니라. 너희가 가서 강보에 싸여 구유에 뉘어 있는 아기를 보리니, 이것이 너희에게 표적이니라." 하더니, 홀연히 수많은 천군이 그 천사들과 함께 하나님을 찬송하여 이르되, "지극히 높은 곳에서는 하나님께 영광이요, 땅에서는 하나님이 기뻐하신 사람들 중에 평화로다." 하니라.

 **오늘의 묵상 주제**

⊙ 하나님께 영광을 돌리는 사람이 되재!
⊙ 하나님이 기뻐하시는 사람들 중 한 사람이 되재!

 **오늘의 기도**

　영광과 평화의 왕이신 주님!

　주님께서 이 땅에 태어나심을 기념하는 성탄절입니다.　마음을 담은 선물을 주고받으며, 좋은 음식을 함께 먹으며, 즐거운 시간을 보냅니다. 그러나 주님과는 상관없이, 주님께서 외면하고 싶은 성탄절을 보내는 사람들도 많습니다.

　주님! 성탄절이 온 세상 사람들에게 여호와 하나님의 계심과 예수님의 구원 사역에 대한 표적으로 받아들여지게 되기를 원합니다. 주님의 탄생은 하나님께는 영광이 되었고, 땅의 사람들에게는 평화가 되었습니다. 그러나 모든 사람에게가 아니라 '하나님이 기뻐하신 사람들'에게 평화라고 하셨습니다.

　주님! 미국 워싱턴대학의 토머스 홈스 교수가 사람들의 마음과 생활에 큰 변화를 가져오는 때를 조사했습니다. 요즘 사람들이 마음에 가장 큰 변화가 오는 때는 사랑하는 배우자가 죽었을 때였답니다. 이 경우를 100%로 할 때, 이혼을 했을 때가 73%, 임신했을 때가 40%, 집을 옮기거나 고쳤을 때가 25%였다고 합니다. 그런데 특별하게도 크리스마스 때도 12%나 되었다고 합니다. 크리스마스가 사람의 마음과 생활에 큰 변화를 가져다준다는 것이 확인 된 것입니다. 매 년 맞이하는 크리스마스가 사람들에게 무엇인가 마음의 변화를 가져오는 특별한 계절이 된다는 것입니다.

　주님! 저도 하나님이 기뻐하신 사람들 중의 한 사람임을 믿습니다. 제가 평화가 되는 주님을 섬기며, 하나님께 영광을 돌리는 사람이 되게 도와주세요. 이번 크리스마스를 지내면서 생각과 삶, 그리고 인생이 주님의 복을 받도록 전환점을 가질 수 있게 도와주세요. 예수님 이름으로 기도합니다. – 아멘.

 **오늘의 말씀**　요한복음 1 : 12, 13

영접하는 자 곧 그 이름을 믿는 자들에게는 하나님의 자녀가 되는 권세를 주셨으니, 이는 혈통으로나 육정으로나 사람의 뜻으로 나지 아니하고 오직 하나님께로부터 난 자들이니라.

 **오늘의 묵상 주제**

⊙ 하나님의 자녀가 되었다는 자부심을 갖고 살자!
⊙ 믿음은 하나님께로부터 난 자들에게 주어지는 특별한 것임을 알자!

 **오늘의 기도**

　하나님의 자녀가 되는 권세를 주시는 주님!

　주님께서는 세상이 줄 수 없는 가장 크고 귀한 권세, 하나님의 자녀가 되는 권세를 주셨습니다. 이 권세는 세상을 다 정복한 자라도 가질 수 없고, 세상을 다 가진 자도 살 수 없는 것입니다. 그런데도 미약한 존재인 제가 가질 수 있게 된 것은 오직 예수 그리스도의 이름을 믿는 자들에게 주시는 것이기 때문입니다.

　주님! 제가 주님을 제대로 영접한 사람이 되기를 원합니다. 영접(迎接, 맞이할 영, 교제할 접)한다는 것은 그냥 받아들이는 것이 아닙니다. 최대한 기쁜 마음으로 환영하면서 맞이하고, 가장 즐거운 마음으로 교제하는 것을 말합니다.

　미국의 대통령들은 외국 정상이 방문할 때에 영접하는 수준이 여러 가지라고 합니다. 우선 방문을 원해도 허락하지 않는 손님도 있습니다. 방문을 허락해도 마중나가고 영접하는 사람의 직책이 낮고 공식적인 회동으로 끝나는 손님도 있습니다. 그러나 미국 대통령이 먼저 초청하고, 공식적인 회담 외에도, 대통령 별장으로 초대하여 사적인 교제를 나누는 영접받는 손님도 있다고 합니다.

　주님! 사람들이 주님을 영접하는 것에도 여러 가지 수준이 있다고 보여 집니다. 찾아오신 주님을 마지못해서 받아들인 사람도 있고, 주님을 영접하기는 하지만 깊은 교제는 나누지 못하는 사람도 있고, 주님을 기쁨으로 영접하고 가장 행복한 마음으로 주님과 교제를 나누는 사람도 있습니다.

　주님! 제가 주님을 영접하고 그 이름을 믿게 해주신 것을 감사드립니다. 이 믿음은 사람의 혈통이나 의지로 주고받는 것이 아니라, 오직 하나님께서 주시는 자들만이 가질 수 있는 것이라고 했습니다. 제 마음에 주님을 최고의 손님으로, 제 자신의 주인으로 영접하여 행복하게 교제할 수 있는 주님의 사람이 되게 해주세요. 예수님 이름으로 기도합니다. – 아멘.

 **오늘의 말씀**   마태복음 25 : 21

그 주인이 이르되 "잘하였도다, 착하고 충성된 종아! 네가 적은 일에 충성하였으매 내가 많은 것을 네게 맡기리니, 네 주인의 즐거움에 참여할지어다." 하고

 **오늘의 묵상 주제**

⊙ 하나님과 사람들과 나 자신에게 착하고 충성된 사람이 되자!
⊙ 내게 맡겨진 일을 충성스럽게 감당하자!

 **오늘의 기도**

달란트를 맡겨 주신 하나님!

하나님께서 사람을 세상에 보내주실 때에 사람마다 재능(달란트)을 주셨습니다. 그 재능을 활용하여 유익하고 성공적인 삶을 살게 하기 위해서입니다. 그래서 사람들은 성장하면서 자신에게 주어진 재능을 발견해야 합니다. 재능을 발견하면 그 재능을 최대한 계발해야 합니다. 재능을 계발하기 위해서는 배우고 익히며, 반복하여 훈련해야 합니다. 재능을 키워 나가는 것이 때로는 즐겁고 행복하지만 때로는 힘들고 어렵기도 합니다. 그러나 자신의 재능을 유익하게 활용할 수 있을 정도가 되면 그 재능으로 유익한 삶을 살 수 있게 됩니다. 더 나아가서 남들보다 뛰어나게 재능을 계발하면 자신과 세상과 하나님까지도 유익한 일들을 많이 할 수 있게 됩니다. 이것이 하나님께서 재능을 주신 이유이고, 모든 사람에게 기대하시는 충성된 삶입니다. 주님께서 달란트의 비유를 가르쳐 주신 목적은 하나님의 기대에 충족하는 삶을 살도록 하기 위해서입니다.

주님! 저에게도 재능을 주신 것을 믿습니다. 하루라도 빨리 나의 재능을 발견하게 해주시고, 나의 재능을 최대한 계발하고 활용해서 유익한 삶을 살도록 노력하겠습니다. 큰 재능이라고 자만하거나 교만하지 않게 하시고, 작은 재능이라고 실망하거나 소심해지지 않게 도와주세요. 재능을 가지고 있으면서 계발도 하지 않고 활용도 하지 않는 악하고 게으른 종이 되지 않게 도와주세요.

예수님 이름으로 기도합니다. - 아멘.

 **오늘의 말씀**　이사야 55 : 8, 9

이는 내 생각이 너희의 생각과 다르며, 내 길은 너희의 길과 다름이니라. 여호와의 말씀이 니라. 이는 하늘이 땅보다 높음 같이 내 길은 너희의 길보다 높으며, 내 생각은 너희의 생각보다 높음이니라.

 **오늘의 묵상 주제**

⊙ 내 생각과 하나님의 생각이 다를 수 있음을 알자!
⊙ 내 생각보다 하나님의 생각이 높다는 것을 인정하자!

 **오늘의 기도**

높은 길을 걸으시며 높은 생각을 하시는 하나님!

사람들은 생각하며 삽니다. 그런데 사람마다 다르게 생각하며 삽니다. 그리고 대부분의 사람들은 자기가 생각하는 방식이 더 지혜롭고 옳다고 생각합니다. 그래서 누가 좋은 생각을 나누어 주어도 받아들이려고 하지 않습니다. 그래서 하나님의 말씀에 대해서도 자기의 기준으로 취사선택을 하려고 합니다. 자기의 생각과 다른 성경말씀에 대해서는 잘 따르려고 하지 않습니다.

바른 길로 인도하시는 하나님 아버지! 하나님께서는 우리를 더 좋은 길, 더 높은 길로 인도해 주시는 줄 믿습니다. 그런데도 사람들은 하나님께서 가라고 하는 길로 가기를 망설입니다. 자기가 가고자 하는 길과 다르기 때문입니다.

하나님 아버지! 내가 가고자 하는 길과 하나님이 가라고 하시는 길이 다를 때는 하나님의 길을 따르는 제가 되게 도와주세요. 나에게 보여주시는 하나님의 길과 하나님의 생각을 제대로 알 수 있는 제가 되기를 원합니다. 지금까지는 제가 생각하고, 저의 길을 가고자 노력했습니다. 그런데 오늘 말씀을 통해서 저의 생각이 하나님의 생각과 다를 수 있고, 저의 가고자 하는 길이 하나님이 원하시는 길과 다를 수 있다는 것을 생각하게 되었습니다.

하나님! 하나님의 생각이 제 생각보다 높고, 하나님의 길이 저의 길보다 높음을 알고 인정합니다. 이제, 그 높은 하나님의 생각을 깨닫고, 하나님의 길을 갈 수 있는 제가 되게 해주세요. 저의 인생의 목적과 비전, 제가 살아가는 방식들, 제가 생각하는 것들을 하나님의 것으로 재점검하고 높일 수 있게 도와주세요. 예수님 이름으로 기도합니다. – 아멘.

 토기장이 하나님의 손에 나를 맡기는 기도

 **오늘의 말씀** 예레미야 18 : 6

여호와의 말씀이니라. "이스라엘 족속아! 이 토기장이가 하는 것 같이 내가 능히 너희에게 행하지 못하겠느냐? 이스라엘 족속아! 진흙이 토기장이의 손에 있음 같이 너희가 내 손에 있느니라."

 **오늘의 묵상 주제**

⊙ 토기장이로서의 하나님을 알고 인정하자!
⊙ 하나님이 사용하기 좋게 만들도록 나를 맡기자!

 **오늘의 기도**

토기장이 되시는 하나님!

토기장이는 진흙을 반죽하고, 이기고, 빚고, 가마에 넣고, 구워서 그릇을 만듭니다. 작은 간장 종지부터 큰 항아리까지 다양한 그릇을 만듭니다. 그런데 가마에서 꺼낸 그릇이 잘못 되어 있을 때는 아낌없이 깨버립니다. 어떤 용도의 그릇을 만들든지, 얼마만한 크기의 그릇을 만들든지, 완성된 그릇에 합격점을 주어 사용하든지, 불합격 판정을 내려 깨버리든지 그 모든 것은 토기장이의 절대적인 권한입니다.

하나님 아버지! 하나님께서는 토기장이와 같은 조물주(造物主;만물을 만든 주인)이십니다. 저 또한 하나님께서 만드셨음을 압니다. 그럼에도 지금까지 저는 제 인생의 주인이 나 자신이라고 생각하며 살아왔습니다. 내 마음대로 내 인생을 만들어 가고자 했고, 그렇게 할 수 있을 것으로 생각했습니다. 하나님을 온전히 나의 주인으로 인정하지 못했습니다. 하나님께 나의 존재와 삶 전부를 맡기지 못했습니다. 그러나 이제 이런 생각이 잘못되었음을 깨닫고 회개합니다.

하나님 아버지! 저는 하나님의 손 안에 있는 진흙입니다. 하나님께서 쓰시고자 하는 그릇으로 만들어 주세요. 그리고 기왕이면 크고 귀한 그릇으로 만들어 사용하여 주시기를 원합니다. 이제 금년을 마무리 하고, 새해를 계획하면서 제게 대한 하나님의 뜻과 계획을 먼저 생각하도록 도와주세요. 예수님 이름으로 기도합니다. – 아멘.

오늘의 말씀　호세아 10 : 12

너희가 자기를 위하여 공의를 심고 인애를 거두라. 너희 묵은 땅을 기경하라. 지금이 곧 여호와를 찾을 때니, 마침내 여호와께서 오사 공의를 비처럼 너희에게 내리시리라.

오늘의 묵상 주제

⊙ 나의 묵은 땅을 기경하자!
⊙ 지금이 여호와 하나님을 찾을 때임을 알자!
⊙ 공의를 심고 인애를 거두자!

오늘의 기도

　묵은 밭을 갈고 농사를 짓기 원하시는 하나님!

　요즘 농촌에 가면 묵은 밭을 흔히 볼 수 있습니다. 농사 지을 사람이 없어서 밭을 갈지도 않고, 씨를 뿌리지도 않고, 가꾸지도 않는 밭입니다. 이렇게 몇 년 묵히면 더 이상 농사를 지을 수 없는 땅이 되고 맙니다. 옛날에는 밭이 없어서 산이나 황무지를 개간해서 농사를 지었습니다. 나무도 뽑고, 풀도 뽑고, 돌을 주워내어 밭을 만들어 곡식을 심었고, 추수하여 양식으로 삼았습니다.

　마음의 밭을 기경하기를 원하시는 하나님! 하나님께서는 밭을 묵히지 않고 잘 가꾸어 농사를 짓는 농부와 같이, 우리의 마음을 잘 가꿔 좋은 열매를 맺기를 원하시는 것을 압니다. 마음의 밭이 좋은 밭이 되기 위해서는 묵히지 말아야 합니다. 수시로 땅을 갈아엎듯이 우리의 마음을 갈아엎어 마음이 굳어지지 않도록 해야 합니다. 수시로 잡된 것과 좋지 않은 것들을 뽑아버려서 좋은 것들이 자랄 수 있게 해야 합니다. 저로 하여금 제 마음을 묵히지 않고 잘 기경(起耕;일어나 밭을 가는 것)하여 하나님께서 원하시는 좋은 곡식을 생산할 수 있는 마음의 사람이 되게 도와주세요.

　찾는 자에게 마침내 찾아오시는 하나님! '지금' 이 곧 여호와를 찾을 때라고 하셨습니다. '지금' 은 '현재' 이면서 하나님이 필요한 모든 때입니다. 고난과 역경의 때, 낙심과 절망의 때, 약함과 병든 때, 어둠과 죄악 중에 있을 때, 하나님의 위로와 소망과 능력이 절실하게 요구되는 모든 때가 곧 '지금' 입니다.

　하나님 아버지! '지금' 하나님을 찾는 제가 되기를 원합니다. 마침내 제게 나타나셔서 저에게 필요한 모든 것을 비처럼 내려주세요. 찾아오신 하나님을 맞을 수 있도록, 하나님의 말씀의 씨앗이 잘 자라 열매 맺게 되도록 묵은 땅을 기경하고자 합니다. 저의 굳은 마음과 영을 갈아엎고 부드러운 땅이 되도록 해주시고, 공의를 심고 인애(仁愛;어질음과 사랑)를 거둘 수 있게 해주세요. 예수님 이름으로 기도합니다. – 아멘.

'요셉의 복'을 구하는 기도

 **오늘의 말씀**) 창세기 | 49 : 22~26

요셉은 무성한 가지 곧 샘 곁의 무성한 가지라. 그 가지가 담을 넘었도다. …… 요셉의 활은 도리어 굳세며 그의 팔은 힘이 있으니, 이는 야곱의 전능자 이스라엘의 반석인 목자의 손을 힘입음이라. 네 아버지의 하나님께로 말미암나니 그가 너를 도우실 것이요, 전능자로 말미암나니 그가 네게 복을 주실 것이라. …… 영원한 산이 한없음같이 이 축복이 요셉의 머리로 돌아오며, 그 형제 중 뛰어난 자의 정수리로 돌아오리로다.

 **오늘의 묵상 주제**

⊙ 요셉처럼 샘 곁의 무성한 가지의 나무 같이 번성하는 사람이 되자!
⊙ 전능자 여호와 하나님이 복을 주시는 사람이 되자!

 **오늘의 기도**

복을 주시는 여호와 하나님!

일 년의 마지막 날입니다. 이 마지막 날에 하나님의 은혜를 생각합니다. 일 년 동안 저에게 베풀어주시고 인도해주시고 이루게 해주신 것들에 감사를 드립니다. 일 년 동안 의식주를 해결해 주신 것을 감사드립니다. 건강을 지켜주신 것을 감사드립니다. 사고 당하지 않은 것을 감사드립니다. 사건 속에서 지켜주신 것을 감사드립니다. 가정의 평화를 지켜주신 것을 감사드립니다. 학교에 다니게 해주신 것을 감사드립니다. 친구들과 더불어 잘 지내게 해주신 것을 감사드립니다. 생각해 보니, 하나님께서 금년 일 년 동안 베풀어주신 은혜가 참 많다는 것을 깨닫게 됩니다. 하나님 아버지, 감사합니다.

하나님 아버지! 더불어 내년에는 더 큰 복을 주시기를 소망합니다. 야곱이 축복한 대로 요셉은 샘 곁의 무성한 가지의 큰 나무가 된 것을 기억합니다. 저의 내년과 일생이 '야곱의 축복'으로 복을 주시고, '요셉이 받은 복'으로 복을 받을 수 있게 해주세요.

하나님 아버지! 요셉은 작은 울타리 안에 머물 수 없어 담 밖으로 가기가 뻗은 나무처럼 큰 존재가 되었습니다. 자신과 자기 가정을 책임지는데서 끝나는 사람이 아니라, 담을 넘어 세상의 많은 사람들에게 그늘이 되어주고 열매를 나누어 주는 유익한 존재가 되었습니다.

하나님 아버지! 요셉의 팔에 힘이 있어서 그의 활이 굳세게 된 것은 전능하신 하나님을 힘입었음을 압니다. 하나님께서는 때를 따라 그를 도와주셨고 복을 주셨습니다. 야곱의 축복이, 영원한 산이 한없음같이, 요셉의 머리로 돌아온 것처럼, 저에게도 같은 복을 주시기를 원합니다. 하나님의 은혜로 샘 곁의 나무가 되고, 가지가 담을 넘어 세상을 유익하게 하고, 하나님께 영광을 돌리며, 생의 복을 누릴 수 있는 인생을 살도록 복된 자가 되게 해주세요. 예수님 이름으로 기도합니다. - 아멘.

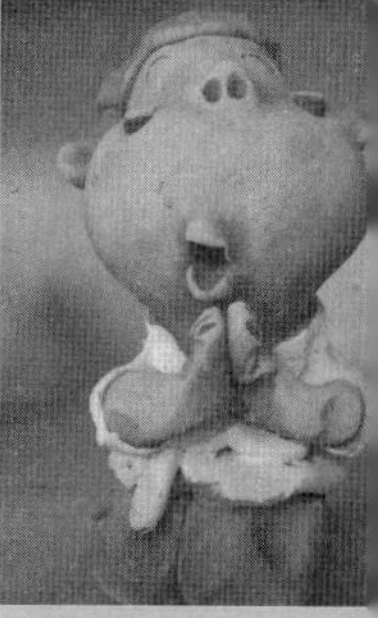

●1월을 성공적으로 보내는 방법

새해를 맞으며 나이 한 살 더 먹었고, 한 학년 올라간다.

몸이 커지듯 사람도 커져야 한다.

신발을 더 큰 것으로 바꿔주지 않으면 발에 문제가 생긴다.

작아진 옷과 교복을 언제까지 입고 다닐 수는 없다.

마음과 생각을 최소한 나이만큼은 키워주어야 '나'라는 '사람'이 성장할 수 있다.

1년의 목표와 계획을 잘 세우자!

본격적인 겨울방학을 보내게 된다.방학을 성공적으로 보내야 따라잡을 수도 있고, 앞설 수도 있음을 명심하자.

고3은 대학 정시모집에 정신없는 달이다.자신의 성적(수능, 내신)과 적성에 맞는 학과와 대학을 잘 선정해서 응시하자.

중3은 일반계 고등학교를 지원하고 배정받게 된다.

중3은 1, 2월 두 달 동안 영어, 수학을 집중적으로 공부해서 한 단계 업그레이드 시키는 기회로 잘 활용하라.

방학 동안 최소 1주일에 1권 이상 좋은 책을 읽으면서, 마음의 양식도 얻으면서 동시에 독서능력을 키워놓으라. 독서의 양과 질이 독해능력과 언어영역에 대한 능력을 향상시켜준다.

교회에서 동계수련회를 갈 수도 있다.

2~4일 갖게 되는 수련회를 공부라는 핑계로 회피하지 말자.수련회를 통해서 은혜를 받으며, 자신을 제대로 세우게 되면 그 몇 배 되는 성과를 낼 수 있다.

복된 한 해가 되기를 구하는 기도

오늘의 말씀 민 6 : 24~26

여호와는 네게 복을 주시고 너를 지키시기를 원하며, 여호와는 그 얼굴을 네게 비추사 은혜 베푸시기를 원하며, 여호와는 그 얼굴을 네게로 향하여 드사 평강주시기를 원하노라.

오늘의 묵상 주제

◉ 하나님께서 주시는 은혜와 평강을 누리며 복된 한 해를 살자!
◉ 시간의 노예가 아니라 시간의 주인으로 살자!

오늘의 기도

시간의 주인이신 하나님!

옛날 그리스 사람들은 시간을 크로노스와 카이로스 두 가지로 생각했다고 합니다. 먼저, 크로노스는 자연스럽게 흘러가는 물리적인 시간으로, 하루 24시, 일 년 365일로 누구에게나 똑같은 객관적인 시간을 말했습니다. 새해가 되고 나이를 한 살 더 먹게 되는데, 이것은 크로노스의 시간이 1년 흘렀다는 의미입니다.

다음, 카이로스는 사람마다 다르게 적용되는 주관적인 시간으로 특별한 일과 사건을 통해서 의미로 체험되는 시간입니다. 어떤 사람은 50년을 살아도 철이 들지 않을 수도 있는데, 어떤 사람은 찰나의 짧은 시간에 벌어진 사건 속에서 놀라운 변화를 체험하게 됩니다. 카이로스 시간의 크기는 시간의 길이로 측정되지 않고 의미의 크기로 결정됩니다. 몇 살이 되었다고 자동적으로 성숙하는 것이 아니라, 카이로스를 많이 체험하며 사는 사람이 더 큰 사람이 될 수 있습니다. 시간에서 중요한 것은 인생의 전환점이 될 만한 카이로스의 때를 만나는 것입니다.

새해를 주신 하나님 아버지! 새해를 크로노스의 시간으로만 받아들이고 살면 한 해가 다 가도록 이룬 것 없는 사람이 될 것입니다. 하나님이 주신 새해를 카이로스의 시간으로 바라보면서 시간의 주인으로 능동적인 삶을 살게 도와주세요. 1분, 1초를 허투로 보내지 않고 매 순간 삶의 의미를 찾기 위해 힘쓰게 도와주세요. 그래서 나의 올해 1년이 다른 사람의 몇 년 만큼이나 의미 있고, 발전적인 한 해가 되게 도와주세요.

하나님 아버지! 오늘은 새해 첫날입니다. 새해 첫날에 복된 말씀 주셔서 감사합니다. 오늘의 축복의 말씀처럼 금년에는 제게 많은 복을 주세요. 저를 지켜주시고, 은혜를 베풀어 주시며, 평강을 주세요. 금년 내내 하나님께서 주시는 복된 삶을 살게 해주세요. 하나님께서 밝고 부드러운 얼굴로 대해 주셔서, 정말 좋은 일들, 복된 일들이 많은 저와 저희 가정이 되게 해주세요. 예수님 이름으로 기도합니다. – 아멘.

 **오늘의 말씀** 예레미야 29 : 11-13

여호와의 말씀이니라. 너희를 향한 나의 생각을 내가 아나니 평안이요 재앙이 아니니라. 너희에게 미래와 희망을 주는 것이니라. 너희가 내게 부르짖으며 내게 와서 기도하면 내가 너희들의 기도를 들을 것이요, 너희가 온 마음으로 나를 구하면 나를 찾을 것이요 나를 만나리라.

 **오늘의 묵상 주제**

⊙ 내게 미래와 희망을 주기를 원하는 선하신 하나님을 믿자!
⊙ 온 마음으로 하나님을 찾아 만나는 한 해가 되자!

 **오늘의 기도**

평안과 희망을 주시는 주님!

주님께서는 세상이 주는 것과는 다른 것을 우리에게 주신다고 말씀하셨습니다. 세상은 우리에게 근심, 걱정, 두려움, 불안, 재앙, 실패, 질병, 악한 것을 주려고 합니다. 그러나 주님께서는 평안하고 좋은 것들을 주려고 하십니다. 주님께서는 "평안을 너희에게 끼치노니 곧 나의 평안을 너희에게 주노라. 내가 너희에게 주는 것은 세상이 주는 것 같지 아니하니라. 너희는 마음에 근심도 말고 두려워하지도 말라."(요14 : 27)고 말씀하셨습니다.

주님! 하나님 아버지께서도 제게 평강을 주시기를 원하신다고 오늘의 말씀에서 약속해 주셨습니다. 하나님께서 나에게 주시려는 것이 미래와 희망이라고 말씀하셨습니다. 하나님께서 희망이 가득한 미래를 저에게 주시려는 생각을 하고 계신 것을 알게 된 것이 얼마나 기쁘고 감사한지 모릅니다. 하나님의 생각대로 미래와 희망이 있는 저의 삶이 되게 인도해 주시고, 희망 속에 미래를 가꿔가며 금년 한 해를 살게 해주세요.

또한 금년에는 한 해를 시작하면서 이렇게 말씀을 묵상하고 기도하게 하시니 감사합니다. 저의 묵상과 기도가 형식적인 시간이 되지 않고, 온 마음으로 하나님과 하나님의 뜻을 구하는 시간, 하나님을 찾고 만나는 시간들이 되게 해주세요. 예수님 이름으로 기도합니다. – 아멘.

 **오늘의 말씀** 빌 1 : 6

너희 속에 착한 일을 시작하신 이가 그리스도 예수의 날까지 이루실 줄을 우리가 확신하노라.

 **오늘의 묵상 주제**

⊙ 착한 일(좋은 일)을 시작하고 이루는 한 해가 되자!
⊙ 선한 일(good work) 행하기 위해 힘쓰며 살자!

 **오늘의 기도**

나에게 착한 생각을 주시는 성령님!

성령님께서는 주님의 사람들에게 찾아오셔서 착한 것을 생각하게 하시고, 착한 일을 하도록 이끌어주십니다. 또한 착한 일들이 열매를 맺도록 도와주십니다. 성령님께서 내 속에서 이끄시는 대로 착한 일을 따라가면 사랑과 희락과 화평과 오래 참음과 자비와 양선과 충성과 온유와 절제의 성령의 열매들을 맺을 수 있습니다.

나를 인도해 주실 성령님! 내 안에 오셔서 함께 하시는 성령님께서 내 안에서 착하고 선한 일을 시작해주세요. 금년에는 착하고 좋은 일(good work)을 계획하고 이루는 제가 되게 도와주세요.

먼저, 제가 착한 일, 좋은 일을 계획하게 해주세요. 저 자신을 위해서, 가정을 위해서, 교회를 위해서, 사회를 위해서, 그리고 하나님을 위해서 좋은 일을 계획하게 하시고, 시작하고 이룰 수 있게 해주세요. 착하고 좋은 일을 이룰 수 있는 지혜와 능력과 의지도 주세요.

다음으로, 저의 일 년 동안의 삶의 환경도 좋게 해주셔서 선을 행하고자 할 때에 어려움을 만나지 않게 해주세요. 도와주는 사람과 협력자가 많이 생기게 해주세요. 그리고 좋지 않은 일은 아예 생각조차 하지 않는 한 해가 되도록 도와주세요. 예수님 이름으로 기도합니다. ─아멘.

기도 생활을 결심하는 기도 1월 4일

 **오늘의 말씀** 시편 104 : 34

나의 기도를 기쁘게 여기시기를 바라나니, 나는 여호와로 말미암아 즐거워하리로다.

 **오늘의 묵상 주제**

⊙ 금년에는 하루도 빠짐없이 매일 매일 기도하자!
⊙ 하나님께서 기뻐하시도록 진실하게 기도하자!

 **오늘의 기도**

기도하는 자를 사랑하시는 하나님!

하나님께서는 제가 기도하기를 원하시고, 제가 기도하는 사람으로 살기를 바라십니다. 제가 기도하는 것을 기뻐하시고, 기도하는 모든 것에 귀를 기울이시고 응답해 주시기를 기뻐하시는 줄 믿습니다.

하나님 아버지! 이렇게 기도집을 통해서 매일 기도하게 해주신 것을 감사드립니다. 이렇게 기도하며 묵상하는 습관이 길러지고, 매일 매순간 기도하는 사람이 되게 해주세요. 모든 일을 하나님께 기로도 말씀드리면서 도움을 구하고, 지혜를 구하고, 능력을 구하는 제가 되게 해주세요.

하나님 아버지! 기도가 습관이 되게 해주시되, 다만 습관적으로 기도하는 것에서 끝나지 않게 도와주세요. 기도하는 것이 즐겁고, 기도하며 하나님과 교제하는 시간을 기뻐하는 제가 되게 도와주세요. 그리고 기도하는 것마다 응답을 받아서, 하나님의 도우심으로 좋은 일들이 많이 생기고, 좋은 일들을 많이 이루어 즐거운 삶이 되게 해주세요.

하나님 아버지! 죠지 뮬러 목사님은 기도의 사람이라고 소문이 나 있습니다. 죠지 뮬러 목사님은 하나님께 응답받기 원하는 것을 기도하고 수첩에 기록해 놓았는데, 평생 동안 응답받은 기도가 5만 가지가 되었다고 합니다. 죠지 뮬러 목사님은 기도로 하나님을 기쁘게 해드리면서, 자신도 또한 하나님의 응답으로 즐거움을 얻는 인생을 살았습니다.

하나님 아버지! 올해는 제가 기도로 하나님을 기쁘게 해 드릴 수 있게 도와주세요. 이 결심이 약해지지 않도록 제 마음에 성령님을 보내주세요. 그리고 제가 어떤 기도를 하든지 기쁘게 받아주시고, 기도하는 것마다 응답해 주세요. 기도로 하나님을 기쁘게 해드리고, 응답으로 즐거워하는 인생을 사는 제가 되게 도와주세요. 예수님의 이름으로 기도합니다. – 아멘.

오늘의 말씀 시 51 : 10-12

하나님이여! 내 속에 정한 마음을 창조하시고, 내 안에 정직한 영을 새롭게 하소서! 나를 주 앞에서 쫓아내지 마시며, 주의 성령을 내게서 거두지 마소서! 주의 구원의 즐거움을 내게 회복시켜 주시고 자원하는 심령을 주사 나를 붙드소서!

오늘의 묵상 주제

⊙ 내 속의 마음을 깨끗하게, 영을 새롭게 하자!
⊙ 주님의 구원의 즐거움을 회복하자!

오늘의 기도

새롭게 하시는 하나님!

하나님께서는 우리가 새롭게 되기를 바라시는 분입니다. 그리고 우리를 새롭게 해주는 것을 기뻐하시는 분입니다. 특별히 하나님께서는 우리의 마음이 깨끗하게 되기를 원하십니다. 그리고 정직한 영이 되기를 원하십니다.

하나님 아버지! 이 시간 저 자신을 돌아봅니다. 제 안에는 새롭게 되어야 할 것들이 많이 있습니다. 먼저 제 마음이 깨끗하지 못합니다. 순수함을 잃었고, 삐뚤어지고 혼탁해지고, 죄와 악에 물들어 있고, 미움과 시기와 질투가 숨어있습니다. 하나님 내 마음에 있는 이 모든 더러운 것들을 다 벗어버리고 깨끗한 마음을 갖게 도와주세요. 저의 거짓되고 불성실한 영을 정직한 영으로 새롭게 해주세요.

하나님 아버지! 저의 속사람을 새롭게 해주세요. 다른 사람의 작은 거짓도 용납하지 못하는 제 자신이면서도, 다른 사람과 제 자신에게 정직하지 못한 사람이 되어 가고 있습니다. 이제부터는 하나님과 사람을 대할 때에 정직한 영으로 대할 수 있도록 해주세요. 저의 혼탁해진 영을 새롭게 하여 맑고 깨끗하게 해주세요.

하나님 아버지! 또한 제가 하나님의 은혜로 구원받은 영혼이 되었는데, 그 구원의 즐거움을 잃어버리고 살아 온 것을 회개합니다. 용서하여 주시고, 금년에는 일년 내내 주님과 함께 영적인 기쁨을 누리며 살게 해주세요.

하나님 아버지! 또 원하기는 자원하는 심령을 주세요. 무엇이든지 억지로 하는 제가 되지 않게 도와주세요. 공부도, 스스로의 인생을 계획하고 만들어 가는 일에도 다른 사람의 의지에 의해서 억지로 하는 제가 되지 않게 도와주세요. 모든 것을 제 스스로 알아서 이루어나가는 저의 삶이 되게 도와주세요. 예수님 이름으로 기도합니다. – 아멘.

 **오늘의 말씀**　시편 65 : 10~12

주께서 밭고랑에 물을 넉넉히 대사 그 이랑을 평평하게 하시며, 또 단비로 부드럽게 하시고 그 싹에 복을 주시나이다. 주의 은택으로 한 해를 관 씌우시니, 주의 길에는 기름방울이 떨어지며, 들의 초장에도 떨어지니 작은 산들이 기쁨으로 띠를 띠었나이다.

 **오늘의 묵상 주제**

⊙ 주님의 은택(恩澤, 은혜가 가득한 연못)이 가득한 한 해가 되자!
⊙ 주님의 은혜를 사모하자!

 **오늘의 기도**

　복을 주시는 하나님!

　하나님께서는 하나님의 사람들에게 복 주는 것을 기뻐하십니다. 사람마다 복되고 풍요로운 삶을 살기를 원하십니다.

　하나님께서는 농부의 논과 밭에 물을 넉넉하게 해주십니다. 단비로 논밭을 부드럽게 하시고, 곡식의 싹에 복을 주십니다. 추수 때에는 풍성한 결실을 거둘 수 있게 해주셔서, 영광스럽고 복된 한 해가 되게 해주십니다.

　하나님 아버지! 농사를 잘 짓고, 풍성한 결실을 얻을 수 있게 하시는 하나님의 은택(恩澤, 은혜의 연못, 물이 가득한 연못처럼 은혜가 가득한 연못)을 가진 사람이 복된 것을 압니다. 하나님의 은택을 입지 못하면, 농사를 짓기도 힘들고, 힘들게 농사를 지어도 거둘 것이 적은 사람으로 살게 됩니다.

　하나님 아버지! 땅을 돌보시고 물을 대어 심히 윤택하게 하시는 분이심을 믿습니다(시 65 : 9). 저와 저희 가정, 그리고 저의 삶의 모든 현장을 돌봐주셔서 윤택하게 해주세요. 메마른 땅이라도 하나님께서 단비를 내려주시면 부드러운 밭이 될 줄 믿습니다. 하나님께서 돌보시는 저의 밭(삶의 현장)에서 제가 뿌리고 가꾸는 모든 씨앗들(노력)이 잘 자라서 알찬 열매를 맺을 수 있도록 해주세요. 저와 가족 모두가 기쁨을 가지고 살 수 있는 한 해가 되게 해주세요. 예수님 이름으로 기도합니다. – 아멘.

 **오늘의 말씀**　시편 131 : 1~3

여호와여! 내 마음이 교만하지 아니하고, 내 눈이 오만하지 아니하오며, 내가 큰 일과 감당하지 못할 놀라운 일을 하려고 힘쓰지 아니하나이다. 실로 내가 내 영혼으로 고요하고 평온하게 하기를 젖 뗀 아이가 그의 어머니 품에 있음 같게 하였나니, 내 영혼이 젖 뗀 아이와 같도다.

오늘의 묵상 주제

⊙ 허황된 생각을 버리고, 할 수 있는 것부터 하나씩 이루어가자!
⊙ 내 영혼으로 주님 안에서 고요하고 평온함을 누리게 하자!

 **오늘의 기도**

　우리의 영혼을 평온하게 해주시는 하나님!

　우리가 사는 세상은 우리의 마음을 고요하고 평온하게 내버려 두지 않는 특성이 있는 것 같습니다. 세상은 우리를 슬프게 하는 것들과 고통스럽게 하는 것들이 많습니다. 불안하게 하고 두려움에 사로잡혀 공포를 느끼게 하는 것들도 많습니다. 뭔가를 추구하게 하고, 이루게 하고, 보여주려 하고, 자랑하려고 하는 욕망이 들끓게 하기도 합니다. 세상은 소란하고, 우리의 마음은 요동칩니다.

　하나님 아버지! 세상과 자신의 욕망 때문에 평온을 잃는 삶은 비단 오늘날의 문제는 아닌 것 같습니다. 2500년 전의 그리스 철학자들도 같은 문제로 고민을 했습니다. 세상이라는 외부 환경이 주는 마음의 흔들림들을 어떻게 극복하고서, 평온하고 행복하게 살 수 있을까를 고민했던 두 가지 철학이 있었다고 합니다.

　스토아(Stoa)학파와 에피쿠로스(Epicuros)학파는 마음이 평온한 상태가 되어야 행복을 얻을 수 있다고 생각했습니다. 그래서 어떻게 하면 마음의 평정을 얻을 수 있을까를 생각했습니다. 스토아학파는 욕망을 억제하면 된다고 하여 금욕주의적인 삶을 살려고 노력했습니다. 반대로 에피쿠로스학파는 욕망을 충족시켜 주어야 마음의 평정을 얻을 수 있다고 생각하여, 쾌락주의적인 삶을 추구했다고 합니다.

　하나님 아버지! 하나님께서는 엄마 품에서 엄마의 젖을 충분히 먹고 잠든 아기와 같은 고요하고 평온한 마음을 주시는 분이라고 하셨습니다. 제 마음에도 그런 고요함과 평화를 주세요. 그러기 위해서 교만과 오만을 버리게 도와주세요. 허황된 생각으로 헛된 일을 하지 않게 해주세요. 하나님께서 저의 삶의 주변들을 정리해 주시고, 제 마음의 욕망을 다르려 주세요. 하나님 안에서 하나님이 주시는 은혜를 누리며, 고요하고 평온하게 살 수 있게 해주세요. 예수님 이름으로 기도합니다.

– 아멘.

자유의 선용을 위한 기도

 **오늘의 말씀** 베드로전서 2 : 16, 17

너희는 자유가 있으나, 그 자유로 악을 가리는 데 쓰지 말고 오직 하나님의 종과 같이 하라. 뭇 사람을 공경하며, 형제를 사랑하며, 하나님을 두려워하며, 왕을 존대하라.

 **오늘의 묵상 주제**

⊙ 자유를 선용할 줄 아는 사람이 되자!
⊙ 하나님을 두려워하고 사람을 존중하며 살자!

 **오늘의 기도**

자유를 주신 하나님!

하나님께서는 사람을 창조하시면서 자유도 함께 주셨습니다. 마음대로 생각하고, 마음대로 행동할 자유를 주셨습니다. 아담과 하와를 만들어 에덴동산에 살게 하시면서, 동산 중앙에 있는 두 개의 나무의 열매만 먹지 말라고 금지해 놓으셨습니다. 그러나 먹지 못하도록 하는 어떤 장치도 해놓지 않으셨습니다. 나무에 가시 울타리를 치지도 않았고, 아담과 하와의 마음에 먹을 생각을 할 수 없도록 하는 장치를 만들어 놓지도 않으셨습니다. 명령에 불순종해서 따 먹으면 죽음과 저주가 초래 될 것을 경고하셨지만, 따먹지 못하도록 막지는 않으셨습니다. 생명과 죽음, 복과 저주를 인간 스스로 선택할 수 있도록 자유를 주셨던 것입니다.

하나님 아버지! 하나님께서 주신 자유는 인간의 기본권입니다. 그러나 인류는 아주 오래전부터 자유를 억압해 왔습니다. 사람을 노예나 종으로 삼아 사고 팔았으며, 자신의 의지대로 살지 못하도록 했습니다. 그러나 하나님께서는 인간의 자유가 존중되는 방향으로 역사를 이끌어 주셨습니다.

하나님 아버지! 그런데 자신에게 주어진 자유를 악용하는 사람들도 있습니다. 이들은 자기의 자유로 선을 이루는데 사용하지 않고 악을 행하는데 사용합니다. 건설적인 인생을 만드는데 사용하지 않고, 자신의 인생과 다른 사람의 인생을 망치는데 사용하는 사람들도 있습니다.

하나님 아버지! 사람을 자유로운 존재로 창조해 주신 것을 감사드립니다. 그런데 하나님께서 주신 자유를 선용하지 못하고 잘못 사용한 일이 많습니다. 용서해 주세요. 이제부터는 제게 있는 자유를 함부로 사용하지 않도록 주의하겠습니다. 악한 일을 하는 데가 아니라 오직 선한 일을 하는데 자유를 쓰게 해주세요. 파괴적인 데가 아니라 건설적인 데, 소비적인 데가 아니라 생산적인 데에 자유를 쓰는 사람이 되게 해주세요. 예수님 이름으로 기도합니다. - 아멘.

 **오늘의 말씀** 신명기 11 : 13~15

내가 오늘 너희에게 명하는 내 명령을 너희가 만일 청종하고, 너희의 하나님 여호와를 사랑하여 마음을 다하고 뜻을 다하여 섬기면, 여호와께서 너희의 땅에 이른 비, 늦은 비를 적당한 때에 내리시리니 너희가 곡식과 포도주와 기름을 얻을 것이요, 또 가축을 위하여 들에 풀이 나게 하시리니 네가 먹고 배부를 것이라.

 **오늘의 묵상 주제**

⊙ 하나님의 명령을 듣고 순종하는 사람이 되자!
⊙ 하나님을 사랑하고, 마음과 뜻을 다해서 섬기자!

 **오늘의 기도**

　명령에 순종하는 것을 기뻐하시는 하나님!

　사람들에게 명령을 하셨습니다. 그러나 하나님의 명령은 사람을 위한 것입니다. 하나님께서는 순종하면 복을 받게 될 것만 명령하시기 때문입니다. 복을 받도록 명령하는데 순종하지 않는 것은 하나님께 복 받을 자격을 잃어버리는 것입니다.

　하나님 아버지! 경기도 어떤 농촌에 황무지 2만평의 땅을 가지고 있던 아버지가 있었답니다. 그에게는 두 아들이 있었는데, 작은 아들은 아버지를 도와 황무지를 개간하여 밭을 만들고, 농사를 지으면서 집안을 일으켰습니다. 그러나 큰 아들은 일하기가 싫어서, 함께 일하자는 아버지의 말을 거역하고, 서울에 가서 따로 살았습니다. 수시로 사업자금이라고 받아가서는 카센터, 음식점, 노래방 등 여러 사업을 했지만 사업마다 망했습니다. 성실하게 살지 않았던 탓입니다. 그 사이에 시골의 땅값이 많이 올라서 2만 평의 밭은 큰 재산이 되었습니다. 아버지는 죽으면서 아내와 작은 아들에게 재산을 나누어주고, 큰 아들에게는 나누어주지 않았습니다. 큰 아들은 소송을 냈지만, 법원도 큰 아들의 편을 들어주지 않았습니다. 아버지의 말씀에 순종하며 성실하게 살며 아버지의 재산 형성에 기여한 아들이 상속받는 것이 당연한 것이라는 판결이었습니다.

　하나님 아버지! 하나님도 마찬가지입니다. 하나님의 명령을 순종하며, 하나님의 뜻을 받들고, 하나님의 나라를 확장하는데 공헌한 사람에게 하늘의 복을 주시는 것은 너무 당연한 일입니다. 그런데 하나님, 하나님을 잘 섬기고, 그 말씀에 순종하면 복을 주신다는 것을 알면서도 하나님을 제대로 섬기지도 못했고, 말씀대로 순종하지 않을 때도 많았습니다. 이런 지금까지의 삶을 회개하오니 용서해주세요. 그리고 이제부터는 하나님 말씀에 순종하고 잘 섬기기 위해서 최대한 노력하겠습니다. 제게 믿음과 열심을 더해주세요. 그리고 저를 위해서 필요한 은혜를 때에 맞게 베풀어주셔서 제가 잘 되게 해주세요. 예수님 이름으로 기도합니다. – 아멘.

 **오늘의 말씀**　시편 33 : 12~15

여호와를 자기 하나님으로 삼은 나라 곧 하나님의 기업으로 선택된 백성은 복이 있도다. 여호와께서 하늘에서 굽어보사 모든 인생을 살피심이여, 곧 그가 거하시는 곳에서 세상의 모든 거민들을 굽어살피시는도다. 그는 그들 모두의 만물을 지으시며 그들이 하는 일을 굽어살피시는 이로다.

 **오늘의 묵상 주제**

⦿ 여호와 하나님을 나의 하나님으로 삼자!
⦿ 나를 굽어살피시는 하나님을 믿고 씩씩하고 정직하게 살자!

 **오늘의 기도**

국가의 주인이신 하나님!

사람들은 국가의 주인은 사람이라고 합니다. 민주주의 국가에서는 국민이 국가의 주인이라고 하고, 국왕이 있는 나라는 왕이 나라의 주인이라고 합니다. 그러나 성경은 국가의 주인도 하나님이라고 가르쳐 주고 있습니다. 하나님을 주인으로 삼은 나라의 백성들은 복이 있다고 하셨습니다.

'이스라엘의 하나님'이 되셨던 하나님! 우리나라는 민주주의 국가이고, 다종교 사회이기 때문에, 하나님을 우리나라의 주인으로 생각하는 사람들이 많지는 않습니다. 전국민의 30% 정도가 신구교의 그리스도인이고, 개신교인들만 하면 20% 정도가 하나님을 믿습니다. 그리고 기독교가 들어온 역사도 130년이 채 되지 않습니다. 그러나 우리나라는 하나님께서 하나님의 기업으로 선택한 특별한 나라요, 복된 나라인 것을 믿고 감사드립니다.

우리나라는 기독교 역사가 짧고, 인구비례도 크지 않지만, 우리나라의 주류 종교로 역할하게 되었습니다. 국가의 독립과 건국, 발전과 부흥에 그리스도인들이 큰 역할을 해왔습니다. 성경을 만들어 보급하는 대한성서공회는 이제 세계에서 가장 큰 기관이 되어 있습니다. 1973년부터는 173개 언어로 성경을 제작하여 38년 동안 총 1억3천만부의 성경을 제작해 113개국에 보급했답니다. 그리고 우리나라의 교회는 전세계 170여개 나라에 2만 여명의 선교사를 파송하여 복음을 전하는 사명을 감당하고 있습니다. 이런 우리나라이기에 하나님께서는 우리나라를 복된 나라가 되게 해주셨습니다.

하나님! 이제부터는 정말 하나님의 복된 백성으로 행복하게 살 것을 결심합니다. 인생을 굽어살피시는 하나님께서는 저를 매일 매 순간 굽어살펴 주시고, 형통하게 해주세요. 예수님 이름으로 기도합니다. － 아멘.

341

 **오늘의 말씀** 마태복음 21 : 21, 22

예수께서 대답하여 이르시되 "내가 진실로 너희에게 이르노니, 만일 너희가 믿음이 있고 의심하지 아니하면 이 무화과나무에게 된 이런 일만 할 뿐 아니라 이 산더러 들려 바다에 던져지라 하여도 될 것이요, 너희가 기도할 때에 무엇이든지 믿고 구하는 것은 다 받으리라." 하시니라.

 **오늘의 묵상 주제**

⊙ 기도하고 응답받는 사람이 되자!
⊙ 믿고 기도하고, 기도한 것을 받는 믿음의 사람이 되자!

 **오늘의 기도**

의심하지 않기를 바라시는 주님!

세상은 믿을 것이 많지 않습니다. 의심스러운 것들이 너무 많습니다. 때로는 부모와 자식 간에도 믿지 못할 일이 생깁니다. 어떤 아들은 늙고 병든 어머니를 제주도 여행시켜준다며 모시고 가서는 혼자서 돌아왔다고 합니다. 어머니는 차마 아들집으로 들어갈 수도 없고, 아들이 버렸다고도 할 수 없어서 그냥 치매 걸린 노인 행세를 하면서 보호시설에서 생활하고 있다고 합니다. 때로는 부부 사이에서도 믿지 못해서 갈등이 생깁니다. 동료 간에도 의심하고, 상사와 부하직원 사이에도 의심합니다. 택시를 탄 손님이 준 음료수를 마시고 정신을 잃고 돈을 빼앗겨버린 기사들도 있다고 합니다. 돈을 입금시켜 준다면서 돈을 빼가는 전화사기, 보이스 피싱이 많이 일어납니다.

주님! 이러니 어떻게 의심하지 않고 세상을 살 수 있겠습니까? 그런데 의심하는 것이 습관이 된 것 같기도 합니다. 사람과 사람의 말은 의심해도 하나님과 하나님의 말씀은 의심하지는 말아야 하는데, 하나님까지 의심하는 사람들이 많은 것 같습니다.

주님! 주님께서는 하나님의 사랑과 하나님의 능력과 하나님께서 기도를 들으시고 응답해 주실 것을 믿고 의심하지 말라고 말씀하셨습니다. 하나님께 대한 믿음이 있고, 의심하지 않으면, 기도한 모든 것이 이루어진다고 말씀하셨습니다.

주님! 제 믿음이 약한 것이 참으로 안타깝습니다. 주님께 원하는 기도를 하고도 응답받지 못한 것들이 많았는데, 생각해 보니 제가 구하고도 '정말 들어주실까?' 하고 의심했던 적이 많았습니다. 바로 그 믿음 없는 의심의 기도 때문에 받을 수 있었던 많은 응답을 받지 못했던 것임을 깨달았습니다. 이제부터는 산을 바다에 옮기는 응답까지 받을 수 있는 믿음의 기도를 할 수 있도록 도와주세요. 믿고 구하고, 기도로 구한 것을 하나님께서 들어주실 것을 조금도 의심 없이 믿는 사람이 되게 해주세요. 예수님 이름으로 기도합니다. – 아멘.

 **오늘의 말씀**　예레미야 36 : 26, 27

또 새 영을 너희 속에 두고 새 마음을 너희에게 주되, 너희 육신에서 굳은 마음을 제거하고 부드러운 마음을 줄 것이며, 또 내 영을 너희 속에 두어 너희로 내 율례를 행하게 하리니 너희가 내 규례를 지켜 행할지라.

 **오늘의 묵상 주제**

⊙ 굳은 마음을 제거하고 부드러운 마음을 갖재!
⊙ 하나님의 율례와 규례를 지키재!

 **오늘의 기도**

온유하기를 원하시는 하나님!

하나님께서는 온유(溫柔, 따뜻할 온, 부드러울 유)하기를 원하십니다. 마음이 온유하기를 원하시고, 사람을 따뜻하고 부드럽게 대하기를 원하십니다. 그런데 많은 사람들의 마음이 차갑게 굳어 있습니다. 굳은 마음으로는 누구도 사랑할 수가 없고, 다른 사람의 사랑도 받아들일 수 없습니다. 굳은 땅이 씨앗의 싹을 틔우지 못하듯이 굳은 마음은 사랑의 싹을 틔울 수가 없습니다. 굳은 마음은 온정을 베풀지 못하고, 부드러운 마음이 나눔의 손길을 베풀 수 있습니다. 굳은 마음은 하나님 앞에서 겸손하게 엎드릴 수 없게 합니다. 오직 부드러운 마음만이 하나님 앞에서 꿇어 엎드리게 하고, 눈물을 흘리며 회개하게 합니다.

새 영을 주시는 하나님! 하나님께서는 우리 마음에 새 영을 주시고, 하나님의 영을 우리 속에 두신다고 하셨습니다. 하나님의 영이 우리 마음에 들어오시면, 우리의 영이 새 영이 되고, 우리의 굳은 마음이 부드러운 마음으로 변하게 된다고 말씀하셨습니다. 하나님, 하나님의 영을 제 속에 두어 주세요. 나의 영이 새 영이 되게 해주세요. 내 마음이 부드러운 마음이 되게 도와주세요.

하나님! 오늘 저의 마음을 들여다 볼 수 있는 말씀을 주셔서 감사합니다. 제 마음이 언제부터인지 많이 굳어져 있습니다. 가족들과 친구들, 선생님들과 세상에 대해서 굳어진 마음을 없애고 부드러운 마음으로 대할 수 있기를 원합니다. 그러기 위해서는 하나님께서 주시는 새 영이 필요합니다. 하나님의 영으로 새 마음을 가질 수 있게 해주세요. 그래서 저와 연관된 모든 사람들을 부드럽고 사랑하는 마음으로 대할 수 있게 해주세요. 예수님 이름으로 기도합니다. – 아멘.

 마음을 다스리는 자가 되기 위한 기도

 **오늘의 말씀** 잠언 16 : 32

노하기를 더디 하는 자는 용사보다 낫고, 자기의 마음을 다스리는 자는 성을 빼앗는 자보다 나으니라.

 **오늘의 묵상 주제**

⊙ 될 수 있는 대로 화를 내지 말자!
⊙ 마음을 다스리는 자가 되자!

 **오늘의 기도**

마음을 다스리기를 원하시는 하나님!

하나님께서는 우리에게 자기의 마음을 다스리라고 말씀하십니다. 자기의 마음을 다스리는 자는 성을 빼앗는 자보다 낫다고 하십니다. 이 말씀은 장수가 성을 빼앗는 것보다도 자기 마음을 다스리는 것이 더 어려울 수 있다는 것을 말해 주기도 합니다.

하나님 아버지! 마음을 다스리는 사람은 쉽게 화를 내지 않습니다. 화가 나는 것을 가라앉힐 수가 있기 때문입니다. 쉽게 분노하고, 화가 나면 참지 못하고 폭발하는 사람들이 있습니다. 이런 사람들은 사고를 칠 가능성이 많습니다. 그래서 인생을 망치는 사람들도 많습니다. 홧김에 폭력을 휘두르는 사람들, 홧김에 폭언을 하는 사람들, 홧김에 시비를 거는 사람들, 홧김에 술을 마시는 사람들, 홧김에 사표를 쓴 사람들, 홧김에 공부하기를 포기한 학생들, 홧김에 잘못을 저질러 인생이 꼬이는 사람들이 많습니다.

하나님 아버지! 얼마 전 중국에서 한 여자 승객이 버스를 탔는데, 운전기사가 '앞에는 사람이 많으니 뒤로 가라' 고 했답니다. 여자 손님은 '왜 내가 뒤로 가냐' 며 서로 말싸움을 하다가, 몸싸움도 하게 되었답니다. 그런데 여자 손님이 홧김에 달리는 버스의 키를 뽑아버렸대요. 그랬더니 버스는 통제 불능이 되고, 800미터쯤 달리다 가로등을 들이받게 되는 사고가 났답니다. 이 사고로 1명이 죽고 17명이 다치는 일이 벌어졌답니다. 서로 화를 참지 못해서 벌어진 대형 참사였습니다. 화를 참지 못해서 남의 인생도 망치고 자기의 인생도 망치게 된 것이지요. 그래서 노하기를 더디 하는 사람은 성을 빼앗는 용사보다 더 나은 인생을 살게 됩니다.

하나님 아버지! 저도 생각은 화를 잘 안 내고 싶은데, 실제 생활에서는 작은 일에도 화를 내곤 합니다. 생각이 얕고 속이 좁아서입니다. 급한 제 감정을 여유 있고 넉넉하게 해주세요. 이제부터는 넉넉한 사람이 되어서 스스로의 마음을 다스릴 줄 아는 사람이 되게 해주세요. 진정한 용사처럼 크고 넓은 마음으로 살기를 결심하오니, 실천할 수 있도록 도와주세요. 예수님 이름으로 기도합니다. – 아멘.

 **오늘의 말씀**　에스겔 20 : 11, 12

사람이 준행하면 그로 말미암아 삶을 얻을 내 율례를 주며 내 규례를 알게 하였고, 또 내가 그들을 거룩하게 하는 여호와인 줄 알게 하려고 내 안식일을 주어 그들과 나 사이에 표징을 삼았노라.

 **오늘의 묵상 주제**

◉ 하나님의 말씀을 준행하여 참된 삶을 얻자!
◉ 주일예배를 꼭 꼭 참석하자!

 **오늘의 기도**

언약을 주시는 하나님!

결혼하는 사람들이 결혼반지를 예물로 주고 받는 것은 매우 오래된 전통입니다. 결혼반지를 소유함으로써 서로의 결혼이 유지되고 있다는 표징으로 삼습니다. 사랑하는 연인들 중에도 커플링을 만들어 끼는 사람들이 많습니다. 커플링을 끼고 있는 것으로 서로 연인 관계가 지속되고 있는 증표로 삼기 위해서입니다. 만약 서로의 관계가 깨어진다면 당연히 그 커플링을 빼고 다시 끼지는 않을 것입니다.

하나님 아버지! 하나님께서는 우리들에게 안식일을 정해 주셨습니다. 안식일(주일)에 하나님께 예배하며 안식하도록 명령하셨습니다. 하나님께서는 우리가 안식일을 지키는 것을 통해서 하나님과의 관계가 지속되고 있다는 표징으로 삼으셨습니다. 우리가 하나님을 좀 섭섭하게 해드린 것이 있어도, 하나님께 죄를 지은 일이 있어도, 우리가 안식일을 지키며 하나님께 예배생활을 하는 것만으로도 하나님과의 관계를 유지하고 있는 것으로 인정해 주십니다.

하나님 아버지! 하나님께서 우리에게 주신 율례와 규례(말씀, 율법)는, 그것을 지키면 생명(삶, 영생, 구원, 복)을 얻을 수 있는 규정들임을 깨닫게 해주심을 감사드립니다. 하나님의 율법과 말씀을 귀찮아하거나 불편해 하지 않게 도와주세요. 도리어 복을 받기 위해서 내게 주신 특별한 은총으로 받아들이게 해주세요.

하나님 아버지! 이제부터는 저 자신의 복된 삶을 위해서 주님의 말씀을 기쁨으로 자발적으로 지키려고 합니다. 특히 주일예배에 참석하는 것을 몹시 힘들어했는데, 주일을 잘 지키는 것이 하나님과 언약관계가 살아 있음을 상징하는 표징이 된다는 것을 몰랐기 때문입니다.

하나님 아버지! 오늘은 '다이어리 데이'라고 하는데요, 이제부터는 제 다이어리에 주일예배 스케줄이 한 번도 빠지지 않도록 하겠습니다. 주일을 성수할 수 있게 제 마음과 건강을 지켜주세요. 예수님 이름으로 기도합니다. – 아멘.

 **오늘의 말씀** 시편 15 : 1~3

여호와여! 주의 장막에 머무를 자 누구오며, 주의 성산에 사는 자 누구오니이까? 정직하게 행하며, 공의를 실천하며, 그의 마음에 진실을 말하며, 그의 혀로 남을 허물하지 아니하고, 그의 이웃에게 악을 행하지 아니하며, 그의 이웃을 비방하지 아니하며

 **오늘의 묵상 주제**

⊙ 하나님께서 함께 하실 수 있는 사람이 되자!
⊙ 다른 사람을 흉보거나 비장하지 말고, 악을 행하지 말자!

 **오늘의 기도**

좋은 사람은 가까이 하시는 하나님!

하나님께서는 나쁜 사람을 멀리 하시고 좋은 사람을 가까이 하는 분이십니다. 나쁜 사람은 정직하지 못하고, 불의하고, 거짓을 말하며, 남을 허물하고, 이웃을 비방하며 악을 행하는 사람들입니다. 하나님께서는 이런 사람을 하나님의 장막(帳幕, 유목민의 천막, 군대의 막사, 하나님의 집, 성전)에 머물 수 없게 하십니다. 이런 좋지 않은 사람들은 하나님의 성산(聖山, 거룩한 산, 하나님의 성전이 있는 산, 하나님이 임재하시는 산)에 살 수 없게 하십니다.

하나님 아버지! 생각해 보면 요즘 사람들 중에 하나님의 장막과 성산에 머물 수 없는 사람들이 너무 많을 것 같습니다. 정직하지 못하고, 불의를 행하고, 남을 흉보고 비방하고, 다른 사람을 괴롭히고, 악을 행하는 사람들이 많은데, 이런 사람들은 모두 하나님의 성산에 머물 수 없는 사람들이기 때문입니다.

하나님 아버지! 지금 저의 모습과 삶도 하나님의 장막에 머물 수 있고, 하나님의 성산에 설 수 있는 사람이라고 할 수 있을지 염려됩니다. 혹 부족한 점이 있다면 용서하여 주시고, 주님께 합당한 사람이 되게 도와주세요.

오늘 말씀에 주의 장막에 머무를 자, 주의 성산(聖山)에 살 수 있는 자는 정직하게 행하며, 공의를 실천하며, 그의 마음에 진실을 말하며, 혀로 남을 허물하지 아니하고, 이웃에게 악을 행하지 않고, 이웃을 비방하지 않는 사람이라고 하셨습니다.

제가 이 여섯 가지 덕목을 다 갖춘 사람이 되게 도와주세요. 특히 요즘은 인터넷을 통해서 남을 비방하는 사람들이 많은 세상입니다. 저는 악플러가 되어 다른 사람에게 상처를 주는 일이 없도록 하겠습니다(악플을 달았던 경험이 있는 사람은 회개하고 고칠 것을 결심하라). 좋은 댓글로 다른 사람의 마음에 기쁨과 용기를 주는 사람이 될 것을 약속합니다. 예수님의 이름으로 기도합니다. – 아멘.

 **오늘의 말씀**　잠언 6 : 6~8

게으른 자여 개미에게 가서 그가 하는 것을 보고 지혜를 얻으라. 개미는 두령도 없고 감독자도 없고 통치자도 없으되 먹을 것을 여름 동안에 예비하며, 추수 때에 양식을 모으느니라.

 **오늘의 묵상 주제**

◉ 게으른 자가 되지 말고, 부지런한 사람이 되자!
◉ 자신의 미래를 위해서 스스로 준비하는 자가 되자!

 **오늘의 기도**

　스스로의 삶을 책임지기를 원하시는 하나님!

　하나님께서는 우리를 세상에 보내주실 때에 스스로의 삶에 대해서 책임질 수 있는 지혜와 능력을 주셨습니다. 하나님께서 주신 달란트는 작게는 자신의 의식주를 해결할 수 있는 능력이 됩니다. 달란트를 크고 유용하게 사용하면 많은 사람에게 유익을 줄 수 있고, 더 좋은 세상을 만드는데 공헌할 수도 있습니다. 그리고 하나님께서 하시고자 하는 일에 보탬이 될 수도 있습니다. 자기 계발과 유익한 삶을 위해서 달란트와 더불어 이성과 지성, 감성과 열정을 함께 주셨습니다.

　하나님 아버지! 오늘의 말씀은 개미에게도 스스로의 삶을 책임 있게 살아가는 지혜와 성실함이 있음을 가르쳐 주고 있습니다. 개미는 두령이나 감독자가 없어도 자신들의 겨울나기를 여름에 스스로 준비하는 지혜를 가지고 있습니다. 이 비유는 젊을 때 자신의 재능을 잘 계발하는 것이 성인이 되었을 때를 준비하는 것이라는 것을 가르쳐 줍니다. 젊을 때 실력과 능력을 키우는데 게으른 사람은 성인이 되어서도 스스로의 삶도 살 수 없는 무능력자가 됩니다. 부모에게 의존하는 사람이 되기도 하고, 다른 사람과 사회에 민폐를 끼치는 사람이 되기도 합니다.

　하나님 아버지! 저는 개미만큼도 지혜롭지도 못한 사람이 되는 것을 원하지 않습니다. 지금부터 제 스스로의 삶에 대해서 책임 있게 살게 도와주세요. 타인의 의지에 의해서 억지로 공부하거나 행동하는 사람이 되지 않게 도와주세요. 저 스스로의 의지로 제 자신의 미래를 위해서 현재를 성실하게 사는 자발적인 사람이 될 것을 약속합니다. 특히 지금 방학이라서 새 학년을 준비할 수 있는 좋은 기회인데 더 게을러졌고, 최선을 다하지 않는 모습이 되었습니다. 이제 저의 결심을 새롭게 하고, 성실함으로 무장해서, 가장 보람 있는 방학이 되도록 노력하겠습니다. 제 자신의 미래를 스스로 준비하기에 성실한 의지와 생활을 하게 하셔서, 인생의 추수 때에 많은 양식을 얻을 수 있게 해주세요. 예수님 이름으로 기도합니다. - 아멘.

 오늘의 말씀) 예레미야애가 3 : 24~26

내 심령에 이르기를 여호와는 나의 기업이시니, 그러므로 내가 그를 바라리라 하도다. 기다리는 자들에게나 구하는 영혼들에게 여호와는 선하시도다. 사람이 여호와의 구원을 바라고 잠잠히 기다림이 좋도다.

오늘의 묵상 주제

◉ 하나님을 나의 기업으로 삼자!
◉ 하나님의 구원을 잠잠히 기다리는 사람이 되자!

 오늘의 기도

나의 기업이 되시는 하나님!

세상에는 좋은 부모를 둔 사람들도 많이 있습니다. 명문가에서 태어난 사람들은 부모와 가문의 명예가 기업이 됩니다. 재력가를 부모로 둔 자녀들은 부모의 재산을 기업(유산, 증여)으로 받습니다. 전문가를 부모로 둔 자녀들은 전문가가 되는 길을 기업으로 받을 수 있습니다. 그러나 재산도 없고, 명예도 없고, 학벌도 없고, 내 세울 것이 없는 사람을 부모로 둔 자녀들은 부모로부터 물려받을 기업이 없습니다. 이렇게 물려줄 기업이 없는 부모들은 마음 아파하고, 부모로부터 받을 기업이 없는 사람들 중에는 서글퍼하는 사람들도 있습니다.

하나님 아버지! 미국의 대통령이었던 링컨은 세상적으로는 물려받을 것이 없는 가난한 부모에게서 태어나고 자랐습니다. 링컨의 어머니 낸시 링컨은 링컨이 10살 때 죽으면서 낡은 성경책 한 권을 유산으로 물려주었을 뿐이지만 믿음을 기업으로 물려받을 수 있었습니다. 그러나 그것은 하나님을 기업으로 받은 것이었습니다. 하나님이라는 기업은 세상의 그 어떤 기업보다도 크고 귀한 기업이 되었습니다. 하나님은 링컨을 미국의 대통령이 되게 하셨습니다. 링컨을 흑인노예해방의 도구로 사용하여, 인류의 역사를 발전시키는 귀중한 일을 감당하게 하셨습니다. 링컨의 기업이신 하나님께서 링컨에게 인류역사가 끝날 때까지 계속될 명예까지 주셨습니다.

하나님 아버지! 세상의 그 어떤 아버지와도 비교할 수 없는 하나님 아버지의 자녀가 된 것을 감사드립니다. 하나님의 자녀로서 하나님께 기쁨이 되고, 영광을 돌릴 수 있는 사람이 되게 해주세요. 그리고 하나님께서 저의 기업이 되어주셔서, 저에게 필요한 모든 것을 이루어주실 줄 믿습니다. 예수님의 이름으로 기도합니다. - 아멘.

 **오늘의 말씀**　로마서 8 : 26~28

이와 같이 성령도 우리의 연약함을 도우시나니, 우리는 마땅히 기도할 바를 알지 못하나 오직 성령이 말할 수 없는 탄식으로 우리를 위하여 친히 간구하시느니라. 마음을 살피시는 이가 성령의 생각을 아시나니, 이는 성령이 하나님의 뜻대로 성도를 위하여 간구하심이니라. 우리가 알거니와 하나님을 사랑하는 자 곧 그의 뜻대로 부르심을 입은 자들에게는 모든 것이 합력하여 선을 이루느니라.

 **오늘의 묵상 주제**

⊙ 나의 연약함을 도우시는 성령님의 도우심을 입자!
⊙ 내게 일어나는 모든 일들이 합력해서 선을 이룰 줄 믿자!

 **오늘의 기도**

　우리를 도와주시는 성령님!

　우리는 살아가면서 도움을 받아야 할 일이 참 많습니다. 어릴 때는 부모님의 도움으로 자라게 됩니다. 자라면서 공부하는 문제, 진로 문제, 가정 문제, 친구들과의 문제, 그 외에도 나이가 들면서 더 많은 문제들을 만나게 됩니다. 우리가 만나게 되는 문제들 중에는 혼자의 힘으로 해결하기 어려운 것들이 많습니다. 그럴 때에는 누군가의 도움을 받아야 합니다. 도움이 꼭 필요할 때 누구의 도움도 받지 못한다는 것은 참 슬픈 일입니다. 그런데 참 다행스럽게도 하나님의 사람은 성령님께 도움을 받을 수가 있습니다.

　우리를 위해서 간구해 주시는 성령님! 성령님께서는 우리를 위해서 간구(懇求, 정성 간, 구할 구, 간절하게 하는 기도)해 주는 분이심을 믿습니다. 성령님께서 나의 연약함을 도와주심을 믿습니다. 제가 어리석어 어떻게 기도할지를 모를 때에도 말할 수 없는 탄식으로 저를 위해서 기도해 주신다는 말씀을 믿고 감사드립니다.

　참 고마우신 성령님! 제가 기도한다고 하기는 하는데, 사실 하나님의 마음에 맞는 기도를 드리는지는 자신이 없습니다. 꼭 구해야 할 것을 구하지 않고, 필요 없는 것을 구하는 기도를 하고 있지는 않는지요? 저를 긍휼(矜恤, 사랑하고 불쌍히 여기는 마음)히 여기셔서 매일 저를 위해서 성령님께서 친히 간구해 주시는 것을 알게 되었습니다.

　성령님! 지금 제게 일어나는 모든 일들(비록 지금은 어렵게 느껴지는 부분들까지도)까지 모두 합해서 결국 제게 좋은 결과를 이루어주신다는 말씀에 큰 위로를 얻습니다. 지금 어렵고 힘든 문제가 있을지라도, 그것까지 합해서 저에게 좋은 결과를 만들어 주실 줄 믿습니다. 이 믿음 가지고 담대하고 씩씩하게 살게 해주세요. 예수님 이름으로 기도합니다. －아멘.

 **오늘의 말씀**　시 34 : 11~15

너희 자녀들아 와서 내 말을 들으라. 내가 여호와를 경외하는 법을 너희에게 가르치리로다. 생명을 사모하고 연수를 사랑하여 복 받기를 원하는 사람이 누구뇨? 네 혀를 악에서 금하며, 네 입술을 거짓말에서 금할지어다. 악을 버리고 선을 행하며, 화평을 찾아 따를지어다. 여호와의 눈은 의인을 향하시고, 그의 귀는 그들의 부르짖음에 기울이시는도다.

 **오늘의 묵상 주제**

⊙ 하나님을 경외하는 법을 알자!
⊙ 조심스럽게 말하고, 거짓된 말은 절대로 하지말자!
⊙ 악을 버리고 선을 행하자!

 **오늘의 기도**

섬김을 받으시기를 기뻐하시는 하나님! 하나님께서는 섬김을 받으시는 것을 기뻐하십니다. 아버지가 자녀의 섬김을 기뻐하는 것과 같습니다. 아버지는 자녀를 지배하거나 억압하기 위해서 섬김을 받으려고 하지 않습니다. 도리어 아버지의 마음에 기쁨이 되는 섬김을 통해서 더 많은 것을 베풀기 위해서 하나님께서는 섬길 것을 우리에게 요구하십니다. 하나님의 말씀을 듣고, 하나님께서 가르쳐 주시는 대로 하나님을 경외하는 사람들에게는 많은 복을 베풀어 주십니다.

하나님 아버지! 저도 하나님을 제대로 경외하는 사람이 되기를 원합니다. 오늘의 말씀을 통해서 그 방법을 가르쳐 주시니 감사합니다. 악한 말과 거짓말을 하지 않게 도와주세요. 악을 버리고 선을 행하게 도와주세요. 갈등을 일으키며 싸우려고 하지 않고 화평을 찾아 따르는 사람이 되게 도와주세요. 하나님을 참되게 경외하는 사람이 되어서 생명과 복을 얻는 사람이 되게 해주세요.

하나님 아버지! 제가 좋은 말, 예쁜 말, 곱고 품격 있는 말만 하게 도와주세요. 상스러운 말, 천박한 말, 거친 말, 욕하는 말, 저주하는 말, 비웃는 말, 모든 나쁜 말을 완전히 버릴 수 있게 도와주세요. 가족, 친구들, 선생님과 화목하게 지낼 수 있도록 도와주세요. 그래서 하나님께서 외면하지 않는 사람이 되게 해주시고, 하는 기도마다 잘 들어주시는 의로운 사람이 되게 해주세요. 예수님의 이름으로 기도합니다. – 아멘.

 **오늘의 말씀**　고린도전서 5 : 7,8

너희는 누룩 없는 자인데 새 덩어리가 되기 위하여 묵은 누룩을 내버리라. 우리의 유월절양 곧 그리스도께서 희생 되셨느니라. 이러므로 우리가 명절을 지키되 묵은 누룩으로도 말고, 악하고 악의에 찬 누룩으로도 말고, 누룩이 없이 오직 순전함과 진실함의 떡으로 하자.

 **오늘의 묵상 주제**

⊙ 묵은 누룩, 악한 누룩을 내버리자!
⊙ 순전함과 진실함의 새 덩어리로 만든 새 떡을 만들자!

 **오늘의 기도**

　새 사람이 되기를 원하시는 주님!

　주님께서는 순전(純全, 섞임 없는 순, 온전할 전)한 것을 기뻐하십니다. 여러 가지가 섞여 있는 것을 싫어하시고, 좋지 않은 것이 조금이라도 섞여 있는 것을 싫어하십니다. 그래서 하나님께 드리는 것은 뭔가가 혼합되지 않는 순전한 것을 사용하도록 하셨습니다. 하나님의 성막과 성전에서 사용되는 진설병(12개의 떡을 성소의 떡상에 올려놓고, 1주일마다 새 떡으로 바꾸어 주던 떡)은 누룩(떡이나 빵을 만들 때 반죽에 넣어 부풀어 오르게 하는 것으로, 부드럽게 해주는 역할을 하는 효소)을 넣지 않고 만들게 하셨습니다. 이집트에서 해방되어 나가는 이스라엘 백성들에게도 누룩 없는 떡을 만들어 가져가게 하셨습니다. 유월절을 지킬때에도 누룩 없는 떡을 만들어 먹게 하셨습니다.

　주님! 누룩은 떡이나 빵을 부풀려서 부드럽게 해주어 사람들이 먹기 좋게 해줍니다. 그러나 누룩은 곡식을 발효시켜서 술을 만들기도 합니다. 부패하고, 변질되고, 취하게 하고 제 정신이 아니게 하는 것을 하나님은 싫어하십니다. 누룩은 사람들을 부패하고 타락하게 하는 잘못된 생각과 잘못된 가르침을 상징합니다. 사람으로 제 정신을 잃고 하나님과 원수 되게 하는 사탄의 가르침을 상징합니다.

　주님! 제 안에 있어서 생각과 마음과 행동을 악하게 물들이는 누룩(사탄이 주는 나쁜 생각과 가치관들)을 완전히 버리게 해주세요. 저를 사망을 가져오는 사탄의 악한 영향력에서 벗어나서, 선하고 새로운 영으로 하나님께 드려질 떡으로 만들어 가게 도와주세요. 오직 믿음 안에서 순수하고 온전하고 진실한 마음과 생각과 행동으로 사는 제가 되어, 하나님께 온전히 드려질 수 있는 아름다운 삶을 살게 해주세요. 죄와 허물의 누룩이 섞인 '묵은 누룩(나의 옛 사람)'을 버리고, 순전함과 진실함의 '새 떡(새 사람 된 나, 제물로 삼을 수 있는 삶)'이 되어 하나님께 드려질 수 있는 제물이 되게 해주세요. 예수님 이름으로 기도합니다. – 아멘.

 **오늘의 말씀**　이사야 43 : 1

야곱아! 너를 창조하신 여호와께서 지금 말씀하시느니라. 이스라엘아! 너를 지으신 이가 말씀하시느니라. 너는 두려워하지 말라. 내가 너를 구속하였고, 내가 너를 지명하여 불렀나니, 너는 내 것이라.

 **오늘의 묵상 주제**

◉ 나는 하나님께서 지어주신 존귀한 존재임을 기억하자!
◉ 하나님께서 나를 지명하여 불러주셨음을 기억하자!
◉ 나는 하나님의 것임을 기억하며 살자!

 **오늘의 기도**

　이스라엘을 '내 것'으로 삼아주시는 하나님!

　하나님께서는 이스라엘(하나님의 백성, 하나님을 믿는 성도들을 가리키는 말)을 구속(救贖, 건질 구, 바칠 속, 제물을 바치고 죄에서 건져냄)해 주셨습니다. 멸망할 사람을 구원해 주셨고, 죽을 사람을 살려주시고 영원한 생명을 주셨습니다. 이스라엘(하나님의 사람들)은 하나님께서 지명(指命, 손가락 지, 목숨 명, 손가락으로 콕 찍어 가리키며 명령하는 것)하여 불러준 사람들입니다. 이렇게 불러주신 하나님의 사람들을 하나님께서는 '하나님의 것'으로 삼아주십니다.

　하나님의 사람을 귀하게 여겨 주시는 하나님! 사람들도 자기의 것을 귀하게 여깁니다. 자기 것에 대한 사람들의 애착은 대단합니다. 자기 볼펜 하나라도 허락 없이 가져가는 사람은 용납하기 어려워합니다. 지우개 하나라도 남에게 쉽게 주려고 하지 않습니다. 자기의 것이기 때문입니다. 하물며 자기 사람에 대한 애착은 이루 말할 수 없이 강합니다. 내 남편, 내 아내에 대한 애착은 누구라도 함부로 쳐다보지도 못하게 합니다. 자기 아이에 대한 부모의 애착은 표현하기 어려울 정도입니다. 누구라도 자기 아이를 건드리면 용서하지 않는 것이 부모의 마음입니다. 하나님께서도 하나님의 사람을 '내 것'으로 여기시며 무한한 애착을 가지고 계십니다.

　하나님 아버지! 참 감사합니다. 저를 구속해 주시고, 지명하여 불러주셔서 하나님의 것으로 삼아주심을 감사드립니다. '하나님의 것'이 된 저를 세상이, 사탄이 감히 어쩌겠습니까? 이제 세상도 사탄도 두려워하지 않게 하시고, 씩씩하고 용감하게 세상을 살아가게 해주세요. 하나님의 사람으로서 부끄럽지 않게 살 수 있도록 저의 삶을 성공적으로 이끌어 주세요. 예수님의 이름으로 기도합니다.

－ 아멘.

 **오늘의 말씀**　시편 37 : 3~6

여호와를 의뢰하고 선을 행하라. 땅에 머무는 동안 그의 성실을 먹을거리로 삼을지어다. 또 여호와를 기뻐하라. 그가 네 마음의 소원을 네게 이루어 주시리로다. 네 길을 여호와께 맡기라. 그를 의지하면 그가 이루시고, 네 의를 빛 같이 나타내시며, 네 공의를 정오의 빛 같이 하시리로다.

 **오늘의 묵상 주제**

⊙ 하나님을 의뢰하쟤!
⊙ 하나님께서 내 마음의 소원을 이루어 주실 것을 믿쟤!

 **오늘의 기도**

　꿈을 이루어 주시는 하나님! 사람마다 소원을 가지고 있고, 이루고 싶은 꿈이 있습니다. 그리고 꿈을 이루기 위해서 노력합니다. 어떤 사람들은 재능이 꿈을 이루어줄 것으로 믿습니다. 학벌이 꿈을 이루어 주리라고 생각하는 사람도 있습니다. 권력이나 재력을 의지하여 꿈을 이루려는 사람들도 있습니다. 그러나 오늘 말씀은 하나님께서 우리 마음의 소원을 이루어주신다고 말씀하십니다. 그리고 하나님을 의뢰하면서, 하나님께서 원하시는 삶을 사는 사람이 될 때 하나님께서 꿈을 이루어 주신다고 가르쳐 주셨습니다.

　하나님 아버지! 하나님을 의뢰하고 선을 행하는 제가 되게 도와주세요. 사람이나 인간적인 재주나 방법으로 꿈을 이루려고 애쓰는 사람이 아니라, 하나님을 의뢰하고 선을 행하며 사는 사람이 되게 해주세요. 세상을 사는 동안 하나님의 성실을 먹을거리로 삼는 제가 되게 도와주세요. 하나님은 성실하신 분이신데, 하나님이 주시는 은혜와 사랑과 선한 마음으로 하나님이 원하시는 일을 성실하게 하며 살아가는 제가 되게 이끌어 주세요. 여호와 하나님을 기뻐하는 사람이 되게 도와주세요. 하나님을 두려워하거나, 하나님을 싫어하거나 부담스러워하지 않는 제가 되게 도와주세요. 하나님이 계신 것을 기뻐하고, 하나님을 믿는 생활을 기뻐하고, 하나님의 뜻을 받들고, 하나님께서 좋아하실 일을 하는 것을 기뻐하며, 하나님과의 교제를 기뻐하며 사는 제가 되게 도와주세요.

　하나님 아버지! 하나님을 의뢰하며, 하나님을 기뻐하는 삶을 살아가는 제가 되어 하나님께서 저의 꿈을 이루어 주시고, 정오(正午, 한낮)의 빛 같이 빛나는 좋은 삶을 살게 해주세요. 예수님 이름으로 기도합니다. – 아멘.

복되고 풍성한 삶을 구하는 기도

 **오늘의 말씀** 창세기 27 : 28, 29

하나님은 하늘의 이슬과 땅의 기름짐이며, 풍성한 곡식과 포도주를 네게 주시기를 원하노라. 만민이 너를 섬기고 열국이 네게 굴복하리니, 네가 형제들의 주가 되고, 네 어머니의 아들들이 네게 굴복하며, 너를 저주하는 자는 저주를 받고 너를 축복하는 자는 복을 받기를 원하노라.

 **오늘의 묵상 주제**

◉ 하나님께 복 받는 사람이 되자!
◉ 하나님께 복 받아 풍성한 삶을 살자!

 **오늘의 기도**

풍성한 삶을 주시는 하나님!

하나님께서는 우리에게 복을 주시기를 원하시고, 우리가 풍성한 삶을 살게 되기를 원하십니다. 하나님은 우리의 기름짐과 풍성함이십니다.

하나님 아버지! 오늘 말씀에서 하나님은 '하늘의 이슬' 과 '땅의 기름짐' 이라고 하셨습니다. 비가 오지 않는 이스라엘에서 식물들은 이슬을 먹고 자랍니다. 뜨거운 낮과 추운 밤의 기온 차 때문에 많은 이슬이 땅에 내리게 됩니다. 그래서 기름진 땅에서는 비가 오지 않아도 곡식들이 잘 자라게 되는데, 하나님께서는 우리에게 그런 이슬이 되십니다. 세상이 우리에게 아무것도 주지 않는다고 할지라도 하나님께서 이슬처럼 우리를 길러주십니다. 게다가 하나님께서는 땅의 기름짐이라고 하셨습니다. 하나님의 은혜만으로도 풍성한 곡식과 포도주(인생을 즐겁게 하는 것)를 얻을 수 있도록 해주는 분이십니다.

하나님 아버지! 하나님께서는 세상 모든 사람의 생사화복(生死禍福, 살고, 죽고, 화를 당하고, 복을 받는 것)을 주관하는 분이십니다. 그 하나님의 이름으로 이삭이 야곱에게 축복을 했고, 그 축복대로 야곱이 복된 인생이 되었습니다. 그 이삭이 야곱에게 행한 축복, 하나님께서 야곱에게 베풀어주셨던 복을 제게도 베풀어 주세요.

하나님 아버지! 세상과 세상 사람에게 굴복하는 사람이 되지 않고, 세상과 세상 사람들이 굴복하는 사람이 되게 해주세요. 세상 사람의 종이 되지 않고 주인이 되게 도와주세요. 저를 축복하는 자에게 복을 주세요. 예수님의 이름으로 기도합니다. – 아멘.

 **오늘의 말씀**　시 27 : 4

내가 여호와께 바라는 한 가지 일, 그것을 구하리니 곧 내가 내 평생에 여호와의 집에 살면서 여호와의 아름다움을 바라보며, 그의 성전에서 사모하는 그것이라.

 **오늘의 묵상 주제**

◉ 평생 동안 하나님의 집을 사모하자(교회를 사랑하자)!
◉ 하나님의 아름다움을 바라보며 살자!

 **오늘의 기도**

아름다우신 하나님!

오늘 다윗왕은 '여호와의 아름다움'에 대해서 말했습니다. 하나님, 그런데 여호와 하나님의 아름다움이란 무엇일까요? 아마 다윗도 하나님을 직접 보고 나서 하나님은 아름다우신 모습을 하고 있다고 말하는 것은 아닐 것입니다. 그가 말하는 '여호와의 아름다움'은 하나님이 내려 주시는 은혜와 은사, 하나님이 베풀어 주시는 사랑과 자비, 하나님께서 행하시는 일의 아름다움을 뜻하는 것 같습니다. 특히 자신에게 베풀어 주신 하나님의 복과 은혜의 아름다움을 찬양하는 것 같습니다.

하나님 아버지! 다윗왕이 하나님께 바라던 오직 한 가지는 자기 평생에 여호와의 집에 살면서, 여호와의 아름다움을 바라보며, 여호와를 사모하는 것이었습니다. 세상 사람들이 복을 구하되 재물의 복, 성공의 복, 장수의 복, 건강의 복, 자녀의 복 등을 구하는 것과는 아주 달랐습니다. 생각해 보니 다윗왕을 하나님께서 누구보다도 사랑하고 복을 주실 수밖에 없었다는 생각이 듭니다. 하나님을 그렇게 좋아하고 찬양하고 사모하는데 어떻게 하나님께서 좋아하지 않을 수 있었겠습니까?

저를 불러 주신 하나님! 저를 주님의 집(교회)으로 불러주신 것을 감사드립니다. 저에게 예배와 말씀을 통해서 은혜 주시는 것을 감사드립니다. 제가 주님의 집인 교회를 더 사랑하게 하시고, 예배를 사모하며 살게 해주세요. 하나님께 예배드리는 주일을 기다리는 마음을 주시고, 교회에 가서 예배하는 것을 기뻐하는 제가 되게 도와주세요. 시험, 학원, 친구들과의 계획, 또는 게으름과 귀찮음 등 그 어떤 일로도 주일 예배에 빠지는 일 없도록 도와주세요. 제가 하나님의 아름다움과 하나님께서 주시는 아름다운 것들을 제대로 알고 누릴 줄 아는 주님의 사람으로 살게 해주세요. 예수님 이름으로 기도합니다. – 아멘.

오늘의 말씀 신명기 7 : 6~8

너는 여호와 네 하나님의 성민이라. 네 하나님 여호와께서 지상 만민 중에서 너를 자기 기업의 백성으로 택하셨나니, 여호와께서 너희를 기뻐하시고 너희를 택하심은 너희가 다른 민족보다 수효가 많기 때문이 아니니라. 너희는 오히려 모든 민족 중에 가장 적으니라.

오늘의 묵상 주제

⊙ 내가 하나님의 성민임을 기억하자!
⊙ 하나님께서 나를 기뻐하시고 택하셨다는 사실에 감사하자!

오늘의 기도

우리를 선택해 주시는 하나님!

'짝'이라는 TV 프로그램이 있는데요, 청춘남녀가 여러 날을 함께 지내면서 짝을 선택하는 리얼 프로그램입니다. 그들 중에는 상대방이 자기를 선택해 줄 것으로 생각하고 있는데 선택을 받지 못해서 실망하는 사람도 있습니다. 반면에 상대방이 자기를 선택했지만, 자기는 그가 마음에 들지 않아서 프로포즈를 거절하는 사람도 있습니다. 상대방으로부터 선택받았다는 것 자체로는 매우 기분 좋아합니다.

하나님 아버지! 세상에는 누군가의 선택을 받으려고 애쓰는 사람들이 많습니다. 입시생들은 대학으로부터 선택받기를 소망합니다. 취업생들은 기업으로부터 선택받는 사람이 되기를 학수고대합니다. 선남선녀들은 자기가 이상형으로 생각하는 사람에게 선택받기를 소원합니다. 모든 운동선수들은 프로구단의 선택 받기를 바라고, 국가대표로 선택받아 태극마크를 가슴에 다는 것을 꿈꿉니다.

하나님 아버지! 하나님께서는 나를 성민(聖民, 거룩한 백성)으로 선택해 주셨습니다. 세상에는 잘나고 훌륭한 사람들도 많은데, 하나님께서는 보잘 것 없는 나를 선택해 주셨습니다. 내가 잘나서도 아니고, 남들보다 더 크고 유익한 존재이기 때문도 아니라고 했습니다. 다른 모든 조건과 상관없이 하나님께서 나를 기뻐하시고 사랑하셨기 때문에 선택해 주셨습니다.

거룩하신 하나님! 지극히 높고 거룩하신 하나님께서 저 같은 사람을 하나님의 백성으로 선택해주시고 기뻐해주신다는 것이 참 감격스럽습니다. 하나님 앞에서 겸손하고 감격하는 마음을 가지고, 하나님께서 원하시는 삶을 살기 위해서 노력하겠습니다. 절대로 하나님의 이름을 욕되게 하는 삶을 살지 않기 위해서 최대한 노력하겠습니다. 이 마음 변하지 않게 도와주세요. 예수님 이름으로 기도합니다. – 아멘.

 **오늘의 말씀**　역대상 4 : 9, 10

야베스는 그의 형제보다 귀중한 자라. 그의 어머니가 이름하여 이르되 야베스라 하였으니, 이는 내가 수고로이 낳았다 함이었더라. 야베스가 이스라엘 하나님께 아뢰어 이르되 "주께서 내게 복을 주시려거든 나의 지역을 넓히시고, 주의 손으로 나를 도우사 나로 환난을 벗어나 내게 근심이 없게 하옵소서!" 하였더니, 하나님이 그가 구하는 것을 허락하셨더라.

 **오늘의 묵상 주제**

⊙ 야베스처럼 기도하는 사람이 되자!
⊙ 세상에 영향력을 행하는 복된 사람이 되자!

 **오늘의 기도**

　야베스의 하나님!

　아브라함에게 아브라함의 하나님이 되셔서, 아브라함의 인생을 인도하시고, 지켜주시고 복을 주셨던 하나님께서 야베스에게 '야베스의 하나님'이 되어 주셨던 것을 생각해 봅니다. 야베스는 하나님께 두 가지를 기도했고, 하나님께서는 야베스에게 두 가지를 다 들어주셨습니다.

　첫째로, 야베스는 자기의 지역을 넓혀주는 복을 달라고 기도하여 응답을 받았습니다. 이 기도는 자기의 활동무대를 넓혀 달라는 기도였고, 넓은 활동무대를 달라는 기도였습니다. 이 기도는 자기의 영향력을 넓혀 달라는 기도였습니다. 이 기도에 하나님께서 응답해 주셨습니다. 그에게 넓은 활동무대를 주셨고, 넓은 지역에까지 영향력을 끼칠 수 있는 사람이 되었습니다.

　둘째로, 야베스는 환난을 벗어나 근심이 없는 삶을 살 수 있도록 도와달라고 기도했습니다. 하나님께서는 이 기도에도 응답해 주셔서, 야베스는 인생을 살면서 환난을 벗어났고, 근심 없는 삶을 살 수 있었습니다.

　하나님 아버지! 아브라함의 하나님, 야베스의 하나님께서는 지금 '나의 하나님'이 되심을 믿습니다. 저도 야베스와 같은 기도를 드립니다. 하나님, 저의 활동무대를 넓혀주세요. 제가 넓은 세상에 영향력을 끼칠 수 있는 사람이 되게 해주세요. 나 한 사람의 인생에서 그치지 않고, 가정과 가문, 지역 사회와 국가, 나아가 세계와 인류를 무대로 살면서 크고 넓게 사는 제가 되게 해주세요. 그러면서도 환난을 당하지 않고 근심 없이 살도록 도와주세요. 지금 제가 구한 것을 허락해 주실 것을 믿습니다. 예수님 이름으로 기도합니다. – 아멘.

357

1월 27일   위풍당당한 삶을 구하는 기도

오늘의 말씀 잠언 30 : 29~31

잘 걸으며 위풍 있게 다니는 것 서넛이 있나니, 곧 짐승 중에 가장 강하여 아무 짐승 앞에서도 물러가지 아니하는 사자와 사냥개와 숫염소와 및 당할 수 없는 왕이니라.

오늘의 묵상 주제

⊙ 위풍당당한 삶을 사는 사람이 되자!
⊙ 어떤 난관 앞에서도 물러나지 않는 강한 사람이 되자!

오늘의 기도

위풍당당하신 하나님! 세상에는 위풍당당한 사람이 그렇게 많아 보이지는 않습니다. 힘없다고 빵셔틀 하는 아이들만 위풍당당하지 못한 것이 아닙니다. 주먹 세고 힘세다는 일진들도 약한 아이들을 괴롭히고 빼앗는 비열한 존재일 뿐 위풍당당하지 못합니다. 돈 많은 재벌이라고 위풍당당하지 않습니다. 재벌 기업이 떡볶기 체인점 만들고, 커피 팔고, 빵 팔아 골목 작은 상인들의 눈물을 흘리게 했습니다. 우리나라에 위풍당당한 모습을 보인 전직 대통령이 얼마나 있을까 의문입니다. 우리나라뿐 아니라 수십 년 독재자로 군림한 사람들이 토굴에서 숨어 있다 잡혀 죽고, 하수구에 숨어 있다 끌려나와 처형당했습니다. 겉모양만 위풍당당했을 뿐 속은 천박하고 비굴하기 짝이 없었습니다.

하나님 아버지! 마야라는 가수가 '위풍당당' 이라는 노래를 불렀습니다. 가사를 몇 구절 읽어 드릴게요.

> 뚱뚱해도 당당하게 살아 / 차 없어도 당당하게 걸어가리라
> 기죽지 말고 당당하게 살아 / 욕먹어도 당당하게 싸워가리라
> 왜 그러냐고 묻지를 마라 / 나는 원래 멋진 사람이니까
> 나는 원래 위풍당당하니까 / 저 넓은 광야에 내 생이 다 할 때까지
> 하늘을 우러러 한 점 부끄럼 없이 당당히 마주하며 살아가보리라

하나님 아버지! 제 인생이 초라한 모습이 되지 않게 해주세요. 마음 자세나 사람을 대하는 때에나 당당한 사람이 되게 해주세요. 누구에게라도 주눅 들지 않고 자신만만할 수 있는 삶을 살 수 있게 해주세요. 그러기 위해서 누구보다 강한 사람이 되게 해주세요. 어떤 난관을 만나더라도 물러서지 않고 당당하게 맞서는 용기와, 승리할 수 있는 강력한 힘을 주세요. 때로는 초원을 거니는 사자처럼, 때로는 맹수에게도 물러서지 않는 사냥개처럼, 때로는 저돌적으로 들이받는 숫염소처럼, 때로는 누구라도 당할 수 없는 왕처럼 위풍당당한 존재로 살게 도와주세요. 예수님 이름으로 기도합니다. – 아멘.

정직한 삶을 다짐하는 기도 1월 28일

 **오늘의 말씀** 역대하 26 : 4, 5

웃시야가 그의 아버지 아마샤의 모든 행위대로 여호와 보시기에 정직하게 행하며, 하나님의 묵시를 밝히 아는 스가랴가 사는 날에 하나님을 찾았고, 그가 여호와를 찾을 동안에는 하나님이 형통하게 하셨더라.

 **오늘의 묵상 주제**

⊙ 하나님 보시기에 정직하게 행하자!
⊙ 하나님께서 형통하게 하는 사람이 되자!

 **오늘의 기도**

정직한 것을 좋아하시는 하나님!

웃시야 왕은 하나님 보시기에 정직하게 행하였습니다. 그는 하나님의 묵시를 밝히 아는 스가랴 선지자가 사는 날 동안에는 하나님을 찾으며 살았습니다. 그리고 그가 하나님을 찾을 동안에는 하나님께서 웃시야 왕과 그의 나라를 형통하게 하셨습니다.

우리에게 멘토를 주시는 하나님! 웃시야 왕은 스가랴 선지자를 멘토(Mento, 때로는 선생님도 되고 부모도 되고 친구도 되는 후견인과 상담자 역할을 하는 사람)로 삼았습니다. 스가랴는 하나님의 묵시(계시)를 밝히 아는 선지자였습니다. 하나님의 뜻을 잘 알고 왕에게 그것을 알려주었습니다. 이렇게 훌륭한 선지자를 멘토로 삼은 웃시야왕은 멘토의 의견을 잘 듣고 국정에 반영했습니다. 하나님의 뜻대로 선정을 베풀었기 때문에 하나님께서는 웃시야와 그의 왕국을 형통하게 해주셨습니다.

가장 좋은 멘토가 되어 주시는 하나님! 멘토를 잘 만난 사람은 좋은 인생을 살 수 있게 됩니다. 때로는 스승의 입장에서, 때로는 선배의 입장에서, 때로는 신앙지도자의 입장에서 좋은 의견을 내주는 멘토가 있다는 것은 매우 큰 복입니다. 하나님께서는 우리가 필요할 때에 멘토를 보내 주십니다. 때로는 부모님이, 때로는 친구가, 때로는 선생님이, 때로는 스스로의 양심이 하나님이 보내주신 멘토일 수가 있습니다. 그리고 하나님께서 보내주시는 성령님은 가장 좋은 멘토가 되십니다.

하나님 아버지! 제가 하나님의 뜻을 잘 아는 사람을 멘토로 삼을 수 있게 해주세요. 저에게 인생, 공부, 신앙을 잘 지도해 줄 수 있는 좋은 멘토를 만날 수 있게 해주세요. 제가 하나님을 찾으며, 하나님의 뜻을 물으며, 하나님 보시기에 정직하게 행하여서 하나님이 형통하게 해주는 사람이 되게 해주세요. 예수님 이름으로 기도합니다. – 아멘.

 **오늘의 말씀** 베드로전서 4 : 19

그러므로 하나님의 뜻대로 고난을 받는 자들은 또한 선을 행하는 가운데에 그 영혼을 미쁘신 창조주께 의탁할지어다.

오늘의 묵상 주제

◉ 고난 속에서도 선을 행하며 살자!
◉ 내 영혼을 창조주 하나님께 의탁하자!

 **오늘의 기도**

사람에게 영혼을 주신 하나님!

창조주 하나님께서는 사람을 만드심에 있어서 하나님의 귀하신 형상대로 만들어 주셨습니다. 사람에게 이성도 주셨고, 감성도 주셨고, 지성도 주셨습니다. 그리고 영혼을 주셨는데, 이 영혼 때문에 사람이 존귀한 존재가 되었습니다. 영혼이 없는 사람은 인간으로서의 가치가 없어진 존재입니다.

하나님 아버지! 사람은 자신의 영혼을 잘 간직해야 합니다. 누구에게 영혼을 팔아버려서는 안 됩니다. 그런데 영혼을 팔아버리는 사람들이 있습니다. 돈에, 술에, 성에, 권력에 영혼을 팔아버리는 사람들이 있습니다. 이들은 마귀에게 영혼을 팔아버린 사람입니다.

하나님 아버지! 괴테는 〈파우스트〉라는 희곡에서 영혼을 팔아버린 사람에 대한 이야기를 했습니다. 파우스트 박사는 오랫동안 철학, 법학, 의학, 신학을 연구했고, 많은 업적도 남겼습니다. 그러나 많은 지식으로 인생의 만족을 얻을 수 없었습니다. 그래서 세속의 향락을 통해서 쾌락으로 만족을 얻어 보려고 합니다. 그런 파우스트에게 학자로 변장한 악마 메피스토펠레스가 찾아와서 유혹합니다. 영혼을 자기에게 맡기면 그 대신 원하는 모든 쾌락을 얻을 수 있게 해준다고 합니다. 그렇게 악마에게 영혼을 판 파우스트 박사는 쾌락을 쫓지만 만족을 얻지 못하고 비극만 초래될 뿐이었습니다. 그리고 아주 어렵게 자신의 영혼을 악마의 손에서 돌려받게 됩니다.

우리의 영혼을 맡아 주시는 하나님! 사람들은 고난을 싫어합니다. 고난을 피하고자 영혼을 세상과 악마에게 팔아버리는 사람들이 많습니다. 그러나 고난은 더 큰 은혜를 주시기 위한 과정이요, 더 큰 인물로 단련시키기 위한 하나님의 계획입니다. 고난 중에서도 낙심하지 않고, 영혼을 미쁘신 창조주 하나님께 온전히 의탁(依託;의지하여 맡김)하면, 하나님께서 맡아주시고, 보호해주시고, 승리하여 영광을 얻게 해주실 것을 믿습니다. 예수님 이름으로 기도합니다. – 아멘.

 **오늘의 말씀**　히브리서 12 : 11~13

　무릇 징계가 당시에는 즐거워 보이지 않고 슬퍼 보이나, 후에 그로 말미암아 연단 받은 자들은 의와 평강의 열매를 맺느니라. 그러므로 피곤한 손과 연약한 무릎을 일으켜 세우고, 너희 발을 위하여 곧은 길을 만들어, 저는 다리로 하여금 어그러지지 않고 고침을 받게 하라.

 **오늘의 묵상 주제**

⊙ 결국 의와 평강의 열매를 맺는 사람이 되자!
⊙ 피곤한 손, 연약한 무릎, 저는 다리를 고침 받는 사람이 되자!

오늘의 기도

　징계하시는 하나님!

　하나님은 사랑 그 자체이시고, 사랑이 많으신 분입니다. 그럼에도 하나님께서는 이스라엘을 여러 차례 징계하셨습니다. 그러나 그것은 사랑의 징계였습니다. 사랑하지 않았다면 하지 않을 징계였습니다. 이스라엘을 바른 길로 돌이키기 위한 징계를 하셨던 것입니다.

　마귀는 못된 짓을 수도 없이 많이 하지만, 하나님께서는 마귀를 징계하지 않고 계십니다. 그냥 죄악에 버려두셨다가 종말에 완전히 멸망시켜 버리십니다. 하나님께서는 사랑하는 사람에 대해서는 돌이켜 새로운 삶을 살고 영광과 영생을 얻도록 하기 위해서 징계를 하십니다. 그러므로 하나님의 징계는 받는 순간에는 슬퍼 보이지만, 징계를 받은 후에 보면 의와 평강의 열매를 맺게 되는 것을 믿습니다.

　하나님 아버지! 옛날에는 선생님들은 회초리로 종아리를 치면서 가르쳤고, 제자들은 회초리를 달게 받으면서 가르침을 받아 훌륭한 사람이 되었다고 합니다. 그러나 지금은 회초리를 대는 것을 학생도 학부모도 사회도 용납하지 않는 시대가 되었습니다. '사랑의 매'라는 것도 전설 같은 옛 이야기가 되었습니다. 그러나 "미운 놈 떡 하나 더 주고, 예쁜 놈 매 하나 더 준다."는 격언도, "초달(楚撻, 바로잡기 위해서 회초리로 때리는 것)을 차마 하지 못하는 자는 그 자식을 미워함이라. 자식을 사랑하는 자는 근실히 징계하느니라."(잠언 13 : 24)라는 말씀도 사랑의 징계가 바른 사람을 만들어 준다는 것을 가르쳐 줍니다.

　연단하시는 하나님! 부모님, 선생님, 하나님의 징계를 잘 받아들일 줄 아는 제가 되게 도와주세요. 제가 겪는 시련들은 저를 더 크고 강하게 쓰시기 위한 연단임을 깨닫게 해주세요. 제가 피곤해 할 때 제 손을 잡아 주시고, 무릎이 연약해져 쓰러질 때는 제 무릎을 일으켜 세워주세요. 저는 다리는 고쳐 주시고, 제 발을 위해서 곧은 길을 만들어 주세요. 예수님 이름으로 기도합니다. – 아멘.

 **오늘의 말씀** 예레미야 1 : 5, 10

내가 너를 모태에 짓기 전에 너를 알았고, 네가 배에서 나오기 전에 너를 성별하였고, 너를 여러 나라의 선지자로 세웠노라 하시기로… "보래! 내가 오늘 너를 여러 나라와 여러 왕국 위에 세워 네가 그것들을 뽑고 파괴하며 파멸하고 넘어뜨리며 건설하고 심게 하였느니라." 하시니라.

 **오늘의 묵상 주제**

⊙ 내가 하나님께서 성별하여 세워주신 사람임을 마음에 새기재!
⊙ 여러 나라의 운명까지도 좌우할 수 있는 중요한 사람이 되재!

 **오늘의 기도**

우리를 성별하시고 세워주시는 하나님!

하나님께서는 예레미야 선지자에게, 하나님은 예레미야를 모태에 짓기 전에 알았고, 배에서 나오기 전에 성별(聖別, 거룩하게 구별하는 것)하였고, 여러 나라의 선지자로 세웠다고 말씀해 주셨습니다. 하나님께 선지자로 세워진 예레미야는 블레셋, 모압, 암몬, 앗수르와 다메섹, 게달과 하솔, 엘람, 바벨론 등 여러 나라의 운명을 예언했습니다.

인생을 세워주시는 하나님! 하나님께서는 요셉을 이집트의 총리로 세워주셨습니다. 요셉은 이집트의 운명을 지켜냈고, 고대 근동의 여러 나라와 여러 민족의 운명을 대흉년으로부터 지켜주었습니다. 페르시아의 고레스왕은 제국을 건설했을 뿐 아니라, 고레스칙령을 통해서 유대인들이 고국으로 돌아가서 하나님의 성전과 예루살렘을 재건할 수 있도록 했습니다. 고레스는 이방인이었지만 이스라엘의 운명에 좋은 영향을 끼쳤습니다.

프랭클린 루스벨트는 젊은 시절 소아마비를 앓았지만, 굳센 의지와 극도의 인내심으로 미국의 제32대 대통령이 되었습니다. 그는 뉴딜 정책을 통해서 미국이 대공황에서 벗어나도록 했고, 연합군에 동참하여 나치 독일과 이탈리아와 일본이 일으킨 제2차세계대전을 승리로 이끌어 많은 나라들의 운명에 좋은 영향을 주었습니다. 세계 평화를 위한 그의 노력은 UN(국제연합)으로 결실을 맺었습니다. UN은 많은 나라들의 운명에 직간접적인 영향을 많이 주었습니다.

나를 세워주시는 하나님! 하나님께서는 내가 태어나기 전부터 아셨습니다. 나에 대한 계획을 가지고 나를 세상 위에 세워주실 것을 믿습니다. ,내가 아직은 어린 학생이지만 하나님께서 세계적인 인물로 세워주실 수도 있음을 믿습니다. 저를 나 한 사람의 운명도 어찌지 못하는 작은 사람이 아니라, 여러 나라의 운명을 좌우할 수 있을 만큼 영향력 있는 사람으로 세워주세요. 예수님 이름으로 기도합니다. – 아멘.

●2월을 성공적으로 보내는 방법

졸업식이 있는 달이다.

중학교를 졸업하는 학생은 고등학교가 결정된다.

성공적인 고등학교 생활을 위한 계획을 세우고, 중학교 때 취약했던 과목을 보충하는 달로 삼자.

고등학교를 졸업하는 학생은 대학 진학, 재수, 취업의 3가지 진로가 결정된다.

대학입시가 2월 내내 계속된다. 대학이 결정되지 않은 학생들은 더욱 초조해진다.그러나 너무 불안해 하거나 초조해 하지 말자. 최선을 다했으나 원하는 대학과 학과에 들어가지 못했다면 1년 더 투자하는 것도 괜찮은 선택이다.

재수 1년이 쉽지는 않지만, 1년을 투자해서 인생을 업그레이드 시킬 수 있다면 과감하게 결단을 내리는 것도 좋다. 그리고 결단은 가급적 빠르게 하고, 한 번의 경험을 살려, 2월부터 다음 번 수능과 입시를 준비하자.

1, 2학년은 한 학년을 마감하고, 새 학년 새 반이 결정된다.

새로 받은 교과서 2~5번 읽기를 꼭 시도해 보자.

영어와 수학을 집중적으로 붙들고 늘어지자.

양서를 선택하여 일주일에 2~3권씩 읽자. 책은 읽는 것만으로도 독해 능력이 늘어난다.한 번 읽기 시작한 책은 재미가 있든지 없든지 꼭 마지막 쪽까지 완전히 읽으라. 읽기 힘들고 어려운 책을 읽어내는 것만으로도 독서 능력이 키워진다.

1월을 돌이켜 보라.

방학 때 뭔가 공부 좀 하겠다고 결심한 것을 얼마나 실천하고 있는지 생각해 보자.대충 놀고 게으르게 지내면서 뭔가 확실하게 한 것이 없다면 결심을 새롭게 하라.그렇게 해서는 공부 뿐 아니라 인생에서 성공하기 힘든 사람이 된다.

2월을 공부와 인생에서 성공하는 습관을 들이는 기회로 삼자.

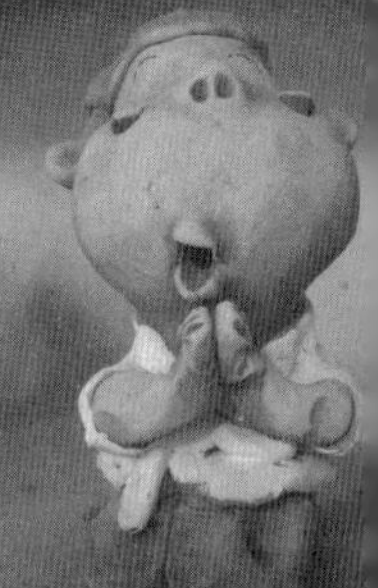

2월

 **오늘의 말씀**   야고보서 1 : 5~8

너희 중에 누구든지 지혜가 부족하거든 모든 사람에게 후히 주시고 꾸짖지 아니하시는 하 나님께 구하라. 그리하면 주시리라. 오직 믿음으로 구하고 조금도 의심하지 말라. 의심하는 자는 마치 바람에 밀려 요동하는 바다 물결 같으니, 이런 사람은 무엇이든지 주께 얻기를 생각하지 말라. 두 마음을 품어 모든 일에 정함이 없는 자로다.

 **오늘의 묵상 주제**

◉ 모든 일에 하나님께 지혜를 구하자!
◉ 오직 믿음으로 구하고, 구한 것을 이루어주실 것을 조금도 의심하지 말자!

 **오늘의 기도**

후하게 주시고 꾸짖지 아니하시는 하나님!

사람들은 부족한 사람을 좋아하지 않습니다. 지능이 부족하고, 학력이 부족하고, 지혜가 부족하고, 돈이 부족하고, 미모가 빠지는 사람을 인정해 주지 않습니다. 부족한 사람들이 뭔가 달라고 요구하면 외면하거나, 주어도 매우 인색하게 최소한의 것을 베풀려고 합니다.

하나님 아버지! 참 못된 심성을 가진 아이들도 있습니다. 지체장애를 가진 아이들 중에서 일반학교에 다니며 통합교육을 받는 아이들이 있습니다. 그런데 이런 아이들을 왕따 시키는 아이들이 있다고 합니다. 일부러 부딪쳐서 넘어뜨리기도 하고, 놀리는 아이들도 있다고 합니다. 장애 아이가 뭔가 도와달라고 부탁하면 "내가 네 종이냐?" 하면서 면박을 주는 아이도 있다고 합니다. 지능이 부족하고, 신체 기능이 부족한 것을 몹시 싫어하는 사람들이 있기 때문입니다.

하나님 아버지! 그런데 하나님께서는 부족한 것이 있으면 하나님께 구하라고 하셨습니다. 구하기만 하면 후하게 주시면서 꾸짖지도 않으신다고 약속하셨습니다. 지혜가 부족하면 하나님께 구하여 충분한 지혜를 얻을 수 있습니다. 능력이 부족하고, 기능이 부족하고, 돈이 부족하고, 학력이 부족한 사람이 하나님께 구하면 넉넉하게 주신다고 약속하셨습니다.

하나님 아버지! 저는 아직 부족한 것이 많습니다. 지혜도 부족하고, 실력도 부족합니다. 제가 공부에 있어서나, 문제 해결과 제 자신의 미래를 만들어 가는 일에 있어서 성공할 수 있도록 지혜를 주세요. 하나님의 도우심이 필요할 때마다 기도하고, 기도한 것을 다 받을 수 있는 사람이 되게 해주세요. 구한 것을 다 얻을 수 있도록 오직 믿음으로 구할 수 있게 하시고, 구한 것을 이루어주실 것을 조금도 의심하지 않는 제가 되게 해주세요. 저에게 베풀어주시기에 인색하지 마시고, 누르고 흔들어 가득 채워서 후하게 주시기를 원합니다. 예수님의 이름으로 기도합니다. – 아멘.

 오늘의 말씀　고린도전서 2 : 12~14

우리가 세상의 영을 받지 아니하고 오직 하나님으로부터 온 영을 받았으니, 이는 우리로 하여금 하나님께서 우리에게 은혜로 주신 것들을 알게 하려 하심이라. 우리가 이것을 말하거니와 사람의 지혜가 가르친 말로 아니하고 오직 성령께서 가르치신 것으로 하니, 영적인 일은 영적인 것으로 분별하느니라. 육에 속한 사람은 하나님의 성령의 일들을 받지 아니하나니 이는 그것들이 그에게는 어리석게 보임이요, 또 그는 그것들을 알 수도 없나니 그러한 일은 영적으로 분별되기 때문이라.

 오늘의 묵상 주제

⊙ 세상의 영을 받지 말고 오직 하나님으로부터 오는 영을 받자!
⊙ 육에 속한 사람이 되지 말고 영에 속한 사람이 되자!

오늘의 기도

　우리에게 성령을 보내주시는 하나님!

　영에는 두 가지 영이 있다고 합니다. 하나는 세상의 영이고, 또 하나는 하나님으로부터 온 영입니다. 세상의 영은 마귀에게 물들은 영입니다. 거짓, 속임, 미움, 시기, 질투, 모함, 다툼, 파괴, 어둠, 죄, 악, 슬픔, 고통, 불안, 두려움, 죽음의 영입니다. 하나님으로부터 온 영은 하나님의 영이요 성령입니다. 진리, 진실, 평화, 평안, 하나됨, 빛, 기쁨, 선, 생명의 영입니다. 그리스도인들은 세상의 영을 받지 말아야 합니다. 오직 하나님으로부터 온 영을 받아야 합니다.

　하나님 아버지! 성령은 하나님께서 은혜로 주신 것들을 알게 하십니다. 선한 열매를 맺을 수 있도록 우리를 가르치십니다. 영적인 일을 분별할 수 있게 하십니다. 하나님의 하시는 일을 받을 수 있게 합니다. 하나님을 믿고, 예수 그리스도를 받아들이고, 십자가의 복음을 믿고 구원을 받을 수 있도록 하십니다.

　하나님 아버지! 저를 영적인 사람으로 만들어주세요. 세상의 영에 물들지 않게 해주시고, 아예 세상의 영을 받아들이지 않는 사람이 되게 해주세요. 사람의 지혜를 따르지 않고 성령님께서 가르치시는 것을 따를 수 있는 사람이 되게 해주세요. 그러기 위해서는 세상의 영과 하늘의 영을 분별하는 능력이 있어야 하겠습니다. 이것을 분별하는 지혜와 능력을 주세요. 제가 절대로 육에 속한 사람이 되지 않게 해주시고, 성령님의 인도하심을 받으며 사는 사람이 되게 해주세요. 예수님의 이름으로 기도합니다. – 아멘.

눈물을 멈추기 위한 기도

 **오늘의 말씀** 예레미야 31 : 16, 17

여호와께서 이와 같이 말씀하시니라. 네 울음소리와 네 눈물을 멈추어라. 네 일에 삯을 받을 것인즉 그들이 그의 대적의 땅에서 돌아오리라. 여호와의 말씀이니라. 너의 장래에 소망이 있을 것이라. 너의 자녀가 자기들의 지경으로 돌아오리라. 여호와의 말씀이니라.

 **오늘의 묵상 주제**

⦿ 나의 장래에 소망이 있을 것을 알자!
⦿ 울음과 눈물을 멈추고 나의 삶의 자리로 돌아가자!

 **오늘의 기도**

우리를 위로해 주시는 하나님!

세상에는 눈물을 흘리는 사람들이 많습니다. 소리 내어 우는 사람들도 많습니다. 그만큼 세상에는 울 일이 많습니다. 울게 하는 사람들이 많습니다.

몸이 아프고, 마음이 아프고, 삶이 아픈 사람들이 많이 있습니다. 진통제로도 가라앉힐 수 없는 고통으로 비명을 지르며 눈물을 흘리는 환자들이 있습니다. 진실을 거짓이라고 우겨대는 사람들 때문에 울게 되는 사람들이 있습니다. '까마귀 날자 배가 떨어진 것' 처럼 자기는 아무 짓도 하지 않았는데 주변에서 '아니 땐 굴뚝에 연기 날까?' 하면서, 정죄하고 비난하는 사람들 때문에 가슴 미어지는 사람들이 있습니다. 코리안 드림을 품고 불법 체류하면서 몸이 부서져라 일을 했는데, 월급을 받지 못해 원망의 눈물을 흘리는 외국인 노동자들도 있습니다.

소망을 주시는 하나님! 세상은 수시로 우리에게 울음과 눈물을 가져다 주지만, 하나님께서는 웃음소리와 기쁨을 주려고 하시는 줄 압니다. 하나님께서는 하나님을 배반하고 바벨론에 포로가 되어 있는 예루살렘 사람들에게도 장래의 소망을 주셔서 울음과 눈물을 멈추게 해주셨습니다. 우리가 세상에서 어떤 슬픔과 아픔을 당했더라도 하나님께만 가면 하나님께서 눈물을 멈추게 해주실 것을 믿습니다. 어떤 절망 중에 있더라도 하나님께만 가면 소망을 얻게 될 줄 믿습니다.

하나님 아버지! 저도 하나님을 등한히 하다가 저의 삶의 지경에서 대적의 땅으로 옮겨질까 두렵습니다. 즐겁고 평안한 삶을 잃어버리고 고통과 눈물의 삶에 빠질까 염려됩니다. 하나님, 저의 삶의 자리가 언제나 하나님의 은총이 함께 하는 복된 곳이 되게 해주세요. 그리고 장래에 더 복된 약속이 실현되는 소망을 가지고 살게 해주세요. 웃음과 기쁨으로 현재와 미래를 살 수 있게 해주세요. 예수님 이름으로 기도합니다. – 아멘.

 **오늘의 말씀**　말라기 4 : 2

내 이름을 경외하는 너희에게는 공의로운 해가 떠올라서 치료하는 광선을 비추리니, 너희가 나가서 외양간에서 나온 송아지 같이 뛰리라.

 **오늘의 묵상 주제**

⊙ 여호와의 이름을 경외하는 사람이 되자!
⊙ 하나님의 치료하심을 받으며 영육 모두 건강하게 살자!

 **오늘의 기도**

　치료하시는 하나님!

　세상에는 치료를 필요로 하는 사람들이 많습니다. 육체의 질병을 치료받아야 하는 사람들이 많습니다. 우리나라에는 크고 작은 병원이 많습니다. 병원마다 치료를 원하는 사람들로 가득 차 있습니다. 유명한 의사에게 치료받기 위해서 1년, 2년을 대기해야 하는 사람들도 있습니다.

　하나님 아버지! 그런데 세상에는 치료를 받으려고 해도 치료를 받을 수 없는 사람들도 많다고 합니다. 미국과 같은 선진국에서도 돈이 없어서 치료받지 못하는 사람들이 많다고 합니다. 병원비가 워낙 비싸기 때문이라고 합니다. 아프리카 아시아 중남미의 가난한 나라들은 병원도 없고, 의사도 없고, 돈도 없어서 작은 병으로 중증환자가 되고 죽어가는 사람들이 많다고 합니다.

　하나님 아버지! 세상에는 몸에 대한 치료 말고도 치료를 받아야 할 사람들이 많습니다. 정신적으로 질병을 앓는 사람들, 심리적으로 어려움을 겪는 사람들, 성격에 장애가 있는 사람들, 생활 습관에 문제가 있는 사람들, 행동에 장애가 있는 사람들 등 참 많은 부분에서 치료를 받아야 할 사람들이 많이 있습니다. 그러나 온전히 치료해 줄 사람이 없습니다.

　하나님 아버지! 하나님은 '여호와' 라는 하나님의 이름을 경외(敬畏, 공경하고 두려워함)하는 자에게 공의로운 해처럼 떠올라서 치료하는 광선을 비춰주심으로써 치료해 주신다고 약속해 주셨습니다. 저의 몸과 저의 마음, 정신과 영혼까지 병들어 있는 부분을 모두 치료해주세요.(현재 병중에 있거나, 문제가 있는 부분을 구체적으로 말씀드리라.) 저의 몸과 정신과 영의 건강을 지켜주셔서 건강하게 하시고, 병들지 않도록, 사고 당하지 않도록 지켜주세요. 외양간에서 나온 송아지가 힘차게 뛰어놀 듯이, 제가 평생 건강한 몸과 마음으로 살 수 있게 해주세요. 예수님 이름으로 기도합니다. – 아멘.

 **오늘의 말씀**   전도서 3 : 1, 2

범사에 기한이 있고 천하만사가 다 때가 있나니, 날 때가 있고 죽을 때가 있으며, 심을 때가 있고 심은 것을 뽑을 때가 있으며…

 **오늘의 묵상 주제**

⊙ 인생에는 때가 있음을 기억하자!
⊙ 때를 놓치는 자가 되지 말고, 때를 얻는 자가 되자

 **오늘의 기도**

때와 기한을 정해 주시는 하나님!

모든 일에는 기한이 있고, 천하만사에 다 때가 있다는 것은 꼭 말씀이 아니더라도 다 아는 사실입니다. 그러나 알고 있으면서도 그것을 의식하지 못하고 살고, 다가오는 때를 준비하지 못해서 낭패를 보는 사람들도 많습니다.

하나님 아버지! 인생은 날 때가 있고 죽을 때가 있습니다. 날 때는 지나갔고 죽을 때는 돌아올 것입니다. 죽을 때가 오기 전에 죽음을 준비하고, 죽음 이후를 대비해야 합니다. 그러나 그 준비를 하지 못하고 죽는 사람들도 많습니다.

농부는 심을 때가 있고 심은 것을 뽑을 때가 있습니다. 심을 때는 곡식을 거둘 소망을 가지고 심고, 뽑을 때는 수고의 보람을 가지고 열매를 얻습니다. 봄에 씨를 뿌리지 않은 농부는 가을에 거둘 것이 없습니다. 젊어서 꿈을 심고 가꾸지 않으면 나이 들어서 이룰 수 있는 것이 아무것도 없습니다.

하나님 아버지! 학교를 입학할 때가 있으면 졸업할 때가 있습니다. 지금은 3학년들의 졸업시즌이 되었습니다. 졸업생들 중에는 입시에 성공해서 기뻐하는 사람도 있고, 성공적이지 않아서 마음이 언짢은 사람도 있고, 실패해서 실망하는 사람도 있습니다. 그러나 그것은 지난 3년 동안 뿌린 싸앗의 열매입니다. 1년 (혹은, 2년) 후의 저의 모습도 그 셋 중의 하나가 될 것입니다(기도자가 3학년 당사자인 경우에는 자신을 돌아보는 기도를 하자. 아직 결과가 나오지 않은 학생들은 좋은 결과를 구하는 기도를 하자).

하나님 아버지! 졸업이 아주 먼 남의 이야기가 아니라, 조만간에 닥쳐올 자신의 일임을 깊이 깨닫게 해주세요. 졸업 전의 지금이 졸업을 준비 할 때라는 것을 잊지 않게 해주세요. 그래서 학교생활을 하는 동안에 최선을 다해 공부하게 해주시고, 입시에도 성공할 수 있게 해주세요. 예수님의 이름으로 기도합니다.

– 아멘.

 **오늘의 말씀**   시편 91 : 11~13

그가 너를 위하여 그의 천사들을 명령하사 네 모든 길에서 너를 지키게 하심이라. 그들이 그들의 손으로 너를 붙들어 발이 돌에 부딪히지 아니하게 하리로다. 네가 사자와 독사를 밟으며 젊은 사자와 뱀을 발로 누르리로다.

 **오늘의 묵상 주제**

⊙ 천사의 보호를 받는 하나님의 사람이 되자!
⊙ 사자와 독사까지라도 발로 밟을 수 있는 강한 사람이 되자!

 **오늘의 기도**

우리를 위해서 천사를 보내주시는 하나님! 사람들은 천사를 매우 좋아합니다. 전화번호가 '1004'나 자신의 아이디에 '1004'를 쓰고 싶어 하는 사람들이 많습니다. 그러나 같은 생각을 하는 사람들이 많기 때문에 '2004' '3004' '5004' '7004'도 사용하기 어렵습니다.

하나님 아버지! 사람들은 천사를 동경하면서도 자신의 천사가 있다는 사실을 잘 알지 못합니다. 하나님께서는 우리를 위해서 천사를 보내주시고, 우리가 살아가는 동안 지켜주도록 하십니다. 천사들이 손으로 우리를 붙들어 발이 돌에 부딪히지 않게 해주고, 사자와 독사를 밟을 수 있게 해줍니다. 우리가 느끼지도 의식하지도 못하는 사이에 천사의 도움이 계속 되고 있음을 믿습니다. 때로는 발이 돌에 부딪히지 않게 해주고, 때로는 자동차 사고가 나지 않게 해줄 것입니다. 나를 돌보는 천사는 때로 나로서는 도저히 감당할 수 없는 존재에게 밟히지 않고 도리어 밟을 수 있도록 강하게 해줍니다.

하나님 아버지! 저를 위해서 나를 담당하여 보호해 주는 천사를 보내주심을 감사드립니다. 하나님께서 천사를 명하셔서 저의 모든 길에서 지키게 해주심을 감사드립니다. 천사의 손으로 저를 붙들어 저의 발이 돌에 부딪히지 않게, 그래서 넘어지지 않게 해주는 것을 깨닫고 감사를 드립니다. 제가 지금까지 크게 실패하지 않은 것도, 절망 중에 빠지지 않은 것도 다 하나님께서 보내신 천사의 지켜주심 때문임을 고백합니다. 이것을 늘 기억하며, 하나님의 천사와 동행하며 믿음의 길, 바른 길을 갈 수 있게 해주세요. 행여 천사의 손을 놓고 마귀의 손을 잡지 않도록 저를 지켜주세요. 예수님의 이름으로 기도합니다. - 아멘.

369

염려를 맡기는 기도

 **오늘의 말씀** 빌립보서 4 : 6, 7

아무 것도 염려하지 말고 다만 모든 일에 기도와 간구로, 너희 구할 것을 감사함으로 하나님께 아뢰라. 그리하면 모든 지각에 뛰어난 하나님의 평강이 그리스도 예수 안에서 너희 마음과 생각을 지키시리라.

 **오늘의 묵상 주제**

⊙ 정말 아무 것도 염려하지 말고 살자!
⊙ 하나님께서 이루어주실 줄 믿고 감사함으로 기도하자!

 **오늘의 기도**

모든 염려를 맡아주시는 주님!

사람들은 많은 것을 염려하며 살고 있습니다. 학생은 공부, 성적, 입시에 대한 염려를 하며 삽니다. 학교를 졸업하고 사회에 진출한 사람들은 취직, 돈벌이, 결혼, 승진, 해고 등을 염려하며 삽니다. 부모님들은 자식, 살림, 가정, 주택, 경제에 대한 염려를 하면서 삽니다. 때로는 이유도 없는 것들을 염려하는 사람도 있습니다.

주님! 옛날 중국의 기 나라에 사는 한 사람이 하늘이 무너질 것을 염려하면서 밥도 못먹고 잠도 못 잤다고 합니다. 그래서 필요 없는 걱정을 하는 것을 기우(杞憂)라는 말이 생겼다고 합니다. 그런데 어떻게 보면 사람들이 염려하는 것 중에 대부분은 염려할 필요가 없는 것들일 수도 있습니다.

주님! 어니 젤린스키라는 심리학자는 그의 책《모르고 사는 즐거움》에서 "걱정의 40%는 절대 현실로 일어나지 않고, 30%는 이미 일어난 일에 대한 것이고, 22%는 사소한 것이다. 4%는 인간의 힘으로는 어쩔 도리가 없는 일에 대한 것이고, 나머지 4%는 우리가 바꿔놓을 수 있는 일에 대한 것이다."라는 통계를 소개 했습니다. 그의 이론에 의하면 사람들이 염려하는 것은 100% 염려할 필요가 없는 것들이라는 것입니다. 주님! 그런데 주님께서 염려할 필요가 없다는 말씀은 아주 다른 뜻입니다. 자기가 그것을 염려할 것이 아니라 주님께 기도하여 맡기고, 스스로는 염려하지 말라는 것입니다. 염려할 필요가 없는 것이 아니라, 우리가 염려하는 것을 주님께서 염려하지 않도록 문제를 해결해 주신다는 뜻입니다.

주님! 주님께서는 "아무 것도 염려하지 말라"고 하셨는데, 저는 걱정하고 염려하는 게 참 많습니다. 주님께 제대로 기도하지 못했기 때문이고, 주님께 온전히 맡기지 못했기 때문입니다. 이제부터는 저의 염려들을 모두 주님께 기도드리겠습니다. 또 주님께서 해결해 주실 것을 온전히 믿고, 마음과 생각을 평안하게 가질 수 있게 도와주세요. 예수님의 이름으로 기도합니다. – 아멘.

 **오늘의 말씀**   시편 115 : 12, 13

여호와께서 우리를 생각하사 복을 주시되, 이스라엘 집에도 복을 주시고 아론의 집에도 복을 주시며, 높은 사람이나 낮은 사람을 막론하고 여호와를 경외하는 자들에게 복을 주시리로다.

 **오늘의 묵상 주제**

◉ 하나님께 복 받는 사람이 되자!
◉ 하나님을 경외하자!

 **오늘의 기도**

복을 주시는 하나님!

하나님께서는 우리들을 생각해주시고, 그래서 복을 주시는 분이십니다. 하나님께서는 '이스라엘 집'에 복을 주는 분이십니다. 이스라엘의 집은 야곱의 집이기도 하고, 이스라엘 백성들 모두의 집이기도 합니다. 이는 아브라함의 후손의 집을 가리키는 것으로 하나님을 믿는 모든 사람들의 집을 가리킵니다.

하나님께서는 아론의 집에도 복을 주는 분이십니다. 아론은 공식적인 첫 번째 제사장이었고, 이스라엘의 모든 제사장들의 조상입니다. 이것은 하나님께서 하나님의 제사장들에 대해서 복을 주신다는 것을 말씀해 주시는 것입니다.

하나님께서는 높은 사람이나 낮은 사람을 막론하고 하나님을 경외하는 모든 사람들에게 복을 주는 분이십니다. 빈부귀천을 가리지 않고, 하나님을 믿고 섬기는 사람이라면 누구라도 차별 없이 복을 주는 분이십니다.

하나님 아버지! 세상 사람들은 모두 복 받기를 원하고, 복 받는 것을 좋아합니다. 우리 한국 사람들은 세상에서 가장 복 받기를 바라는 사람들이었습니다. 옛날에는 대문, 방문, 장롱, 사발, 대접, 종지, 숟가락, 젓가락, 옷고름, 댕기, 전대 주머니 할 것 없이 모든 것이 복(福) 자를 새겨 넣었습니다. 그런데 1885년 기독교가 우리나라에 들어온 때부터 우리 국민들이 하나님이 주시는 복을 마음껏 받을 수 있게 되었습니다. 그리고 기독교가 들어온 이후 백 수 십 년 만에 우리나라는 정말 복 받은 나라가 되었습니다. 우리나라의 그리스도인들이 세계에서 가장 열심히, 그리고 잘 하나님을 경외했기 때문입니다.

하나님 아버지! 저도 힘써 하나님을 경외(敬畏;두려워하는 마음으로 정성을 다해 공경하는 것)하겠습니다. 하나님을 경외하는 사람들에게 주셨던 복을 저에게도 주실 줄 믿습니다. 저를 생각해서 복주시기를 원하시는 하나님인 것을 깨닫고, 제게 주고 싶어 하시는 복을 받을 수 있는 제가 되게 해주세요. 예수님의 이름으로 기도합니다. - 아멘.

 **오늘의 말씀** 　요한복음 14 : 13, 14

너희가 내 이름으로 무엇을 구하든지 내가 행하리니, 이는 아버지로 하여금 아들로 말미 암아 영광을 받으시게 하려 함이라. 내 이름으로 무엇이든지 내게 구하면 내가 행하리라.

 **오늘의 묵상 주제**

⊙ 예수님의 이름이 내게 있음을 잊지 말자!
⊙ 예수님의 이름으로 무엇이든지 다 응답받자!

 **오늘의 기도**

'예수'라는 귀한 이름을 우리에게 주신 주님!

주님의 '예수'라는 이름은 참으로 귀한 이름입니다. 인간으로 태어나신 성자 하나님의 이름입니다. 십자가의 죽음으로 우리의 죄를 대속해 주신 구세주의 이름입니다. 그 이름으로 하나님께 구하면, 무엇이든지 다 들어주신다는 약속이 담겨 있는 이름입니다.

주님! 그 귀하고 능력 있는 '예수'라는 이름을 가지고 있으면서도 제대로 활용하지 못하는 사람들이 많이 있습니다. 예수님의 이름은 구원을 주는 이름이고, 능력을 주는 이름이고, 문제를 해결해 주는 이름이고, 우리의 삶과 이름에 영광을 줄 이름입니다. 예수님의 이름으로 구했다면 이미 받았을 많은 것들을 구하지 않아서 받지 못한 것들이 있습니다. 믿음이 부족하기 때문이고, 예수님의 이름을 제대로 활용하지 못했기 때문입니다. 이런 제 자신이 참 어리석은 사람인 것을 깨닫고, 다시는 이와 같은 어리석은 사람이 되지 않도록 예수님의 이름을 잘 활용하는 사람이 되겠습니다.

주님! 좀 오래된 이야기인데요, 혼자 살던 일본의 어떤 노인이 영양실조로 죽은 일이 있었습니다. 경찰이 노인의 집을 조사했을 때, 놀랍게도 그 노인의 방바닥에는 수 억 원의 지폐가 깔려 있었다고 합니다. 그 노인은 돈만 가지고 나가면 영양가 많은 요리를 얼마든지 사먹을 수도 있었는데, 돈을 활용하지 못하여 굶어 죽는 어리석음을 범했던 것입니다.

주님! 많은 돈을 가지고 있으면서도 영양실조에 걸린 사람이나, 모든 능력이 되시는 '예수'라는 이름을 가지고 있으면서도 문제를 해결하지 못하고 쩔쩔매는 사람은 똑같이 어리석은 사람입니다. 이제부터는 원하는 모든 것을 얻을 수 있도록 주님의 이름으로 적극적으로 활용하는 지혜로운 사람이 되겠습니다. 예수님의 이름으로 구할 때에 구하는 것마다 허락해주세요. 예수님 이름으로 기도합니다. – 아멘.

 **오늘의 말씀**　로마서 4 : 20~24

믿음이 없어 하나님의 약속을 의심하지 않고 믿음으로 견고하여져서 하나님께 영광을 돌리며, 약속하신 그것을 또한 능히 이루실 줄을 확신하였으니, 그러므로 그것이 그에게 의로 여겨졌느니라. 그에게 의로 여겨졌다 기록된 것은 아브라함만 위한 것이 아니요, 의로 여기심을 받을 우리도 위함이니, 곧 예수 우리 주를 죽은 자 가운데서 살리신 이를 믿는 자니라.

 **오늘의 묵상 주제**

⊙ 하나님의 약속을 의심하지 않고 믿는 견고한 믿음을 갖자!
⊙ 하나님께 의로운 사람으로 여김 받는 사람이 되자!

 **오늘의 기도**

　약속의 하나님!
　돈 있고 힘 있는 사람들은 다른 사람에게 약속을 잘 해주지 않는 경향이 있습니다. 자기가 아쉬울 일이 별로 없기 때문입니다. 그런데 모든 것을 가지고 있고 아쉬운 것도 없는데도, 하나님은 우리들과 약속을 하는 것에 인색하지 않으십니다. 그리고 하나님께서는 약속한 모든 것을 꼭 지키시는 분이십니다. 그래서 하나님과 언약을 맺은 사람들은 모두 복된 삶을 살게 되었습니다.
　하나님 아버지! 하나님께서는 아브라함에게 하늘의 별과 같이, 바닷가의 모래와 같이 많은 후손을 주시겠다고 약속해 주셨습니다. 아브라함은 하나님의 이 약속을 의심하지 않았습니다. 아브라함은 자기가 100살이 되고, 자기 부인 사라는 90살이 되었는데도 자녀를 주시겠다는 하나님의 약속을 견고한 믿음으로 믿고 있었습니다. 사람의 눈에는 불가능한 것처럼 보여도 하나님께서 능히 이루실 줄을 확신했기 때문입니다. 이 확실한 믿음으로 아브라함은 하나님께 의롭다고 인정을 받았습니다. 결국 약속의 자녀 이삭을 낳았고, 아브라함-이삭-야곱-12아들과 그들의 후손인 이스라엘 12지파의 조상이 되었습니다. 이 믿음으로 아브라함은 하나님께 의로운 사람이라고 인정을 받았습니다.
　주님! 믿음으로 의롭게 되는 것은 아브라함만을 위한 것이 아니요 지금의 우리들도 위한 것이라고 말씀하셨습니다. 하나님께서는 예수님이 죽은 자 가운데서 살아나셨던 것을 믿으면 아브라함의 믿음과 같은 믿음이 있다고 인정해주시고, 아브라함처럼 의로운 사람으로 인정해주십니다.
　주님! 제가 믿음은 부족하지만 주님의 부활을 믿습니다. 주님을 다시 살리신 전능하신 하나님을 믿는 것은 분명합니다. 저도 아브라함처럼 의롭다고 인정해 주시고, 하나님께 영광을 돌리며 복된 삶을 살게 해주세요. 예수님의 이름으로 기도합니다. - 아멘.

마음을 다하는 기도

 **오늘의 말씀** 시편 119 : 145, 146

여호와여! 내가 전심으로 부르짖었사오니 내게 응답하소서. 내가 주의 교훈들을 지키리이다. 내가 주께 부르짖었사오니 나를 구원하소서. 내가 주의 증거들을 지키리이다.

 **오늘의 묵상 주제**

⊙ 온 마음으로 부르짖으며 기도하는 사람이 되자!
⊙ 주님의 교훈들을 지키는 자가 되자!

 **오늘의 기도**

마음을 다하여 사랑하시는 하나님!

하나님께서는 모든 일에 마음을 다하는 분이십니다. 세상과 만물을 창조하실 때에도 마음과 지혜를 다하여 최선의 창조를 이루셨습니다. 자연과 역사를 섭리하심에 있어서도 전심(全心, 온 마음)으로 정성을 다하십니다. 우리를 사랑하시되 전심으로 사랑하십니다. 그렇기 때문에 우리를 구원하시기 위해서, 우리의 죄를 대신하여 예수님을 십자가에 달려 돌아가시게 하셨습니다.

하나님 아버지! 저도 마음을 다하며 살아가게 도와주세요. 생각해 보면 제가 마음을 다하여 살지 못하고 있는 것을 깨닫게 됩니다. 공부를 하는 데도 마음을 다하지 못했습니다. 사람을 사랑하는데도 마음을 다하지 못했습니다. 마음을 다하여 꿈을 만들지도 못했고, 꿈을 이루기 위해서도 마음을 다하지 못하고 있습니다. 매일 매일의 삶을, 매 순간 순간의 삶을 온 마음을 다해서 성실하게 살아가지 못하고 대충 대충 보낼 때가 많습니다. 인간관계에서도 마음을 다하지 못하고, 믿음에 있어서도 마음을 다하지 못하고 있습니다.

하나님 아버지! 기도함에 있어서도, 다윗처럼 마음을 다할 수 있게 도와주세요. 정말 온 마음으로 부르짖으며 간절하게 기도하는 사람이 되게 도와주세요. 대충 얼렁뚱땅 기도하고, 기도하고도 응답받지 못하는 그런 기도는 더 이상 하지 않게 해주세요. 온 마음을 다해, 진심으로 간절하게 깊은 기도를 드리는 제가 되고, 기도로 주님과 교통하는 사람이 되게 해주세요. 주님께서 제 기도에 응답해 주시고, 저를 구원해주셔서, 제가 기쁨으로 하나님의 말씀을 지킬 수 있게 해주세요. 예수님 이름으로 기도합니다. – 아멘.

 **오늘의 말씀**　잠언 26 : 13-16

게으른 자는 "길에 사자가 있다, 거리에 사자가 있다" 하느니라. 문짝이 돌쩌귀를 따라서 도는 것 같이 게으른 자는 침상에서 도느니라. 게으른 자는 그 손을 그릇에 넣고도 입으로 올리기를 괴로워하느니라. 게으른 자는 사리에 맞게 대답하는 사람 일곱보다 자기를 지혜롭게 여기느니라.

 **오늘의 묵상 주제**

⊙ 게으르게 살지 말자!
⊙ 방학이라고 잠을 많이 자지 말자!
⊙ 핑계거리를 생각할 필요가 없도록 행동하면서 살자!

 **오늘의 기도**

　성실한 사람을 기뻐하시는 하나님! 하나님께서는 성실한 사람을 기뻐하십니다. 게으른 사람을 싫어하는 것은 하나님과 사람이 마찬가지인 것 같습니다.

　하나님 아버지! 이런 옛날이야기가 있습니다. 옛날에 한 게으른 사람이 있었답니다. 손 끝 하나 움직이는 것도 싫어하는 사람이었습니다. 성인이 되도록 일은 고사하고 밥 먹는 것도 귀찮아해서 스스로 밥을 먹어 본 적도 없어서, 어머니가 먹여주어야 했답니다. 그런데 어머니가 여러 날 일을 보러 가야 할 일이 생겼답니다. 어머니는 궁리 끝에 떡을 만들고, 줄에 꿰어 목걸이처럼 만들어 아들 목에 걸어주고, 배고플 때 떼어 먹으라고 당부하고 떠났답니다. 그런데 아들은 떡을 떼어먹는 것조차 귀찮아서 굶어 죽었다고 합니다.

　하나님 아버지! 하나님께서도 이렇게 게으른 사람을 위해서 기적을 베풀어 주지는 않을 것 같습니다. 이런 사람을 동정할 사람은 세상에 아무도 없습니다. 그런데 자기가 성실한 삶을 살지 않으면서 하나님의 기적만 구하는 기도를 하는 사람들이 많은 것 같습니다.

　하나님 아버지! "핑계 없는 무덤 없다"는 옛말이 있습니다. 일이 잘못 되었을 때 사람들이 책임을 지기보다는 핑계를 대는 것을 빗대어 하는 말입니다. 오늘의 말씀은, 게으른 자는 자기가 밖에 나가서 일하지 않고 방구석에 누워서 '거리에 사자가 있다'는 말도 되지 않는 핑계를 댄다고 하셨습니다. 그러면서도 자기가 다른 사람보다 더 똑똑한 줄 안다고 하셨습니다.

　하나님 아버지! 게으르고 불성실한 삶을 살면서, 다른 핑계로 합리화시키는 못난 사람이 되지 않게 도와주세요. 예수님 이름으로 기도합니다. – 아멘.

 **오늘의 말씀** 로마서 12 : 3

내게 주신 은혜로 말미암아 너희 각 사람에게 말하노니, 마땅히 생각할 그 이상의 생각을 품지 말고, 오직 하나님께서 각 사람에게 나누어 주신 믿음의 분량대로 지혜롭게 생각하라.

 **오늘의 묵상 주제**

⊙ 생각이 있는 사람으로 살자!
⊙ 적절하게 생각하고 행동하는 사람이 되자!

오늘의 기도

생각의 지혜를 주시는 하나님!

하나님께서는 사람을 창조하시되 생각하는 존재로 창조해 주셨습니다. 그런데 생각은 인간을 위대하게도 만들고, 천박하게도 만듭니다. 위대한 생각은 위대한 일을 가능하게 하고, 위대한 사람이 되게 합니다. 그러나 속되고 천박한 생각은 사람을 가장 추잡한 존재로 타락시킵니다.

하나님 아버지! 파스칼은 그의 책 〈명상록〉에서 "인간은 생각하는 갈대다."라는 말을 했습니다. 한편으로, 인간은 갈대처럼 약한 존재이지만 생각하는 존재이기에 위대하다는 뜻입니다. 그러나 다른 한편으로는, 인간은 생각하는 위대한 존재이지만 그 생각이라는 것이 갈대처럼 흔들릴 수도 있다는 것을 말해줍니다. 마땅히 생각할 것을 생각하고, 생각한 것을 삶에 실현하는 사람은 위대한 인생을 살 수 있습니다. 그러나 생각할 것을 넘어서 그 이상의 생각을 하게 되고, 그것을 행동에 옮기게 되면 파괴적인 인생이 될 위험이 있습니다. 이것이 생각하는 존재로서의 인간의 두 모습이라고 할 수 있을 것입니다.

하나님 아버지! 저도 때로 생각이 많고 복잡합니다. 생각하지 않아야 좋은 것, 생각할 필요가 없는 것까지 생각할 때가 많습니다. 그래서 때로는 쓸데없는 오해도 하고, 오버하는 행동도 하게 됩니다. 저에게 지혜를 주셔서 꼭 필요한 것들만 생각하게 하시고, 필요한 만큼만 생각하게 해주세요. 공연히 앞서 생각하고 지나치게 생각해서 걱정하지 않게 하시고, 실수하지도 않게 해주세요. 그렇다고 꼭 생각해야 할 것까지도 생각 안하는 미련한 사람도 되지 않게 해주세요. 제 자신을 가꾸고 세우고, 하나님을 뜻을 분별하고 행할 수 있도록 생각의 지혜를 주세요. 하나님이 주시는 지혜롭고 위대한 생각으로 위대한 인생을 만들어 가는 제가 되게 이끌어 주세요. 예수님 이름으로 기도합니다. - 아멘.

 **오늘의 말씀**　호세아 11 : 8

에브라임이여! 내가 어찌 너를 놓겠느냐? 이스라엘이여! 내가 어찌 너를 버리겠느냐? 내가 어찌 너를 아드마 같이 놓겠느냐? 어찌 너를 스보임 같이 두겠느냐? 내 마음이 내 속에서 돌이키어 나의 긍휼이 온전히 불붙듯 하도다.

 **오늘의 묵상 주제**

◉ 하나님께서 나를 버려두지 않으시는 것을 확실히 믿자!
◉ 어떤 일이 있어도 하나님께서 나를 붙들어 주시는 것을 믿자!

 **오늘의 기도**

　선택된 백성들의 보호자가 되시는 하나님!

　하나님께서는 에브라임을 붙들고 놓지 않으셨습니다. 이스라엘을 버리지 않으셨습니다. 여기에서의 '에브라임'과 '이스라엘'은 북이스라엘왕국을 말합니다. 북이스라엘왕국은 이스라엘 12지파 중에서 10지파로 이루어진 왕국입니다. 오늘 말씀을 예언하는 호세아 선지자는 북쪽 이스라엘왕국을 대상으로 예언을 하기 때문에 '에브라임'과 '이스라엘'을 거론하고 있습니다.

　에브라임과 이스라엘은 하나님께 선택된 백성입니다. 하나님께서 사랑하시고 은총을 베푸시는 백성들입니다. 하나님께서는 이들을 결코 버리지 않으신다고 약속하셨습니다. 하나님께서 선택하지 않은 이방이라면 아드마와 스보임 처럼 버릴 수도 있을 것입니다. 아드마와 스보임은 소돔과 고모라가 멸망할 때 함께 멸망한 도시들로 버림받은 사람들을 상징합니다.

　나를 붙들어 주시는 하나님 아버지! 저를 이스라엘 처럼 하나님께 선택된 백성이 되게 해주신 것을 감사드립니다. 선민들을 향해서 "내가 어찌 너를 놓겠느냐?" "내가 어찌 너를 버리겠느냐?"고 하신 말씀이 제게 큰 위로가 됩니다. 어떤 경우라도 하나님께서 저를 버리지 않으실 것을 믿습니다.

　하나님 아버지! 오늘은 밸런타인데이라고 해서 사람들이 초콜릿을 주고받으며 사랑을 확인하고 즐거워하는 날입니다. 하나님은 저에게 초콜릿과는 비교할 수 없는 귀한 은혜들을 매일 같이 베풀어 주시는 것을 깨닫게 해주세요. 사랑하는 사람에게 정성껏 초콜릿을 준비해서 선물하듯이, 매일 하나님께 드릴 기도와 삶의선물을 정성스럽게 준비하는 삶을 살게 도와주세요. 예수님의 이름으로 기도합니다. – 아멘.

 오늘의 말씀 히브리서 6 : 11, 12

우리가 간절히 원하는 것은 너희 각 사람이 동일한 부지런함을 나타내어 끝까지 소망의 풍성함에 이르러, 게으르지 아니하고 믿음과 오래 참음으로 말미암아 약속들을 기업으로 받는 자들을 본받는 자 되게 하려는 것이니라.

 오늘의 묵상 주제

⊙ 소망의 풍성함에 이르도록 끝까지 노력하재
⊙ 믿음과 오래 참음으로 하나님의 약속들을 기업으로 받는 자가 되재

 오늘의 기도

소망의 하나님!

하나님께서는 소망을 주는 분이십니다. 소망(所望)은 단순한 희망이 아니라 구체적인 꿈, 비전을 의미합니다. 하나님께서는 우리에게 꿈을 주시는 분입니다.

하나님 아버지! 꿈은 먼저 우리의 마음을 풍성하게 해줍니다. 꿈으로 가득 찬 마음은 꿈꾸는 삶만으로도 기쁨과 누림의 풍성함이 있습니다. 그리고 꿈이 이루어졌을 때는 더 풍성한 삶을 살 수 있게 됩니다.

꿈을 이루기 위해서는 언제나 부지런해야 합니다. 게으르지 않아야 합니다. 꿈을 이룰 수 있다는 믿음이 있어야 합니다. 자신의 능력이 부족하더라도 하나님께서 이루어 주실 것에 대한 믿음이 있어야 합니다. '끝까지' '오래 참음'으로 노력해야 합니다. 이런 사람은 하나님으로부터 약속들을 기업으로 받게 됩니다. 하나님께서 꿈꾸는 것들을 이루어주시고, 풍성한 삶을 누릴 수 있게 해주십니다.

하나님 아버지! 옛날에 어떤 사람이 노다지의 꿈을 꾸었답니다. 많은 노력 끝에 금맥을 찾아서 금광을 시작했답니다. 그런데 오랜 동안 굴을 파도 금맥이 나오지 않았습니다. 너무 지친 나머지 금광을 헐값에 다른 사람에게 팔았습니다. 그런데 금광을 산 사람이 1미터를 팠는데 금맥이 발견되었다고 합니다. 금광을 판 사람은 1미터를 더 인내하지 못해서 노다지를 놓치고 만 것입니다.

하나님 아버지! 저도 하늘의 상급도 풍성하고 세상에서의 삶도 풍성한 삶을 살 수 있기를 소망합니다. 주님 안에서 크고 아름다운 소망(꿈)을 품게 하시고, 이룰 수 있게 도와주세요. 그러기 위해서 게으르지 않고 부지런하게 해주세요. 하나님께 대한 믿음과 소망을 이룰 수 있다는 믿음을 가지게 해주세요. 쉽게 실망하고 포기하지 않게 해주시고, 오래 참음으로써 하나님의 약속들을 제게 이룰 수 있게 해주세요. 예수님 이름으로 기도합니다. – 아멘.

 **오늘의 말씀**　디도서 3 : 8

이 말이 미쁘도다! 원하건대 너는 이 여러 것에 대하여 굳세게 말하라. 이는 하나님을 믿는 자들로 하여금 조심하여 선한 일을 힘쓰게 하려 함이라. 이것은 아름다우며, 사람들에게 유익하니라.

 **오늘의 묵상 주제**

◉ 선한 일(착한 일, 좋은 일)을 시작하자!
◉ 한 번 시작한 선한 일은 끝까지 이뤄내자!

 **오늘의 기도**

　선한 일을 기뻐하시는 하나님!
　하나님은 우리에게 선한 일을 힘쓰며 살기를 기대하고 계십니다. 그런데 선한 일에 힘쓰는 사람들도 있지만, 그렇지 않은 사람들이 더 많은 것 같습니다. 다른 사람이 보는 데서는 선한 사람처럼 행동하지만, 다른 사람이 보지 않는 곳에서는 악한 일도 서슴치 않는 사람들도 있습니다.
　하나님 아버지! 사람들은 착하게 사는 사람은 그렇지 않은 사람에 비해서 손해를 보게 된다고 생각하는 경향이 있는 것 같습니다. 도덕, 양심, 법, 규칙 등을 잘 지키는 사람보다는 그런 것들을 적당히 어기면서 사는 사람들이 더 이익을 보게 된다고 생각합니다. 그런데 방송국과 대학연구소가 공동으로 도덕성에 대한 실험을 했답니다. 도덕지수가 높게 나온 아이들과 중간 정도의 아이들로 두 개의 그룹을 나누어서 선생님이 보지 않는데서 탁구공 이어 전달하기, 쉬운 퍼즐을 보지 않고 맞추기, 눈을 가리고 다트판에 공 던져 붙이기를 해서 상을 준다고 했습니다. 그런데 도덕지수가 높은 아이들은 공통적으로 정직하게 규칙대로 했습니다. 그러나 도덕지수가 낮은 아이들은 상에 유혹을 받아 반칙을 저질렀습니다. 짧게 보면 규칙을 어긴 아이들이 더 이익을 보는 것 같습니다. 그런데 인생 전체로 놓고 보았을 때 도덕지수가 높은 아이들이 성적도 더 높고, 인생의 성취도에 있어서 훨씬 더 성공적인 모습을 보여준다고 합니다.
　하나님 아버지! 믿음도 마찬가지 같습니다. 하나님의 말씀대로 사는 것이 손해를 보는 것 같을 때가 있습니다. 그러나 인생을 길게 보면 성경말씀대로 사는 것이 세상에서도 더 복된 삶을 살게 하고, 천국에서는 더 말할 것도 없이 훌륭하게 평가를 받는 사람이 될 것입니다.
　하나님 아버지! 내 안에 계신 성령님께서 저로 하여금 착한 일을 힘쓰게 해주세요. 선하고 착하고 신실한 삶이 아름답기도 하고, 제 자신에게도 더 유익하다는 사실을 분명히 믿고 살게 도와주세요. 예수님 이름으로 기도합니다. – 아멘.

 **오늘의 말씀** 다니엘 10 : 11, 12

내게 이르되 "큰 은총을 받은 사람 다니엘아! 내가 네게 이르는 말을 깨닫고 일어서라. 내가 네게 보내심을 받았느니라." 하더라. 그가 내게 이 말을 한 후에 내가 떨며 일어서니, 그가 내게 이르되 "다니엘아! 두려워하지 말라. 네가 깨달으려 하여 네 하나님 앞에 스스로 겸비하게 하기로 결심하던 첫 날부터 네 말이 응답 받았으므로 내가 네 말로 말미암아 왔느니라.".

 **오늘의 묵상 주제**

⊙ 다니엘처럼 큰 은총을 받은 사람이 되자!
⊙ 하나님의 뜻을 깨닫기 위해서 겸비하게 엎드리자!

 **오늘의 기도**

은총의 주인이신 하나님!

하나님께서는 우리들에게 은총을 나누어 주는 분이십니다. 하나님께서는 은총의 사람들에게 천사를 보내주셔서 응답하고 도와주십니다.

하나님 아버지! 성경에는 하나님께서 보내주시는 두 분의 천사의 이름이 나타나있습니다. 가브리엘 천사와 미가엘 천사입니다. 하나님께서 좋은 소식을 전해 주실 때는 가브리엘 천사를 보내주셨습니다. 하나님께서 싸워주실 때에는 미가엘 천사를 보내주셨습니다. 하나님께서는 다니엘에게 는가브리엘 천사도 보내주셨고 미가엘 천사도 보내주셨습니다.

하나님 아버지! 저도 다니엘처럼 큰 은총을 받는 사람이 되기를 원합니다. 다니엘이 하나님께 은총을 입은 것은 하나님의 뜻을 깨닫기를 원했기 때문입니다. 하나님 앞에서 겸비(謙卑;겸손하게 자신을 낮춤)하기로 스스로 결심하였습니다. 하나님께서는 다니엘이 하나님 앞에 스스로 겸비하기로 결심하던 첫날부터 그에게 응답해 주셨습니다.

하나님 아버지! 저도 하나님의 뜻을 깨닫기 위해 깊이 생각하며 기도할 수 있게 도와주세요. 저를 위한 하나님의 뜻이 무엇인지 깨닫기 위해 노력하게 도와주세요. 가정, 학교, 교회, 사회, 국가, 세상을 위한 하나님의 뜻이 무엇인지를 깨닫기 위해 기도하는 제가 되게 도와주세요. 그러기 위해서 먼저 하나님 앞에서 겸손하게 저 자신을 낮추기로 결심하게 해주세요. 그리고 제가 진심으로 결심하는 첫 날부터 하나님께서는 저의 말에 응답해주세요.

하나님 아버지! 제가 하나님의 뜻을 묻고, 하나님의 은총을 힘입어 살기를 결심하게 도와주세요. 다니엘이 '큰 은총을 받은 사람'으로 불렸던 것처럼, 저도 하나님의 사자와 사람들에게 '큰 은총을 받은 사람'으로 불리는 인생을 살게 인도해 주세요. 예수님의 이름으로 기도합니다. – 아멘.

 **오늘의 말씀**　에베소서 1 : 11~14

모든 일을 그의 뜻의 결정대로 일하시는 이의 계획을 따라 우리가 예정을 입어 그 안에서 기업이 되었으니, 이는 우리가 그리스도 안에서 전부터 바라던 그의 영광의 찬송이 되게 하려 하심이라.

 **오늘의 묵상 주제**

◉ 주님의 영광의 찬송이 되도록 노력하자!
◉ 내가 하나님의 예정을 입은 사람이라는 자부심을 가지고 살자!

 **오늘의 기도**

　모든 일을 뜻대로 이루어 가시는 하나님!

　하나님은 창조주이시면서 모든 일을 섭리(攝理, 당길 섭, 다스릴 리, 모든 것을 이끌어 가고 다스림) 하시는 것을 믿습니다. 세상의 모든 일과 우주의 운행, 그리고 저의 인생이 하나님의 뜻과 결정대로 되는 것을 믿습니다. 그 하나님의 계획을 따라서 저도 예정(豫定;미리 정하심)을 입어 하나님의 사람이 되게 하신 것을 오늘 말씀을 통해서 깨닫습니다.

　세상에 많은 사람이 있지만 하나님께서는 특별히 저를 선택해 주셨습니다. 제가 다른 사람들보다 더 잘나고 큰 인물이어서가 아니라는 것은 저 자신이 잘 알고 있습니다. 하나님의 은혜가 아니면 하나님께 선택을 받을 수 없는 작고 부족한 사람인 것을 고백합니다. 동시에 하나님의 은혜와 사랑의 대상으로 삼아주신 것을 감사드립니다. 하나님의 그 은혜와 기대에 어긋나지 않는 제가 되게 도와주세요.

　하나님 아버지! 하나님께서 저를 택하시고 예정하시고 기업으로 삼으신 것은 '하나님의 영광의 찬송' 이 되게 하시기 위함이라고 말씀하셨습니다. 저를 통해서 하나님께 영광이 돌려지고, 하나님을 찬송하게 되기를 원합니다. 저처럼 작고 못난 사람이 잘 되면, 그것은 저의 공이 아니라, 전적으로 하나님의 덕분인 것을 모두가 알게 될 것입니다. 그렇기 때문에 제가 잘 되고 성공하는 것은 곧 하나님의 능력과 사랑을 온 세상에 증명하는 일이 될 것입니다. 하나님, 저를 부족한 가운데 버려두지 마시고, 실패한 인생이 되도록 방치하지 마시고, 하나님께서 깨우쳐 주시고 이끌어 주셔서 성공하는 인생, 아름다운 인생이 되도록 인도해 주세요. 그러기 위해서 세상 사람들에게 내가 하나님의 사람인 것을 드러내고 살도록 하겠습니다.

　하나님 아버지! 이제부터 하나님께서 크고 유익한 일에 저를 사용해 주실 것에 대한 믿음과 자부심을 가지고 살겠습니다. 주 예수 그리스도 안에서 살면서 하나님께 영광이 되는 일을 이루는 제가 되게 해주세요. 예수님의 이름으로 기도합니다. – 아멘.

사랑의 사람이 되기를 구하는 기도

 **오늘의 말씀** 마태복음 22 : 37~40

예수께서 이르시되 "네 마음을 다하고 목숨을 다하고 뜻을 다하여 주 너의 하나님을 사랑하라" 하셨으니, 이것이 크고 첫째 되는 계명이요, 둘째도 그와 같으니 "네 이웃을 네 자신 같이 사랑하라" 하셨으니, 이 두 계명이 온 율법과 선지자의 강령이니라.

 **오늘의 묵상 주제**

⊙ 내 마음, 목숨, 뜻을 다하여 하나님을 사랑하자!
⊙ 최선을 다해서 내 주변 사람들을 사랑하자!

오늘의 기도

사랑을 명하신 하나님! 성경은 "하나님은 사랑이시라"라고 말씀하셨습니다. 하나님은 사랑으로 충만하신 존재라는 말씀이십니다. 하나님은 사랑의 동기로 일하는 분이십니다. 사랑의 하나님께서는 우리들에게도 사랑으로 행하라고 명령하셨습니다. 하나님께서는 사랑하라고 가르치셨는데 사람들은 사랑하며 살지 못했습니다. 하나님께서 율법을 주신 것도 사랑하게 하기 위함이었는데 사람들은 하나님의 깊은 뜻을 이해하지 못했습니다.

하나님 아버지! 하나님께서는 모세를 통해서 이스라엘 백성에게 율법을 주셨습니다. 율법서인 모세오경(창세기, 출애굽기, 레위기, 민수기, 신명기)에는 모두 613가지의 율법 조항들이 있어서, 해야 할 것과 하지 말아야 할 것들을 명령하셨다고 합니다.

이 모든 계명(율법)들 중에서 하나님을 사랑하는 것과 이웃을 사랑하는 것이 가장 큰 두 개의 계명이라고 말씀해 주셨습니다. 이것은 모든 율법을 하나님 사랑과 이웃 사랑 두 가지로 요약할 수 있다는 가르침입니다. 율법을 지키면 하나님과 이웃을 사랑하는 결과를 얻게 되고, 하나님과 이웃을 사랑하면 결국 율법을 다 지키게 되기 때문입니다. 그렇기 때문에 사랑은 '율법(律法;율법책, 모세오경, 토라)의 강령'(綱領;가장 주가 되고 요긴한 것)이라고 말씀하신 것입니다. 하나님께서 많은 선지자들을 세상에 보내신 것도 하나님을 사랑하고, 사람을 사랑하도록 촉구하기 위해서였습니다. 그래서 '선지자(예언서, 느비임)의 강령'이라고 하신 것입니다.

하나님 아버지! 저도 사랑의 사람이 되기를 소망합니다. 믿음 안에서 하나님을 온전히 사랑하며 살도록 도와주시고, 사람을 사랑하는 마음으로 세상을 사는 사람이 되게 해주세요. 내 주위의 모든 사람들을 사랑하는 마음을 주시고, 사람들과 사랑의 관계를 맺으며 사는 제가 되게 도와주세요. 예수님 이름으로 기도합니다. - 아멘.

 **오늘의 말씀**   시편 62 : 5~8

나의 영혼아 잠잠히 하나님만 바라라. 무릇 나의 소망이 그로부터 나오는도다. 오직 그만이 나의 반석이시오, 나의 구원이시오, 나의 요새이시니, 내가 흔들리지 아니하리로다. 나의 구원과 영광이 하나님께 있음이여, 내 힘의 반석과 피난처도 하나님께 있도다. 백성들아! 시시로 그를 의지하고 그의 앞에 마음을 토하라. 하나님은 우리의 피난처시로다.

오늘의 묵상 주제

◉ 하나님을 의지하고 잠잠히 하나님만 바라자!
◉ 하나님께 마음을 다 내놓으며 살자!

 **오늘의 기도**

피난처가 되시는 하나님!

세상은 위험한 곳이 많습니다. 위기에 처하는 사람들이 많습니다. 전쟁의 위험 속에서 안전한 피난처를 찾아 헤매는 사람들이 있습니다. 독재자의 폭정과 굶주림을 벗어나 안전한 곳을 찾아 나서는 사람들도 있습니다. 질병과 기근에 시달리며 구원의 손길을 기다리는 사람들도 있습니다.

하나님 아버지! 우리나라는 그런 나라들보다는 훨씬 더 안전하고 풍족한 생활을 할 수 있습니다. 그런데 우리나라에서도 피난처를 찾는 위기 속에 있는 사람들이 많이 있습니다. 많은 청소년들이 가정에 머물지 못하고 가출해 쉼터를 찾아 헤매고 있습니다. 가장의 폭력에 시달리다 생명의 위협을 느껴 피난처를 찾는 여성들도 있습니다. 여러 가지 이유로 피난처를 찾는 사람들이 많이 있지만, 세상에서 안전하고 든든한 피난처를 찾기가 쉽지 않습니다.

하나님 아버지! 피난처가 필요했던 다윗은 하나님을 바라보았습니다. 모든 소망은 하나님으로부터 나오는 것을 알았기 때문입니다. 하나님을 바라는 다윗에게 하나님은 반석이 되어 주셨고, 구원이 되어 주셨으며, 요새가 되어 주셨습니다. 다윗은 자신의 경험을 토대로 사람들에게 매 순간 하나님을 의지하고, 하나님 앞에 마음을 토하라고 권면했습니다. 하나님은 우리의 피난처가 되시기 때문이었습니다.

하나님 아버지! 세상을 바라보거나, 사람을 의지하지 않고, 흔들리지 않는 믿음으로 하나님을 바라보며 하나님께 소망을 두는 제가 되게 해주세요. 매일 매순간 제 마음 속의 모든 것을 주님께 털어놓게 해주세요. 제가 저의 약함, 슬픔, 아픔, 서글픔, 안타까움, 외로움, 두려움, 걱정과 근심, 염려, 실망, 어리석음을 내놓더라도 책망하지 마시고 저의 힘과 피난처가 되어주세요. 저의 구원과 요새가 되어주실 것을 믿습니다. 예수님 이름으로 기도합니다. – 아멘.

 **오늘의 말씀** 민수기 30 : 2

사람이 여호와께 서원하였거나 결심하고 서약하였으면 깨뜨리지 말고 그가 입으로 말한 대로 다 이행할 것이니라.

 **오늘의 묵상 주제**

⊙ 하나님께 서원한 것은 꼭 지키는 사람이 되자!
⊙ 하나님 앞에서 말한 것을 다 행하는 사람이 되자!

 **오늘의 기도**

신실하신 하나님!

하나님께서는 약속을 깨뜨리거나 어기지 않는 분이십니다. 그래서 더욱 약속을 중요하게 생각하시고, 약속을 지키지 않는 사람을 싫어하십니다.

하나님 아버지! 사람들은 어려운 일이 있거나 아주 다급한 일이 있을 때 하나님께 서원(誓願, 맹세할 서, 원할 원, 맹세 하면서 소원하는 기도)하면서 기도하게 되는 일이 많습니다. 그런데 하나님께서 기도를 들어 주셨을 때에는 서원한 것을 지키지 않는 사람들이 있습니다. 이런 사람을 가리켜서 "화장실 갈 때 마음이 다르고, 나올 때 마음이 다르다."라는 말을 합니다. 급한 마음에 무리한 약속을 하면서 기도했지만 막상 기도가 응답되었을 때에 약속을 지키려니 아까운 마음이 들어 약속을 지키지 않는 것입니다. 하나님은 하나님께 약속을 했으면 반드시 지키라고 요구하십니다. 그렇다고 하나님이 욕심쟁이는 아닙니다. 분에 넘치는 약속을 했어도 그것을 지키라고 하는 것은, 더 크고 좋은 것으로 갚아 주실 수 있기 때문입니다.

하나님 아버지! 구약의 사사시대에 입다라는 사사가 있었습니다. 입다는 이스라엘을 구하기 위해서 암몬과의 전쟁에 나갈 때에, 전쟁에서 승리하게 하시면 자기 집에 들어갈 때 처음 맞이하는 사람을 번제물로 하나님께 드리겠다고 약속을 했습니다. 전쟁에서 이긴 입다가 집에 갔을 때에 무남독녀 외동딸이 나와서 아버지를 반겼습니다. 입다는 자기의 성급한 서원을 후회했지만, 약속대로 하나님께 자기의 딸을 번제로 드렸습니다. 무엇보다도 하나님께 대한 약속을 우선시했기 때문입니다.

하나님 아버지! 저는 아쉽고 급할 때에는 하나님께 서원 기도를 해놓고는, 급한 것이 지나간 후에는 약속을 지키지 않을 때가 있었습니다. 회개하오니 용서해주세요. 이제부터는 하나님께 기도하면서 약속한 것을 하나도 어기지 않고 다 실천하는 신실한 사람이 될 것을 약속드립니다. 이제는 하나님께 서원한 것을 깨뜨리지 않고 말한 대로 다 행하는 제가 되도록 도와주세요. – 아멘.

 **오늘의 말씀**　신명기 10 : 12, 13

이스라엘아! 네 하나님 여호와께서 네게 요구하시는 것이 무엇이냐? 곧 네 하나님 여호와를 경외하여 그의 모든 도를 행하고, 그를 사랑하며, 마음을 다하고 뜻을 다하여 네 하나님 여호와를 섬기고, 내가 오늘 네 행복을 위하여 네게 명하는 여호와의 명령과 규례를 지킬 것이 아니냐?

 **오늘의 묵상 주제**

◉ 하나님의 명령은 하나님을 위한 것이 아니라 내 행복을 위한 것임을 알자!
◉ 하나님의 말씀을 따라 살면서 행복한 내 인생을 만들자!

 **오늘의 기도**

　요구하고 명령하시는 하나님!

　하나님께서는 이스라엘에게 요구하고 명령하는 분이십니다. 하나님의 요구와 명령은 세상 모든 사람을 대상으로 하지 않고 오직 이스라엘을 대상으로 한다는 것을 생각해 봅니다. 이스라엘은 하나님께서 하나님의 백성으로 선택하고 부르신 사람들입니다. 하나님의 사랑의 대상이고, 하나님의 구원의 대상입니다. 그 특별한 사람들이 가나안땅에 들어가기 전에 하나님께서 몇 가지를 요구하시고 명령하시는 것이 오늘의 말씀입니다.

　첫째, 여호와 하나님을 경외(敬畏, 공경할 공, 두려워할 외, 두려워함으로 공경하는 것)하라고 하셨습니다.

　둘째, 하나님의 모든 도(道, 길, 말씀, 교훈)를 행하라고 하셨습니다.

　셋째, 하나님을 사랑하라고 하셨습니다.

　넷째, 마음과 뜻을 다하여 여호와 하나님을 섬기라고 말씀하셨습니다.

　다섯째, 하나님의 명령과 규례를 지키라고 말씀하셨습니다.

　하나님 아버지! 하나님께서 이런 것을 명령하고 지키라고 요구하시는 이유는 우리 자신의 행복을 위해서입니다. 그것을 지키면 우리들이 행복을 얻게 되기 때문입니다. 우리를 억압하고 희생시키기 위한 것이 아니라, 하나님께서 우리들에게 행복을 주기 위함입니다.

　하나님 아버지! 하나님은 제가 행복하게 살기를 간절히 원하시는 분임을 깨닫는 말씀을 주셔서 감사합니다. 그리고 제가 행복하게 되는 길은 하나님의 말씀을 따라 사는 것임을 깊이 깨달았습니다. 부모님과 선생님들의 요구도, 그것을 행하면 내가 잘 되고 행복해질 수 있는 것임을 깨닫습니다. 이제 저의 행복이 담겨져 있는 하나님의 명령과 규례, 그리고 나를 위한 충고들을 잘 지키는 제가 되고, 그래서 결국 행복하게 살 수 있는 사람이 되게 해주세요. 예수님 이름으로 기도합니다. - 아멘.

 **오늘의 말씀**   잠언 3 : 13~15

지혜를 얻은 자와 명철을 얻은 자는 복이 있나니, 이는 지혜를 얻는 것이 은을 얻는 것보다 낫고, 그 이익이 정금보다 나음이니라. 지혜는 진주보다 귀하니 네가 사모하는 모든 것으로도 이에 비교할 수 없도다.

 **오늘의 묵상 주제**

⊙ 지혜와 명철을 얻는 자가 되자!
⊙ 금, 은, 보석보다 지혜를 더 사모하는 사람이 되자!

 **오늘의 기도**

지혜를 주시는 하나님! 하나님은 지혜의 신이십니다. 원하는 자들에게 얼마든지 지혜를 주는 분이십니다. 하나님께서는 지혜를 구하는 자들을 꾸짖지 아니하시고 지혜를 주시되 풍족하게 주신다고 하셨습니다.

하나님 아버지! 금, 은, 보석이 많아도 생명을 구해주지는 못합니다. 오히려 많은 보물을 가지고 있는 것은 생명을 위태롭게 합니다. 그 보물들이 강도를 부르기 때문입니다. 그러나 지혜는 위기에 처한 생명도 구해 줄 수 있습니다. 금을 얻는 것이 물고기를 얻는 것이라면, 지혜를 얻는 것은 물고기 잡는 법을 아는 것이라고 할 수 있을 것 같습니다. 지혜가 있으면 어떻게 살지, 어떻게 돈을 벌지, 어떻게 문제를 해결할지, 어떻게 미래를 준비해야 할지를 알게 해주기 때문입니다.

하나님 아버지! 지혜로운 사람은 과거로부터 교훈을 얻습니다. 지혜자는 과거의 실패를 반복하지 않습니다. 지혜로운 사람은 미래를 잘 준비합니다. 미래는 잘 준비한 사람들의 몫입니다. 준비하지 않은 사람은 기회가 와도 자기의 것으로 삼을 수가 없습니다. 미래에 후회하지 않기 위해서, 여름에 겨울나기를 준비하는 개미처럼, 지혜로운 사람은 열심히 미래를 준비하는 삶을 살아갑니다. 지혜로운 사람은 현재를 성실하게 삽니다. 현재 자기에게 닥친 일을 최선을 다해서 정성껏 감당합니다. 그렇게 성실한 삶을 통해서 이룬 성공들이 모여서 큰 성공의 토대가 만들어집니다.

하나님 아버지! 제가 얼마나 지혜가 부족한 사람인가를 깨닫습니다. 공부하는 데도 그렇고, 사람을 대하는 데도 그렇고, 일을 처리하는 데도 둔한 편입니다. 과거의 실패를 반복하는 때가 있고, 미래를 잘 준비하지 못하고 있고, 현재에 최선을 다하지 못하고 있습니다. 이제 금은 보석을 얻기를 구하는 것보다 지혜를 구하는 제가 되게 도와주세요. 하나님 주시는 지혜와 명철을 얻어서 복 있는 사람으로 살게 해주세요. – 예수님 이름으로 기도합니다. – 아멘.

 오늘의 말씀　시편 69 : 30~32

내가 노래로 하나님의 이름을 찬송하며 감사함으로 하나님을 위대하시다 하리니, 이것이 소 곧 뿔과 굽이 있는 황소를 드림보다 여호와를 더욱 기쁘시게 함이 될 것이라. 곤고한 자가 이를 보고 기뻐하나니 하나님을 찾는 너희들아 너희 마음을 소생하게 할지어다.

 오늘의 묵상 주제

⊙ 찬송과 감사로 하나님을 기쁘시게 하자!
⊙ 하나님께 기쁨을 드리는 사람이 되자!

 오늘의 기도

　찬송을 받으시기에 합당하신 하나님!

　하나님은 모든 존재보다 큰 분이십니다. 하나님은 가장 높은 분이십니다. 하나님은 가장 위대한 분이십니다. 하나님은 가장 영광스러우신 분이시고, 가장 영화로우신 분입니다. 하나님은 모든 존재를 창조한 분이시고, 역사를 섭리하는 분이십니다. 온 우주를 붙들어 주는 분이시고, 모든 존재의 운명을 좌우하는 분이십니다. 모든 존재에게 은혜를 베푸는 분이시고, 모든 사람의 기도를 들어주는 분이십니다.

　하나님 아버지! 하나님은 예배를 받으시기에 합당한 분이십니다. 모든 칭송과 찬송을 받기에 합당한 분이십니다. 하나님은 우리들의 제물을 받기에 합당한 분이십니다. 그런데 하나님께서는 뿔과 굽이 있는 황소를 제물로 드리는 것보다 하나님의 이름을 찬송하는 노래를 더 좋은 예물로 받으십니다. 베풀어주신 은혜를 감사하며 하나님을 위대하시다 칭송하는 것을 더 기쁜 제물로 받으십니다. 이런 하나님이시기에 가난하여 크고 귀한 예물을 준비하지 못하는 사람들도 기쁨으로 하나님을 찾을 수 있습니다.

　하나님 아버지! 하나님의 위대하심을 찬송합니다. 하나님이 베풀어주신 것들에 대해서 감사드립니다. 아직 제가 어려서 많은 예물을 하나님께 드릴 수는 없습니다. 그러나 하나님의 위대하심과 베풀어 주신 은혜에 대해서 찬송하고 감사드리는 사람이 되기를 원합니다. 저의 찬송과 감사를 뿔과 굽이 있는 황소 제물보다 더 큰 제물로 받아주시고 기뻐해 주세요. 그리고 저의 마음을 소생시켜 주셔서 항상 생기가 넘치게 해주세요. 예수님 이름으로 기도합니다. － 아멘.

하나님의 치유를 구하는 기도

 **오늘의 말씀** 예레미야 17 : 14

여호와예! 주는 나의 찬송이시오니 나를 고치소서! 그리하시면 내가 낫겠나이다. 나를 구원하소서! 그리하시면 내가 구원을 얻으리이다.

 **오늘의 묵상 주제**

⊙ 하나님께 나의 모든 악한 것과 병든 것을 고침받자!
⊙ 하나님의 구원의 은혜를 체험하며 살자!

 **오늘의 기도**

치유하시는 하나님!

하나님은 치유(治癒, 다스릴 치, 병 나을 유, 병을 다스리고 낫게 함)하는 분이십니다. 모든 병든 것을 고쳐 주는 분이십니다. 모든 문제 상황을 해결해 주는 분이시고, 모든 절망에서 구원해 주는 분이십니다.

하나님은 찬송(讚頌, 기릴 찬, 기릴 송, 칭찬하고 기림)을 받으실 분이십니다. 하나님은 우리들에게 은혜를 베풀어 주는 분이십니다. 우리들은 하나님께 받은 은혜와 도움이 많아서 하나님을 찬송해야 합니다. 많은 은혜를 받고도 찬송하지 않는 사람은 배은망덕한 사람입니다. 우리의 모든 병든 것을 고쳐 주시고, 모든 악한 상황에서 구원해 주신 하나님을 찬송해야 하는 것은 우리의 의무입니다.

고쳐주시는 하나님! 오늘 예레미야 선지자는 "주는 나의 찬송이시오니 나를 고치소서!"라고 요청하고 있습니다. 자기는 하나님을 찬송하는 사람이기 때문에 하나님이 자기를 고쳐주셔야 한다고 당당하게 요청하고 있는 것입니다. 그렇습니다! 하나님을 찬송으로 삼는 사람은 하나님께 당당하게 요구할 수 있는 것입니다. 왜냐하면 자기가 고침을 받아야 계속해서 하나님을 찬송으로 삼을 수 있기 때문입니다.

하나님 아버지! 제가 하나님을 찬송으로 삼을 수 있도록, 저의 모든 약하고 병든 것을 고쳐서 낫게 해주세요. 저의 약한 것은 강하게 하시고, 부족한 것은 채워주세요. 저의 몸과 마음과 영혼에 병든 부분들을 고쳐주셔서 건강하게 해주세요(여기서 자기의 약점, 부족한 것, 몸과 영혼의 병든 부분을 구체적으로 아뢰고 고쳐주시기를 구하라). 제가 너무 못나면, 제가 하나님을 찬송할 때 하나님께서 사람들의 웃음거리가 될까 두렵습니다. 그러므로 저로 하여금 하나님을 찬송하기에 부끄럽지 않은, 하나님을 찬송하면 그 영광이 온전히 하나님께 돌려지도록 영광스런 모습으로 살게 해주세요. 예수님 이름으로 기도합니다. – 아멘.

 **오늘의 말씀**　마태복음 13 : 44

천국은 마치 밭에 감추인 보화와 같으니 사람이 이를 발견한 후 숨겨 두고 기뻐하여 돌아가서 자기의 소유를 다 팔아 그 밭을 샀느니라.

 **오늘의 묵상 주제**

⊙ 천국을 발견한 사람이 되자!
⊙ 천국을 소유하기 위해서 세상 것을 아까워하지 말자!

 **오늘의 기도**

　천국의 주인이 되시는 하나님! 하나님이 계시는 천국은 세상의 언어로는 다 표현할 수 없이 아름다운 곳이고, 기쁨과 즐거움이 넘치는 곳이고, 온전히 평화로운 곳이고, 영원히 행복하게 살 수 있는 곳입니다. 질병, 죽음, 고통, 슬픔, 눈물, 한숨이 없는 곳입니다. 햇빛보다 더 밝은 빛의 세계이고, 세상의 진귀한 보석보다 더 귀한 보물들이 가득한 곳이라고 했습니다.

　하나님 아버지! 그런데 천국과 지옥이 실제로 있다는 것을 믿지 않는 사람들이 많이 있습니다. 그런 사람들은 하나님을 믿지 않고, 예수 그리스도를 믿지 않고, 예수님의 십자가 사역과 구원과 영원한 생명을 믿지 않습니다. 이들은 천국에 대한 소망도 없고, 지옥에 대한 두려움도 모르고 삽니다.

　프랑스의 계몽주의 작가인 볼테르(Voltaire, 본명 : 프랑수아 마리 아루에, Francois Marie Arouet)는 "100년만 지나면 하나님을 믿는 미신 신봉자들은 지구상에 한 사람도 없게 될 것이다." 라고 단언했다고 합니다. 그리고 군중들 앞에서 "만약 하나님이 계시다면 이렇게 하나님에게 욕을 퍼붓는 나를 이 자리에서 쓰러뜨려 보라."며 하나님을 조롱했다고 합니다. 그런데 그 볼테르가 죽음의 순간을 맞게 되었을 때 의사에게 자기의 생명을 6개월만 연장시켜 준다면 자기의 재산 전부를 주겠다고 말했습니다. 그러나 의사는 6주도 더 살지 못할 것이라고 대답했습니다. 이 대답을 듣고 볼테르는 "나는 이제 지옥에 가겠구나! 내가 태어나지 않았으면 더 좋았을 것을…"이라고 말했다고 합니다. 그는 죽었지만, 그가 없어진다고 말한 100년 동안 기독교는 도리어 더 많은 신자를 가지게 되었습니다.

　하나님 아버지! 하나님을 알게 해주신 것을 감사드립니다. 예수 그리스도를 믿게 해주신 것을 감사드립니다. 천국을 알고, 천국의 소망을 가지고 살게 해주신 것을 감사드립니다. 세상의 모든 것을 희생해서라도 반드시 내 것으로 만들어야 하는 것이 천국인 것을 깨달았습니다. 천국에 대한 소망만으로도 기쁘고 즐겁게 인생을 살아가게 해주세요. 예수님 이름으로 기도합니다. – 아멘.

보혜사 성령의 평안을 구하는 기도

 **오늘의 말씀** 사도행전 2 : 17

하나님이 말씀하시기를 말세에 내가 내 영을 모든 육체에 부어 주리니, 너희의 자녀들은 예언할 것이요, 너희의 젊은이들은 환상을 보고, 너희의 늙은이들은 꿈을 꾸리라.

 **오늘의 묵상 주제**

⊙ 하나님이 보내 주시는 성령님을 내 안에 모시자!
⊙ 꿈을 갖고 사는 젊은이가 되자!

 **오늘의 기도**

꿈을 꾸게 하시는 하나님!

하나님께서는 우리에게 하나님의 영이신 성령님을 보내주십니다. 성령님에 감동된 사람들은 꿈과 환상을 가질 수 있게 됩니다. 하나님께서 보여주시는 미래에 대한 환상을 본 사람들은 그 환상을 이루기 위해서 꿈꾸는 삶을 살 수 있습니다. 꿈꾸는 사람들은 소망을 가지고, 신바람을 내면서 인생을 살 수 있습니다. 아무리 힘들고 어려운 일과 환경을 만나도, 하나님께서 꿈꾸는 것을 이루어주실 것을 믿고 역경을 극복합니다.

하나님 아버지! 세상에는 힘들게 살아가는 사람들이 많이 있습니다. 돈이 없어서 힘들게 사는 사람, 직업을 갖지 못해서 힘들게 사는 사람, 일은 힘든데 소득이 적어서 힘들게 사는 사람, 가정의 갈등 때문에 힘들게 사는 사람, 친구 때문에 힘들게 사는 사람, 인간관계가 꼬여서 힘들게 사는 사람, 못 배워서 힘들게 사는 사람, 공부하는 것이 힘든 사람, 힘들게 사는 사람이 너무 많습니다. 하나님, 그런데 인생을 가장 힘들게 사는 사람은 따로 있다고 합니다. 바로 꿈이 없는 사람이라고 합니다.

꿈이 있으면 힘든 일도 참을 수 있고, 어려운 환경 속에서도 희망을 가지고 힘을 낼 수 있습니다. 그러나 꿈이 없으면 공부를 못해도 힘들고 공부를 잘해도 힘듭니다. 직업이 없어도 힘들고 최고의 직장을 가지고 있어도 힘들어 합니다. 꿈이 없으면 무엇을 해도 힘들고, 아무 것도 하지 않아도 힘들어 합니다.

하나님 아버지! 저에게도 성령님을 보내주세요. 성령님께서 나로 하여금 꿈을 가질 수 있게 해주세요. 나의 성공적인 미래에 대한 환상을 보게 해주세요. 그 환상을 꿈으로 갖고, 하나님께서 이루어주실 것을 믿으며, 소망 중에 즐거워하며 꿈꾸는 삶을 살게 도와주세요. 예수님 이름으로 기도합니다. – 아멘.

감사하며 살기를 구하는 기도 2월 28일

 **오늘의 말씀**) 시편 136 : 23

우리를 비천한 가운데에서도 기억해 주신 이에게 감사하라. 그 인자하심이 영원함이로다.

 **오늘의 묵상 주제**

⊙ 하나님의 베풀어 주신 은혜에 감사하며 살자!
⊙ 나를 향한 하나님의 인자하심을 기억하며 살자!

 **오늘의 기도**

나를 기억해 주시는 하나님!

하나님께서는 나를 기억해 주는 분이십니다. 내가 고귀할 때만 기억해 주시지 않고 비천한 가운데 있을 때에도 잊지 않고 기억해 주십니다. 나를 향한 하나님의 인자하심은 일시적이지 않고 영원합니다.

하나님 아버지! 많은 사람들이 하나님께서 자기를 기억해 주시고, 은혜를 베풀어 주시는 것을 잊고 삽니다. 그래서 하나님께서 베풀어 주신 은혜와 인자하심을 깨닫지 못하고, 하나님께 감사하지 못하며 삽니다. 그런데 전세계의 70억 인구 중에서 지금 우리가 누리고 있는 삶의 수준과 비교할 수 없는 사람들이 많습니다. 2011년 기준으로 세계인의 생활 수준을 나타내 주는 흥미로운 통계가 있습니다.

자기 이름으로 된 은행계좌를 가지고 있으면 전 세계 사람 중 상위 30%에 속한다고 합니다. 1인 하루 생활비가 2000원 이상이면 상위 29% 이내에 속합니다. 지붕이 있는 집에서 냉장고와 옷장을 가지고 살고 있다면 상위 25% 이내에 속합니다. 자기 컴퓨터가 있으면 상위 12% 이내에 들어갑니다. 자기 집에 자가용 자동차가 있으면 상위 7% 이내에 들어갑니다. 중고등학교에 다니는 것만으로도 상위 7% 이내에 들어갑니다. 그리고 인터넷을 사용하면서 사는 사람이라면 상위 3% 이내에 들어간다고 합니다.

하나님 아버지! 5~60년 전만 해도 우리나라는 세계에서 가장 가난한 나라 중의 하나였습니다. 그러나 이제는, 위의 통계에서, 대부분의 사람들이 세계 평균보다 부유한 생활을 하고 있습니다. 비천한 가운데서 우리나라를 기억해 주신 하나님의 은혜이고, 복을 주신 덕분입니다.

하나님 아버지! 저도 이제부터는 불만거리를 찾아 불평하는 사람이 되지 않도록 노력하겠습니다. 하나님께서 베풀어 주신 은혜들을 기억하며 감사하며 살도록 하겠습니다. 지금 내가 잘났든지 못났든지, 세계인구의 기준으로 보면, 많은 사람들이 꿈에 그리는 풍족하고 높은 삶을 살고 있음을 기억하며 살겠습니다. 예수님 이름으로 기도합니다. – 아멘.